GERMANY

德意志
GERMANY
一個國家的記憶
Memories of a Nation

尼爾·麥葛瑞格◎著 周全◎譯
NEIL MACGREGOR

Contents
目　錄

PART THREE 綿延不絕的過去
The Persistent Past

PART FOUR 德國製造
Made in Germany

PART FIVE 急轉直下
The Descent

獻給巴里・庫克（Barrie Cook）

大英博物館策展人、博學之士、同事、顧問

不可或缺的夥伴

丹麥王國
北 海
什列斯威
迪特馬申
霍爾斯坦
羅斯托克
呂貝克
威斯瑪
諾伊克洛斯特
里策比特爾
拉策堡
什未林
耶弗爾
漢堡
勞恩堡
梅克倫
東弗里斯蘭
不來梅
呂瓦登
格羅寧根
不來梅
威悉河
費爾登
易北河
哈弗爾貝格
魯平
阿爾特馬克
維爾德斯豪森
費爾登
布倫瑞克
－呂內堡
斯騰達爾
米特爾
荷 蘭
烏特勒支
明斯特
霍亞
林根
奧斯納布呂克
漢諾威
布蘭
阿姆斯特丹
明登
馬德堡
本特海姆
布倫瑞克－
卡倫貝格
布倫瑞克
泰克倫堡
馬德堡
烏特勒支
海德蘭
拉文斯貝格
沃爾芬比特爾
明斯特
利珀
哈柏斯塔特
維騰
布倫瑞克
德紹
拉文斯坦
克雷弗
威瑟爾
利普施塔特
帕德博恩
戈斯拉爾
安哈特
薩克森
多特蒙德
艾斯雷本
諾德豪森
布拉班特
馬克
西發利亞
哈勒
科隆
貝爾格
梅爾瑟堡
萊比
安特衛普
卡塞爾
馬斯河
瓦爾德克
于利希
科隆
米爾豪森
黑森
阿爾騰堡
布魯塞爾
阿亨
埃森納赫
埃爾福特
耶拿
列日
拿騷
茲維考
韋茨拉爾
富爾達
亨內貝格
特里爾
科布倫茲
維爾茨堡
列日
法蘭克福
拜羅伊特
美因茲
美因茲
什文福
埃格爾
盧森堡
達姆施塔特
班貝格
布永
特里爾
維爾茨堡
色當
沃姆斯
上普法爾茨
盧森堡
茨魏－
布呂肯
海德堡
摩瑟爾河
普法爾茨
紐倫堡
凡爾登
斯派爾
羅騰堡
薩爾布呂肯
凡爾登
海爾布隆
安斯巴赫
梅斯
萊茵河
梅斯
符騰堡
哈爾
巴爾公國
威森堡
艾希施泰特
雷根斯堡
巴爾
轉讓地
哈格瑙
巴登
斯圖加特
魏爾
埃斯林根
諾德林根
南錫
多瑙河
圖勒
斯特拉斯堡
斯特拉斯堡
羅伊特林根
弗賴辛
巴伐利亞
圖勒
烏爾姆
奧古斯堡
佐倫
塞萊斯塔
洛林
羅特韋爾
慕尼黑
明斯特
柯爾馬
比伯拉赫
法蘭西
王國
考夫博伊倫
米爾豪森
菲爾斯騰貝格
奧古斯堡
薩爾
松德高
旺根
肯普騰
1507年劃歸提洛爾
巴塞爾
康士坦茲
蒙貝利亞爾
林道
伊斯尼
茵河
巴塞爾
蘇黎世
柏桑松
茵斯布魯克
福拉爾貝格
薩爾
布根地伯爵
領地
提洛爾
伯恩
利恩茲
瑞士聯邦
布里克森
梅蘭
蓬塔利耶
波岑
特倫托
日內瓦
特倫托
威尼
共和
薩伏依
里瓦
米蘭
米蘭
威尼斯

波羅的海
柯尼斯堡
但澤
埃爾賓
瑪利亞堡
條頓騎士團
馬林韋爾德
王室普魯士
卡明
柯爾貝格
波美拉尼亞
卡明
斯德丁
紐馬克
波蘭王國
托倫
維斯杜拉河
布蘭登堡
雷布斯
法蘭克福
施維布斯
劃歸雷布斯
奧德河
波茲南
華沙
下勞西茨
科特布斯
薩甘
薩甘
格洛高
沃爾奧
上勞西茨
哥利茲
里格尼茨
布雷斯勞
德勒斯登
西里西亞
1478年劃歸匈牙利
布里格
奧佩倫
萊特梅里茲
博伊騰
格拉茨
波希米亞王國
布拉格
易北河
葉格恩多夫
拉提波爾
奧德貝格
特羅保
克拉科夫
皮爾森
伏爾塔瓦河
奧爾米茨
摩拉維亞
1478年劃歸匈牙利
伊格勞
布爾諾
布德韋斯
奧地利
林茲
維也納
普雷斯堡
魏德霍芬
匈牙利王國
格勒布明
施泰爾馬克
格拉茲
蘭茨貝格
巴拉頓湖
菲拉赫
穆爾河
卡林西亞
劃歸布里克森
劃歸弗賴辛
萊巴赫
德拉瓦河
戈里齊亞
卡爾尼奧拉
薩瓦河
的里亞斯特
多瑙河
神聖羅馬帝國，約1500年
大主教轄區
神聖羅馬帝國的疆界
教會領地
霍恩佐倫家族
維特爾斯巴赫家族（普法爾茨支系）
維特爾斯巴赫家族（巴伐利亞支系）
薩克森家族（阿爾布雷希特支系）
薩克森家族（恩斯特支系）
哈布斯堡家族 （奧地利支系）
哈布斯堡家族（昔日布根地的領地）
瑞士聯邦的自由邦
瑞士聯邦的聯盟邦
帝國自由市
小邦國

丹麥王國
北　海
什列斯威
霍爾斯坦
波美拉尼
漢堡
梅克倫堡
不來梅
不來梅
威悉河
易北河
布倫瑞克
－呂內堡
西　屬　尼　德　蘭
漢諾威
阿姆斯特丹
明斯特
明登
布倫瑞克
馬德堡
明斯特
利珀
布倫瑞克
維騰
克雷弗
哈勒
布拉班特
馬克
西發利亞
卡塞爾
萊比錫
安特衛普
貝爾格
馬斯河
黑森
科隆
薩克森選侯
布魯塞爾
阿亨
拿騷
列日
于利希
富爾達
特里爾
維爾茨堡
法蘭克福
拜羅伊特
美因茲
美因茲
埃格爾
盧森堡
班貝格
特里爾
沃姆斯
盧森堡
摩瑟爾河
普法爾茨
紐倫堡
斯派爾
凡爾登
梅斯
海爾布隆
安斯巴赫
萊茵河
符騰堡
艾希施泰特
雷根斯堡
巴登
斯圖加特
圖勒
斯特拉斯堡
多瑙河
巴伐利亞
奧古斯堡
法蘭西
王國
洛林
慕尼黑
明斯特
菲爾斯騰貝格
奧古斯堡
薩爾茨
康士坦茲
蒙貝利亞爾
巴塞爾
薩爾茨
茵河
蘇黎世
茵斯布魯克
弗朗什
－康地
提洛爾
伯恩
瑞士聯邦
日內瓦
威尼斯
薩伏依
共和國
米蘭
米蘭
威尼斯

瑞典王國
波羅的海
波美拉尼亞－斯德丁
加斯特公國
斯德丁
布蘭登堡
柏林
奧德河
科特布斯
哥利茲
德勒斯登
里格尼茨
布雷斯勞
布里格
格拉茨
西里西亞
布拉格
易北河
波希米亞
伏爾塔瓦河
摩拉維亞
布爾諾
柏紹
奧地利
維也納
施泰爾馬克
卡林西亞
卡爾尼奧拉
薩瓦河
的里亞斯特
但澤
柯尼斯堡
普魯士
波蘭王國
維斯杜拉河
波茲南
華沙
克拉科夫
皇家匈牙利
巴拉頓湖
穆爾河
德拉瓦河
多瑙河
中歐宗教信仰分布圖，約1560年
神聖羅馬帝國的疆界
路德教派
喀爾文教派和茨溫利教派
華爾多教派和摩拉維亞教派
再洗禮派和蘇西尼派
羅馬天主教

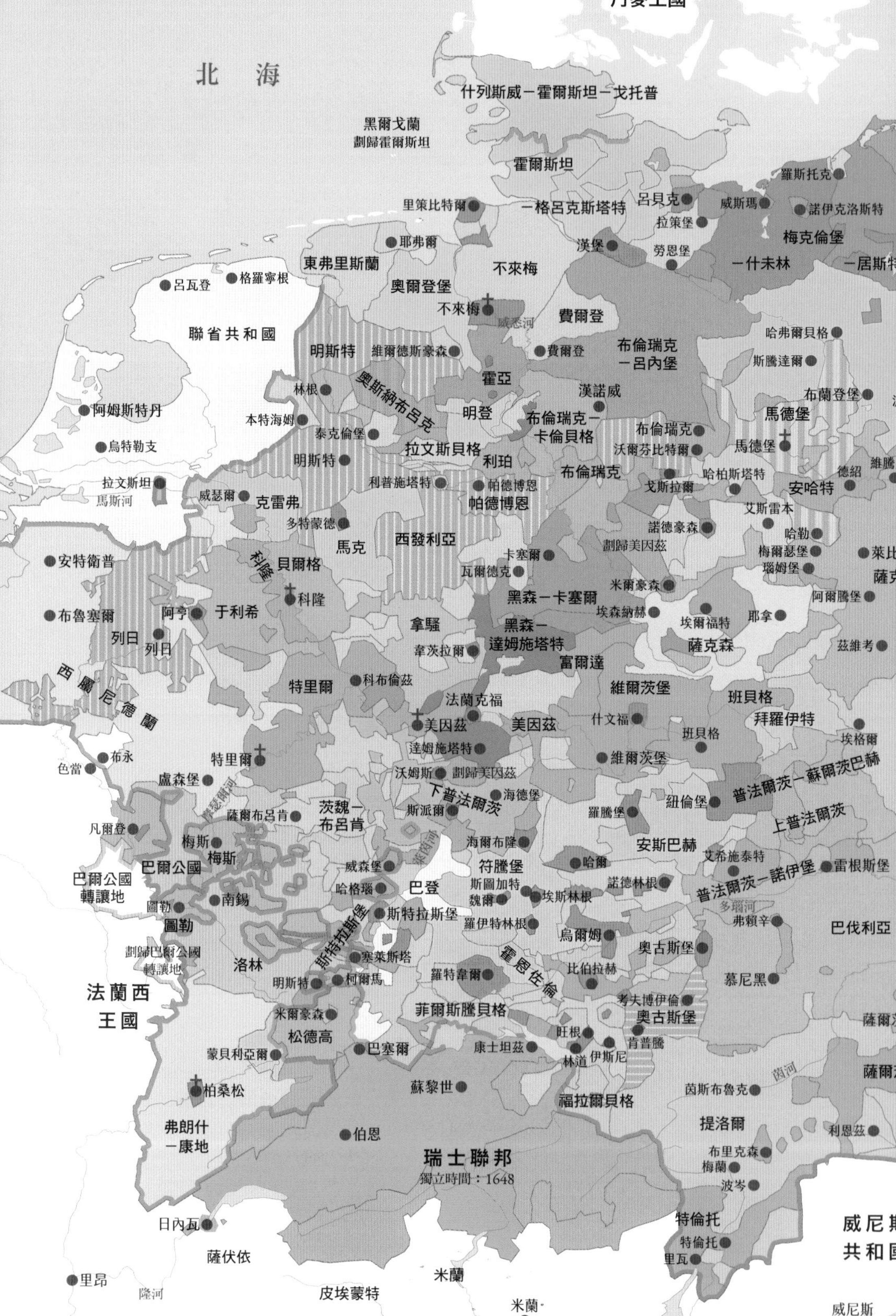
丹麥王國
北 海
什列斯威－霍爾斯坦－戈托普
黑爾戈蘭
劃歸霍爾斯坦
霍爾斯坦
羅斯托克
里策比特爾
－格呂克斯塔特
呂貝克
威斯瑪
諾伊克洛斯特
拉策堡
耶弗爾
梅克倫堡
漢堡
勞恩堡
東弗里斯蘭
－什未林
－居斯特
呂瓦登
格羅寧根
不來梅
奧爾登堡
不來梅
威悉河
費爾登
聯省共和國
哈弗爾貝格
明斯特
維爾德斯豪森
費爾登
布倫瑞克
－呂內堡
斯騰達爾
奧斯納布呂克
霍亞
林根
漢諾威
布蘭登堡
阿姆斯特丹
明登
布倫瑞克－
卡倫貝格
馬德堡
本特海姆
泰克倫堡
布倫瑞克
烏特勒支
拉文斯貝格
沃爾芬比特爾
馬德堡
明斯特
利珀
布倫瑞克
哈柏斯塔特
德紹
拉文斯坦
利普施塔特
帕德博恩
戈斯拉爾
安哈特
馬斯河
威瑟爾
克雷弗
帕德博恩
艾斯雷本
諾德豪森
多特蒙德
哈勒
馬克
西發利亞
劃歸美因茲
梅爾瑟堡
萊比
卡塞爾
瑙姆堡
安特衛普
科隆
貝爾格
瓦爾德克
米爾豪森
薩克
科隆
黑森－卡塞爾
阿爾騰堡
布魯塞爾
阿亨
于利希
埃森納赫
埃爾福特
耶拿
列日
拿騷
黑森－
達姆施塔特
列日
茲維考
韋茨拉爾
富爾達
西屬尼德蘭
特里爾
科布倫茲
維爾茨堡
法蘭克福
班貝格
美因茲
美因茲
什文福
拜羅伊特
班貝格
埃格爾
達姆施塔特
布永
色當
特里爾
維爾茨堡
普法爾茨－蘇爾茨巴赫
沃姆斯
劃歸美因茲
盧森堡
下普法爾茨
海德堡
紐倫堡
茨魏－
布呂肯
薩爾布呂肯
羅騰堡
斯派爾
上普法爾茨
凡爾登
海爾布隆
安斯巴赫
梅斯
梅斯
艾希施泰特
巴爾公國
哈爾
雷根斯堡
巴爾公國
轉讓地
符騰堡
威森堡
斯圖加特
普法爾茨－諾伊堡
諾德林根
南錫
哈格瑙
巴登
魏爾
埃斯林根
多瑙河
圖勒
斯特拉斯堡
圖勒
弗賴辛
羅伊特林根
烏爾姆
巴伐利亞
斯特拉斯堡
奧古斯堡
劃歸巴爾公國
轉讓地
塞萊斯塔
霍恩佐倫
洛林
比伯拉赫
法蘭西
王國
明斯特
柯爾馬
羅特韋爾
慕尼黑
考夫博伊倫
米爾豪森
菲爾斯騰貝格
奧古斯堡
松德高
旺根
肯普騰
薩爾茨
康士坦茲
巴塞爾
蒙貝利亞爾
林道
伊斯尼
茵河
薩爾茨
蘇黎世
福拉爾貝格
茵斯布魯克
柏桑松
提洛爾
利恩茲
弗朗什
－康地
伯恩
布里克森
梅蘭
瑞士聯邦
獨立時間：1648
波岑
特倫托
威尼斯
共和國
日內瓦
特倫托
薩伏依
里瓦
里昂
米蘭
隆河
皮埃蒙特
米蘭
威尼斯

典王國
波羅的海
柯尼斯堡
東普魯士
但澤
埃爾賓
瑪利亞堡
馬林韋爾德
卡明
柯爾貝格
卡明
波美拉尼亞
東波美拉尼亞
斯德丁
1637年劃歸波蘭
紐馬克
波蘭王國
托倫
維斯杜拉河
布蘭登堡
雷布斯
法蘭克福
托爾科
施維布斯
劃歸雷布斯
波茲南
華沙
奧德河
下勞西茨
科特布斯
薩甘
薩甘
格洛高
沃爾奧
上勞西茨
哥利茲
德勒斯登
里格尼茨
布雷斯勞
布里格
奧佩倫
萊特梅里茲
格拉茨
西里西亞
博伊騰
波希米亞王國
布拉格
易北河
葉格恩多夫
拉提波爾
奧德貝格
特羅保
克拉科夫
皮爾森
伏爾塔瓦河
奧爾米茨
摩拉維亞
1478年劃歸匈牙利
伊格勞
布爾諾
布德韋斯
中歐，約1648年
大主教轄區
神聖羅馬帝國的疆界
教會領地
霍恩佐倫家族
維特爾斯巴赫家族（普法爾茨支系）
維特爾斯巴赫家族（巴伐利亞支系）
維特爾斯巴赫家族（巴伐利亞支系）管轄的教會領地
薩克森家族（阿爾布雷希特支系）
薩克森家族（恩斯特支系）
哈布斯堡家族（奧地利支系）
哈布斯堡家族（奧地利支系）管轄的教會領地
哈布斯堡家族（西班牙支系）
瑞士聯邦的自由邦
瑞士聯邦的聯盟邦
帝國自由市
法國取得的土地（1552/1648）
小邦國
紹
紹
奧地利
林茲
維也納
普雷斯堡
魏德霍芬
皇家匈牙利
格勒布明
施泰爾馬克
格拉茲
蘭茨貝格
巴拉頓湖
菲拉赫
卡林西亞
穆爾河
劃歸布里克森
劃歸弗賴辛
萊巴赫
戈里齊亞
卡爾尼奧拉
薩瓦河
德拉瓦河
的里亞斯特
鄂圖曼帝國
多瑙河

丹麥王國
北海
什列斯威
霍爾斯坦
呂貝克
漢堡
奧爾登堡
不來梅
威悉河
聯省共和國
漢諾威
斯騰達爾
布蘭登堡
阿姆斯特丹
奧斯納布呂克
漢諾威
明斯特
明斯特
馬德堡
馬斯河
多特蒙德
哈勒
安特衛普
卡塞爾
萊比錫
貝爾格
利隆
列日
科隆
布魯塞爾
于利希
埃爾福特
耶拿
列日
黑森－
達姆施塔特
富爾達
奧屬尼德蘭
特里爾
維爾茨堡
班貝格
法蘭克福
美因茲
美因茲
埃格爾
特里爾
維爾茨堡
班貝格
盧森堡
斯派爾
海爾布隆
薩爾勒拿爾當
巴登
雷根斯堡
洛林
斯圖加特
多瑙河
斯特拉斯堡
薩爾姆
巴伐利亞
法蘭西
王國
奧古斯堡
亞爾薩斯
慕尼黑
米爾豪森
奧古斯堡
蒙貝利亞爾
巴塞爾
蘇黎世
因河
柏桑松
茵斯布魯克
列支敦士登
提洛爾
利恩茲
伯恩
瑞士聯邦
布里克森
特倫托
日內瓦
特倫托
薩伏依
里昂
隆河
薩丁尼亞王國
皮埃蒙特
米蘭
威尼斯

典王國
波羅的海
柯尼斯堡
東普魯士
但澤
埃爾賓
瑪利亞堡
柯爾貝格
西普魯士
埃姆蘭
馬林韋爾德
波美拉尼亞
普魯士王國
雷利茨
斯德丁
托倫
布蘭登堡
馬索維亞
維斯杜拉河
林
法蘭克福
庫納斯多夫
波茲南
華沙
奧德河
大波蘭
波蘭王國
科特布斯
里格尼茨
布雷斯勞
德勒斯登
西里西亞
蘭茨胡特
小波蘭
波希米亞王國
布拉格
易北河
克拉科夫
奧屬西里西亞
特申
皮爾森
伏爾塔瓦河
奧爾米茨
加里西亞及
洛多梅里亞王國
摩拉維亞
布爾諾
布德韋斯
紹
奧地利
維也納
普雷斯堡
匈牙利王國
施泰爾馬克
巴拉頓湖
聖戈特哈德
卡林西亞
穆爾河
萊巴赫
德拉瓦河
戈里齊亞
卡爾尼奧拉
薩瓦河
的里亞斯特
克羅埃西亞
多瑙河
中歐，約1786年
神聖羅馬帝國的疆界
教會領地
霍恩佐倫家族在布蘭登堡－普魯士的領地
韋廷家族（薩克森選侯國）
韋廷家族管轄的教會領地
維特爾斯巴赫家族（巴伐利亞支系），
自1777年起統一
維特爾斯巴赫家族（巴伐利亞支系）
管轄的教會領地
哈布斯堡家族（奧地利支系於1770年無男嗣：
從此成為哈布斯堡－洛林家族）
哈布斯堡家族管轄的教會領地
大不列顛與漢諾威（自1714年起聯合）
小邦國

丹麥王國
北 海
瑞典
波美拉
呂貝克
梅克倫堡－
什未林公國
耶弗爾
漢堡
梅克倫堡－
施特雷利茨公
不來梅
威悉河
漢諾威
斯騰達爾
布蘭登堡
西發利亞王國
阿姆斯特丹
漢諾威
奧斯納布呂克
布倫瑞克
馬德堡
荷蘭王國
明斯特
馬斯河
哈勒
黑森
大公國
卡塞爾
萊比錫
安特衛普
貝爾格
大公國
科隆
薩克
埃爾福特
布魯塞爾
阿亨
列日
圖林根諸邦
法蘭西
帝國
法蘭克福
大公國
法蘭克福
維爾茨堡
大公國
美因茲
埃格爾
拜羅伊特省
特里爾
盧森堡
維爾茨堡
摩瑟爾河
紐倫堡
巴伐利亞王國
萊茵河
符騰堡王國
雷根斯堡
斯圖加特
多瑙河
斯特拉斯堡
烏爾姆
奧古斯堡
巴登
大公國
慕尼黑
薩爾茨
薩爾茨
巴塞爾
茵河
蘇黎世
茵斯布魯克
列支敦士登
納沙泰爾
提洛爾
伯恩
赫爾維提亞
利恩茲
布里克森
日內瓦
威尼托
瓦萊共和國
特倫托
義大利王國
里昂
隆河
米蘭
維羅納
威尼斯

典王國
博恩霍姆
波羅的海
柯尼斯堡
但澤
但澤共和國
柯爾貝格
斯德丁
格勞登茲
普魯士王國
托倫
華沙大公國
維斯杜拉河
林
法蘭克福
波森
華沙
奧德河
科特布斯
薩克森王國
德勒斯登
布雷斯勞
西里西亞
布拉格
易北河
拉提波爾
克拉科夫
奧屬西里西亞
波希米亞
皮爾森
伏爾塔瓦河
奧爾米茨
伊格勞
摩拉維亞
布爾諾
布德韋斯
紹
奧地利帝國
瓦格蘭姆
多瑙河
維也納
阿斯本
普雷斯堡
奧地利
布達（奧芬）
施泰爾馬克
匈牙利王國
巴拉頓湖
卡林西亞
德拉瓦河
穆列什河
萊巴赫
伊利里亞諸省
薩瓦河
德拉瓦河
的里亞斯特
斯拉沃尼亞王國
拿破崙的德意志，1810年
萊茵邦聯的疆界
小邦國

哥本哈根
丹麥王國
北　海
什列斯威
基爾
施特拉爾松
呂貝克
梅克倫堡－施特雷利茨大公國
漢堡
不來梅
威悉河
奧爾登堡大公國
漢諾威
布蘭登堡
尼德蘭王國
紹姆堡－利珀侯國
漢諾威
普魯
利珀－代特莫爾德侯國
布倫瑞克公國
明斯特
帕德博恩
安哈特公國
萊茵河
西發利亞
瓦爾德克侯國
萊比錫
安特衛普
薩克森
朗根薩爾察
薩克森王國
科隆
埃爾福特
布魯塞爾
黑森－拿騷
比利時王國
萊茵省
圖林根諸邦
黑森大公國
科布倫茲
盧森堡大公國
1867年成為中立國
法蘭克福
美因河
維爾茨堡
色當
利希騰貝格侯國
普法爾茨
巴伐利亞王國
梅斯
符騰堡王國
亞爾薩斯－洛林
多瑙河
斯特拉斯堡
法蘭西帝國
霍恩佐倫省
巴登大公國
慕尼黑
萊茵河
巴塞爾
茵河
列支敦士登
瑞　士
日內瓦
隆河
米蘭
維羅納
威尼斯

典王國
默美爾
博恩霍姆
波羅的海
柯尼斯堡
但澤
西普魯士
東普魯士
1824-1878 年合併
波美拉尼亞
斯德丁
俄羅斯帝國
維斯杜拉河
布格河
波森
波森
華沙
林
國
奧德河
波蘭
西里西亞
布雷斯勞
克尼格雷茨
布拉格
易北河
克拉科夫
奧匈帝國
伏爾塔瓦河
尼柯爾斯堡
多瑙河
維也納
奧地利
加斯坦
巴拉頓湖
德拉瓦河
穆列什河
萊巴赫
薩瓦河
德拉瓦河
的里亞斯特
斯拉沃尼亞王國
德意志帝國，1864-1871
北德意志聯邦的疆界，1867
德意志帝國的疆界，1871
普魯士，1864
普魯士獲得的土地，1865/1866
帝國領地亞爾薩斯－洛林，1871
自由城市

瑞典
挪威總督轄區
昔德蘭群島
卑爾根
奧斯陸
奧克尼群島
斯卡帕灣
斯塔凡格
哥特堡
北海
卡爾馬
丹麥
格拉斯哥
愛丁堡
哥本哈根
馬爾默
博恩霍姆島
貝爾法斯特
聯合王國
呂貝克
里茲
都柏林
利物浦
曼徹斯特
漢堡
斯德丁
尼德蘭
總督轄區
不來梅
愛爾蘭
諾里奇
伯明罕
阿姆斯特丹
波茨坦
柏林
海牙
卡地夫
布里斯托
倫敦
多特蒙德
萊比錫
敦克爾克
比利時
科隆
德國
里爾
布魯塞爾
德勒斯登
英吉利海峽
法蘭克福
布拉格
美因河
萊茵河
波希米亞－
摩拉維亞保護領
海峽群島
勒阿弗爾
盧昂
紐倫堡
巴黎
塞納河
亞爾薩斯－洛林
斯圖加特
布勒斯特
雷恩
維也納
奧爾良
慕尼黑
薩爾茨堡
巴塞爾
列支敦士登
茵斯布魯克
南特
羅亞爾河
法國
奧地利
伯恩
瑞士
維琪
利摩日
里昂
特倫托
的里亞斯特
米蘭
威尼斯
波爾多
格勒諾勃
杜林
加隆河
熱那亞
聖馬利諾
亞得里亞海
尼斯
佛羅倫斯
拉科魯尼亞
土魯斯
馬賽
義大利
潘普洛納
安道爾
艾爾巴島
布哥斯
埃布羅河
科西嘉島
梵蒂岡城
布拉干薩
薩拉戈薩
羅馬
瓦亞多利德
巴塞隆納
那不勒斯
葡萄牙
西班牙
馬德里
托雷多
塔霍河
薩丁尼亞島
巴利亞利群島
瓜地亞納河
瓦倫西亞
地中海
巴勒摩
西西里島
塞維利亞
卡塔赫納
格拉納達
阿爾及爾
突尼斯
英屬直布羅陀
丹吉爾
休達
奧蘭
突尼西亞
馬爾他島
美利雅（西班牙）
西屬摩洛哥
阿爾及利亞
摩洛哥
利比亞

瓦薩
芬蘭
阿尼加湖
拉多加湖
維堡（維普里）
土爾庫
奧蘭群島
赫爾辛基
漢科
芬蘭灣
列寧格勒
爾摩
塔林
納爾瓦
沃洛格達
羅的海
普斯科夫湖
塔爾圖
諾夫哥羅德
窩瓦河
普斯科夫
加里寧
蘇維埃
社會主義共和國聯盟
里加
高爾基
1941東方總督轄區
莫斯科
俄羅斯蘇維埃
社會主義共和國聯邦
考納斯
柯尼斯堡
維爾紐斯
斯摩棱斯克
明斯克
比亞維斯托克
戈梅爾
華沙
羅茲
普利皮亞特河
沃羅涅日
波蘭
行政總署
基輔
克拉科夫
利沃夫
1941烏克蘭總督轄區
哈爾科夫
頓河
波爾塔瓦
洛伐克
史達林格勒
外聶斯特地區
第聶伯羅彼得羅夫斯克
頓內次河
布達佩斯
德布勒森
比薩拉比亞
雅西
頓河
聶伯河
羅斯托夫
牙利
赫爾松
敖德薩
塞格德
羅馬尼亞
亞速海
提米什瓦拉
克里米亞
刻赤
貝爾格勒
克拉斯諾達爾
斯塔夫羅波爾
塞瓦斯托波爾
雅爾達
布加勒斯特
塞爾維亞
康斯坦察
黑海
尼什
喬治亞
內哥羅
-1944年
保加利亞
瓦爾納
博斯普魯斯海峽
索菲亞
普羅夫迪夫
斯科普耶
拉斯
地拉那
埃迪爾內
伊斯坦堡
阿爾巴
尼亞
薩洛尼卡
馬爾馬拉海
伊茲密特
布爾薩
安卡拉
約阿尼納
愛琴海
科孚島
希臘
土耳其
伊奧尼亞
群島
帕特拉斯
雅典
斯米爾納
科尼亞
伯羅奔尼撒半島
安塔利亞
羅德島
基西拉島
克里特島
尼科西亞
賽普勒斯
約旦
納粹德國全盛時期的歐洲，
1942年1月
德國的最大控制範圍
德國在一九三七年的疆界
希特勒的德國與奧地利，
以及波希米亞－摩拉維亞保護領地
接受德國管轄的土地
被德國占領的地區
與軸心國合作的勢力
軸心國占領的土地
維琪法國
義大利與所併吞的土地
未被征服的蘇聯領土
同盟國的領土
中立國

丹麥
北海
弗倫斯堡
什列斯威－霍爾斯坦
呂貝克
漢堡
漢堡
奧爾登堡
不來梅
不來梅
下薩克森
荷蘭
阿姆斯特丹
漢諾威
奧斯納布呂克
布倫瑞克
馬德堡
明斯特
比勒費爾德
北萊茵－西發利亞
薩克森－安哈特
馬斯河
多特蒙德
哥丁根
安特衛普
杜塞爾多夫
卡塞爾
萊比錫
圖林根
科隆
耶拿
布魯塞爾
波昂
黑森
比利時
科布倫茲
科堡
摩瑟爾河
法蘭克福
維斯巴登
萊茵蘭－普法爾茨
美因茲
盧森堡
維爾茨堡
巴伐利亞
薩爾蘭
曼海姆
海德堡
紐倫堡
薩爾布呂肯
雷根斯堡
斯圖加特
因哥爾斯塔特
法國
斯特拉斯堡
巴登－符騰堡
烏爾姆
奧古斯堡
慕尼黑
佛萊堡
巴塞爾
第戎
蘇黎世
列支敦士登
茵斯布魯克
伯恩
瑞士
日內瓦
義大利
里昂
米蘭
維羅納
威尼斯

瑞典
立陶宛
博恩霍姆島
波羅的海
加里寧格勒
格但斯克
波蘭
布格河
林
華沙
奧德河
弗羅茨瓦夫
德勒斯登
布拉格
克拉科夫
捷克共和國
伏爾塔瓦河
斯洛伐克
紹
維也納
布拉提斯拉瓦
奧地利
布達佩斯
匈牙利
斯洛維尼亞
盧布里亞納
的里亞斯特
克羅埃西亞
多瑙河
塞爾維亞
羅馬尼亞

現代德國各邦的位置圖

DEM BAYERISCHEN HEERE

Introduction
Monuments and memories
導言：紀念碑與記憶

德國的紀念碑截然不同於其他國家的紀念碑。

自從十九世紀中葉以來，前往巴黎、倫敦和慕尼黑的訪客，分別會在各市受到凱旋門的迎接。這些凱旋門都具有壯麗的古羅馬風格，各自紀念本國於一七九二至一八一五年之間，在那些把歐洲攪得天翻地覆的戰爭中所獲得的勝利。英國人在「海德公園角」樹立起威靈頓拱門，接著時隔將近一百年之後，又在其頂端放上了那尊巨大的四馬雙輪戰車銅像。它不只是矗立在當時倫敦市區的西部邊緣而已，甚至就位於滑鐵盧戰役勝利者威靈頓公爵自己的家門口。法國的凱旋門尺寸龐大、比例誇張，描繪著士兵出征的情景。它被設置在一條條星狀輻射出去的寬闊馬路之中心點，而其中三條馬路就是以拿破崙擊敗普魯士和奧地利的三場大勝仗來命名的。

慕尼黑的「勝利門」（Siegestor）興建於一八四〇年代，用來表彰巴伐利亞在「法國大革命戰爭」與「拿破崙戰爭」期間的英勇表現。正如同它所參考的古羅馬「君士坦丁凱旋門」那般，「勝利門」也裝飾得富麗堂皇，北面的橫額兩側並有人物浮雕做為點綴。其頂端矗立著擬人化的巴伐利亞銅像，她站在由獅群拖曳的戰車上，傲然面對北方——也就是大多數訪客會從那裡進城的方向。她的下方有題字寫著「Dem Bayerischen Heere」（獻給巴伐利亞軍隊），藉此榮耀巴伐利亞軍隊的功勳。

● 慕尼黑的勝利門，北面
● The Siegestor in Munich, north side

DEM SIEG GEWEIHT VOM KRIEG ZERSTÖRT ZVM FRIEDEN MAHNEND

● 凱旋門，巴黎
● The Arc de Triomphe, Paris

● 威靈頓拱門，海德公園角，倫敦
● The Wellington Arch, Hyde Park Corner, London

截至目前為止，一切都全然中規中矩。乍看之下您可能會認為，威靈頓拱門、凱旋門和勝利門都是以完全相同的方式，做出完全相同的事情。不過讓慕尼黑那座拱門變得如此意味深長的地方，是它的另外一側，那裡講述著一個大不相同的故事。勝利門在第二次世界大戰期間嚴重受損，但後來進行修復的時候，未曾設法重建已被炸彈摧毀的古典風格雕塑細節。拱門這一側的橫楣就只有一大片空蕩蕩的石壁。在這片了無一物的空白表面下方，則出現了「獻給勝利、毀於戰火、勸誡和平」的字樣——「Dem Sieg geweiht, vom Krieg zerstört, zum Frieden mahnend」。

倫敦和巴黎的拱門只是在那邊回望豐功偉績的時刻，怡然自得地（甚至是選擇性地）呈現出國家的勝利故事。慕尼黑的拱門卻同時娓娓講述當初是基於何種光榮理由建造了它，以及後來它受到毀壞時的情況。不同於另外兩座拱門之處在於，它原有的慶祝功能已被一句煞風景、提醒著失敗和罪過的警語壓抑下去。慕尼黑拱門傳達出一個道德訊

● 慕尼黑的勝利門，南面
● The Siegestor in Munich, south side

息：過去所提供的教訓，必須用於塑造未來。或許歷史在今日德國所扮演的最醒目角色就和這座拱門一樣，不僅闡明了對過去的看法，進而堅定不移地和耳提面命地把過去導引向前。

若說德國的紀念碑截然不同於其他國家的紀念碑，那是因為德國歷史本身就與眾不同的緣故。英法兩國幾百年來歷經強大中央政權的形塑之後，能夠用（或多或少）令人信服的方式，將自己的歷史呈現為單一的國家敘事。德國卻長期在政治上陷入自主邦國林立的狀態，使得那種歷史敘述變成不可能：大多數時候的德國歷史都絕對不會只是一個國家的故事。「神聖羅馬帝國」固然涵蓋著絕大多數的歐洲德語地區（參見地圖1），並且為德國歸屬感提供了一個框架，它卻難得有能力讓那許許多多共同組成帝國的政治單元體協調一致，更別說是指揮它們了。其結果為，德國歷史有很大一部分是由彼此大異其趣，時而相互衝突的各種地方敘事結合而成。

那種矛盾現象的最明顯例證，或許就是腓特烈大帝這號人物，[1]十八世紀中葉的普魯士國王。若在其他國家的話，他的軍事成就一定能夠確保其民族英雄地位。然而腓特烈的勝利，尤其他所征服的大部分土地，在很大程度上是以其他德意志邦國的損失為代價。他在柏林是一位英雄，在德勒斯登[2]卻是個惡棍。「七年戰爭」期間（1756-1763），普魯士徹底擊潰了薩克森；一七六〇年的時候，腓特烈的部隊更給薩克森首都帶來巨大損害。貝爾納多．貝洛托（Bernardo Bellotto）描繪巴洛克時代德勒斯登的畫作裡，除了呈現出那座歐洲美麗的城市（參見第18章），也記錄了市內「聖十字教堂」被腓特烈的砲擊夷為廢墟後的慘狀。

身為「七年戰爭」時期對抗法國的主要盟友，腓特烈大帝在英國既聲名大噪又備受推崇：伍斯特（Worcester）瓷器廠曾經製作一整個系列的產品來向他致敬，遲至一九一四年的時候，英國各地仍有一些酒館大剌刺地叫做「普魯士國王」（The King of Prussia）。德國各地卻不可能形成對腓特烈大帝的一致觀點：例如不出所料的是，德勒斯登從未以瓷器向腓特烈致敬，而且沒有任何薩克森的客棧是以他來命名。

在慕尼黑「勝利門」的背後也存在著類似矛盾。它被精心奉獻給「巴伐利亞軍隊」，卻避開了一件令人難堪的事情：那支軍隊在「拿破崙戰爭」的大多數時候，是跟法軍並肩攻打其他的德意志邦國。「勝利門」因而是一座具有雙重模糊性的紀念建築，它不僅是一個沒有凱旋的凱旋門，還以記錄勝利的方式同樣記錄了失敗，而且更顯露出一個尷尬的事實，那就是敵人很容易就從外國人變成德國人。

德國的歷史是如此支離破碎，因而不可避免地既多彩多姿又令人困惑。儘管人們對共同歸屬的大家庭有著強烈的意識，可是直到德國在一八七一年獲得統一為止，對共同的目標卻只有過一種閃爍不定的感覺。但即便如此，德國人的作為與經歷仍然大量帶來了廣泛共享的記憶：本書的目的便在於喚起其中的一些，並且對之進行探討。但本書並不打算（同時也不可能）在任何意義上成為一部關於德國歷史的著作，而是嘗試藉由各種物品、建築、人物和地點，來探究一些建構了現代德國民族身分的因素。時間最早的探究對象是來自一四五〇年代的《古騰堡聖經》，那或許是德國對世界歷史進程發揮決定性影響的第一個時刻——事實上，那更為所有的現代歐洲文化奠定了重要基礎。為時最晚的探究對象則是最近被整修得煥然一新的「Reichstag」——德國國會大廈。

記憶的形成永無止境，而我設法挑選出來的對象是，那些在我看來特別強而有力、可被大多數德國人共享的記憶，尤其是那些對非德國人來說或許比較陌生的事項。

瑞士人和奧地利人當然也共享了其中的許多記憶，不過本書所探討的是二十五年前應運而生的那個德國，以及今日生活在那裡的人們的記

● **次頁**｜德勒斯登「聖十字教堂」在一七六〇年毀於普魯士砲火後的廢墟。貝爾納多・貝洛托，一七六五年

● The ruins of the Kreuzkirche, Dresden, destroyed in 1760 by Prussian bombardment. Bernardo Bellotto, 1765.

憶。瑞士很早便開始在政治上脫離了德國的其餘部分；它在上個世紀的兩次世界大戰期間保持中立，更使得它具有一種極不相同的過去。奧地利的故事固然更緊密地與鄰居德國的故事交織在一起，在許多關鍵因素方面卻有所不同。奧地利不曾遭到宗教改革永遠的撕裂；它針對拿破崙入侵所做出的反應並非強調民族獨特性，反而是努力鞏固哈布斯堡家族歷代祖傳的領地；況且它未曾經歷過冷戰時代的國家長期分裂，以及從此在德國的故事中所發生的一切，尤其奧地利沒有像現代德國那般痛定思痛，嚴厲而真誠地公開檢討自己在納粹帝國時代的記憶與責任。一本同時也涵蓋了奧地利記憶的書籍，將會變得非常不一樣。

所有主要國家都設法建構一套解讀本國歷史的方式，以便讓他們篤定而充滿信心地立足於自己當前在世界上所處的位置。美國極力強調「山上的城」(City upon a hill)這種自我觀點，於是很早便認定了自己的「昭昭天命」(Manifest Destiny)。英國和法國則分別以不同的方式，把自己的政治演進過程看成是全世界的典範，並且透過帝國主義擴張行動慷慨地與他人共同分享。俾斯麥在一八七一年將四分五裂的邦國鍛造成德意志帝國，接著使得它成為歐陸首屈一指的工業與經濟強權之後，德國說不定也會有辦法炮製出某種類似的國家神話。

然而第一次世界大戰的敗績、威瑪共和國的崩潰，以及「第三帝國」的謀殺罪行，已經使得此類具有一致連貫性的論述變成不可能。德國學者們徒勞無功地想把一塊拼圖的不同部分組合在一起，但沒有人能夠以令人信服的方式，把十八、十九世紀德國在思想上和文化上的偉大成就與納粹的道德淪喪連接起來，拼湊出一個可讓人理解的圖像。就深層意

● 格奧爾格．巴塞利茨，〈顛倒的老鷹與德國的黑、紅、金三色國旗〉。一九七七年
● *Inverted Eagle with the Colours of the German Flag*, by Georg Baselitz, 1977

義而言，這種歷史已經滿目瘡痍到了無法修復的地步，以致必須不斷地重新審視——此種構想已被格奧爾格·巴塞利茨（Georg Baselitz）那一面破爛不堪、混亂倒置的國旗，強而有力地加以視覺化。

無論德意志各個地區和各個邦國的遭遇再怎麼分歧，其民族記憶當中都銘刻著四大創傷。

首先是三十年戰爭（1618-1648），每一個德意志邦國都經歷過它，而且來自每一個主要歐洲大國的軍隊都曾經在德境作戰。它對平民百姓和民生經濟造成了嚴重摧殘。當各方軍隊在國境內縱橫穿梭的時候，便不斷傳播著恐怖和災難。雅克·卡洛（Jacques Callot）曾經刻畫出來，一支恣意劫掠的部隊抵達之後，如何給洛林的鄉間百姓帶來殘酷衝擊（當時洛林還是神聖羅馬帝國的一部分）。德國全境都出現過類似的可怕遭遇，並且讓人永遠難以忘懷。一般普遍認為，那場戰爭所產生的經濟後果甚至直到十九世紀都還清晰可辨。一九四五年五月初的時候，希特勒的繼任者鄧尼茨海軍上將（Admiral Dönitz）命令德國武裝部隊停止戰鬥。阿爾伯特·施佩爾（Albert Speer），希特勒的建築師和軍備部長，曾針對投

●〈吊人樹〉，摘自《戰爭的苦難和不幸》。雅克·卡洛，一六三三年

● *The Hanging*, from *The Miseries and Misfortunes of War*, by Jacques Callot, 1633

●〈日耳曼尼亞〉，阿道夫・門采爾。一八四六至一八五七年
● *Germania*, by Adolph Menzel, 1846–57

降的決定做出解釋如下：

> 德國迄今所承受的破壞，只有三十年戰爭才能夠相提並論。絕不可以讓飢餓和困頓對我國百姓造成的人命損失，達到那個時代的規模。

歐洲在一七九二年爆發了戰爭，導致法國革命軍入侵萊茵蘭，占領德國西部的大片地區。包括美因茲、阿亨[3]和科隆在內的許多歷史名城相繼被併入法國，於將近二十年的時間內一直成為法蘭西的城市。一八〇六年時，拿破崙在「耶拿」與「奧爾施泰特」兩場戰役中擊潰普魯士

● 兒童剪貼畫。一九三五年前後

● Children's cut-outs, c. 1935

軍隊後，勝利地進入柏林市。到了一八一二年，法國人實際上已經占據萊茵蘭至俄羅斯之間的整個德國。德意志的土地上已不復存在任何有效的軍事抵抗力量。每一個主要的德國統治者都被迫派兵參加法國攻打俄羅斯的行動。那種丟臉的事情令人刻骨銘心，最後卻激起全民以一種嶄新的方式來定義自己，進而團結一致挺身反抗侵略者。一八〇六年的奇恥大辱所帶來的記憶，已經烙印到所有德國人的意識當中，而且此事不斷延續到十九世紀末，甚至還遠遠超於此。

四大創傷當中最具破壞性和最為棘手的一個，則是「第三帝國」。此處兒童人像剪貼畫中的「希特勒檢閱納粹褐衫隊」便體現出，納粹政

● 一九四三年盟軍大空襲後的漢堡
● Hamburg after the Allied bombing raids of 1943

權對德國社會每個方面的滲透和汙染已經到了何種地步。「第三帝國」在德國境內和歐洲各地所犯下的累累罪行，以及幾乎每個德國家庭皆有成員涉入此類罪行一事，都屬於廣泛共享的記憶（在許多情況下是共同的沉默），直到今天依舊具有高度的敏感性，仍然讓人久久無法釋懷。德國百姓付出的可怕代價、逃難和在東方遭到驅逐，以及諸如漢堡和德勒斯登之類城市所受的摧殘（參見第27章），則是「第三帝國」留給幾乎所有德國人的第二種記憶。

納粹侵略行動所帶來的最終結果，就是德國全境遭到四個同盟國入侵和占領，繼而長年分裂成西方的「德意志聯邦共和國」與東方的「德

意志民主共和國」。那導致東德繼續接受了四十年的獨裁統治和高壓迫害。兩德分裂所產生的人力成本（這體現於那些拼死試圖穿越柏林圍牆而失去自己生命的人們），迄今仍在評估中。

自從柏林圍牆倒塌以來，已經過了二十五個年頭，一個新的德國也已誕生了將近二十五年。德國人在此期間內做出巨大的努力，明確而勇敢地對自己國家的歷史進行省思。德國的重新統一，與一種目光更加清晰的歷史調查齊頭並進，探究了許多德國百姓涉入那些罪行的程度，長久以來這些罪行只被歸咎給「納粹」。在重新建設柏林的同時，也有意識地設法將一些最痛苦的記憶公諸於世，其中極為突出的一個例子就是用於悼念歐洲被殺害猶太人的「浩劫紀念碑」。[4]就此而言，我們也可以表示：德國的紀念碑截然不同於其他國家的紀念碑。我不知道世界上還有別的國家會在自己首都的心臟地帶為自己的恥辱樹立紀念碑。正如同慕尼黑的「勝利門」，那些努力的目的不只是為了要記住過去，同時也是（或許更重要的是）為了要確保將來會變得不一樣。就像傑出的政治評論家米夏埃爾·施圖爾默（Michael Stürmer）所指出的：「在德國，歷史長久以來的目的就是為了確保歷史永遠不會重演。」

接下來兩頁的照片，呈現出今日柏林市中心的三大紀念建築物。在右側中景的部分是布蘭登堡門，我第一章的主題。它的後面是德國國會大廈，我最後一章的主題。前景部分則是「浩劫紀念碑」，用於追憶在本書稍後幾個章節所討論的那些事件。這三座紀念建築物及其共同蘊含的意義，多方面傳達出現代德國做出的獨特嘗試，來坦然面對自己的歷史傳承，以及自己既複雜萬分又變化多端的記憶。

- 十八歲的彼得·費希特爾成為第一個因試圖翻越柏林圍牆而被射殺者。一九六二年八月
- Peter Fechter, aged eighteen, the first person to be shot dead climbing over the Berlin Wall, August 1962

1 〔譯注〕弗里德里希（Friedrich/Frederick）這個德國人名亦被音譯成腓特烈。譯者在本書採用的做法是：君主一概按照慣例音譯成「腓特烈」，一般人名則音譯成「弗里德里希」。

2 〔譯注〕德勒斯登（Dresden）是薩克森的首都，或被音譯成「德累斯頓」（但德語讀音其實是「德累斯登」）。

3 〔譯注〕阿亨（Aachen）或被音譯成「亞琛」。

4 〔譯注〕浩劫紀念碑（Holocaust Memorial）也稱做歐洲被害猶太人紀念碑（Memorial to the Murdered Jews of Europe）。

PART ONE
Where is Germany?
德國在哪裡？

「德國？它在哪裡？我找不到這樣一個國家。」
一七九六年的時候，歌德和席勒如此寫道。
德國無論在地理上或歷史上都一直很不穩定。
疆界會移來移去；過去總是變化多端。
許多個世紀以來曾經隸屬於德國的一些城市和地區，
如今已然成為其他國家不可分割的部分。
對它們，以及對德國人本身來說，那又意味著什麼呢？
在本書所涵蓋的五百多年時間範圍內，
德國絕大多數時候都是由許許多多彼此分離的政治單元體所構成，
而且它們各自擁有色彩鮮明的歷史。
那究竟是支離破碎的分裂性，抑或是內容豐富的多元性？

1 The view from the Gate
從布蘭登堡門開始

如果現代的德國可被比擬成一座村莊，擁有一塊公用場地讓人在上面紀念和慶祝公共事件，對應回現實世界，這個地點就是布蘭登堡門周圍的區域。這區域長久以來都是柏林市內舉行集會和遊行時的首選場地；自從兩德統一之後，那座莊嚴的新古典主義門樓更已成為各種全國性重大事件的天然布景。

德國聯邦文化部長莫妮卡·格呂特斯教授指出：

> 布蘭登堡門是國家級的紀念建築，沒有其他任何東西可以和它並駕齊驅。它固然是柏林圍牆的象徵，象徵著分裂成東方和西方的世界。但它同時也是圍牆倒塌與重獲自由的象徵。它代表著德國的分裂，以及世界裂解成兩個陣營，分別有著兩種不同的社會理念。它提醒我們失去了的自由，但它本身也是自由失而復得的偉大象徵。它既是國家級也是國際級的自由與團結紀念碑。

莫妮卡·格呂特斯所談論的，就是自從二十五年前柏林圍牆倒塌以來，世界各地人們賦予布蘭登堡門的意義。但布蘭登堡門本身的歷史、它自己的種種遭遇和深遠的關聯性，可以回溯到十倍以上更長久的時間。

那裡起初是柏林周圍許多座城門當中的其中一座，進城的貨運馬車

- 次頁｜由卡爾·戈特哈德·朗漢斯設計的布蘭登堡門。
興建於一七八八至一七九一年之間，一九四五年嚴重受損，一九九〇年後修復。
- The Brandenburg Gate by C. G. Langhans, built between 1788 and 1791, badly damaged 1945, restored after 1990

就在門前繳納通關費用。它在一七八〇年代的時候經過重新修建，遵照普魯士國王腓特烈・威廉二世的命令，採用了卡爾・戈特哈德・朗漢斯的新古典主義風格宏偉設計。它是以雅典衛城的門樓做為參考對象，被設想為一座和平紀念碑。此外它率先從建築工程方面強調柏林市自從在腓特烈大帝的統治下獲得了一座壯麗的圖書館、一所歌劇院和其他類似的機構之後（參見第30章），現在覺得有資格宣布自己是一個秉持雅典傳統的文化城市與知識之都。

布蘭登堡門矗立於「菩提樹下大街」[1]的西側末端，而「菩提樹下」類似巴黎的「香榭麗舍」那般，從市區邊緣一直延伸到城市的心臟地帶。在那條大馬路的盡頭則有「柏林城市宮」屏障視線——那裡是霍恩佐倫王朝的宮殿。布蘭登堡門修建完成一段時間之後，又在其頂部安放了一尊勝利女神銅像和她的四馬雙輪戰車，使得那座門樓具有凱旋門的外觀。

● 霍恩佐倫家族的「柏林城市宮」。一七〇〇至一九五〇年
● The Hohenzollern Stadtschloss, 1700–1950

● 拿破崙從布蘭登堡門勝利進入柏林。一八〇六年

● Napoleon's triumphant entry into Berlin, at the Brandenburg Gate, 1806

第一個真正勝利通過布蘭登堡門進城的人卻並非普魯士國王，反而是拿破崙。一八〇五年十二月奧地利在奧斯特里茨戰役落敗之後，普魯士成為唯一仍有能力正面對抗侵略者的德意志邦國。可是第二年的十月十四日，拿破崙在「耶拿」和「奧爾斯泰特」兩場戰役中擊潰了普魯士軍隊。兩個星期後，法蘭西皇帝於一八〇六年十月二十七日勝利地進入柏林，率領他的部隊穿越布蘭登堡門，一路沿著「菩提樹下大街」行軍來到國王的宮殿。王室家族出奔國境東方的柯尼斯堡那座城市（今日的加里寧格勒），在該地開始籌劃普魯士命脈的延續及復興。柏林則遭到遺棄，任由法國人占領。拿破崙亟欲證明自己如今享有絕對的威權，而普魯士國王對自己的首都無能為力，於是將四馬雙輪戰車銅像從門樓拆除下來，把它當成戰利品運往巴黎展示。於是布蘭登堡門在八年的時間

內缺少了頂端的塑像。

國王和他的顧問們在柯尼斯堡對國家進行全面整頓，使得普魯士最後能夠於反抗和驅除法國人的行動中發揮主導作用。一八一三年時，普魯士和俄羅斯的部隊聯手迫使拿破崙撤出柏林，並且朝著巴黎的方向一路窮追猛打拿破崙和他的部隊。到了一八一四年，四馬雙輪戰車在萬眾歡騰聲中返回布蘭登堡門。不過它被重新放置上去之前曾經遭到修改。在我們今日看見的青銅馬車上，勝利女神雕像有普魯士的雄鷹在旁伴隨，而她的長矛傲然撐起「鐵十字勳章」(參見第14章)——曾經英勇抵抗法國侵略者的人們獲得普魯士國王頒贈的獎勵。四馬雙輪戰車明確地表達出：德國已經擊敗了拿破崙，而德國主要是因為他的入侵才被創造出來的。布蘭登堡門已然變成普魯士的勝利拱門。

布蘭登堡門不只是一座被歷史添加了一層又一層意義的紀念碑而已。它更是一個絕佳的駐足地點，可以從那裡回顧德國歷史上的一些關鍵時刻。事實上，光是站在這個地方所能看見的物證就已經不侷限於拿破崙戰爭，還涉及到其他許多形塑德國民族記憶的重大事件。

如果轉身面向西方，並且沿著通往「夏洛騰堡宮」的寬闊林蔭大道張望下去，我們會看見另外一尊勝利女神像，這回是全身鍍金和孑然一身，矗立在高達二百英尺的「勝利柱」頂端。它設計於一八六四年，用來慶祝普魯士擊敗丹麥，開啟了德國統一進程的先河。等到「勝利柱」完工的時候，普魯士又已經在一八六六年把奧地利打得落花流水，並且在一八七〇年擊敗法國。於是它的底座被做出一些相應的修飾，同時標記出那三場勝利。在俾斯麥的主導下，普魯士國王成為君臨統一德國的

● 勝利柱。由海因利希・施特拉克設計，建造於一八六四年至一八七三年之間。

● The Siegessäule, by Heinrich Strack, 1864–73

● 阿爾伯特・施佩爾為第三帝國巨大的「人民大廳」設計的模型，布蘭登堡門則位於前景部分。

● Albert Speer's model for the Third Reich's giant Hall of the People, with the Brandenburg Gate in the foreground

德意志皇帝，統一後的德國則躍升為歐陸獨占鰲頭的工業與軍事強權。一八七三年的「勝利柱」落成儀式，象徵著柏林在歐洲和世界上扮演的新角色。雖然一九四五年的時候，法國人堅持一定要拆除標示他們戰敗的牌匾雕刻，但「勝利柱」本身仍大致保持原樣，直到今天依舊表達出柏林在一八七〇年代的自信樂觀。

我們不妨說，從布蘭登堡門朝著西方看見的風光，體現出一八七〇至一九一四年之間德國在世界上實際所處的地位。若事情按照希特勒和阿爾伯特・施佩爾的計畫方式進行下去，那麼一九四〇年代末期往北邊看過去的景象，應可展露出那裡在他們想像中該有的模樣。施佩爾是希特勒最賞識的建築師，曾經設計了一座極其宏偉的「人民大廳」。其巨大穹頂的高度超過一千英尺，籠罩著一個可容納十八萬人聚集聆聽元首講話的集會廳堂。它勢必會讓一旁的國會大廈完全相形見絀，顯得矮小不堪。此外對納粹舉辦遊行和集會的首選地點布蘭登堡門來說，它恐怕只會成為一個咄咄逼人、狂妄自大的鄰居。假使歷史發展得大不相同的話，站在原本可以目睹施佩爾完成穹頂的那個地點，想必將是一種非常詭異的經驗。然而時至今日，我們如果從那裡轉身面對南方，卻只會望見通向「浩劫紀念碑」的一條條走道。

從布蘭登堡門朝向西方、北方或南方遠眺過去的景色，一直都被視為僅僅具有次要意義。就城市景觀設計而言，東邊的風光才是真正重頭戲——視線沿著「菩提樹下大街」迤邐而下，通過腓特烈大帝的圖書館和歌劇院之後，目光的盡頭就是「柏林城市宮」。它是一座巴洛克風格的巨大市內宮殿，完成於一七〇〇年前後，其設計目的在於做出一項重大宣示：歷經七十年的動亂之後，建都於柏林的「布蘭登堡」那個蕞爾小邦不但撐過了三十年戰爭（一六一八—一六四八年）和瑞典入侵（一六七〇年代）而存活下來，更已儼然成為一個讓人正眼看待的歐洲強權。

它存活下來的過程十分驚人。據估計在一六三〇年代的時候，布蘭登堡的城鎮居民從十一萬三千五百人下降至三萬四千人，其鄉間百姓則從三十萬人減少到七萬五千人。全國四分之三左右的人口已經死亡或者

● 位於皇宮舊址上的東德「共和國宮」，一九七三／七六年至二〇〇八年。
● The Palast der Republik of the GDR, 1973/6–2008, on the site of the former Schloss

逃跑。戰爭結束之後，城鎮和鄉間的情況漸趨穩定，開始慢慢恢復了繁榮。一六七〇年代的時候，身為北歐軍事強權的瑞典再度入侵，而且這回是與法國結盟。當時的布蘭登堡選侯，即歷史上所稱的「大選侯」，施展高超技巧擊敗了他們。隨即出現一種政治和經濟上的報復，但結果卻是令人愉悅的變相報復：當路易十四國王廢除《南特詔書》，並且在一六八五年把新教徒趕出法國之後，許多教育程度最高和技巧最純熟的胡格諾派教徒便應邀前來，建設和豐富了柏林。其中有一些工匠也參加過興建與修繕這座宮殿的工作。「柏林城市宮」明白地昭告世人，你可別想招惹布蘭登堡。

可是今天沿著「菩提樹下大街」張望下去的時候，已經看不見「柏林城市宮」。它固然在轟炸中嚴重受損，卻挺過了第二次世界大戰，而且其實還可以進行修復。蘇聯占領當局沒有那麼做，反而決定鏟平這座霍恩佐倫家族的宮殿，因為他們把它看成是普魯士軍國主義的具體象徵，現在總算有機會將它抹除。結果它只有一小部分（一個陽台）被保存了下來。一九一八年十一月九日，卡爾·李卜克內西特那名共產黨員就站在那個陽台上面，宣布成立「德意志自由社會主義共和國」——不過建立一個共產主義國家的企圖很快便遭到粉碎（參見第22章）。

在皇宮的舊址上，德意志民主共和國政府新修建了現代派風格的「共和國宮」。這一棟覆蓋著古銅色鏡面玻璃的鋼結構建築物於是成為「人民議院」所在地，以及文化與休閒活動的中心——直到東德在一九九〇年壽終正寢為止。可是今天同樣再也看不見它了。兩德統一後的最初幾年內，既然人民代表們已經重新回到全德性質的國會大廈，於是針對「共和國宮」在新團圓的柏林市內應有的未來進行了激辯。時至二〇〇八年，「共和國宮」已被拆得一乾二淨。所宣稱的理由是：建材中的石棉使得它不適合繼續使用下去。「共和國宮」消失之後，舊東柏林許多比較快樂的記憶跟著一去不返。它本身的鋼鐵骨架則被出售，供使用於建造杜拜的「哈里發塔」。

這麼一來，現在我們從布蘭登堡門既無法瞻仰大選侯的勝利，也無法欣賞德意志民主共和國的社會主義成就。這個歷史悠久的遠眺景觀如今結束於一個建築工地，昔日「柏林城市宮」的重建正在那裡快速進行之中（參見第30章）。它的後面卻仍然矗立著東柏林的另外一個巨大地標——高達一千英尺的「亞歷山大電視塔」。那是一座修建於一九六〇年代晚期的高科技電訊塔，被設計得讓人從西柏林一眼就可以望見，供使用於以各種方式來宣揚傳播那個社會主義國家的美德。它持續是德國最高的建築物之一，主宰著整座城市的天際線。其頂端的正下方出現一個球狀的營運中心，還理所當然似地設置了旋轉餐廳。但並不是因為這層理由，「亞歷山大電視塔」才會變成柏林記憶世界當中的一部分。幾何形狀與光線反射的交互作用，使得每當陽光普照之際，球體表面就會出現一個巨大的十字圖案。它時至今日依舊出現，並且引來布蘭登堡門圍

觀人群的嘲諷笑容，因為他們還記得那個十字圖案給東德無神論領導高層帶來的無奈與尷尬——當時它很快就被戲稱為「教宗的復仇」。

布蘭登堡門曾經在戰時飽受摧殘，隨即由盟軍占領當局加以補綴和修復。它就坐落於西方占領區和東方占領區（後來則是兩個國家）的交界處，是官方核定的入出境關卡之一。如同在十八世紀那般，它重新變成一個前往柏林的入口，進而成為一個具有特殊重大意義的遊行示威場所。一九五三年時，它是反抗蘇聯統治東歐的第一次大規模起義行動的現場，有數萬名罷工工人呼籲舉行自由選舉，並且扯下飄揚於布蘭登堡門上的紅旗，結果遭到蘇聯坦克的鎮壓。一九六一年八月十四日，柏林圍牆開始施工一天之後，西柏林百姓聚集在布蘭登堡門的另一側，針對圍牆的修築和他們城市的分裂進行抗議。東德當局以這些示威活動為藉口而關閉當地的檢查站，「直至另行通知為止」。於是在二十八年的時間內，布蘭登堡門成為一道障礙。它一直要等到一九八九年十二月二十二日才重新打開——當西德總理赫爾穆特．柯爾步行穿越布蘭登堡門，接受東德總理漢斯．莫德羅迎接的時候。沒有其他任何建築物或地點，能夠如此強有力地向全體德國人傾訴他們國家的分裂和再統一。

● 埃里希．奧特設計的統一紀念徽章，一九八九年。
左圖的監獄鐵窗變成了右圖的布蘭登堡門。監獄那一側的標題
使用了德國國歌歌詞的開頭部分：「Einigkeit und Recht und Freiheit」（統一與法治和自由）。

● Reunification medal by Erich Ott, 1989.
The prison bars on one side turn into the Brandenburg Gate on the other. The prison side carries the title of the German national anthem: 'Einigkeit und Recht und Freiheit' ('Unity and Justice and Freedom').

● **對頁**｜赫爾曼．亨瑟爾曼與格哈德．科瑟爾設計的亞歷山大電視塔。一九六九年啟用

● The Alexanderturm, by Hermann Henselmann and Gerhard Kosel, operational 1969

● 在布蘭登堡門歡慶贏得世界盃足球冠軍。二〇一四年六月

● World Cup celebrations at the Brandenburg Gate, June 2014

再統一之後，布蘭登堡門又一次受到整修。如今它位於一個行人專用區的中央，是舉辦各式各樣慶祝活動的首選地點。二〇一四年夏天，它重新被使用於一個勝利入城儀式——但這次進城的人並非法國侵略者，而是剛剛從「巴西世界盃」凱旋歸來的德國國家足球隊。

在下一章，我將沿著「菩提樹下大街」向東方一路走過去，探索德國關於冷戰分裂的一些記憶。由於分裂得如此徹底和完全，生活在東邊和西邊的人們沒有多少共同的記憶。不過大家都還記得，從一個德國旅行到另外一個德國曾經是多麼困難的事情，以及擅自試圖那麼做的人們為此付出的代價。

1 〔譯注〕德國其實沒有「菩提樹」（Ficus religiosa/Bodhibaum/Bodhi tree）。此處的「菩提樹」出自早年對椴樹（Tilia/ Linden/Lime tree）的誤譯。「菩提樹下大街」（Unter den Linden）早已約定俗成，所以在此仍沿用「菩提樹」這個譯名（在本書第十二章則如實翻譯成「椴樹」和「椴木」）。

2 Divided Heaven
分裂的天空

經過重建、供德國聯邦議院在此運作的國會大廈，矗立於柏林市的心臟地帶。由於其地點靠近昔日分隔了東柏林與西柏林的邊界，它的周圍現在沒有什麼建築物，它的一側是草地，另一側是施普瑞河河岸。在大多數的日子，河邊充滿了觀光客和漫步者，就好像你可能會在塞納河畔或者泰晤士河畔發現的情況一般。然而很快就會發現，這不可能是倫敦或巴黎——它只可能是柏林。在河畔不同地點設置著一排排的白色十字架：

君特・利特芬，一九六一年八月二十四日
Günter Litfen 24 August 1961
烏多・迪里克，一九六一年十月五日
Udo Düllick 5 October 1961
漢斯・雷弗爾，一九六三年一月一日
Hans Räwel 1 January 1963
克勞斯・施勒特爾，一九六三年十一月四日
Klaus Schröter 4 November 1963
海因茲・索科洛夫斯基，一九六五年十一月二十五日
Heinz Sokolowski 25 November 1965
瑪利內塔・伊爾科夫斯基，一九八〇年十一月二十二日
Marinetta Jirkowsky 22 November 1980

那看起來宛如一座戰爭公墓，因為所有的死者都很年輕。但它並非戰爭公墓。那些姓名屬於一些試圖從東柏林逃往西柏林而慘遭殺害的人。事情發生在一九六一年八月之後——當時築起了冷戰最強有力的象

- 次頁｜施普瑞河畔的白色十字架，後面是聯邦總理府。
- White crosses by the River Spree, with the Bundeskanzleramt behind

Spree-Blick II
www.reederei-riedel.de

● 克里斯塔·沃爾夫，《Der geteilte Himmel》（「分裂的天堂」或「分裂的天空」）。一九六三年

● Christa Wolf, *Der geteilte Himmel* (Divided Heaven, or They Divided the Sky), 1963

徵：柏林圍牆。

那些人喪命的日期開始於修築柏林圍牆十天後，一直持續到它被拆除之前十個月。自從圍牆在一九八九年倒塌以來的二十五年間，全德國關於分裂的諸多記憶當中，最為印象鮮明、最令人痛苦、造成最多問題的一項記憶，仍然是當初國家如何被殘酷地一分為二。每一個年齡在三十五歲以上的德國人，無論來自東方還是西方，都知道有許多家庭遭到拆散，知道一個專斷獨行、冷酷無情的官僚機構，為了規範兩德之間的人員移動所造成的人力成本也知道那些為此付出了自己生命的人。

東德作家克里斯塔·沃爾夫撰寫的《分裂的天空》出版於一九六三年，時間是在豎立起柏林圍牆兩年之後。這本書給克里斯塔·沃爾夫帶來了聲譽，並且長期被視為從東方看待兩德分裂的作品當中最深入和最淒美的一本。這本書講述麗塔（Rita）與曼弗雷德（Manfred）的故事。那對年輕的戀人於柏林圍牆建成之前住在東邊，而當時從東柏林前往西柏林還相當容易。曼弗雷德後來變得對東邊感到失望，在前往西柏林參加一場會議之後便再也沒有回去，他認為自己的職業生涯在西邊會有更好的發展。麗塔過去拜訪了他，可是對西柏林的汲汲營營提不起勁來。她決定結束與曼弗雷德的關係，並繼續留在東邊過自己的生活。她知道那裡固然缺陷百出，可是在人們至少還熱望一起工作的那個社會裡面，她感覺比較安心。這對情侶在其他任何方面都是理想的匹配，卻因為兩個德國的歧異而分手。

在小說的最高潮，當麗塔決定選擇東德的公共理念，而非與曼弗雷德在個人主義的西方共同生活之際，曼弗雷德嘲諷道：「至少他們沒法把天空分開吧」。麗塔輕聲回答：「天空嗎？是指這整個充滿希望和思念、愛情和悲傷的蒼穹嗎？可是，天空是最先分裂的。」

那整部小說中，天空（德文的「Himmel」同時意為「天空」和「天堂」）代表了一個社會為之奮鬥的志業與理想。分裂的天空因此意味著：兩個分離而各行其是的政治結構、兩種互不妥協地安排希望與處理心願的方式。一對原本應該在一起的情侶於是變得日益疏離。

克里斯塔・沃爾夫就像她書中的女主角麗塔那般，決定留在東方。身為知名作家，她得到了比較優渥的待遇，並且獲准出國旅行。雖然她對那個政權做出了批評，她的作品曾經遭到封殺，不過她對那個國家的理念（或者至少是她希望那個國家能夠實現的事物）保有持久的忠誠。她對該政權的信心固然飽受衝擊，可是她留了下來，而且她繼續犧牲奉獻下去。

一九四九年五月二十三日，德國西部的美、英、法三國占領區合併組成了「德意志聯邦共和國」。過了幾個月後，蘇聯占領區在一九四九年十月七日成為「德意志民主共和國」，或GDR（參見頁501的地圖）。剛開始的時候，在兩個德國之間移動還算是相當容易。不過東德相對比較貧窮（那有一部分是戰爭賠償所造成的結果），導致越來越多百姓走上「叛逃共和國」（Republikflucht）之路，前往經濟機會和政治自由似乎（而且的確）多出了許多的西德。

東德從一九五二年開始嚴密監控邊界，但儘管遭到逮捕和攔截的風

● 次頁｜一九八〇年時的柏林圍牆。它分隔了西柏林已停用的國會大廈，以及東柏林的布蘭登堡門。
● The Berlin Wall in 1980, separating the disused Reichstag in West Berlin from the Brandenburg Gate in East Berlin

險不斷增加，每年仍有大約二十萬人設法脫逃出去。一九六一年時已有三百五十萬左右的東德百姓離開，高達東德總人口的百分之二十上下，造成嚴重的經濟後果。為求因應那種大規模人口外移，東德先是封閉德國的內部邊界，而後在一九六一年八月十二日至十三日的晚上，東德士兵開始修築柏林圍牆，藉以防止任何人脫逃出去。其政策打從一開始就非常殘酷：築牆的時候有士兵們站在工地前面，奉命向任何試圖叛逃的人開槍射擊。

東德當局對柏林圍牆的正式稱呼是「反法西斯保護牆」（Antifaschistischer Schutzwall），這相當理直氣壯地意味著，隔壁的西德尚未完全去納粹化。反正不管到底被稱做什麼，柏林圍牆的確發揮了作用。在一九六一至一九八九年之間，它幾乎防止了所有從東柏林移居西柏林的行動。技術工人的大量流失已被阻擋下來，東德經濟於是穩定了一段時間。儘管普遍認為柏林圍牆既無法穿透又難以踰越，但卻總共大約有五千人從它的上方、下方，或者繞過它而成功脫逃。然而，據估計僅僅在柏林市區就有將近一百人死於非命。

在柏林北方約莫一百英里外的地方，還有另一個受到偏好的西逃途徑：波羅的海。對頁照片上那件以淺藍色合成纖維製成、無袖、在前方和腿部兩側裝設白色拉鍊的潛水衣，適合一個身高六英尺左右的人穿著。即便它如今已有二十五年的歷史，並被陳列在柏林的「德國歷史博物館」，它看起來卻彷彿從來都沒有被人穿上過。該博物館的一位部門主管，雷吉娜．法爾肯貝格博士，講解了它的故事：

> 在一九六一年之後，有五千六百零九位東德公民試圖經由波羅的海逃跑。其中只有九百一十三人成功抵達西德、丹麥或瑞典。有一百七十四人死於精疲力竭或體溫過低，要不然就是淹死在海裡。此

● 這件潛水衣曾被使用於一次企圖從東德脫逃到西德的行動。一九八七年十一月

● The wetsuit used in an escape attempt from East to West Germany, November 1987

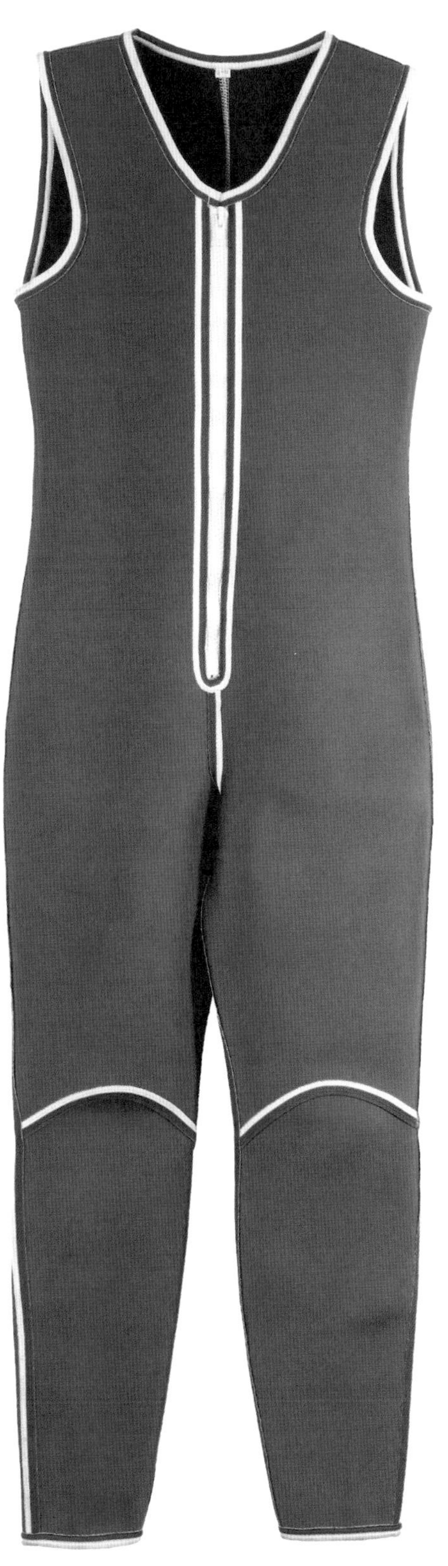

外有四千五百二十二名脫逃未遂者入獄服刑數月，而這件潛水衣的主人便是其中之一。這件和另一件完全相同的潛水衣屬於兩名年輕男子所有，二人是來自萊比錫的好朋友。一九八七年十一月，他們打算划著一艘塗成黑色來偽裝的充氣橡皮艇，從呂貝克東方三十公里外一個名叫「博爾騰哈根」的海濱度假勝地逃往西方。他們希望自己的緊身潛水衣能夠起保護作用，避免他們體溫過低。可是二人在登上橡皮艇之前就已經遭到逮捕。一九八八年三月的時候，他們因為企圖非法越過邊界的「加重罪名」，被萊比錫地方法院判處十八個月有期徒刑。其中較年長的那個人當時三十五歲，剛剛離婚不久，渴望在西方展開新生活。

對法爾肯貝格博士來說，每當重建此類物品背後的故事時，頗具挑戰性的任務就是該如何破譯東德的官方記錄：

> 想要呈現或解釋像東德那樣的極權主義國家時，困難的地方在於：儘管找得到各種書面記錄，可是它們都刻意拐彎抹角、遮掩事實真相，而且非常平淡乏味。歷史學家們如今面臨的一個大難題，就是必須繞過那些看似無關痛癢的字眼，來察覺一個極權主義國家的殘酷和壓迫，這絕非易事。儘管表面上看起來非常平靜、非常清楚、非常明確，其用字遣詞卻造成了誤導。那麼我們到底該如何藉著運用當時的資料和字眼，來還原那個高壓極權國家的實務呢？

幸好潛水衣本身就是個毫不含糊的證據，表明曾經有兩個人在一九八七年得出結論，認為東德的生活是那麼乏善可陳，因而值得冒死離開。但這其中也包含了一些令人扼腕的辛酸事。那不僅僅是因為潛水衣從來沒被使用過，或者因為它意味著厚望落空的緣故，而是它由如此劣等、廉價的材質製成，根本不足以應付十一月的波羅的海夜晚。要不是因為二人計畫得那麼外行，以致在岸上就被捕的話，他們一進入海中之後恐怕會凍死、淹死，或者遭到射殺。他們很容易就變成了白色小十字架上的另外兩個人名。但最令人扼腕的當然還是：他們原本只需要再等候兩年，便可以堂而皇之地合法穿越布蘭登堡門，一路往西邊閒逛過去。

在一九六一至一九八九年之間，有若干東德公民正式獲准前往西方旅行——他們主要是因為政治立場堅定，或者有家庭牽累可確保他們一定返國，要不然就是他們已經上了年紀（那些人被視為經濟負擔，不管回來與否都無所謂）。從一九七〇年代開始，四個占領國在柏林達成一項協議，使得西德百姓稍微比較容易前往東德。但其過程從來都不簡單，而且對東柏林人來說，西柏林依舊遙不可及。柏林圍牆的修建，導致大多數百姓實際上已不可能從他們城市的一邊前往另一邊。不過某些方面的聯繫仍然不得不繼續下去。其中相當重要的原因在於，自從十九世紀晚期以來，市內的交通系統是以整合為一（而非一分為二）的空間

● 腓特烈大街車站。一九五六年
● Friedrichstrasse Station, 1956

做為規劃基礎。地下鐵路和地上鐵路相互交叉連貫，尤其在「腓特烈大街車站」更是如此。大多數德國人從柏林的一邊穿越到另一邊的時候，通常就必須使用這個車站。那整個過程都受到嚴格控管，在東邊除了一心一意防堵人們脫逃，還嚴密監視被允許入境的那些人。對一整個世代的德國人來說，藉著「腓特烈大街車站」離開或進入東柏林的經驗，都伴隨著既難忘又痛苦的情緒反應。「腓特烈大街車站」於是在全德國各地被稱呼為「淚宮」（Tränenpalast）。

若想明白穿越邊界的過程如何受到規劃和控制，最好的辦法莫過於觀看如今在「德國歷史博物館」展出的一件車站模型。該館的主任薩賓娜・貝內克博士，解說了那個車站的運作方式。

> 我曾經多次從西柏林旅行前往東柏林。每次我都必須把二十西德馬克兑換成東德馬克，那是每一個從西邊前往東邊的人都必須做的事情，被稱做「強制兑換」（Zwangsumtausch）。我通常是從腓特烈大街進出。你能夠從這件模型清楚地看出來，那個車站的建構方式刻意被弄得十分複雜。那裡有高聳的牆壁將各個空間切割開來，藉此產生迷宮般的效果。那裡讓人摸不清方向。你會看見不同的鐵軌被完全區隔開來，使得東德國內線的軌道與通往西德等地的軌道彼此保持分離。當你走下火車朝著出口移動的時候，必須不斷地變換方向和樓層。你走進一扇扇小門，然後是先大後小的一個個空間。在模型上面到處都能夠看見高高的窗户，而監控人員或攝影機就置於其中。通關檢查室裡面則看得到架設於天花板的鏡子，這表示查驗你證件的那個人有辦法瞧見你的背部。你始終被你所看不見的人窺探。你在每一個階段都受到監視。那真的叫做危機四伏。我們相信，製作這個模型的用意是要訓練「斯塔西」工作人員，因為「斯

- 西柏林與東柏林中轉區的模型。腓特烈大街車站，一九七〇年
- Model of the transit area between West and East Berlin, Friedrichstrasse Station, 1970

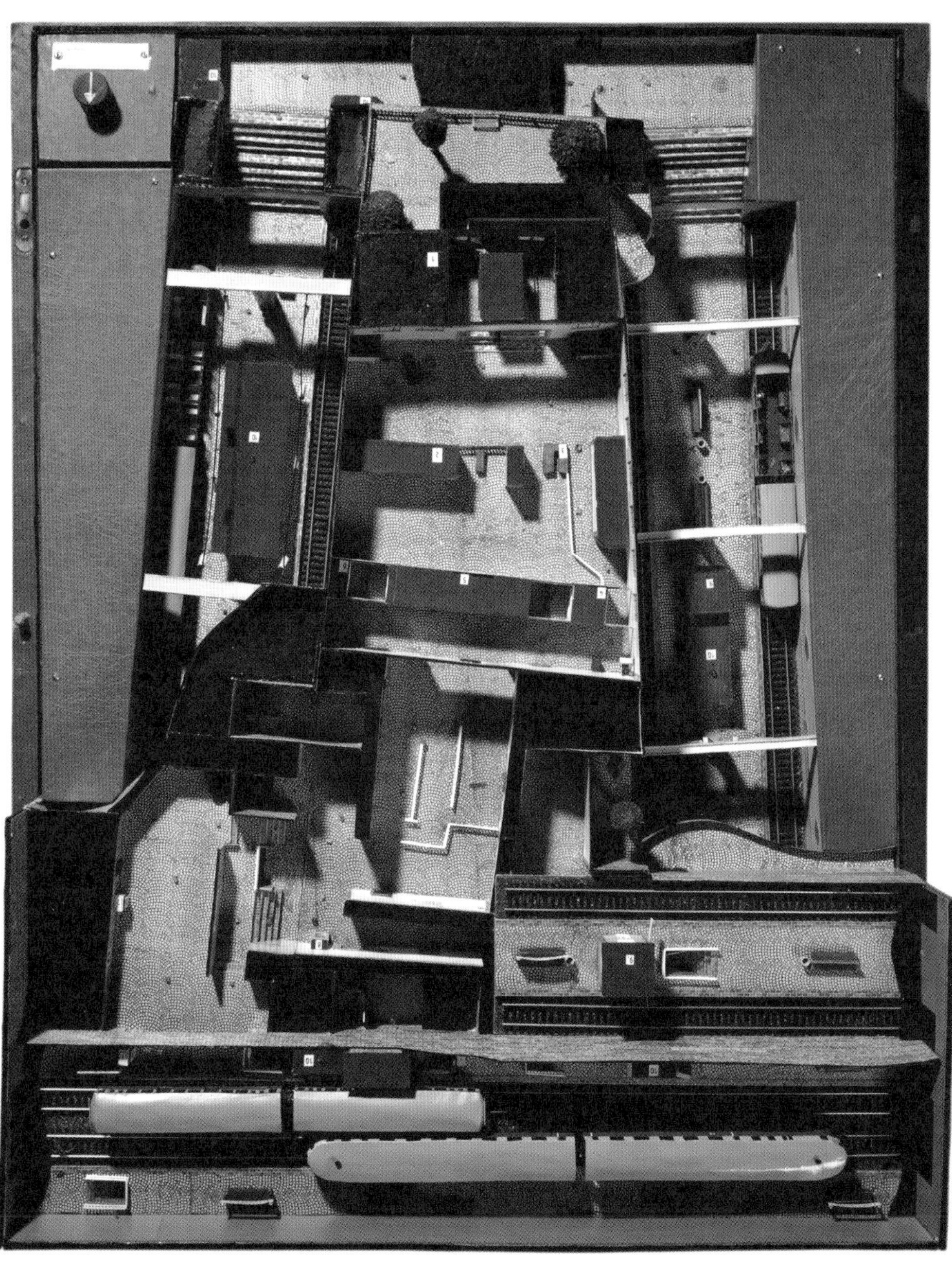

塔西」的培訓中心之一就在這裡。如果把模型翻轉過來，可以看見背面有一個開關和一些按鈕。例如其中的一組按鈕負責照亮燈光來模擬警報。「斯塔西」可藉此指導自己的學員，若有人試圖非法離開東德的時候應當如何處置。

這是個介於鐵路模型和玩具屋之間的混搭組合。其中格外令人感到不安的地方，便是它乍看之下宛如一件供人把玩的物品，要等到過了若干時間才會讓人領悟到，原來它非常適合成年人的用途：供使用於訓練邊防人員如何值勤。特別引人注目的是吊掛在橫樑之間的電線，它們連接著攝影機，讓月台上發生的一切事情都躲不過監控。那裡有縱橫交錯的隔板和牆壁、不斷變換的方向、不斷變換的空間、若干單獨的檢查室，以及架設在高處的反射鏡。如此下來以後，旅行者在每一個階段都遭到監視，而且搞不清楚他們究竟走向哪裡、不確定下一個空間會在何方，或者不知道是否完成了程序。就故布疑陣而言，很難有別的方式能夠凌駕其上。這種監視人們如何在壓力和恐懼之下移動的做法，或許已經發揮得淋漓盡致。這是警察國家的極致。凡是打從那個車站走過的人都忘記不了這種經歷。

在控管邊界的時候，僅僅監視出境者或者準備脫逃者仍然不夠完備。最理想的做法還是防患未然，早先預見並防止有人試圖闖關。在一九八〇年代，隨著東西方之間的經濟差距不斷擴大，企圖非法移民出去的人數持續增加。雷吉娜．法爾肯貝格博士解釋了「斯塔西」如何採取應對措施：

由於試圖脫逃者的數目激增，從一九八五年的二千二百人上升到一九八六年的三千七百人，「斯塔西」成立了一個特別部門來因應各種驚人的脫逃嘗試——像是強行穿越邊界障礙、設法用土製飛機和各式各樣的船隻逃跑。想要移民出去的人數在一九八七和一九八八年之間繼續攀升，「斯塔西」於是擴充了它所監視的「犯罪嫌疑

> 人」類別，尤其是年齡在十八至三十五歲之間的未婚和離婚男子，以及遭到駁回的申請移民者。「斯塔西」有一個部門專注於收集五花八門的飛行器，然後從一九八九年初開始舉辦常設展覽，把被準備使用於非法通過邊界的各種物件和材料拿來培訓人員。這就是我們現在擁有那兩件潛水衣的原因。它們和那次逃跑嘗試使用的橡皮艇都被移送到萊比錫的東德人民警察，然後轉交給東柏林的國家安全部（「斯塔西」）。
>
> 「斯塔西」收集此類物品，首先是為了明白它們如何製作、必須使用哪些材料，以及需要怎樣的技巧才能夠把它們組裝起來。那麼做的目的，是要確保他們的線民和他們的同僚明白正在發生什麼事情、有人打算做出哪些逃跑嘗試、使用了哪些物品。然後那些告密者就可以察看有誰在購買什麼樣的材料、多少數量的橡膠，以及何種關於航空方面的書籍等等。類似這件潛水衣的各種物品被使用於教學，讓「斯塔西」的線民曉得，當其他國民正準備犯罪脫逃的時候，他們應該如何洞燭機先。

潛水衣和車站模型不只是展現出任何離開東德的企圖（無論合法或非法）所伴隨的苦惱和危險而已。它們更成為訓練器材，用於提高「斯塔西」窺探本國公民的能力，強化它那個擁有數十萬線民的監視網絡。據估計有三分之一的東德公民涉及向「斯塔西」通風報信，提供關於自己的同事、鄰居，有時甚至是關於他們自己家人的消息。

那一系列令人窒息的情蒐行動所帶來的經驗，成為克里斯塔·沃爾夫一九七九年一部中篇小說《留下了什麼》的主題。小說記錄了一位曉得自己被監視的女作家一天的生活：停在她屋門外的汽車裡面有人坐著、她受到跟蹤和刺探、她的電話遭到竊聽。書中精心刻畫出這種狀況所引起的緊張和痛苦、隨之而來充滿絕望與妄想的時刻，再加上因為不知道是誰在這麼做，甚至連爭論的對象都沒有，於是產生的挫折感。德國再統一以後首先獲得的其中一項收益，就是去除了這種壓迫機制。對

● 克里斯塔・沃爾夫坐在她的書桌旁。一九八〇年代
● Christa Wolf at her writing desk in the 1980s

此壓迫機制的記憶則深深形塑了現代德國的主要風貌。

讓人記憶猶新的「斯塔西」無孔不入監視體系，結合了之前對納粹時代窺探活動的記憶，再再使得東邊和西邊的德國人一致保持警惕，極力拒絕讓他們的國家在沒有國會授權與監督的情況下察看其行動。今日前往「腓特烈大街車站」的時候，已經完全感受不到讓人摸不清方向的迷宮和持續進行的監控，即便它們曾經在將近三十年的時間內令人心生畏懼。在各個購物商店和咖啡館已經找不到任何線索，能夠讓人看出為何這裡曾經是久負惡名的「淚宮」。看見攜帶著飲料和點心的通勤族熙來攘往，人們可能會再次覺得自己置身在倫敦或巴黎。不過如同施普瑞河畔的那些白色十字架一般，在這裡因為某種東西的缺乏，說明這裡只可能是柏林，這缺少的東西就是攝影機。在「腓特烈大街車站」，無論在月台邊、在天花板下面、在售貨亭或者在支架上，到處都看不見任何監視攝影機。而這個車站肯定不在英國。

對監控的記憶所產生的強大力道，也明顯展現於英德兩國政府看待愛德華．史諾登的不同方式（他曾在二〇一三年六月揭露，美國政府大規模進行監聽和情蒐，甚至連最親密的盟友也無法倖免）。英國的官方反應通常是對他充滿敵意或者不屑一顧；德國則對他嚴肅以對，而且輿論普遍贊同史諾登的主張——他僅僅希望「告訴公眾，在他們的名義之下做出了什麼事情，以及做出了什麼對他們自己不利的事情」。以萊茵蘭的美因茲市為例，史諾登這號人物曾經是「玫瑰星期一」（Rosenmontag）街頭花車遊行的英雄人物（在舉行於「四旬節前的星期一」的那個嘉年華會上，政治話題往往成為討論或諷刺的對象）。對史諾登的敬佩既明確又響亮，於是二〇一四年一月二十九日，梅克爾總理在聯邦議院向齊聚一堂的議員們發表演說時，特別強調必須嚴正看待這一類的問題：

- 嘉年華會上的史諾登花車——「Der Aufdecker」（「揭密者」）。美因茲，二〇一四年三月
- The Snowden carnival wagon 'Der Aufdecker' ('The Uncoverer'), Mainz, March 2014

> 全面數位監控的可能性觸及了我們生活的核心。由此衍生的道德責任，因而遠遠凌駕於安全政策的考量之上。數十億生活在不民主國家中的百姓正在密切注視著，民主世界如何因應自身所面臨的安全威脅：它是否優雅而自信地審慎行事，抑或正好摧殘了在那數十億人眼中如此具有吸引力的事物——摧殘了自由與個人尊嚴。

或許只有德國的政治領袖，而且是一位成長於東德的政治領袖，才會有辦法以如此令人信服的方式表達出這種論點。

「斯塔西」的監控，以及涉足其中的龐大人數，引發了至今始終激烈的爭辯。這又把我們帶回到克里斯塔·沃爾夫那邊，呼應這一章以她的《分裂的天空》做為開場白。該書出版於一九六三年，以驚人坦白的方式面對了東德的種種缺失，以及介於「崇高理想」與日常「妥協和逃避」之間的鴻溝。沃爾夫後來持續以處於監視下的惱人經歷為題材，在一九七九年寫出她的回憶錄：《留下了什麼》。可是她直到一九九〇年柏林圍牆倒塌為止，都不曾對外公開發表，結果出版後掀起了一場文學風暴。主要的批評來自西德的評論家，他們以「怯懦」或更惡毒的字眼來指責她，因為她沒有在東德政府和「斯塔西」仍然掌權的時候發表那本小說，而該書的出版原本或許多少有助於約束國家的濫權行為。他們怪罪她沒有那麼做，反而選擇保持沉默共謀，樂享自己以國際知名作家身分所擁有的優待，獲准對該政權做出溫和的批評。

更糟糕的事情還在後頭。克里斯塔·沃爾夫說出了並且白紙黑字寫下了她對東德國家監控系統的厭惡與不滿之後，在一九九〇年代初期開始瀏覽「斯塔西」所蒐集有關她的四十二卷資料（它們如今存放在國家檔案館供人查閱）。讓她大吃一驚，甚至極為不悅的是，她在裡面發現了她本人於一九五九至一九六一年之間交付給「斯塔西」的一些報告。她曾經是一名通報者，屬於公民們相互向官方打小報告的那個巨大網絡之一環。她曾經與「斯塔西」的特工有所往來，而她完全忘記了那回事。

再度被批評為「偽善」和「勾結東德政權」之後，克里斯塔·沃爾

● 梅克爾在聯邦議院發表有關數位監控的演說。二〇一四年一月二十九日
● Angela Merkel speaking in the Bundestag about digital surveillance, 29 January 2014

夫於前往洛杉磯「蓋蒂研究中心」擔任訪問學者的時候，寫下《天使之城》一書詳細探討了那個事件。她得出結論，表示自己與「斯塔西」特工的接觸為時十分短暫，並且微不足道。此外她能夠看出來，她寫給他們的少數幾篇報告是如此平淡乏味，他們想必早已失去對她的興趣。一九六一年修築柏林圍牆以後，雙方就再也沒有了聯繫。

然而她沒有讓自己搪塞過去。她強調，真正的問題並不在於她的「行動」。她的「遺忘」才是關鍵。她怎麼會有辦法完完全全壓抑相關的記憶，以致忘記了那回事呢？她怎麼會那麼容易上當受騙，以致心甘情願地順從威權呢？她的結論是：那種一心順從、願意按照所要求的任何方式來為國效勞的態度，根源自她在納粹統治下度過的童年。她跟她那一代的許多人一樣，早就已經習慣於遷就。她的心靈有能力把可恥的記憶壓抑下去，這是她雖然可以承認，但始終無法原諒的事情。

● 約阿希姆·高克在「斯塔西」檔案處。一九九二年八月
● Joachim Gauck in the Stasi archives, August 1992

從克里斯塔·沃爾夫的行文態度很容易就能做出判斷：她是以難得一見的方式寫得既清晰又誠懇，讓人沒有理由懷疑她回憶中的真實性。想針對其他許多問題提出任何明確的看法，卻是難上加難的事情。克里斯塔·沃爾夫的故事以精確而令人困窘的方式，刻畫出德國現代歷史非常關鍵的問題。我們每個人都十分熟悉一種情況：有些記憶是如此地痛苦、如此地可恥，以至於我們一心想要壓抑它們，而挖瘡疤的做法只會讓人不知所措和坐立不安。這一位女作家的案例體現出來，為什麼有許多圍繞著猶太人大浩劫打轉的巨大問題（以及許多德國人在其中扮演過的加害者角色），直到一九九〇年代都還沒有答案，甚至不曾被問起。這導致德國政府最近二、三十年來決定採取非常激進的措施，藉由檔案研究、藉由推行強有力的公共教育方案，以及藉由修造「浩劫紀念

碑」之類的紀念建築，迫使人們記憶往事。絕非巧合的是，於德國再統一之後主持「斯塔西檔案管理委員會」的約阿希姆・高克，如今擔任國家元首——德意志聯邦共和國的總統。在德國針對記憶所進行的辯論當中，「不被記得」和「被記得」的事情同樣重要。許多國家於回顧自己的戰爭、失敗和損失之際，喜歡套用一句警語：「以免我們忘記」（Lest we forget）。這個警語如今在德國或許比在其他任何國家產生了更深的共鳴。

3 Lost capitals 失落的都城

若想探討任何國家的思想史，該國最古老大學的所在之處或許很適合做為起步點，因為那個社會首先在該地組織了公共理念教育。就法國而言，那無庸置疑正是首都巴黎；就蘇格蘭而言，那是聖安德魯斯，大主教的所在地；就英格蘭而言，則沒有人真正知道為什麼那是無足輕重的牛津。對德語世界來說，那是布拉格。一三四八年時，神聖羅馬帝國皇帝查理四世在市內創辦了第一所德語大學。許多個世紀以來，布拉格這個波希米亞首府和神聖羅帝國皇帝偶爾駐蹕之地，就是德國文化生活與精神生活的中心。卡爾大學（Karls Universität，英語為查爾斯大學〔Charles University〕）[1]則矗立在偉大的德國大學傳統之源頭。今天它依舊存在，然而已經是一所捷克的大學，位於一座不再講德語的城市。

北方數百英里外還有另外一座偉大的大學城，它對德國的思想史同樣至關緊要，那裡也不再聽得到德語。本章探討的對象是布拉格（Prague）與柯尼斯堡（Königsberg），今日的布拉哈（Praha）與加里寧格勒（Kaliningrad）。它們分別是卡夫卡和康德的家鄉，而且那兩座城市無論從任何方面來看都已經不再屬於德國，卻無論就任何意義而言都還是德國文化與學術意識當中的一環。

Deutschland? Aber, wo liegt es?	德國？可是，它在哪裡？
Ich weiss das Land nicht zu finden.	我找不到這樣一個國家。

- 以琥珀製作的單柄大酒杯。柯尼斯堡，一六四〇至一六六〇年
- Tankard made of amber, Königsberg, 1640–60

問出此問題的人並非滿腹狐疑的外國人，反而是由兩位德國文學巨擘——歌德和席勒，對著彷彿百衲衣那般的十八世紀德國地圖感到一頭霧水，在發行於一七九六年的詩集《諷刺詩》裡面共同提出來的。這個問題一直要等到不很久以前才終於有了明確的答案。那不只是因為德意志邦國的政治疆界一直為數甚多，而且不斷移動的緣故。自中世紀初期以來，軍事征服、合作關係與應邀前往所造成的結果，已使得講德語的社區散布於中歐和東歐各地。講德語的世界不同於法語、英語或義大利語的世界，在歐洲內部孕育出許許多多的周邊衛星地帶，一路延伸到窩瓦河。它們多半已在一九四五年遭到暴力清除，卻宛如幽靈四肢一般地依舊存在於德國的文化記憶當中；它們一度曾是身體的組成部分，非常受到珍視，如今則已被徹底斬斷而一去不返。唯一可相提並論的現象，或許就是曾經長久存在於君士坦丁堡和亞歷山大港的希臘精英分子；那

● 布拉格大學
● Prague University

● 加里寧格勒大教堂，一九九八年前後。
其周圍緊緊環繞著其他的建築物，直到毀於第二次世界大戰為止。

● Kaliningrad Cathedral, c. 1998. Until its destruction in the Second World War it was closely surrounded by other buildings

些地方對人們的民族自我文化形象而言同樣不可或缺，卻由於二十世紀政局的緣故，以類似的方式遭到瓦解。

在城內的哥德式大教堂可以找到證據，表明現代俄羅斯的加里寧格勒曾經是一座偉大的德國城市——那座教堂屬於典型的德國波羅的海風格磚造建築，曾在二戰期間遭到英國空軍摧毀，然後於一九九〇年代被精心重建。市區東北角坐落著該城最著名子弟伊曼努埃爾・康德的墓地。那位偉大的哲學家在一七二四年出生於柯尼斯堡，從未旅行到距離市區十英里以外的地方，而且從來不曾涉足位於今日德國國境之內的任何地點。康德墓園附近的一塊牌匾上面，出現了摘錄自其《實踐理性批判》的名言，描述了他越是「對之凝神思索」就越讓他內心充滿驚奇和

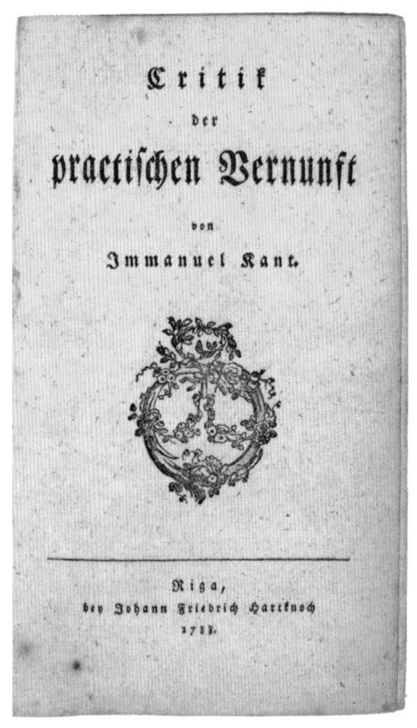

Critik
der
practischen Vernunft
von
Immanuel Kant.

Riga,
bey Johann Friedrich Hartknoch
1788.

- 左｜康德《實踐理性批判》第一版的標題頁。一七八八年出版於里加
- Title-page of the first edition of Kant's Critique of Practical Reason, published in Riga, 1788
- 右｜康德墓地附近，位於加里寧格勒大教堂外側的牌匾。碑文是以德語和俄語寫出，其內容為：有兩樣東西，人們越是經常持久地對之凝神思索，它們就越是使內心充滿常新而日增的驚奇和敬畏：我頭上的星空和我心中的道德律。
- Plaque near Kant's tomb, outside Kaliningrad Cathedral. The inscription, in German and Russian, reads: 'Two things fill the mind with ever new and increasing admiration and awe, the more often and perseveringly my thinking engages itself with them: the starry heaven above me and the moral law within me.'

敬畏的兩件事情：「我頭上的星空和我心中的道德律」（Der bestirnte Himmel über mir, und das moralische Gesetz in mir）。如果沒有康德的話，德國哲學以及歐洲哲學將是無法想像的事情。

康德的柯尼斯堡位於世界的邊緣——至少對德語世界而言，它是最東端的前哨站。它建立於一二五四年的暴力事件中，其創建者是「條頓騎士團」那個狂熱的德國十字軍團體，當時正致力於征服波羅的海東南岸的異教徒並改變其宗教信仰。在他們統治下，拉丁文編年史中所稱

- 柯尼斯堡城堡，一九〇五年前後（結合了條頓騎士團在十四世紀修建的塔樓）。城堡於第二次世界大戰期間嚴重受損，其殘餘部分則在一九六〇年代遭到鏟平。前景部分有一座俾斯麥紀念碑。
- Königsberg castle, c. 1905, incorporating the tower built by the Teutonic Knights in the fourteenth century. The castle was badly damaged during the Second World War and its remnants bulldozed in the 1960s. In the foreground is a monument to Bismarck.

● 柯尼斯堡全景。一七四〇年前後

● View of Königsberg, c. 1740

Stadt Wiesen

● 在波羅的海沿岸採撈琥珀，一七六一年。收集琥珀的權利歸當地統治者所有：絞刑架用於向潛在的竊盜者提出嚴厲警告。

● Fishing for amber on the Baltic coast, 1761. The right to collect amber was held by the local ruler: the gallows were intended as a grim warning to potential thieves.

的「波魯西亞」（Borussia）變成了「普魯士」（Preussen或Prussia），成為一個高度日耳曼化的省分。小麥與木材貿易使得它日益富裕起來，當地尤其因為一項特殊的貿易商品而名聞遐邇：琥珀。透明、金色且神秘，沉沒已久的森林所形成的這種樹脂化石可以在波羅的海沿岸被大量採集，並被交易到遠達裡海、黑海、地中海和大西洋周邊的地區。霍恩佐倫家族從一五二七年開始以普魯士公爵的身分統治柯尼斯堡。此後幾個世紀的時間內，他們利用自己對這種遠比白銀更珍貴的材料所享有的近乎壟斷地位，來贈送無人能及（而且沒有人能夠拒絕得了）的豪華外交禮物。

大英博物館所收藏的這件琥珀單柄大酒杯，在一六五〇年前後製作於柯尼斯堡。它是一個既典型又淋漓盡致的例子。用精雕細琢的琥珀來製作單柄大酒杯，其實是一個荒謬絕倫的構想：很不順手地把酒杯蓋壓到後面來狂飲進口的昂貴葡萄酒或者行禮如儀飲用土產啤酒的時候，喝起來想必相當困難，而且味道一定不好。如此設計的主要目的當然不在於喝東西，而是為了要炫耀。有這樣的東西擺在你的桌上或桌旁，會讓你顯得高人一等：被拿來製作杯蓋中央部分的白色琥珀（它甚至比金色的更加稀有），果然出現了瑞典王室的紋章圖案。這件單柄大酒杯幾乎可確定曾經屬於瑞典女王克莉斯汀娜所有，乃布蘭登堡選侯所贈送的禮物——後者在一六五〇年時也擔任普魯士公爵，是柯尼斯堡的統治者，並且正在尋找強大盟友。

儘管布蘭登堡的霍恩佐倫家族在自家宮廷十分節儉，類似這樣的物品卻讓他們能夠在餽贈別人禮物時大肆鋪張招搖。因為這是一個勢力正在上升的統治者家族，有著爭霸稱王的雄心壯志。地處邊陲的柯尼斯堡則很矛盾地為此而享有中心地位——這座城市的偏僻遙遠，恰好成為了它的最大優勢。克里斯托弗·克拉克教授這位普魯士歷史的專家解釋說：

> 柯尼斯堡是一座位於神聖羅馬帝國境外的城市（參見地圖1～3），因此它對要求獲得國王頭銜的布蘭登堡選侯來說非常重要。他們無法在帝國內部獲得國王頭銜——因為如果想得到的話，他們將不

● 單柄大酒杯底部的內側刻畫出太陽圖案
● The interior base of the tankard depicting the sun

● 單柄大酒杯的蓋子上面呈現瑞典王室紋章圖案
● The lid of the tankard with the Swedish royal arms

187. Krönungsszene in Königsberg

● 布蘭登堡選侯腓特烈
● Frederick as Elector of Brandenburg

●「在普魯士的國王」腓特烈
● Frederick as 'King in Prussia'

得不向奧地利的神聖羅馬帝國皇帝徵求許可，而他們不想那樣做。所以他們試圖經由柯尼斯堡來爭取國王頭銜，結果那裡變成了普魯士王位的根據地。決心要在普魯士公國自稱為王的布蘭登堡選侯腓特烈三世，隨即當上了腓特烈一世國王。然而當時的波蘭有一部分領土也叫做普魯士，使得他基於複雜原因無法成為「普魯士國王」（King of Prussia），只能被稱為「在普魯士的國王」（King in Prussia）。不過他勉為其難地接受了那個相當怪異的頭銜，便如此創造出一個新的王位。此外普魯士——柯尼斯堡——也是布蘭登堡全國體制得名的由來。直到十七世紀為止，那個國家都還僅僅被稱做布蘭登堡。它獲得東普魯士之後，起先被稱做布蘭登堡－普魯士，接著才是普魯士。所以就此意義而言，我們心目中的那個「普魯士」國家其實盜用了它最東端領地的名稱，以之做為一種商標。

● 腓特烈一世在柯尼斯堡大教堂自行加冕為「在普魯士的國王」。一七〇一年
● Frederick I crowns himself 'King in Prussia' in Königsberg Cathedral, 1701

腓特烈一世一七〇一年在柯尼斯堡自行加冕，成為德國和歐洲歷史上的一個關鍵時刻。薩克森選侯當時雖然擔任波蘭國王，但那個王位是選舉產生的，等時間到了以後就會被轉交給另外一個家族。漢諾威選侯即將成為英國國王，這將會把他的興趣轉移到其他地方。可是「在普魯士的國王」現在正如同丹麥和瑞典等國的國王那般，已經是世襲罔替的王者，在德國北部擁有大片領土。不過就另方面而言，這位新國王沒有假裝自己跟別人一樣。一七〇一年一月十八日在柯尼斯堡哥德式磚造大教堂內舉行的加冕典禮，被設計用來表明這個王室與眾不同。克里斯托弗·克拉克指出：

> 那是截至當時為止，布蘭登堡－普魯士歷史上最為昂貴的單一事件。它被炮製出來做為一個巨大的廣告宣傳亮點，但非常異乎尋常的是，它完全不強調這個威權與過去的延續性。該頭銜並非由哈布斯堡王朝的統治者所授予；它是由國王自己爭奪取得的。即位典禮有個有趣的特點：腓特烈先給自己，然後給他的妻子加冕。沒有其他任何人被允許在此過程中進行干預。這是一個完全自製的王位。

從一七〇一年至一九一四年，當普魯士這個新國家不斷壯大實力和增加重要性的時候，僻處邊陲的柯尼斯堡以其王室根據地的身分，保留了其特殊的、近乎神話般的地位。儘管君主的起居之地是在柏林宮殿內，這座位於東方的城市卻享有自己獨樹一幟的地位。因此在一八〇六年，當拿破崙在耶拿擊潰普魯士軍隊，並且占領柏林之際，王室家族自然而然會避難到東普魯士最遙遠的部分，柯尼斯堡。國王和他的謀士們就在該地重振家邦與研擬改革方案，使得普魯士軍隊和普魯士國家力足以帶領他們的各個德意志盟友，與奧地利、英國和俄羅斯的軍隊合力戰勝拿破崙——而後於一八七一年，在普魯士的主導之下統一了奧地利以北的整個德國。正是在柯尼斯堡周圍的地方，普魯士先是於一七〇一年被創造出來，而後於一八〇六年獲得重生。

● 沙皇村的琥珀廳與腓特烈大帝的雕像。一九三〇年前後
● The Amber Room at Tsarskoye Selo with a statue of Frederick the Great, c. 1930

除此之外，柯尼斯堡一如既往是琥珀之城。這個新王室的雄心壯志，或許最能夠體現於腓特烈·威廉一世國王在一七一六年贈送給其主要盟友俄羅斯沙皇彼得大帝的禮物。那不像他低調的祖父所採取的做法，僅僅餽贈一個琥珀單柄大酒杯或珠寶盒罷了，反而是一整間琥珀廳。重達好幾噸，被譽為世界第八大奇觀的琥珀廳，便在羅曼諾夫王朝位於聖彼得堡市外的「沙皇村」宮殿內，散發出帝國的光輝燦爛，為時大約兩百年之久。一九四一年列寧格勒遭到包圍的時候，德軍士兵把它劫掠一空，帶回了柯尼斯堡。它在該地一直停留到一九四四年大轟炸開始為止，接著從此之後就再也沒有人看見過它。

柯尼斯堡的情況在很大程度上也是一樣。到了二戰末期，那座城市相繼受到英國的空中襲擊和蘇聯的砲火蹂躪。一九四五年的時候，尚未逃跑的當地德國百姓若非慘遭殺害就是被強制驅離。新的居住人口則來自蘇聯。柯尼斯堡外圍的土地被交給波蘭和立陶宛，市區本身則改名為

● 今日加里寧格勒市內的人孔蓋——它依然出現「1937 Königsberg」的字樣。
● A manhole cover in present-day Kaliningrad, still bearing the legend '1937 Königsberg'

「加里寧格勒」，變成了蘇聯領土和一塊軍事化的飛地，擁有一個海軍基地。從一九四五年到一九八九年，蘇聯當局施展典型的史達林式手法來消滅記憶，將大部分還沒有被摧毀的東西拆除一空。每一個地點和街道的名稱都遭到變更，普魯士王位的搖籃從此搖身成為一座現代蘇聯的城市。康德的柯尼斯堡已經消失得不知去向。只有一種東西維持不變，繼續標誌出德國在此地的悠久過去：人孔蓋。時至今日你仍然可以看見它們。你在市內放眼望去，只看得到蘇聯風格的建築物，以及用西里爾字母拼出的「加里寧格勒」字樣。可是在你的腳底下，在厚重的鑄鐵上面，你卻依舊能夠讀到：「L.STEINFURT.A-G-1937-KÖNIGSBERG」。[2]

從實體上抹去市內大部分地點的措施，伴隨了在法律上廢除普魯士的做法。克里斯托弗・克拉克指出：

> 一九四七年二月，「盟軍管制委員會」做出一個非比尋常的決定，要透過一項法令來撤銷普魯士這個國家。不同於該委員會頒布的大多數法令，該法令在序言當中出現了一堂小小的歷史課。它表示：普魯士國家歷來是德國軍國主義和反動作風的支柱……自即日起遭到解散。其本文的部分則對此項法令做出了解釋。既然這個國家被看成是德國歷史上的軍國主義和反動作風之根源，那麼就務必要把它從歐洲地圖驅趕出去。這個不散的陰魂必須被袪除乾淨。我想不出曾經有過任何先例，會在和平時期用這種方式來把一個國家一筆勾銷掉。令人驚奇的是，今天當你看著歐洲地圖的時候，普魯士果然沒有留下任何痕跡。

事實上，對當今大多數德國人來說，普魯士這個名稱只是間歇性地出現在歷史或文化的上下文當中。可是在某個領域內，它卻以最初的拉丁文形式被廣泛運用，即便或許難得有人曉得它到底是什麼名堂。戰績輝煌、成立於一九〇九年的多特蒙德足球隊依舊自豪地傳承了一個記憶，強調這座城市曾經是普魯士萊茵蘭的一部分：它自稱為「Borussia Dortmund」（普魯士多特蒙德）。

一七八七年，當康德正在柯尼斯堡撰寫其《實踐理性批判》，以及書中「我頭上的星空和我心中的道德律」那句名言的時候，莫札特正在前往布拉格途中。他希望《唐喬凡尼》的首演能夠獲得當地輿論熱烈讚揚。此外他在那裡可以確定的是，他會看見一座像柯尼斯堡那般充滿德國風情的城市。鑽研神聖羅馬帝國的歷史學家RJW．埃文斯解釋說：

> 假如你在十八世紀前往布拉格，你會強烈地感覺到，波希米亞王國的一切事物都具有你所熟悉的德國味。其外觀是典型的德國風格，

● 亞德里安・德・弗里斯，〈魯道夫二世皇帝向波希米亞引進人文科學〉。一六〇九年
● *The Emperor Rudolf II Introducing the Liberal Arts to Bohemia*, by Adriaen de Vries, 1609

與你來此途中經過薩克森或奧地利時所見的城鎮沒有太大區別，而且當地的正式社交活動絕大多數是以德語進行的。

當然，布拉格從來都不是一座完全道地的德國城市。它身為古代波希米亞王國的首都和捷克意識的中心，與德國的世界具有一種漫長而複雜的關係。當初東普魯士和柯尼斯堡是「條頓騎士團」以武力奪取的；德國人卻差不多在同一個時候（在十三世紀末），被邀請來到布拉格。蒙古人對中歐的入侵導致人口嚴重減少，波希米亞國王們急於重建自己的城鎮，於是鼓勵德國移民前來定居。到了一三〇〇年的時候，布拉格已經出現一個色彩鮮明的德國人區。

德國社區從一開始就在市內的知識與文化生活當中發揮了主導作用。等到一三四八年創辦大學之後，大部分的教師和學生都使用德語。時至一六〇〇年前後，「德意志民族的神聖羅馬帝國」皇帝魯道夫二世

● 布拉格老城廣場，一九二二年。卡夫卡家的照相館就在胡斯紀念雕像（圖中央）的後面。
● The old town square in Prague, 1922. Just behind the Hus Memorial (centre) was the Kafka Family's photographic shop.

遷居布拉格，它進而成為德語世界的知識之都，吸引了來自全歐洲各地的藝術家和學者、科學家和天文學家等等。

接下來二百年內，德語在布拉格的優勢地位基本上繼續不受挑戰（莫札特可為見證），直到波希米亞如同歐洲其他地區那般，於拿破崙戰爭期間被激起民族願望為止。然後隨著神聖羅馬帝國的崩潰，事情發生了可謂非常快速的變化。捷克的民族主義情緒不斷增長。經過五百年的共同生活與相互通婚之後，布拉格與波希米亞百姓的自我定位持續遠離了德語世界。一八四八至一八八〇年之間，布拉格從一個主要講德語的城市轉而改說捷克語。一八八二年時，最後一批德裔人士辭職離開市政委員會，藉此抗議新上任的市長在就職演說中談論起「我們百塔林立的、親愛的、金色的、斯拉夫的布拉格」。第二年，法朗茲．卡夫卡出生了。

● 漢斯・弗羅紐斯的卡夫卡畫像。一九三七年
● Kafka by Hans Fronius, 1937

牛津大學當代德語文學教授卡倫・利德指出：

卡夫卡是最重要的德語作家之一。他的姓氏甚至給英語帶來了一個新的字眼，「Kafka-esque」（卡夫卡式的夢魘）：他在很多意義上標誌著現代人的焦躁不安、精神荒蕪和局外人處境，更已成為疏離感與二十世紀以來的現代自我失落感之代名詞。沒有卡夫卡的二十世紀根本是無法想像的事情，這不僅對德語文學而言如此，對世界文學來說也一樣。人們會表示：他是一位捷克作家、一位奧地利作家、一位猶太作家。如果試著用這種方式來定義卡夫卡，那麼正好就進入了圍繞其獨特聲音打轉的那個問題。他以德文寫作。他居住在布拉格。他會說德語和捷克語，可是他以德文進行寫作——就此意義而言，他的關注焦點往往是在德國方面。布拉格卻在另一個層面上定義出卡夫卡。

或者更具體地說，那是德語布拉格的特殊氛圍所造成的結果。在卡夫卡於一八八三年出生的那座城市，德語不只是正在撤退而已，甚至正處於最後的衰頹階段。按照官方的講法，布拉格已經變成了單語城市，而且等到卡夫卡長大以後，路標上面僅僅出現捷克文。當他一九〇一年進入查爾斯大學攻讀法律的時候，該校已經一分為二——捷克語部和德語部，各自有著不同的學生和不同的出入口。講德語的卡夫卡幾乎是以局外人之姿，成長於一座在記憶猶新之際決定要放棄其悠久德國身分的城市。漢斯・弗羅紐斯曾經為卡夫卡的許多故事繪製插圖，而他的卡夫卡畫像清楚地呈現出一名心神不寧、保持警惕，並且缺乏穩定性的男子。

然而卡夫卡就如同一八九〇年代布拉格大多數講德語的年輕人那般，從另一層意義來看也是局外人：在卡夫卡就讀的那所德語中學，學生們多半跟他一樣是猶太人。卡夫卡以猶太人的身分，居住在一個曾於三百年時間內虔信天主教的國度；此外並以德語使用者的身分，居住在一座新近決定要放棄其德國傳統的城市。他打從一生下來開始，便充分親身感受和體驗到現代政治結構的壓迫性與疏離性。

卡夫卡的小說《城堡》和《審判》，以及他的短篇小說《變形記》（故事中的主角醒來時發現自己變成了一隻大甲蟲），早已成為世界文學經典的一部分。它們是德語布拉格持久綻放出的最後花朵。卡倫・利德表示：

> 在真實的布拉格，你能夠追蹤一些書中人物角色的足跡，沿著他們走過的街道前進。例如卡夫卡與家人共同居住過的公寓，就是其《變形記》那個著名故事的場景，那裡甚至有著完全相同的平面布局。布拉格曾經是一個不同凡響的大熔爐，融合了捷克、德國、猶太和意第緒的影響，所有這些不同的人便聚集在那個「文化咖啡屋」，讓卡夫卡優遊涵泳其中。

這種世界主義固然在奧匈帝國的統治下蓬勃綻放，卻不可能在一九一九年後的民族國家繼續存活下去。一九二四年卡夫卡去世的時候，僅僅還有百分之五的布拉格居民是以德語為母語。他們多半和卡夫卡一樣是猶太人。將近二十年後，其中絕大多數（就像卡夫卡的三位妹妹那般）

被謀害於納粹占領捷克斯洛伐克期間的猶太人大浩劫：說來諷刺，正是德國人自己最終抹除了布拉格市內的德國語言和傳統。一九四五年新上台的捷克共黨政府，將全國剩餘的德語人口悉數驅逐出去（他們泰半居住在「蘇台德地區」，總人數多達三百萬左右）。按照官方的說詞，該政府「糾正了邀請德國殖民者過來的我們那些捷克國王所犯的錯誤」。遭到驅逐的人們則避難到他們大多數人從來不曾造訪過的那個德國。歷經七百年的光陰之後，德語布拉格的故事已告結束，只繼續留存於卡夫卡小說的頁面上。

在本章的開頭部分，這兩座城市（講俄語的加里寧格勒和講捷克語的布拉格）被形容為「無論從任何方面來看都已經不再屬於德國」。「第三帝國」的暴行不僅殺害了那麼多俄羅斯人和捷克人，更鏟除了德國歷史上如此悠久的一章。第二次世界大戰造成的創傷固然令人難以忘懷，但它正在消退之中。加里寧格勒的俄羅斯大學如今已重新被命名為伊曼努埃爾・康德大學，而且康德與俄羅斯的關聯性多方面受到討論。布拉格與薩克森之間的聯繫（德勒斯登就在八十英里外），再度如同十八世紀時那般緊密。加里寧格勒與布拉格現在都積極爭取德國的遊客和德國的投資。現代德國和它東方的鄰居們如今都在共同邊界之內感到稱心和安全。不過布拉格（帝國的都城和卡夫卡的家鄉）以及柯尼斯堡（康德與普魯士君王的城市），繼續在德國人的意識當中留下重要而鮮明的記憶。德國的政治疆界如今已然固定下來。可是對文化歷史學家而言，邊境依舊遙遙在東方浮動著。

---

1 〔譯注〕查理四世（Charles IV）亦音譯成查爾斯四世；其德語名稱則是卡爾四世（Karl IV.）。

2 〔譯注〕意為「利奧波德・施泰因福特股份公司，一九三七年，柯尼斯堡」。

4 Floating city 浮動的城市

沒有任何河流，甚至連多瑙河也不例外，能夠像萊茵河那般深植於德國人的想像之中，比萊茵河承載著更多文化上、歷史上或音樂上的關聯性。當海涅的「羅蕾萊」梳理她的金髮，唱歌把水手誘向毀滅之際，是萊茵河在夕陽下靜靜地流動。華格納的「齊格飛」是在萊茵河上展開他史詩般的旅程。而在一八四〇年代，當好戰的法國磨刀霍霍，再度奢談入侵德國領土的時候，舒曼將

他們不會得到它，
自由的、德國的萊茵河。

那首詩篇，譜寫成一首振奮人心的愛國歌謠。

不過萊茵河究竟是德國的一條河流呢，抑或只是德國的邊界？德國語言和德國文化在歷史上所涵蓋的地區，遠遠超出了現代德國的疆域，在數百年的時間內與或友好或不那麼友好的鄰國相互重疊。在西邊，與法國的重疊總是最容易出問題，而主要的焦點集中在一座德國歷史名城上面：斯特拉斯堡。千百年來，有許多遊客前往讚賞當地雄偉的哥德式大教堂，可是他們當中沒有誰具備如同年輕時代的約翰·沃爾夫岡·馮·歌德那般狂烈的詩歌力量。

一七七〇年時，二十一歲的歌德前往斯特拉斯堡學習。當他站在那座教堂正前方的時候，他發現了兩件事情：哥德式建築激勵、轉化人

● **次頁**｜赫爾曼·薩夫特萊文，萊茵河的風光與棧橋，一六六六年
● Rhine landscape with landing stage, by Hermann Saftleven, 1666

● 一七六五年時的歌德，繪製於他遊學斯特拉斯堡之前不久。
● Goethe in 1765, shortly before he visited Strasbourg

心的力量，以及德國在某特定方面對他自己所產生的意義。歌德時代的遊客就跟我們這個時代的一樣，來到斯特拉斯堡大教堂之後，不但會站在哥德式建築的前面興奮得微微顫抖，而且還會觀賞文藝復興時期德國最馳名的科技成就之一。大教堂內部有一座巨大的天文鐘，裝設於一個三層石製結構之中。那裡每當整點的時候便會響起鐘聲，出現移動的人像，短暫地用機械重新上演救贖的戲碼。

斯特拉斯堡大教堂內的天文鐘完成於一五七四年。其製作者是以撒．哈布瑞希特，文藝復興時期蓬勃發展的德國精密機械儀器工藝頂級大師之一。歌德造訪大教堂的時候一定也參觀過它。但它不幸在十八世紀末停止運轉，於是遭到拆除再也無法供人讚賞。今日在斯特拉斯堡大教堂裡面的那座天文鐘，是十九世紀的仿製品。

幸好哈布瑞希特曾經在一五八九年的時候，替他在斯特拉斯堡的大

● 斯特拉斯堡大教堂的天文鐘
● The astronomical clock in Strasbourg Cathedral

師傑作完成了一個規模較小的家用版本，現在我們可以親眼欣賞它，因為它就在大英博物館裡面。那是一個便攜式鐘塔，高約三英尺。它的三個方形鏤花黃銅樓層由分別位於角落上的優雅立柱加以支撐。它是時間的殿堂，具有各種不同的刻度盤與鐘面，量測著我們生命中的每分鐘和每小時，從現在直到「最後審判日」為止。一星期的每個日子有規律地旋轉通過、月球的相位變化被標記了出來，太陽在黃道上的位置也受到圖示。每隔一個小時，無所不在的時間暴政就會被演練一次。有四個代表人生不同年齡階段的人像，[1]輪流出來敲響每一刻鐘，表明個人的生命是多麼稍縱即逝——同樣稍縱即逝的，甚至還包括了雕刻在日曆周圍的希臘、羅馬、亞述和波斯等等偉大的帝國。就像那些帝國一樣，人類的一切也都會起落浮沉，直到時間結束為止，這時基督的形象在最高的轉盤上面重新降臨，把敲響每一小時的死神趕走。當審判官耶穌基督於整點時分現身、當我們這些凡人需要懇求神恩之際，這座驚人的天文鐘奏出了馬丁・路德為他的德文翻譯版《主禱文》譜出的伴奏旋律。

哈布瑞希特的時鐘結合了天文學與神學、數學與歷史、精密工藝與路德翻譯的聖經（參見第6章），以及精緻的銀雕藝術與馬丁・路德給經文配上音樂的天賦。這是一個具體而微、三英尺高的德國文藝復興時期人文主義紀念碑，只有極少數的德國城市會有辦法製造它。其中之一就是「Strasbourg」，或者當時所稱的「Strassburg」。[2]

神聖羅馬帝國歷史的專家喬吉姆・惠利解釋說：

> 斯特拉斯堡根本就是一座德國城市。它曾經是神聖羅馬帝國的帝國城市之一。它是一個主教轄區，而當地的主教是帝國的一位采邑主教。斯特拉斯堡位於德語區，使用阿勒曼語（出現於萊茵河上游以及瑞士的德語方言形式），其精英階層完全融入了德國的教育和

● 便攜式斯特拉斯堡天文鐘
● The portable Strasbourg clock

ROMA
VI
STIPEN
DIA PEC
CATI MO
RS EST
SPES
PERSIA
FIDES
GRACIA
ROMA

COIFFURE

政治體系。那裡跟西邊的接觸非常少，主要就是因為這種阿勒曼式的德國認同感。斯特拉斯堡大學在整個十八世紀仍舊是一所德語學府，它是熱門的遊學目的地，年輕時代的歌德，以及奧地利政治家梅特涅都曾經在那裡就讀。

路德教派德語大學所在的斯特拉斯堡（哈布瑞希特用天文鐘來展現德國精密工藝的高超本領，以及歌德發現哥德式建築的德意志屬性的那座城市），具有一個令人驚訝的特點：它已經在一百年前被迫成為法國的一部分。一六八一年的時候，向亞爾薩斯發動侵略戰爭屢獲成功的法國路易十四國王在躊躇滿志之下，沒來由地襲擊了斯特拉斯堡。法國的軍隊勢不可當，神聖羅馬帝國的這座帝國自由城市於是遭到法國吞併。

一份來自一六七八年左右（斯特拉斯堡遭到攻擊三年之前）的版畫傳單，展現出法國強占那個使用德語、向來屬於神聖羅馬帝國的地區一事，讓德國人產生的觀感：一隻憤怒的老鷹拿著象徵統治權的「帝國金球」（Imperial orb），在一些小盟友的環繞之下揮舞寶劍，俯衝下來攻打並擊退了那隻在帝國的地圖上橫行霸道、用影子遮住斯特拉斯堡的法國公雞。其寓意十分明確：皇帝和他的支持者們馬上將會驅除法國人。但迅速光復該地區的希望仍告落空，皇帝在一六九七年時只能咬牙切齒地承認已成既成事實的法國擁有權。通過暴力和武器，斯特拉斯堡從「Strassburg」變成了「Strasbourg」。

一百年下來，法國的統治只是虛有其表。德文依然是大多數百姓的語言，而且德語大學繼續運作了下去。於是歌德在一七七〇年發現的那座城市，實際上是一個混合體——它具有德國的本質，但在政治上受到法國管轄。

● 矗立於市區上方的斯特拉斯堡大教堂。
在十五世紀至十九世紀之間，它是全世界最高的建築物。

● Strasbourg Cathedral towering over the city.
Between the fifteenth and nineteenth centuries it was the tallest building in the world.

● 猛烈抨擊路易十四占領亞爾薩斯的德國版畫傳單。一六七八年

● German broadside print of Louis XIV's occupation of Alsace, 1678

然而歌德判斷，那座大教堂絕對不是個混合體：它是德國式的，其建造者則是一位頂尖的德國建築天才，埃爾溫·馮·施泰因巴赫。這讓歌德久久不能自已。他寫道：

> 一種完善而偉大的印象充滿了我的靈魂——由於那種印象是由上千個協調一致的細節所構成，我可以細細地品味和享受它，卻無法加以識別和解釋。人們說道，天上的歡樂就是這個模樣；而我曾經多麼頻繁地回到那裡，享受這種天上人間的樂趣，透過我們前輩兄長〔即我們德國同胞〕的傑作來擁抱他們的偉大精神。我曾經多

● 一七七〇年歌德在斯特拉斯堡。一八七〇年的彩色印刷

● Goethe in Strasbourg in 1770, from a print of 1870

麼頻繁地回到那裡，從四面八方、從所有的距離、在一天的不同光線下，仔細觀賞其尊嚴與榮耀。

歌德關於斯特拉斯堡大教堂的小冊子《論德國的建築藝術》，是他第一篇單獨發表的作品，其內容既鼓舞人心又深具影響力，卻在一個關鍵的地方出了差錯。在他那個時代頗不尋常的是，他能夠看出來，哥德式建築的門面雖然具有數目繁多、看起來雜七雜八的細節，事實上卻洋溢著前後一貫的美學動能。然而他說服自己相信（並不只有他一個人如此），這種哥德式建築是最典型的、讓人引以為傲的德國風格——但我們如今曉得它其實起源於法國。他同時撥動著「天才的」以及「民族獨特性的」浪漫心弦，慷慨陳詞地表示：

> 現在我豈不應該感到義憤填膺，神聖的埃爾溫？因為有德國藝術學者聽信了善妒鄰居的說詞，以致未能看出您的創作有多麼傑出，反而用「哥德式」這個充滿誤解的字眼來加以貶低。其實他應該感謝上帝，因為他可以大聲地宣布：這是德國的建築藝術、我們的建築藝術，義大利人卻沒有自己的可供誇耀，法國人就更不用說了。

斯特拉斯堡大教堂位於一座屬於法國已將近一百年的城市，它在歌德眼中卻儼然成為對德國人的大聲疾呼，要求他們重拾本身的民族傳統，取得他們在各種歐洲文化之間所應享有的地位。恰如其分地，歌德在斯特拉斯堡遇見了二十六歲的哲學家約翰．戈特弗里德．赫爾德——「狂飆運動」（Sturm und Drang）的創意導師，以及浪漫主義的先驅者之一。赫爾德曾經前往柯尼斯堡師從康德，並且在他自己的文學論述中，極力宣揚德國語言獨一無二的豪情與表現力：

> 大自然要求吾人只學習我們的母語，因為它最適合我們的性格，與我們的思想最為相稱……。除了我們民族和我們國家的語言之外，我們無法用其他的語言來接受教育。在德國所謂的法國教育，只會扭曲和誤導德國人的心靈。

自從文藝復興時期以來，德國文化便受到了古羅馬與當代義大利和法蘭西模式的主導。在一七七〇年代的斯特拉斯堡，這兩位天賦甚高的年輕人已經清楚地明白，必須改變這種情況。

有許多城市可以被選擇為例證，來支持一種讓英國人覺得有些不可思議的論點：德國在知識上、宗教上與文化上的疆界，千百年來與德國的政治疆界並不重合。但斯特拉斯堡或許能夠比其他任何城市把這一點

● 安格莉卡·考夫曼，
《約翰·戈特弗里德·赫爾德》。
一七九一年
● Johann Gottfried Herder,
by Angelika Kauffmann, 1791

解釋得更好。如果不列入這座城市的話，便無法寫出一部德國文化史，縱使它如今在語言上、政治上和行政上都是法國的。戈特弗里德·馮·斯特拉斯堡，中世紀德國文學傑作《特里斯坦》的作者，便來自那裡。身為文藝復興時代的一座德國大城市，斯特拉斯堡為哈布瑞希特的機械成就提供了經濟和知識方面的條件。當地的印刷業者和宣教師，更協助將馬丁·路德的宗教改革傳播到整個歐洲。赫爾德就在此地闡述了生機勃勃的德國語言屬性。透過歌德針對當地大教堂流瀉出的狂喜傾訴中，斯特拉斯堡又為德國文化民族主義激發出第一首偉大的讚美詩。

法國早期統治階段的輕鬆、寬容作風，無法在不斷中央集權化的十九世紀民族國家存活下去。在民族主義日益高漲的世界裡，斯特拉斯堡再也不可能同時既是德國又是法國——控制權於過去二百年內在兩國之間的多次來回轉手，已經變得越來越具有壓迫性、暴力性，以及全面性。

大英博物館另外有一份德國傳單（這回是慶祝一八七一年普法戰爭的勝利和斯特拉斯堡的光復），上面同時呈現出斯特拉斯堡大教堂和科隆大教堂，而後者最近才終於被普魯士人興建完畢，成為民族自豪感與團結一致的象徵。這兩座偉大的德國大教堂被「自由的、德國的萊茵河」

● 平版印刷畫：來自德意志各諸侯國的士兵向新任德皇敬禮致意。一八七一年

● Print of soldiers from the German principalities saluting the new German Emperor, 1871

（Der freie deutsche Rhein）連貫起來——傳單上如此形容那條德國的大河，套用了一八四〇年由尼古拉斯・貝克作詞、羅伯特・舒曼譜曲的《萊茵之歌》（*Rheinlied*）裡面的用語。「德意志民族的神聖羅馬帝國」已被重建。斯特拉斯堡則按照那份傳單的說法，再度成為了 Strassburg，一座德國的帝國城市。

另一方面就巴黎而言，當地的政治人物自從一八一五年被迫放棄拿破崙時代的萊茵河疆界以來，從未停止夢想再度奪回此地；一八七一年損失斯特拉斯堡一事，更被視為一個可怕錯誤的象徵。「協和廣場」上的斯特拉斯堡塑像被蒙上了黑紗，很著名地成為戴高樂家庭出門時的目的地，而年幼的夏爾・戴高樂便在該處接受教導，其職責是要收回那一座失陷的城市和恢復法國失去的榮譽。斯特拉斯堡已經轉而成為法德世仇的圖騰象徵。那座城市本身在一九一九年再度歸法國所有，在一九四〇年重新回到德國，然後在一九四四年十一月二十三日又一次歸法國所有。它每一次轉手的時候，文化民族主義和強制同化措施都隨之升級。時至今日，這座在德國文化史上如此重要的城市，已十分明確地屬於法國。

對喬吉姆・惠利來說，現在已經毫不含糊地解決了這個問題：

> 德國從一九四〇年展開的占領行動，是十九和二十世紀這段漫長法德歷史當中的最後一章。這裡所受到的殘酷待遇幾乎跟每一個被占領的地區沒有兩樣，而且終於在大多數居民的腦海中解決了身分認同問題。
>
> 人們經常表示，德國人於四年半的時間內，完成了法國人在之前二十年都辦不到的事情。那就是把亞爾薩斯的百姓改造成法蘭西人。

可是在一九四五年的時候，那些「法蘭西人」當中的許多人仍然保有一種德國特質——他們的語言。這是將近兩千年德意志屬性的最後證據。湯米・翁格爾是一位資深的亞爾薩斯語言權利維護者，但他坦承已經輸掉這場戰鬥。

> 我花了三十多年時間為亞爾薩斯身分和我們的語言而奮鬥，因為語言就是我們身分認同的一部分。然而從目前的事態來看，我認為我們其實已經敗下陣來。我們幾乎再也沒有了自己的語言，只留下一種口音——亞爾薩斯口音。亞爾薩斯現在已如此法蘭西化，我不

- **次頁**｜遭到德國轟擊之後的斯特拉斯堡，一八七一年。北德意志邦聯的旗幟飄揚於大教堂上。
- Strasbourg in 1871 after the German bombardment. The Prussian flag flies over the cathedral

> 覺得當下的年輕人還會面臨我曾經有過的那種身分認同問題，因為他們如今是法國人了。雅各賓派已經打贏這場戰鬥。不過我們再也無需煩惱：自己到底是法國人，還是德國人？我們都是歐洲人。亞爾薩斯人是真正的歐洲人，因為我們已經找到了一種新的身分。

一九四五年後，長年的法德萊茵河之爭已經得到解決，戴高樂（站在協和廣場斯特拉斯堡塑像前面的那個小男孩）於此過程中扮演了關鍵性的角色。湯米．翁格爾的樂觀結論表達出來，德國的浮動邊界以及圍繞著它打轉的複雜枝節和各種衝突，如今已被一個新的政治秩序包容起來——在那個被稱做「歐盟」的自主國家聯盟之中。但是這個未來有著非常悠久的過去，它與較早的那一個聯盟「神聖羅馬帝國」具有驚人的相似性。

斯特拉斯堡今日已成為歐洲議會所在地，是歐洲新視野舉足輕重的部分，而且歐盟或許會有辦法及時提供一個組織架構，使得像亞爾薩斯語言這般具有地方特色的事物能夠在其中生存下去。如果發生此種情況的話，那麼這其實只是回到了一種曾在好幾個世紀的時間內蓬勃發展過的結構，斯特拉斯堡也曾經是其中的一個重要組成部分。歌德在大教堂的正面發現了一個連貫的結構，有著上千種協調一致的細節，讓人「可以細細地品味和享受它，卻無法加以識別和解釋」。那個結構儘管細節繁多，卻給他留下了一種「完善而偉大的印象」。他說不定也是在描述神聖羅馬帝國——那個由各種不同類型的邦國，以及各種不同類型的德意志屬性所共同組成的龐大聯盟。它曾經存在了一千年之久，它是我們下一章的主題。

- 在巴黎的擬人化斯特拉斯堡塑像（覆蓋著黑紗與花圈）。一九〇五年
- Statue in Paris personifying Strasbourg, draped in crepe and wreaths, 1905

1 〔譯注〕代表人生四個年齡階段的人像分別是：小孩子、年輕人、壯年人、老年人。

2 〔譯注〕Strasbourg是「斯特拉斯堡」的法文拼法，Strassburg（Straßburg）則是其德文拼法（史特拉斯堡）。

VIVE L'ALSACE !

Manifestation sur la place de la Concorde autour de la statue de Strasbourg

SOPH·D·G·EX STIRPE·EL·PAL·EL·VID·BR·ET·LVN·M·BRIT·HAERES

NATA
XIII.OCT.MDCXXX
NUPTA MENSE SEPT
MDCLV AD SVCCESS
M.BRIT.NOMIN.MDCCI
SVB VESP.VIII IVN.MDCCXIV
IN HORTIS HERRENHAUS
ADHUC VEGETO ET FIRMO
PASSU DEAMBULANS
SUBITA ET PLACIDA
MORTE EREPTA

GEORGIVS·D·G·M·BR·FR·ET·HIB·REX F D

BRVN·ET·L·DVX S·R·I·A·TH·ET·EL·

5 Fragments of power
權力的散落

跟漢諾威選侯夫人索菲亞比較起來，恐怕很少有人能夠對自己的死不逢時更加感到惱火。畢竟她早已被倫敦國會指定為英國王位的新教繼承人。[1]索菲亞枯候了十幾個年頭，等待她那一位健康糟糕得出名、關係極其遙遠的親戚安妮女王駕返瑤池。等到安妮女王終於在一七一四年八月一日撒手人寰的時候，看起來精神矍鑠的索菲亞卻已經在若干星期前，於散步經過自家花園矮樹叢之際倒地不起。因此我們在大英博物館沒有任何錢幣慶祝索菲亞加冕為英國女王，只有一枚打造於漢諾威的銀幣來悼念她的逝世，而且她依然只被描述成「大不列顛王位繼承人」。

除了索菲亞去世之後出現在上面的這枚不起眼銀幣之外，還有一種錢幣是她生前渴望能夠為之增輝的對象：英國的五基尼金幣。對頁的插圖呈現了她的兒子喬治一世（George I）正志得意滿地頭戴桂冠，周圍環繞著各種頭銜，諸如：大不列顛國王、法蘭西國王（英國君主直到一八〇二年都一直宣稱擁有這個頭銜）、愛爾蘭國王，以及信仰的捍衛者。可是在金幣的另外一面，同一位喬治被標示成格奧爾格・路德維希（Georg Ludwig）、神聖羅馬帝國的選侯與大司庫、布倫瑞克－呂內堡公爵。喬治在英國發行了唯一的法定貨幣，他在漢諾威打造的貨幣卻是大約二百種不同貨幣當中的一種，而每種貨幣分別代表著共同組成帝國的各個不同德意志地區。那枚硬幣刻畫出一位同時生活在兩個世界裡的統治者。

簡單比較了喬治在他的不列顛新國度，以及在他離開後的德國所推出的錢幣，馬上就可以看出兩國的政治歷史於十八世紀時的巨大差異，

- **對頁**｜上｜漢諾威選侯夫人索菲亞逝世紀念銀幣。一七一四年
- Silver Sterbethaler (death-coin) of the Electress Sophia of Hanover, 1714
- **對頁**｜下｜英國國王喬治一世的五基尼金幣。一七一六年
- Gold five guineas, George I, King of Great Britain, 1716

並且初步解釋了兩國如今面對現代政治問題時截然不同的態度。

許多個世紀以來，對英格蘭以及對隨後的英國而言，統一（必要時不惜以武力促成的統一）就是國家的目標和宗旨，是秩序與繁榮的必要前提條件。從另一方面來看，「德意志民族的神聖羅馬帝國」卻是個四分五裂的政治架構，一個由許多不同元素組成的難以捉摸的整體──它們並非受到軍事脅迫，而是因為一系列共同的假設和約定俗成的框架才結合在一起。

喬吉姆·惠利說明了那種往往會讓外國人百思不得其解的政治結構：

> 從外面看上去，它的確顯得亂七八糟。尤其當你查看古代地圖的時候，你在那裡只見一片五彩繽紛，以及在這邊、那邊和到處都是小小一塊又一塊的土地。儘管一切看起來漫無章法，但整體而言，我認為它跟現代早期的許多其他國家運作得一樣好。必須銘記在心的是，你看到的那個土地大雜燴並非由主權國家拼湊而成。那些諸侯國和帝國城市並不獨立自主。它們都隸屬於帝國，都在共同的法律框架內運作，而法律是由皇帝和諸侯們在定期舉行的帝國會議中共同商定出來的。我認為把它們凝聚起來的因素，就是對那個首屈一指的基督徒國度之共同歸屬感，以及一種特殊的普世使命感。

帝國的制度框架固然萬分複雜，各地的錢幣卻提供一種非常具體的方式，讓人得以一窺其多樣性的範圍和界限。位於那整個政治與貨幣體系最頂端的當然就是皇帝本人，而一七〇〇年前後的皇帝利奧波德一世，出現在這種名叫「塔勒」（Thaler）的銀幣上面。他具有特別明顯的「哈布斯堡下巴」，而且下唇強烈突出（這一點也不奇怪，因為他是一連串近親通婚的結果）。此外他是歐陸最大的統治者之一，直接控制了相當於今日奧地利、捷克共和國、斯洛伐克、絕大部分的匈牙利、斯洛文尼亞，以及羅馬尼亞的一部分。但有異於英國統治者的是，皇帝無法壟斷錢幣製造：基本上凡是在帝國會議擁有席位的人，都獲准

● 上｜塔勒銀幣，神聖羅馬帝國利奧波德一世。一七〇〇年
● Silver thaler, Emperor Leopold I, 1700
● 下｜古爾盾銀幣，利珀－代特莫爾德。一七一四年
● Silver gulden, Lippe-Detmold, 1714

打造自己的錢幣——其中包括了君主們、諸侯們、主教們、各個自由城市和修道院等等。他們一起被稱做「帝國各等級」(Estates of the Empire/Reichsstände)，成為共同構成帝國的那個統治集合體的一部分——那是一種奇特的貴族共和國，在皇帝算是和藹可親的主持指導下，由許多不同的主管當局協同工作。

在那樣的皇權領導下，近百位世俗諸侯、五六十個自由城市，以及同等數目的主教和大主教，全部都為自己的領地製作發行錢幣。因此除了皇帝的「塔勒」之外，我們還看得見利珀－代特莫爾德伯爵的銀幣——他僅僅統治了西發利亞一小塊地方的一萬至二萬名百姓，但他在自己的錢幣上面看起來就跟皇帝一樣派頭十足。他擁有自己的議會、他可以招募自己的軍隊、他設立自己的法院，而且他打造自己的錢幣。簡言之，他所享有的那一切權利，在大多數其他歐洲國家都會被視為主權的要素。

排在世俗諸侯後面的是各個帝國的自由城市（當時大約有五十個左右），它們製作了一些非常美麗的錢幣。各城市往往藉機炫耀自己的風光，於是科隆呈現了當地的大教堂、其數百年來始終未能完工的著名尖塔，以及塔頂的吊車（藉此表示它很快將會有復工的一天）。在那些城市的錢幣當中，最氣勢磅礴的肯定來自漢堡。那座宏偉的北方金融首都製作了一種巨大的（大約相當於三十五公克黃金的）十「杜卡特」金幣，[2]在上面刻畫出市區的輪廓，以及帆檣林立的港口。桅杆上方和尖塔後面出現了用希伯來字母拼出的「耶和華」字樣，藉此提醒人們：這座繁榮昌盛的貿易城市受到上帝的庇佑與賜福。富裕的漢堡既虔誠信仰新教又擁有強大的猶太社區，於是用這一枚錢幣表達出自己的全部理念。

除了世俗的諸侯和城市之外，教會也發行錢幣。位高權重的采邑主教們和大主教們固然在地位上等同於最高階的諸侯，但即便是一些相當小的教會單位，例如修道院和隱修院，也享有製作錢幣的權利。它們並非真正運作的經濟單位，所以它們發行錢幣往往只是為了展現自己的造幣權，以之做為其法律地位或政治權威的標誌，而非出於實際的經濟需要。以萊茵蘭「聖阿爾班隱修院」的院長為例，他或許只統治其修院所屬莊園上的區區數千臣民而已，卻仍然製作發行了華麗的杜卡特金幣。

或許讓人料想不到的是，只有在教會領地內才出現了歷史悠久的女性打造錢幣的傳統。少數一些帝國女修道院的院長們長期享有造幣權。

● 上｜塔勒銀幣，科隆。一七〇五至一七一一年
● Silver thaler, Cologne, 1705–11
● 中｜十杜卡特金幣，漢堡。一六八九年
● Gold ten ducats, Hamburg, 1689
● 下｜杜卡特金幣，聖阿爾班。一七四四年
● Gold ducat, St Alban, 1744

● 塔勒銀幣，奎德林堡。一七〇四年
● Silver thaler, Quedlinburg, 1704

於是在類似位於薩克森的奎德林堡之類的地方，我們能夠看見幾乎是歐洲獨一無二的現象——那裡有歷代女性統治者們發行的錢幣。上圖那枚銀幣所呈現的奎德林堡女修道院院長，說明了神聖羅馬帝國運作實務中的另一個關鍵因素。她是薩克森－威瑪公爵的女兒，她和她那些統治鄰近地區的男性親戚們，通常會攜手保護家族利益。如果說德國硬幣展現出權力和威權在許多個中心地區之間的嚴重散落，那麼它們還展現出這些中心地區之間的家族關係，使得家族勢力的四分五裂往往只是表象而已。不同錢幣上面的那些人物很可能是堂兄弟。事實上，同一個人也有可能出現於各式各樣的錢幣上，因為同一個人或許在好幾個地方擔任主教——比方說吧，我們有美因茲大主教洛塔爾．法朗茲．馮．申博恩的「塔勒」銀幣一枚，而另一枚「塔勒」銀幣卻將他呈現為班貝格的主教。

當我們觀看神聖羅馬帝國的地圖時，只見它是如此支離破碎，幾乎無法想像怎麼會有辦法把它拼湊在一起。錢幣則可幫助我們理出一些頭緒來。然而另外一件難以理解的事情是，怎麼可能會演變成那個樣子？就此方面來說，錢幣同樣也可以提供協助。例如有一枚呈現薩克森－哥塔－阿爾騰堡公爵的金幣，在背面列出了七名家庭成員的肖象，因為那位腓特烈公爵有七個兒子。他把自己的領地拆分給那七個兒子，他們各

● 上｜塔勒銀幣，班貝格。一六九七年（申博恩被呈現為主教）

● Silver thaler, Bamberg, 1697, showing Schönborn as bishop

● 中｜塔勒銀幣，美因茲。一六九六年（申博恩被呈現為大主教）

● Silver thaler, Mainz, 1696, showing Schönborn as archbishop

● 下｜十二杜卡特金幣，薩克森－哥塔－阿爾騰堡。一七二三年

● Gold twelve ducats, Saxe-Gotha-Altenburg, 1723

自都獲得了造幣權。於是這枚硬幣「封裝」了一整塊疆土裂解成許多個不同單元體的複雜過程，而其依據就是當地繼承法的相關規定。家族的每一個支系都會繁衍、絕嗣或者相互通婚，所以有些單元體會重新回到一起，可是卻構成了一個新的組合。

您可能會預期，一個如此地方分權的貨幣體系必定會造成不可救藥的混亂狀態。外國訪客們確曾提出過抱怨，但他們所面臨的困難其實都相當表面。那些金幣和銀幣不論發行於何處，都是按照頗為標準化的重量體系打造出來的，並且被細分為相當一致的較小單位。所以歐洲最大統治者利奧波德皇帝的塔勒銀幣，與「哈瑙－利希騰貝格」之類較小邦國的諸侯所發行的塔勒銀幣價值相等。除了價值和重量大致類似之外，較大的錢幣往往會在一面出現共同的標誌（帝國的鷹徽），表明它們是一個經過整合的、甚至協調一致的體系當中的一部分。其情況相當接近今日的歐元：在法國的歐元大部分看起來都是法國模樣，但你說不定會找到來自義大利或德國的歐元。同理可證，如果你是在昔日的漢諾威，大部分的硬幣都是漢諾威選侯的，但你也可能會有一枚來自隔鄰的帕德博恩主教，或者一枚來自普魯士，但二者的重量和價值都大同小異。那整個網絡基本上到處一致，都牢牢根植於帝國法律規範出來的標準。它固然非常複雜，它固然看起來麻煩透頂，可是它就像神聖羅馬帝國本身那般，還是照樣多少能夠運作下去。

帝國錢幣的故事不只是一個德國的故事而已。我們一開始曾經談到英國國王喬治一世。他除了自己的英國錢幣之外（他當然是奉天承運以君王之姿出現在錢幣上面），也有他的德國錢幣，而他是以漢諾威選侯的身分現身，是神聖羅馬帝國的諸侯之一。從一七一四年直到帝國在一八〇六年解散為止，大不列顛國王都在帝國會議擁有一個席位。此外如同錢幣向我們顯示出來的，漢諾威選侯並非單獨的特例，布蘭登堡選侯是普魯士國王，而連續兩位薩克森選侯奧古斯特二世和奧古斯特三世擔任了波蘭國王。其他一些完全來自外國的君主，也握有皇帝轄下的德國領地。RJW・埃文斯教授對此說明如下：

● 古爾盾銀幣，維斯瑪。一六七三年
● Silver gulden, Wismar, 1673

在十八世紀初期前後，幾乎整個歐洲都以這種方式跟帝國綁在一起——英國、丹麥、普魯士、瑞典、波蘭、波希米亞、匈牙利等地統治者的王位固然都在帝國境外，其功能卻與帝國緊密結合。甚至連俄羅斯的統治者家族也是一個德國家族。因此那種方式具有更廣泛的政治關聯效應。帝國的安全不可避免地與歐洲整體的安全連結在一起。這是一個非常重要的方式：在一方面，帝國的問題固然可能被向外輸出；但就另一方面而言，歐洲的其餘部分會發現有必要在德國維持某種秩序。

以德國做為全歐洲安全體系的樞紐——那看起來簡直像是一個現代的觀點。一個具有強烈地方差異性，而且中央權力不彰的德國，顯得同樣具有現代性。喬吉姆·惠利主張，神聖羅馬帝國的政治實務至今依然是一股強大的力量：

權力下放的體制構成了一個框架，使得各個地區和省分都能夠在其中蓬勃發展，避免任何形式的中央集權政府插手干預，我認為這是一個影響深遠的遺產。它讓我們體會出，為什麼德國人願意做出

> 妥協，並且在今日歐洲體系的談判中展現出無盡的耐心。那非常接近神聖羅馬帝國於近代早期的特色——例如帝國會議做出決策的方式，是由皇帝、諸侯和自由城市在那裡進行商議。凡是無法獲得一致同意的事情，根本就不予推行。換句話說，這是一種依靠妥協來運作的政治體系。

看著神聖羅馬帝國的錢幣便不難理解，德語地區的每個地方都具有多麼獨特的歷史。這讓人清楚體會到，談論「單一」德國歷史是多麼困難的事情。所以實際上只可能有各式各樣的德國歷史。每一個製作錢幣的地點，甚至連那些享有行政自主權的小單元體，都擁有自己的歷史，而且它們當中的許多個至今依然非常活躍。巴伐利亞和薩克森，漢堡和不來梅曾經在錢幣上宣示過自主權，解釋了為什麼它們直到今天都還分別是自主於德意志聯邦共和國之內的「邦」。[3]

我們不妨套用描述資本主義運作方式的那種著名矛盾說法「創造性破壞」，把神聖羅馬帝國形容成「創造性四分五裂」的勝利。那些碎片知道它們屬於彼此，是一個整體當中的小部分。唯一的問題僅僅在於，它們應該緊密結合到什麼程度，而且應該由誰來主導整合的進程。這些都不是英國人和法國人所擅長提出或回答的問題。多虧了神聖羅馬帝國，德國人已經有過一千年的實務經驗。

---

1 〔譯注〕英國國會阻擋天主教徒繼承王位，在一七〇一年規定：若現任國王威廉三世（詹姆斯二世的女婿）和接任的安妮女王（詹姆斯二世之女）皆無後嗣，王位將由索菲亞（詹姆斯一世的外孫女）及她的新教後代繼承。

2 〔譯注〕杜卡特（Ducat/ Dukat）是起源自威尼斯的一種金幣名稱，或音譯為「達克特」。

3 〔譯注〕德意志聯邦共和國一共有十六個邦（Land，也被翻譯成「州」或「聯邦州」），其中巴伐利亞和薩克森被稱做「自由邦」（Freistaat）。

PART TWO
Imagining Germany
想望德國

我們彼此講述的故事和我們所吃的食物，凝聚了我們的國家。
像德國這樣深度多元化的國家，
既有待各級政府和各地的疆域把它鞏固起來，
也依靠詩人、畫家、先知和講故事的人這麼做。
諸如歌德、弗里德里希、路德，以及格林兄弟等人，
都為那些或神聖、或世俗、或結合了歷史與神話的
各種德國民族故事做出貢獻，其中往往還夾雜著想像與幽默。
它們共同成為建構國家認同的關鍵因素——此外更配合了啤酒和香腸。

6 A language for all Germans 全體德國人的語言

一九四五年五月二十九日，歐洲戰火停歇三個星期之後，自從希特勒上台以來便離開德國的湯瑪斯・曼那位作家，在華盛頓國會圖書館發表了一篇演說來慶祝自己的七十歲生日。他在開場白中表示：

> 雖然我是美國公民，但我仍舊是一個德國作家，忠實於德國的語言——對我來說，德國就是我真正的故鄉（meine wahre Heimat）。

湯瑪斯・曼說出的字句非常感人，其言外之意是：在德國完全解體的時刻，即便他的實體故鄉正躺在廢墟裡，他的精神故鄉「德國語言」卻繼續安然無恙。正是德語將湯瑪斯・曼與「德國和德國人」（這也是他一九四五年那篇演講的題目）不可分割地聯結在一起。

一個半世紀之前，同樣的想法驅策了未來的巴伐利亞國王路德維希一世，使得他在一八〇七年首度提出構想，要建造一座紀念館來緬懷歷史上曾經講過德語的偉大人物——建造「瓦爾哈拉」英靈殿（參見第9章）。路德維希一世在神聖羅馬帝國滅亡，以及德國遭到拿破崙屈辱之後，委託修建了他的「瓦爾哈拉」。他和湯瑪斯・曼都是在國家陷入徹底的災難之際，轉而將語言視為自己故鄉（Heimat）的最基本要素，在此堅實基礎上建立一個更新和更好的構想，藉以闡明德國人身分的真正意義何在。

- 次頁｜馬丁・路德和他的妻子卡塔琳娜・馮・博拉。克拉納赫畫派，一五二九年
- Martin Luther and his wife, Katharina von Bora, School of Cranach, 1529

IN SILENCIO ET SPE ER
FORTITVDO VESTRA

SALVEITVR PER FILIORVM GENERACIONES

從波羅的海到阿爾卑斯山，從萊茵蘭到波蘭，現在仍然存在著形形色色、各式各樣的口頭德語。所有那些不同類型的德語方言（其中有些還相互難以理解）都共享同一種書面形式，這是一個頗不尋常，在政治上意義十分重大的事實。此事必須歸功於一個人的貢獻：馬丁・路德。

柏林的「德國歷史博物館」收藏了兩幅肖像畫，畫中人物是一對夫婦。那位妻子具有尖銳的臉部線條，她的頭髮緊緊地纏繞在後面，她穿著一件清爽時髦、黑白相間、以黑色綁帶繫住領口的緊身上衣，以及一件想必非常昂貴的皮領外套。那位丈夫則穿了一身黑，而且體態圓潤許多，他的外衣顯然布料厚實，在高聳的領子上方擠出了雙下巴。這二人是神學家馬丁・路德博士，以及他的年輕妻子卡塔琳娜・馮・博拉，被他們的朋友盧卡斯・克拉納赫及其助手們畫了下來。她曾經是一位修女，他則當過僧侶。他們如今婚姻美滿，看起來怡然自得、與世無爭。可是這位丈夫，馬丁・路德，在一五一七年之後的那些年頭不僅把德國，而且也把整個歐洲攪得天翻地覆。此外當他把聖經翻譯成德文的時候，他以無人能及的方式創造出了現代德語。這一章就是關於那本書——路德的聖經。

按照長久以來的傳統，使徒和聖人們都被呈現得形銷骨立、清心寡欲、不食人間煙火。馬丁・路德卻大不相同，他很顯然是一個入世的人，而且是與一般人民站在一起的人。至少當馬丁・路德以「維騰貝格大學」神學家的身分，在一五一七年寫出其著名的《九十五條論綱》之際，他一部分的理由是為了要向小老百姓提供保護。那些論綱是對教會內部腐敗實務的抗議，尤其是抗議教宗出售贖罪券，藉此籌款在羅馬重建「聖伯多祿大殿」（聖彼得大教堂）的做法。路德認為這是給窮人設下的騙局。他主張：贖罪（Indulgence，赦免罪過）是只有上帝才能夠賜予的一件免費禮物，並非可以隨意買賣的東西。《九十五條論綱》開始於一場狹隘的學術爭端，結果卻引發了一個啟迪（進而分裂了）西方基督徒世界的進程。

如同我們在前面三章所看見的，十六世紀的德國是一個由數以百計

AMORE ET STVDIO ELVCIDANDAE ueritatis hæc subscripta disputabunt Vuittenbergæ, Præsidẽte R.P. Martino Luther, Artiũ & S. Theologiæ Magistro, eiusdemq; ibidem lectore Ordinario. Quare petit ut qui non possunt uerbis præsentes nobiscum disceptare, agant id literis absentes. In nomine domini nostri Iesu Christi. Amen.

i  D Ominus & Magister noster Iesus Christus, dicendo pœnitentiã agite &c. omnem uitam fidelium, pœnitentiam esse uoluit.

ij Quod uerbũ pœnitentia de pœnitentia sacramentali (.i. confessionis & satisfactionis quæ sacerdotum ministerio celebratur) non potest intelligi.

iij Non tamen solã intẽdit interiorẽ: immo interior nulla est, nisi foris operetur uarias carnis mortificationes.

iiij Manet itaq; pœna donec manet odium sui (.i. pœnitentia uera intus) scilicet usq; ad introitum regni cælorum.

v Papa non uult nec potest, ullas pœnas remittere: præter eas, quas arbitrio uel suo uel canonum imposuit.

vj Papa nõ potest remittere ullam culpã, nisi declarãdo & approbando remissam a deo. Aut certe remittẽdo casus reseruatos sibi, quibus contẽptis culpa prorsus remaneret.

vij Nulli prorsus remittit deus culpam, quin simul eum subijciat humiliatum in omnibus sacerdoti suo uicario.

viij Canones pœnitentiales solũ uiuentibus sunt impositi: nihilq; morituris, secundũ eosdem debet imponi.

ix Inde bene nobis facit spiritussanctus in Papa: excipiẽdo in suis decretis semper articulum mortis & necessitatis.

x Indocte & male faciũt sacerdotes ij, qui morituris pœnitẽtias canonicas in purgatorium reseruant.

xj Zizania illa de mutanda pœna Canonica in pœnã purgatorij, uidentur certe dormientibus Episcopis seminata.

xij Olim pœnæ canonicæ nõ post, sed ante absolutionem imponebantur, tanq; tentamenta ueræ contritionis.

DISPVTATIO DE VIRTVTE INDVLGEN.

xiij Morituri, per mortem omnia soluunt, & legibus canonũ mortui iam sunt, habentes iure earũ relaxationem.

xiiij Imperfecta sanitas seu charitas morituri, necessario secum fert magnũ timorem, tãtoq; maiorẽ, quãto minor fuerit ipsa.

xv Hic timor & horror, satis est, se solo (ut alia taceam) facere pœnam purgatorij, cum sit proximus desperationis horrori.

xvj Videntur, infernus, purgatorium, cælum differre: sicut desperatio, prope desperatio, securitas differunt.

xvij Necessarium uidetur animabus in purgatorio sicut minui horrorem, ita augeri charitatem.

xviij Nec probatũ uidetur ullis, aut rationibus, aut scripturis, q; sint extra statum meriti seu augendæ charitatis.

xix Nec hoc probatũ esse uidetur, q; sint de sua beatitudine certæ & securæ, saltem oẽs, licet nos certissimi simus.

xx Igit' Papa per remissionẽ plenariã omniũ pœnarũ, non simpliciter omniũ intelligit, sed a seipso tm̃modo impositarũ.

xxj Errant itaq; indulgentiarũ prædicatores ij, qui dicunt per Papæ indulgentias, hominẽ ab omni pœna solui & saluari.

xxij Quin nullam remittit animabus in purgatorio, quã in hac uita debuissent secundum Canones soluere.

xxiij Si remissio ulla omniũ omnino pœnarũ põt alicui dari: certũ est eam nõ nisi perfectissimis .i. paucissimis dari.

xxiiij Falli ob id necesse est, maiorem partẽ populi: per indifferentẽ illam & magnificam pœnæ solutæ promissionem.

xxv Qualẽ potestatẽ habet Papa ĩ purgatoriũ gñaliter talẽ habet qlibet Episcopus & curat' in sua diocesi, & parochia spãliter.

j Optime facit Papa, q; nõ potestate clauis (quã nullam habet) sed per modum suffragij, dat animabus remissionem.

ij Hominẽ prædicant, qui statim, ut iactus nũmus in cistam tinnierit, euolare dicunt animam.

iij Certũ est nũmo in cistam tinniente, augeri quæstum & auariciam posse: suffragiũ aũt ecclesiæ est in arbitrio dei solius.

iiij Quis scit si omnes animæ in purgatorio uelint redimi, sicut de sancto Seuerino & paschali factum narratur?

v Nullus securus est de ueritate suæ contritionis; multo minus

a ij

● 路德的《九十五條論綱》。發表於一五一七年

● Luther's Ninety-Five Theses, published in 1517

大大小小邦國所組成的馬賽克，受到國王們、選侯們、公爵們、采邑主教們和一大批小諸侯的統治——他們都在皇帝之下握有自己的土地，因為敵意而分離，時而在變換盟友之後短暫聯合起來。宗教改革很快就逼迫每一位統治者必須做出選擇：天主教或者新教。宗教改革創造出各種政治危機、憲政衝突，以及宗教和文化上的分歧，其中有些甚至一直持續到今天。

路德絕不輕易妥協，他在德國歷史上往往被看成是「大撕裂者」(參見第9章)。他攻訐對手的方式非常冷酷無情、往往十分暴戾，而且語氣殘忍得嚇人——他批判猶太人的論述尤其惡毒。對某些人來說，他必須為宗教改革之後的長期激烈爭鬥負起責任，甚至必須為他去世一個世紀之後的「三十年戰爭」負責。對另外一些人而言，其反猶太主義也為二

● 路德（在長條凳的右側）於沃姆斯帝國會議出現在皇帝和選侯們的面前。一五二一年四月
● Luther (at the bar on the right) appearing before the Emperor and electors at the Diet of Worms, April 1521

十世紀的那些事件做出了可怕的貢獻。但馬丁・路德毫無疑問也是一個偉大的團結者。他鍛造出來的語言成為一件強大的武器，在紛爭四起的十六世紀把全體德國人凝聚在一起。

路德的《九十五條論綱》固然被斥為異端邪說，但他原本應該不打算為此公開挑起一場攤牌行動。他最初是用拉丁文寫下那些論綱，若非他的若干朋友把它們翻譯成德文，並且印刷出來的話，那場爭端有可能永遠也不會發生。雖然印刷機在一四五〇年代才被發明出來，可是據估計當時已有三千多家印刷工坊分布在德國和中歐的大約三百個核心地帶。結果於短短數月之內，路德的《九十五條論綱》已在全德各地受到閱讀。

神的話語是無價的，印刷起來卻非常便宜。路德思想的向外擴散，遠遠快過了天主教會所能反應的速度。一五二一年的時候，路德被傳喚至沃姆斯帝國會議。他除了必須在年輕的神聖羅馬帝國皇帝查理五世面前現身之外，還被要求公開宣布放棄自己的觀點。路德拒絕了。他拒絕的時候可能從未講過下列字句，可是它們如今已成為每個德國人都耳熟能詳的路德傳說之一環：「這是我的立場，我別無選擇，求神幫助我！阿們。」[1]

他隨即被教會譴責為異端，被皇帝宣布為不受法律保護。萬一這等情事發生在英國或法國的話，那將意味著他的末日。在類似英、法那樣的中央集權王國，沒有幾個地點能夠讓人躲藏，路德很容易會被燒死在火刑柱上，落到跟許多英國異端分子一樣的下場。可是在德國的政治「百衲衣」環境下，事情卻複雜了許多。教會的強制令即便獲得皇帝的

● 薩克森選侯腓特烈三世。一五三二年
● The Elector Frederick III of Saxony, 1532

正式背書，非要等到地方上的統治者決定執行之後才會生效。一五二一年時，路德的居住地和工作地所在的薩克森選侯國，決定不遵從皇帝的指示。薩克森選侯偷偷把路德帶離沃姆斯，前往埃森納赫的「瓦爾特堡」避風頭。

馬丁．路德隱居在瓦爾特堡的斗室內，雖然被強行帶離了公開辯論，卻比以往任何時候更加確信自己的天職，於是開始他的《新約全書》翻譯工作。在路德之前已經出現過一些德文版的聖經，而且為數相當不少——例如阿爾布雷希特．杜勒的教父安東．科貝格曾經在紐倫堡發行了一個版本，其他的版本則出現於斯特拉斯堡和奧古斯堡，全部都使用當地的德語方言。科隆更出版過兩個不同的翻譯版，分別使用了市區周圍的兩種不同方言。

所有這些譯本都未能在自己的地區之外產生多少共鳴，而且它們全部遭到天主教會查禁。美因茲大主教（他能夠從其轄區內的贖罪券銷售總金額抽取一定百分比）甚至宣稱：德國語言過於貧乏粗陋，根本無法

● 高高聳立在埃森納赫上方的瓦爾特堡。
● The Wartburg Castle, high above Eisenach

傳達經文的含義。路德卻已下定決心，務必要找出一種既適用於上帝的話語，同時又適合一般德國人閱讀的德文。

路德發揮了獨具特色的無窮精力，在短短十一個星期內便完成了自己的任務。維騰貝格的印刷商梅爾希奧爾・洛特並以同樣充沛的活力，為自己的印刷機安排了兩班制工作。一五二二年九月底，路德的德文版《新約全書》已在萊比錫書展上推出，並且行銷至全德各地。它幾乎一下子被搶購一空，不到三個月的時間就推出第二版。在一年之內還另外有超過十二種獲得授權的版本，以及五十多種盜版版本。自從七十年前古騰堡發明印刷機以來（參見第16章），沒有任何德語文本的銷售數量能夠與之相提並論。路德接著把注意力轉向那個規模宏大許多的任務，開始翻譯《舊約全書》。時至一五三四年，整部聖經皆已用路德的德語來發行了。

蘇珊・里德，大英圖書館日耳曼學的總策劃人，談論起她所負責保管的諸多路德版聖經當中的其中一本：

> 「他很快就把《新約全書》翻譯完畢。然後他在接下來的十年內致力於《舊約全書》。這花了他多出許多的時間。他處理的是希伯來文而非希臘文，那是一個比較不為人知的領域，而且《舊約全書》當然比較長。這本聖經來自一五四一年。它被稱做「中型聖經」（Medianbibel），因為它是稍微豪華一點的版本，比一些早期的版本要來得大。它是印刷於一五三四和一五四六年（路德去世那年）之間的十個完整聖經版本之一。這個版本第一次真正反映出了一五三九至一五四一年之間，由路德和他的同事們（特別是奧羅迦魯斯和梅蘭希通二人）進行非常徹底的修改。

在封面內頁出現馬丁・路德本人署名的手寫文字。蘇珊・里德指出：

> 他引用了〈詩篇〉第二十三章的第一行：「耶和華是我的牧者，

我必不至缺乏。」他寫出的簽名時間是一五四二年。除此之外還附上由其他譯者們署名的題詞。另外還有好幾本也出現了類似的題詞。這是一個豪華版，所以他們很可能在許多本上面簽名以便流傳，或者用於饋贈給特殊的人物。例如這一本就是那樣，但它只有路德的題詞，以及另一句來自〈詩篇〉第二十三章的引文：「我雖然必須在死蔭的幽谷裡行走，我也不會害怕，因為你與我同在。」有趣的是，這並非真正出現在印刷版聖經的譯文。[2]他是信手從記憶中拈來，而且記得不太正確。

大英圖書館珍藏的兩部聖經都出現路德的題詞真跡，表明了他多麼渴望要讓那些印本流入具有影響力的讀者手中。

亞歷山大・韋伯是倫敦大學伯貝克學院的語言學家，曾經研究過路德進行翻譯時所使用的那種語言：

他的學識固然豐富得令人難以置信，但他也能夠跟一般老百姓溝通，有辦法掌握他們的用語，這是頗不尋常的事情。他是礦工的兒子，而且他非常熟悉日常口頭語言的使用方式——你不妨想像一下，如果讓聖經中的那些人物以德國農民的口吻來講話，其結果恐怕會變得非常滑稽，但情況卻不是如此——它給聖經帶來了盎然的生機。這是因為它所採用的方式不同於之前的各種版本。那些譯本都非常有學問、非常裝腔作勢、非常咬文嚼字，而且只有把拉丁文聖經《武加大譯本》讀得滾瓜爛熟的那些人，才會有辦法正確地理解它們。令人耳目一新的格調則是路德成功的原因。他既有能力來因應天主教會對其神學的猛烈抨擊，同時卻又有辦法訴諸普通

- **次頁**｜路德一五四一年版聖經的卷首空頁，其上出現路德與約翰尼斯・布根哈根的肖像畫、路德抄寫的〈詩篇〉第二十三章引文，以及他的簽名。
- The front endpaper of Luther's 1541 bible with portraits of Luther and Johannes Bugenhagen and Luther's transcription from the 23rd Psalm and signature

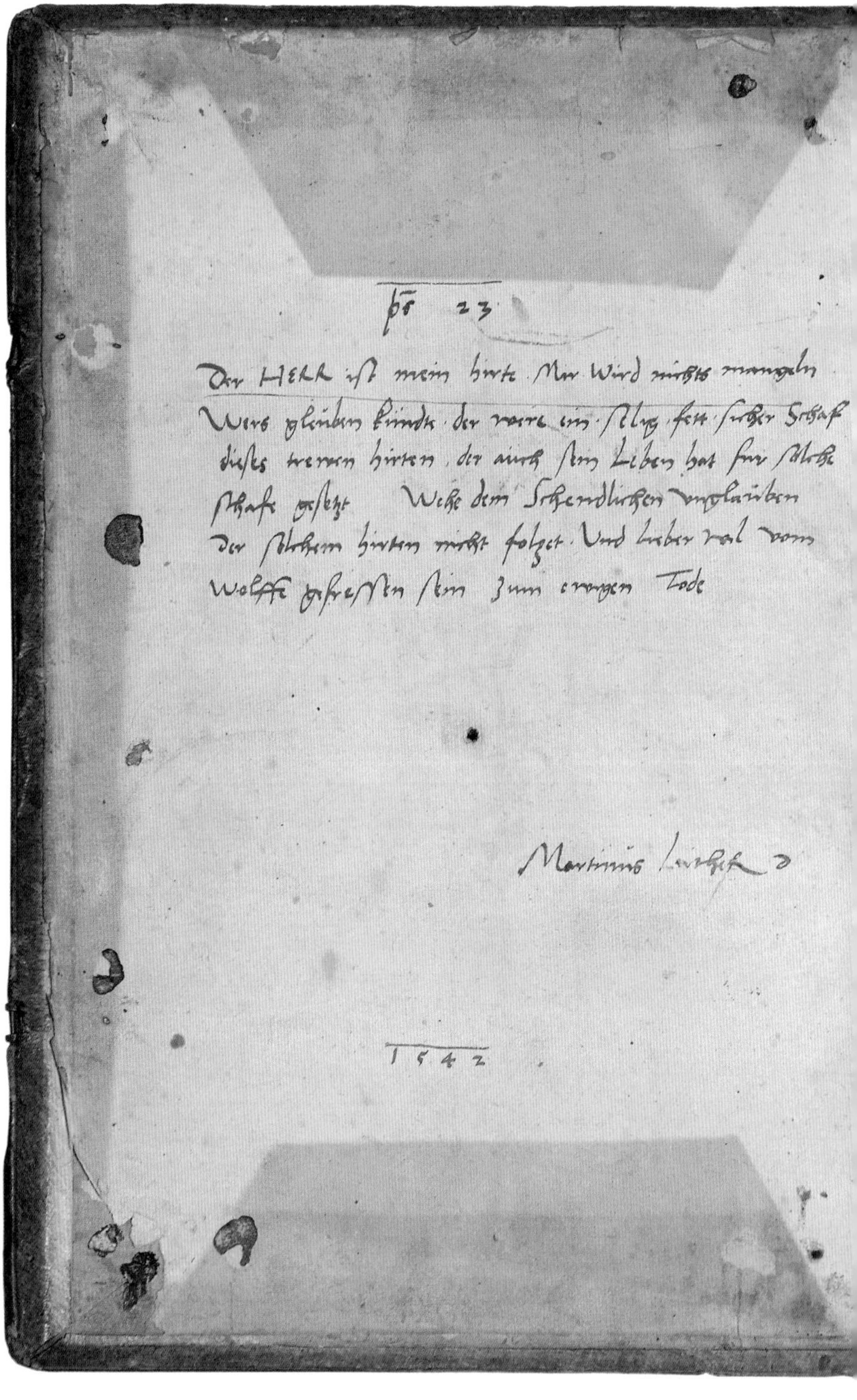

Ps 23

Der HERR ist mein hirte Mir Wird nichts mangeln

Wers gleuben künde der were ein selig fett sicher Schaf
dieses trewen hirten der auch sein Leben hat fur solche
schafe gesetzt Wehe dem Schendlichen unglauben
der solchem hirten nicht folget Und lieber wil vom
Wolffe gefressen sein zum ewigen Tode

Martinus Luther D

1542

Hoc est nescire, sine Christo plurima scire.
Si Christum bene scis, satis est, si cetera nescis.

Hec non docent Bonas Artes Dei donum esse contemnendas, id quod esset impium, sed potius Omnia nihil esse sine Christo.

Johannes Bugenhagen Pomeranus D.
MDLvj. xxx. Maij.

Mathesius Concione 13. de vita Lutheri.

Die Schrifft, wenn man mit ernst darinne liest, gibet alle tage was newes, sagte D. Pomeranus.

D. Martinus Luther in der Vorrede vber Johan Spangenbergs Postill:

Schüler, du kanst nicht zu viel in der Schrifft lesen, vnd was du liesest, kanstu nicht zu wol lesen, vnd was du wol liesest, kanstu nicht zu wol verstehen, vnd was du wol verstehest, kanstu nicht zu wol leren, vnd was du lerest, kanstu nicht zu wol leben. Experto crede Ruperto.

MARTINUS LUTHERUS Theologus, germaniae elias

Nasc. Isslebiae An. 1483. Ob. in patria An. 1546

Vate tuo Germania quo duce constat
Libertas populis relligiosa tuis
F.

IOANNES BUGENHAGIUS Pomeranus Theol. Witt.

Nasc. Iulini in Pomera. An. 1485. Ob. Witteberg. An. 1558.

In medio felix pelago jam Danio medos
Te duci constituit pro grege Christigenu
F 4

百姓。路德參考口頭用語來塑造他的書面德文，這是事情的關鍵。如果你想開始寫作，那麼必須遵守的第一個準則是：按照你自己講話的方式來寫，每當你寫出一個句子的時候，就應該考慮一下，活生生的人們是否真的會說出這樣的東西來。如果他們不會這樣子講話，那麼就換一種寫法。路德的天才在於，他編輯文字的次數越多，文字就越發顯得渾然天成和接近真實生活。路德譯文的可讀性很高，它十分生動、可信、確實。

路德是怎麼辦到的？他在一五三〇年發表〈關於翻譯的公開信〉一文，相當直截了當地告訴我們，他並沒有嘗試逐字從拉丁文或希臘文來翻譯。他是設法寫出生活化的德語：

你不會向拉丁文的文學著作查詢應該如何講德語，你會詢問家裡的母親、街頭的兒童、市場上的普通人，觀察他們怎麼講話，並且按照那樣的方式來進行翻譯。然後他們就會明白它，而且他們能夠看出來，你是在跟他們講德語。

很難斷定究竟哪一種做法更具革命性——是一位學者拒絕了學術用語而迎向街頭的語言，或者是把讀者目標群的順序依次列為婦女、兒童，最後才輪到男人。這種語言有一個新的目標：要向所有的人說話。福音於是不被翻譯成神學作品，反而宛如你可能會在街頭或者碼頭旁邊聽到的談話內容——耶穌是以德國木匠的身分向德國漁民說話。

那可絕非教會官僚體系所習慣的事情。那種做法形同是把福音甚至是權力本身交給了老百姓。在路德有生之年，其聖經譯本發行了五十萬冊，相當驚人，名副其實是當時的暢銷書。但它怎麼會有辦法在德國全境銷售無阻呢——在民情殊異、地區方言林立的那些大小邦國！

德語按照地勢高低被區分成所謂的「低地」和「高地」德語。先提醒一下，人們會不時強調「山高海低」，所以英語、荷蘭語和北德的各種方言是「低地德語」(Low German);德國南部和瑞士的各種方言則屬於「高地德語」(High German)。

薩爾茨堡居民在路德時代所說出的那種高地德語形式,幾乎會讓使用法蘭克語的法蘭克福人聽得不知所云,更會讓使用低地德語的漢堡人根本無法理解,反之亦然。今日的情況仍然或多或少大致如此,不過現在已經有了一種共同的語言——路德創造出來的德國標準語言(Hochsprache)。亞歷山大・韋伯對此說明如下:

> 我們從路德的書信和對談中得知,他的語言是以薩克森的官話做為範本——那個邦國位於德國中部偏東的地區,以該地區的各種方言做為起步點比較不會顯得那麼突兀。有一條主要分界線宛如語言的邊界一般,把高地德語和低地德國切割開來,而路德從孩提時代就跟著他的父母親來回跨越那道邊界,以致他完全具備雙語能力。他有辦法同時把低地德語和高地德語講得像是母語一般。就德國語言的發展而言,幸運的地方在於:對宗教改革產生重大歷史影響的那一號人物,實際上既能夠用低地德語又能夠用高地德語向群眾發言,因此在兩者之間找到了一個平衡點。

路德精心創造出來的妥協語言,或多或少到處都可以被人理解。其詞彙往往簡單得出奇——他刻意迴避高深的字眼,而使用地方上的習慣用語和日常生活中的民間諺語(但儘管如此,一五二三年在瑞士巴塞爾發行的《新約全書》還是附上了詞彙表,以防某些字眼會讓人覺得奇怪)。句法規則和字詞順序也經過特別設計,藉以增加大聲朗讀文字時的清晰度。就尋找一種更能廣泛被理解的語言形式而言,薩克森的官署早已進行過這方面的相關工作,路德於是採用其拼字、文法和句型結構的模式。路德以這種官方的標準德語形式為基礎,拒絕了詰屈聱牙的句型或者拉丁化的浮誇詞藻。在此過程中,他讓語言變得精練簡潔、充滿活力和表現力,具有引人入勝的神韻與節奏。

一五三四年的完整版聖經是翻譯上的勝利，同時更是市場行銷上的傑作。為了表達複雜的神學觀點，路德有辦法找到一種可以被最多數人理解的語言、一種不至於自貶身價的直接語氣，以及一種既嚴肅正經又時而充滿詩意的風格。除了這一切之外，路德的老朋友（曾經為他及其妻繪製肖像的藝術家盧卡斯・克拉納赫）提供了插畫。無怪乎這部聖經會成為一本暢銷書。

路德版聖經的成功很快便顯露出來——至少有兩個天主教的譯本被匆匆推出來跟它打對台。那兩個版本裡面充滿各種注解來抨擊路德所犯下的「過錯」，以及他在語言上和神學上所做出的「謬誤詮釋」。然而它們自己卻是依據路德的譯本，使用路德的新德語形式來挑戰他的觀點和批評他的著作。宗教改革在全德各地引起了巨大的爭議，以致相關論戰印滿成千上萬份的小冊子——並且是以路德的德語印出。他那種特殊形式的語言便跟著他的理念一同四散傳播出去。其間最引人注目的現象出現在德國南部，那裡是路德最頑強的天主教對手所在之處和各種德語方言差異最明顯的地方，而當地的反對派人士發現他們不得不使用路德的語言來反駁路德的論點。結果深刻而持久的宗教分歧導致路德的語言變成所有德國人的語言——天主教徒和新教徒皆然。到了十六世紀末，神聖羅馬帝國全境的書面德語就是路德版聖經的德語。亞歷山大・韋伯指出，路德的德語影響了街頭的語言也影響了文藝沙龍的語言：

> 宗教改革具有革命性的地方可謂在於，主張耶穌是一個來自普通百姓家庭的人物，而且你必須把對《聖經》和對聖經故事的理解，與日常生活重新連接起來。德文所使用的成語和單字往往都可以回溯到路德。整部德國文學史乃是以路德的語言為基礎，此外有許多慣用語是他創造出來的，或者是因為他而膾炙人口。如果你為路德

- 克拉納赫為第一個完整版路德聖經繪製的插圖。
- One of Cranach's illustrations for the first complete edition of Luther's bible

> 版的聖經製作詞彙表，然後再看一看十七世紀的偉大詩篇和十八世紀的文學名著，你會發現有很大一部分的用語能夠一直追蹤到《聖經》。那是他們所使用的基準，他們所擁有的唯一範本。除此之外，你沒有任何德文資料可供參考。

五百多年來，所有偉大的德國作家歌德、尼采、布萊希特、湯瑪斯曼，都是用路德的語言來砥礪琢磨他們自己的語言。

歸功於印刷機的緣故，路德的各種理念也傳播到國外，這些理念出現在維騰貝格僅僅兩個月之內，就已經在全歐洲各地為人閱讀了。十六世紀教會控制這種新技藝的本事，並不比二十一世紀政府控制社交媒體的能力來得高明。與社會上和政治上的變革結合起來之後，路德原本具有地方色彩的宗教方案震撼了整個歐洲大陸。亞歷山大・韋伯指出：

> 這是許多因素綜合在一起的結果：做為一種新媒介的印刷機、德國語言發展上的歷史性階段、宗教改革帶來的神學革命和社會政治革命——所有這些事情都發生在同一時候，而路德這位偉大的天才和能量激發者結合了所有這些力量，並且把它們散布到整個德國。如果拿走其中任何一個因素的話，例如拿走印刷機、拿走宗教改革造成的爆炸性局勢，或者拿走德國語言所處的特殊發展階段，這場革命就不可能發生。真正匠心獨具的地方，是路德的行文風格和他所使用的語言。這一次顯示出了個體對歷史所產生的重要意義。但對路德而言，信仰才是最事關重大的事情，而他在自己周圍看見了信仰的喪失。至於其他的一切，例如德國語言所受到的巨大衝擊，則都是他關注基督徒信仰之外的副產品。

此外還有其他的因素起了作用。路德於帝國內部即將改信新教的那些邦國獲得政治保護一事，意味著他和當地的印刷機都安全無虞。權力的散落防阻了一場有效的鎮壓行動。相形之下，路德著作的書籍卻於一五二六年在英國遭到焚毀。接著時隔十年之後，身為最傑出路德仰慕者之一的威廉·廷代爾被絞刑處死，因為他製作了一部在很大程度上借鑒於路德的英文聖經譯本。

最後一個關鍵因素是識字率。德國人識字的程度通常比其他許多歐洲人要來得高。每一個小邦國都有自己的文化官僚機構。錯縱複雜的市集與商展網絡，發展出好幾百個擁有識字商人階層的貿易中心，而那些人負擔得起每本價值一「古爾盾」銀幣的路德版聖經——這相當於小學校長兩個月的薪資，或者市場上一頭小牛的價錢。據估計，共有五分之一的家庭購買了路德版的聖經。那往往是家裡面唯一的一本書。路德最強勢和最辯才無礙的對手之一，約翰尼斯·科赫雷烏斯，曾經沮喪萬分地發現：

> 即便是裁縫和鞋匠，甚至連婦女和其他學會了閱讀一點德文的普通百姓，都如飢似渴地閱讀它，就彷彿它是真理的泉源一般。有些人心中受到感動而把它倒背如流。

時至今日，就連從來沒有親眼看見過更別說是觸碰過路德版聖經的德國人，都會不自覺地每天使用它的單詞和短語。比方說吧，「Sündenbock」（替罪羊）和「Herzenslust」（隨心所欲）只不過是他新創字彙當中的兩個罷了，而它們現在已經屬於標準德文。「你們心靈固然願意，肉體卻軟弱了」（Der Geist ist willig, aber das Fleisch ist schwach）、「你們不要論斷人、免得你們被論斷」（Richtet nicht, damit ihr nicht gerichtet werdet），以及「那流奶與蜜之地」（Ein Land, wo Milch und Honig fließen），都是許多讓人琅琅上口，現在已經具有成語性質的少數例子而已。路德不僅掌握了一般德國民眾說話的模樣，他還塑造出他們言談的方式。在接下來幾個世紀的說書人手中，以及在歌德的頁面之間，路德的德文演變成全世界最偉大的文學語言之一。

此外它還在全世界具有一種截然不同的地位。因為路德不僅提供了一種供人閱讀的德語，同時更創造出一種供人吟唱的德語。路德開創了大合唱的偉大傳統——一種適合由會眾演唱、不需要專業唱詩班的曲調。正類似聖經翻譯本一般，它是平民百姓的音樂而非享有特權者的音樂。路德本身就是填詞和譜曲的高手，他的許多合唱曲今天繼續被人使用，其中最著名的或許是根據〈詩篇〉四十六篇所寫出的〈Ein' feste Burg ist unser Gott〉（上主是我堅固保壘）。在埃森納赫（路德曾於市郊瓦爾特堡的孤寂之中翻譯了《新約全書》），矗立著哥德式的「聖喬治大教堂」。有兩名來自同一所拉丁語學校的唱詩班男童，於相隔兩個世紀的光陰，在那裡唱歌，他們分別是馬丁・路德和約翰・塞巴斯提安・巴赫，或許兩位是空前絕後最偉大的薩克森人。在那座教堂內，年輕的巴赫一星期又一星期地汲取路德聖經的話語和節奏，直到它們完全變成他自己的為止。後來他擁有兩套路德作品全集。假使沒有路德聖經的話，就不可能出現許多偉大的文學作品，而且（我們同時必須指出的是）也不會有約翰・塞巴斯提安・巴赫的許多大合唱和清唱劇，尤其是他的各種《受難曲》。

- 作曲家巴赫所擁有的路德版聖經之標題頁，由巴赫簽名於一七三三年（右下角）。
- The title-page of J. S. Bach's copy of the Luther bible, signed by Bach and dated 1733 (bottom right)

1 〔譯注〕亦翻譯為「我站在這裡，我別無選擇……」（德文原文是：「Hier stehe ich. Ich kann nicht anders. Gott helfe mir! Amen.」）。

2 〔譯注〕印刷版出現的文字是：「我雖然行過死蔭的幽谷，也不怕遭害，因為你與我同在。」

J. N. J.

nach S. Herrn D. MARTINI LUTHERI
Deutscher Dolmetschung/ und Erklärung/
vermöge des Heil. Geistes/
im Grund-Text/
Richtiger Anleitung der Cohærentz,
Und der gantzen Handlung eines jeglichen Texts/
Auch Vergleichung der gleichlautenden Sprüche/ enthaltenen
eigenen Sinn und Meinung/
Nechst ordentlicher Eintheilung eines jeden Buches und Capitels/
und Erwegung der nachdrücklichen Wort/ und Redens-Art
in der Heil. Sprache/
sonderlich aber
Der Evangelischen allein seligmachenden Warheit/
gründ- und deutlich erörtert/
und mit Anführung
Herrn LUTHERI deutschen/ und verdeutschten Schrifften/
also abgefasset/
daß der eigentliche Buchstäbliche Verstand/
und gutes Theils auch
der heilsame Gebrauch der Heil. Schrifft
fürgestellet ist/
Mit grossem Fleiß/ und Kosten ausgearbeitet/
und verfasset/
von
D. ABRAHAM CALOVIO,
Im Jahr Christi cIↃ IↃc XXCI.
welches ist das
5681ste Jahr/ von Erschaffung der Welt.
Zu Wittenberg/
Nicht uns HERR/ nicht uns/ sondern deinem Namen gib Ehre/
umb deiner Gnade und Warheit!

Gedruckt in Wittenberg/ bey Christian Schrödtern/ der Univ. Buchdr.

SNEEWITTCHEN

7 Snow White vs Napoleon
白雪公主對抗拿破崙

萵苣姑娘是天底下最漂亮的女孩。當她十二歲的時候，巫婆把她關進森林中的一座高塔。

小紅帽一走進森林就碰著一頭狼。她不知道這是一種多麼凶殘的動物，因此並不怕牠。

在一座大森林跟前，住著一個貧苦的樵夫和他的妻子。他們有一雙兒女，男孩名叫韓賽爾，女孩名叫葛蕾特。

於是王后叫來一個獵人，對他說：「把白雪公主帶進森林裡去，我討厭見到她。你得把她殺死，把她的心臟帶回來當證據。」

我們大多數人都知道這些故事。其字句中洋溢著童謠的詩情韻味：「萵苣姑娘，萵苣姑娘，放下你的長髮」，「鏡子鏡子，掛在牆上。全國上下，哪個女人最漂亮？」「萵苣姑娘」（長髮姑娘）、「白雪公主」、「韓賽爾與葛蕾特」這些來自《格林兄弟童話故事》的角色，都是我們童年的一部分。發生在他們身上的種種事件和冒險，讓我們的記憶中充滿了喜悅和哆嗦。

但那些事件和冒險都有一個共同的特點：場景被固定設置在黑暗又凶險的林木之中。那裡是展現品格與克服邪惡的地點。此類童話故事雖然講述著虛構人物的命運，但也涉及了德國的命運。格林童話反映出國家的政局，更反映出德國人對自身命運的恐懼和願望。而德國最偉大的

● 路德維希・埃米爾・格林的版畫，〈白雪公主在森林裡〉。一八二五年
● *Snow White in the Forest*, engraved by Ludwig Emil Grimm, 1825

傳統（或者神話）之一，就是它的起源與命運（如同韓賽爾與葛蕾特那般）乃塑造於森林裡。

科隆東北方大約六十英里外的「條頓堡森林」（Teutoburger Wald），表現出原型的日耳曼風情。那裡充滿著針葉林，山毛櫸和橡樹。森林十分巨大——蒼翠、濃密、駭人和黑暗，既有溫馨的小木屋又有著可怕的野生動物。假如你在裡面迷失了方向的話，恐怕就再也不會被人發現。那是一個具有重大民族意義的地點，因為公元九年的時候，日耳曼人在「條頓堡森林」擊敗羅馬人贏得大勝——古羅馬歷史學家塔西圖斯曾對此做出沉痛的報導。[1]故事是這樣的，一支羅馬大軍展開入侵行動，企圖征服萊茵河以東的日耳曼地區並且進行殖民，一位名叫赫爾曼（Hermann）的戰士率領日耳曼部落聯軍，消滅了羅馬人。這座森林於是留在日耳曼人手中，萊茵河成為羅馬帝國的邊界；日耳曼的其餘部分則維持未受征服。按照愛國傳奇故事的講法，在這座「條頓堡森林」內，一個國家誕生於抵抗羅馬人的侵略和占領之際。

到了一八〇〇年代初，文學和繪畫都致力於創造出一種德意志認同感，藉此對外國的侵略做出回應——二者往往也都與森林有所連結。在十九世紀的第一個十年，侵略者已非羅馬人，而是他們的高盧繼任者——法國人。這一次，法國人不只是攻擊德國人而已，他們還征服了德國人、拆解了「德意志民族的神聖羅馬帝國」，並占領了德國人從萊茵河直到俄羅斯邊境的家園。

有一部叫做《兒童與家庭故事集》的書本，仍然出現在每一個德國家庭——編撰者是雅各和威廉・格林（Jacob and Wilhelm Grimm）。格林兄弟窮畢生之力把那些故事收集過來，為該書製作了許多個版本。第一個版本出現於一八一二年，當時武裝反抗拿破崙的行動正在蓄勢待發。但格林兄弟的興趣並不僅僅在於那些給孩子們的故事而已，真正令他們痴迷

● 卡斯帕爾・大衛・弗里德里希，〈森林中的輕騎兵〉。一八一四年

● *The Chasseur in the Forest*, by Caspar David Friedrich, 1814

● 早期版本的格林兄弟《兒童與家庭故事集》。
● Early editions of *Children's and Household Tales*, by the Brothers Grimm

的對象，其實是全體德國人共同享有的一件事物——他們的語言。

字詞就在格林兄弟的DNA裡面，他們是研究語言及其起源的先驅。雅各·格林提出了後來所稱的「格林定律」，那是語言學上第一個有關語音遞變的規則，追蹤了不同語言之間的「子音推移」——為何講英語的人說「fish」和「father」、德國人說「Fisch」和「Vater」，古羅馬人則說「pisces」和「pater」。[2]這是一種對語言的新思維方式。不過格林兄弟主要是沉浸在德語的歷史當中。他們畢生的志業是要創造出自己的《德語詞典》(*Deutsches Wörterbuch*)。

柏林洪堡大學的斯特芬·馬爾圖斯教授曾經廣泛發表有關格林兄弟的論述，他說他們二人看見了「德國語言的作用方式」與「德國社會最佳運行方式」之間的密切關聯性：

有趣的地方在於，當格林兄弟研究語言和文學史之際，他們雖設法找出有哪些事情可以被形容為「德國的」，卻總是從國際關聯性的方面來著眼。比方說吧，如果查閱他們有關德文文法的著作，我們會興味盎然地發現雅各·格林花了那麼多時間，去了解一種語言是遵循自己的內在法則來運作，那些法則並非由外部力量塑造而成，還認知到語言是一個活生生的自主有機體。

這種概念具有政治意涵，而格林兄弟所主張的是，正如同語言有其內在的形式與邏輯那般，各個社會和社區的情況也是一樣。從外面強加過來的法則是不可能成功的。就此意義而言，政治的歷史、社會的歷史和語言的歷史其實可以互換。只有當改變來自內部、符合德國人行事風格，而且並非由外國強加過來的時候，德國的社會才有辦法真正出現變化。

換句話說，格林童話屬於德國政治復興和社會復興當中的一環，用於證明德國人在他們的語言和他們的民間故事當中具有一種身分，而那種身分不是任何外來侵略者所能抹煞的。一八一二年時，法國已經征服和占領了整個德國，並且吞併了萊茵蘭的大片土地，科隆則變成一座法國城市。不過格林兄弟發現德國擁有一種具備重大價值的事物，那是法國人所無法宣稱的——一個可以回溯到史前迷霧之中的古老語言。根據倫敦伯貝克學院名譽藝術史教授威爾·沃恩的講法，這個背景因素帶來了他們對語言學的研究熱情：

這個有關「德國人保留了自己原來的語言」的想法非常重要——它在某種程度上意味著，德國語言是德意志性格與心靈的完全展現，因為它是德國人一直以來所使用的語言。格林兄弟在其著名的詞典中說出的事情之一就是：除了我們的語言之外，我們還有什麼

● 次頁｜卡斯帕爾·大衛·弗里德里希，〈孤獨的樹〉。一八二二年
● *The Solitary Tree*, by Caspar David Friedrich, 1822

> 共同點呢？拿破崙當政時期曾經有許多人在法語和德語之間進行過比較。其論點是法國人沒有保留自己原先的語言——他們現在講的是拉丁語的變種形式，而原先凱爾特人所使用的語言早已失傳。因此法國人和他們的語言之間，不具備德國人及其語言之間的那種血脈連結。

〈韓賽爾與葛蕾特〉、〈白雪公主〉和格林兄弟所收集的其他故事，都不僅僅是製造懸疑的奇談軼聞而已。它們的字詞、語句和文意，更道出了德國自身長久以來的故事。

森林無論在那時期的繪畫或者文學作品當中，都是一個強而有力的主題。我們從偉大的浪漫主義畫家卡斯帕爾．大衛．弗里德里希在一八二二年繪製的一幅畫作〈孤獨的樹〉便可以看出這一點。在中景部分，有一座村莊被鋪陳於柔和的綠色原野之上；在背景部分則出現一條山脈。在前景的正中央，有一棵孤獨的橡樹雄踞畫面——其頂端的部分已遭雷劈而受到損傷，它較低的枝椏卻長滿樹葉，替牧羊人和他的羊群提供遮蔽。威爾．沃恩曾經研究過這幅畫作對德意志民族意識產生的重要性。這又帶領我們回到了格林兄弟和森林：

> 橡樹構成了一種自我意象的根本：德國人是一個歷經各種艱難之後倖存下來的民族。橡樹屬於原始地形地貌的一部分。它一直在那裡，於是讓德國人感覺它是他們的一部分，以某種方式定義出他們。當赫爾曼在條頓堡森林擊敗羅馬人的時候，那看起來宛如森林是站在日耳曼人的這一邊——他們就躲在樹木後面，給羅馬人設下埋伏。十分引人注目的是，在對抗拿破崙的「解放戰爭」中，自由戰士們也善用了森林。弗里德里希的一位朋友，格奧爾格．弗里德

● 格奧爾格．弗里德里希．克斯廷，〈放哨〉。一八一五年
● *At the Sentry Post*, by Georg Friedrich Kersting, 1815

里希·克斯廷，以一幅標題為《放哨》的傑出畫作，呈現出他們當中的三個人如何依傍橡樹，正等著法國人過來。任何人在那些日子都會因為橡樹的緣故，心中油然出現一種民族認同感。

早些時候，弗里德里希曾經在拿破崙時代將橡樹使用於其他類型的圖像，由許多棵橡樹圍繞著一些古日耳曼風格的墳墓——某種形式的英雄紀念碑。此處，這幅畫作饒有趣味的地方是，橡樹如今孑然獨立，比之前產生了更大的孤寂感。畫家說不定是在這裡抒發個人的情懷：他就是那棵孤獨的老橡樹。或許他正在向與他產生同樣強烈投射心理的人們傾訴，並且希望那棵橡樹會有辦法繼續堅持下去。

橡樹圖案曾經不只一次被德國統治者使用為「劫後餘生」和「獲得重生」的象徵：例如一八一三年出現在鐵十字勳章上（參見第14章），以及一九四五年過後出現在第一批德國硬幣上的橡樹葉。弗里德里希的孤獨橡樹儘管飽受摧殘卻依然屹立，在晨曦中提供遮蔽與滋養。它平安度過了一夜，它有驚無險地承受了暴風雨的侵襲，如同拿破崙戰爭結束之後的德國一般，它存活下來了。

格林兄弟研究了德國的語言，德意志的內在屬性蘊涵在他們所收集的民間故事之中。弗里德里希則是把田園風光使用為德國人身分的外

- 一芬尼硬幣上的橡樹葉圖案。西德，一九四九年
- One pfennig coin with oak leaves, West Germany, 1949

部形象。約翰・康斯特勃（John Constable）則在同一個時代，用他的英格蘭圖像，例如〈乾草車〉（*Hay Wain*）、〈弗萊特佛磨坊〉（*Flatford Mill*）等等，做出了類似的事情。這兩位畫家都自出機杼把風景與想像揉合在一起，藉此突顯出那些強有力的民族形象。弗里德里希終其一生都在繪製狂野而崇高的風景，個體就在其中發現自己的潛能，而且全民族也做了出同樣的事情。威爾・沃恩指出：

> 弗里德里希在今日德國繼續是一位非常重要的藝術家，因為他在風景中顯露出德國的靈魂。他同時是內心世界與外部世界的畫家：畫中並非平鋪直敘地描繪地貌，而是把通過一個德國人的心靈所認知的風景呈現給我們，充滿了感性。

弗里德里希畫中的樹木是崇高的，格林兄弟童話中的森林則帶來威脅。二者都為了自己的目的而編排德國的景觀。可是正如同斯特芬・馬爾圖斯告訴我們的，他們所做的不止於此而已——他們還發明了德國的景觀：

> 我們今天所知道的德國森林（巨大的樹林裡面有著杉樹，再加上其他典型的德國闊葉喬木）就和童話故事一樣，都是浪漫主義時代的發明。今日的德國森林在很大程度上起源自十九世紀以來的重新造林，而這個浪漫的林地計畫變成了文學作品、童話故事等等的背景。格林兄弟把森林使用為一種雙刃劍。在他們的童話故事當中，發生於森林內的事情往往相當可怕、相當殘酷，其用意在於嚇唬孩子們。然後，一到故事的結尾就由他們母親的聲音，安撫他們，給他們帶來慰藉。

這是一種特殊的社會工程，帶有濃厚的政治色彩。善與惡往往在那些童話故事裡正面交鋒——小孩子對抗邪惡的巫婆、對抗故作親切狀的壞心後母。可是等到故事講完的時候，總是會有中產階級的德國媽媽用她的話語給人帶來安慰。固有的德國美德於是被編碼在語言中、在故事內，以及最後在人們自己身上。斯特芬・馬爾圖斯指出，隨著德國中產階級日益茁壯的影響，在後來版本的格林童話故事當中出現了一種強烈的，而且越來越明顯的說教元素：

> 這些童話故事不只是被抄寫下來，成為具有盎然詩意元素的優良文學作品而已，它們也變成進行道德說教的故事。它們經過了編輯和重新編輯，以適合讀者們的口味——那些讀者群熟悉浪漫文學，並且希望在中產階級的小家庭內養育自己的小孩。這導致某些故事隨著時間推移而出現若干變化。在早期幾個版本中，邪惡的婦女們往往是母親自己，例如〈白雪公主〉就是如此，可是後來的那些版本把她們改造成繼母。在一個像樣的中產階級家庭裡面，真正的母親是不可能邪惡的。
>
> 再以另一則著名的故事〈萵苣姑娘〉為例。在那篇童話的最初版本，壞心的巫婆主動判定萵苣姑娘一定曾經有過男性訪客。她是怎麼知道的呢？因為萵苣姑娘的衣服變得太緊——她懷孕了。在稍後的版本，威廉・格林從故事中刪除了那整個段落，讓萵苣姑娘自己跟巫婆唱反調，這才使得巫婆意識到一定曾經有男性前去造訪。萵苣姑娘被解除了性暗示而變得體面起來。那是德國式的維多利亞時代價值觀，使得這些故事也非常合乎英國人的胃口。

弗里德里希和格林兄弟正在為講德語的人們重新建構一種身分，因為那些人自從拿破崙摧毀了舊有的神聖羅馬帝國，以及仰賴於它的各種政治結構之後，已經無所適從。他們給「現在我們到底是誰呢？」提供

● 一八五七年的格林兄弟〈萵苣姑娘〉銅板畫。
● 1857 engraving of Grimm's 'Rapunzel'

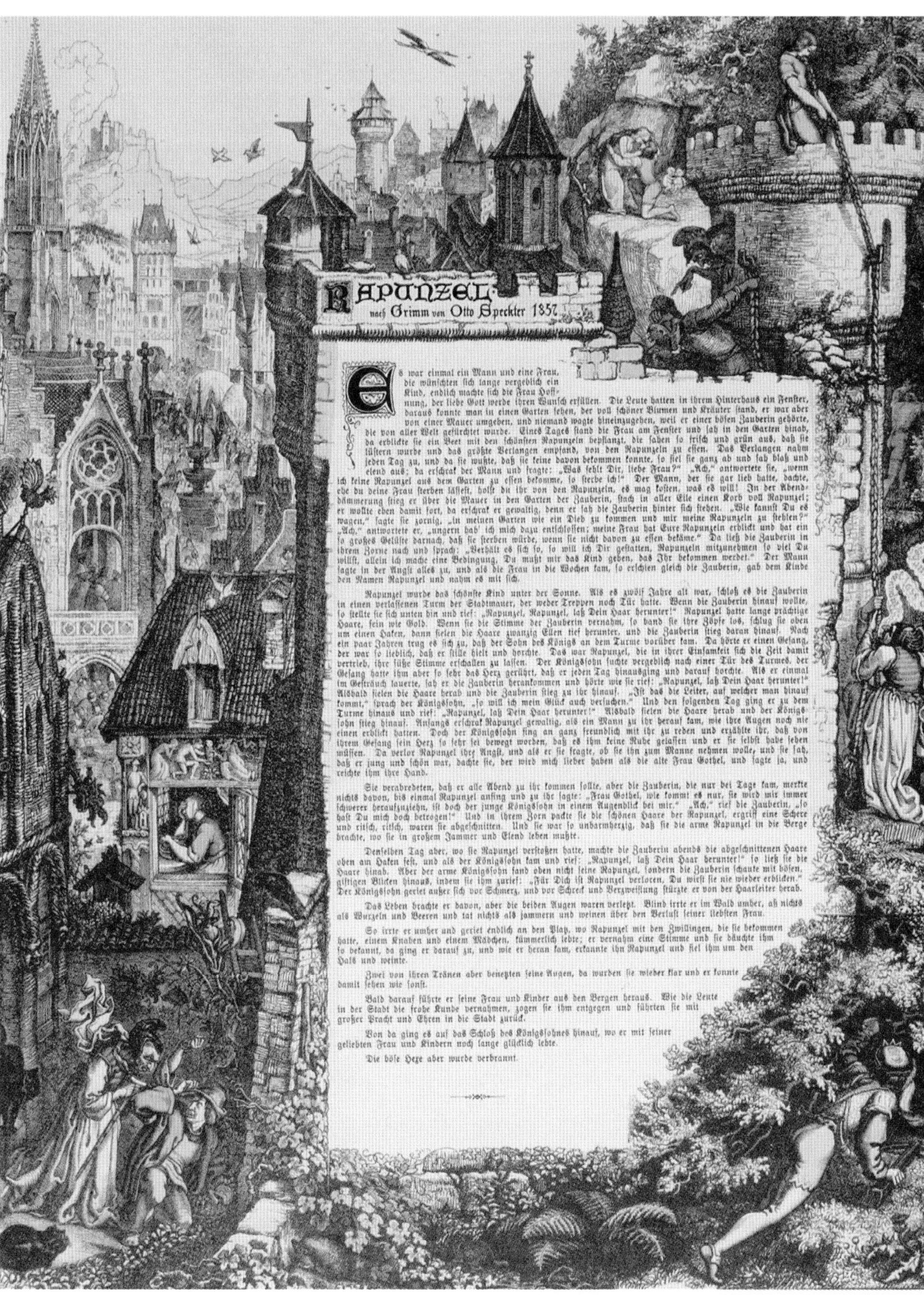

Rapunzel.

nach Grimm von Otto Speckter 1857

Es war einmal ein Mann und eine Frau, die wünschten sich lange vergeblich ein Kind, endlich machte sich die Frau Hoffnung, der liebe Gott werde ihren Wunsch erfüllen. Die Leute hatten in ihrem Hinterhaus ein Fenster, daraus konnte man in einen Garten sehen, der voll schöner Blumen und Kräuter stand, er war aber von einer Mauer umgeben, und niemand wagte hineinzugehen, weil er einer bösen Zauberin gehörte, die von aller Welt gefürchtet wurde. Eines Tages stand die Frau am Fenster und sah in den Garten hinab, da erblickte sie ein Beet mit den schönsten Rapunzeln bepflanzt, die sahen so frisch und grün aus, daß sie lüstern wurde und das größte Verlangen empfand, von den Rapunzeln zu essen. Das Verlangen nahm jeden Tag zu, und da sie wußte, daß sie keine davon bekommen konnte, so fiel sie ganz ab und sah blaß und elend aus; da erschrak der Mann und fragte: „Was fehlt Dir, liebe Frau?“ „Ach,“ antwortete sie, „wenn ich keine Rapunzel aus dem Garten zu essen bekomme, so sterbe ich!“ Der Mann, der sie gar lieb hatte, dachte, ehe du deine Frau sterben lässest, holst du ihr von den Rapunzeln, es mag kosten, was es will! In der Abenddämmerung stieg er über die Mauer in den Garten der Zauberin, stach in aller Eile einen Korb voll Rapunzel; er wollte eben damit fort, da erschrak er gewaltig, denn er sah die Zauberin hinter sich stehen. „Wie kannst Du es wagen,“ sagte sie zornig, „in meinen Garten wie ein Dieb zu kommen und mir meine Rapunzeln zu stehlen?“ „Ach,“ antwortete er, „ungern hab' ich mich dazu entschlossen; meine Frau hat Eure Rapunzeln erblickt und hat ein so großes Gelüste darnach, daß sie sterben würde, wenn sie nicht davon zu essen bekäme.“ Da ließ die Zauberin in ihrem Zorne nach und sprach: „Verhält es sich so, so will ich Dir gestatten, Rapunzeln mitzunehmen so viel Du willst, allein ich mache eine Bedingung, Du mußt mir das Kind geben, das Ihr bekommen werdet.“ Der Mann sagte in der Angst alles zu, und als die Frau in die Wochen kam, so erschien gleich die Zauberin, gab dem Kinde den Namen Rapunzel und nahm es mit sich.

Rapunzel wurde das schönste Kind unter der Sonne. Als es zwölf Jahre alt war, schloß es die Zauberin in einen verlassenen Turm der Stadtmauer, der weder Treppen noch Tür hatte. Wenn die Zauberin hinauf wollte, so stellte sie sich unten hin und rief: „Rapunzel, Rapunzel, laß Dein Haar herunter!“ Rapunzel hatte lange prächtige Haare, fein wie Gold. Wenn sie die Stimme der Zauberin vernahm, so band sie ihre Zöpfe los, schlug sie oben um einen Haken, dann fielen die Haare zwanzig Ellen tief herunter, und die Zauberin stieg daran hinauf. Nach ein paar Jahren trug es sich zu, daß der Sohn des Königs an dem Turme vorüber kam. Da hörte er einen Gesang, der war so lieblich, daß er stille hielt und horchte. Das war Rapunzel, die in ihrer Einsamkeit sich die Zeit damit vertrieb, ihre süße Stimme erschallen zu lassen. Der Königssohn suchte vergeblich nach einer Tür des Turmes, der Gesang hatte ihm aber so sehr das Herz gerührt, daß er jeden Tag hinausging und darauf horchte. Als er einmal im Gesträuch lauerte, sah er die Zauberin herankommen und hörte wie sie rief: „Rapunzel, laß Dein Haar herunter!“ Alsbald fielen die Haare herab und die Zauberin stieg zu ihr hinauf. „Ist das die Leiter, auf welcher man hinauf kommt,“ sprach der Königssohn, „so will ich mein Glück auch versuchen.“ Und den folgenden Tag ging er zu dem Turme hinaus und rief: „Rapunzel, laß Dein Haar herunter!“ Alsbald fielen die Haare herab und der Königssohn stieg hinauf. Anfangs erschrak Rapunzel gewaltig, als ein Mann zu ihr herauf kam, wie ihre Augen noch nie einen erblickt hatten. Doch der Königssohn fing an ganz freundlich mit ihr zu reden und erzählte ihr, daß von ihrem Gesang sein Herz so sehr sei bewegt worden, daß es ihm keine Ruhe gelassen und er sie selbst habe sehen müssen. Da verlor Rapunzel ihre Angst, und als er sie fragte, ob sie ihn zum Manne nehmen wolle, und sie sah, daß er jung und schön war, dachte sie, der wird mich lieber haben als die alte Frau Gothel, und sagte ja, und reichte ihm ihre Hand.

Sie verabredeten, daß er alle Abend zu ihr kommen sollte, aber die Zauberin, die nur bei Tage kam, merkte nichts davon, bis einmal Rapunzel anfing und zu ihr sagte: „Frau Gothel, wie kommt es nur, sie wird mir immer schwerer heraufzuziehn, ist doch der junge Königssohn in einem Augenblick bei mir.“ „Ach,“ rief die Zauberin, „so hast Du mich doch betrogen!“ Und in ihrem Zorn packte sie die schönen Haare der Rapunzel, ergriff eine Schere und ritsch, ritsch, waren sie abgeschnitten. Und sie war so unbarmherzig, daß sie die arme Rapunzel in die Berge brachte, wo sie in großem Jammer und Elend leben mußte.

Denselben Tag aber, wo sie Rapunzel verstoßen hatte, machte die Zauberin abends die abgeschnittenen Haare oben am Haken fest, und als der Königssohn kam und rief: „Rapunzel, laß Dein Haar herunter!“ so ließ sie die Haare hinab. Aber der arme Königssohn fand oben nicht seine Rapunzel, sondern die Zauberin schaute mit bösen, giftigen Blicken hinaus, indem sie ihm zurief: „Für Dich ist Rapunzel verloren, Du wirst sie nie wieder erblicken.“ Der Königssohn geriet außer sich vor Schmerz, und vor Schreck und Verzweiflung stürzte er von der Haarleiter herab.

Das Leben brachte er davon, aber die beiden Augen waren verletzt. Blind irrte er im Wald umher, aß nichts als Wurzeln und Beeren und tat nichts als jammern und weinen über den Verlust seiner liebsten Frau.

So irrte er umher und geriet endlich an den Platz, wo Rapunzel mit den Zwillingen, die sie bekommen hatte, einem Knaben und einem Mädchen, kümmerlich lebte; er vernahm eine Stimme und sie däuchte ihm so bekannt, da ging er darauf zu, und wie er heran kam, erkannte ihn Rapunzel und fiel ihm um den Hals und weinte.

Zwei von ihren Tränen aber benetzten seine Augen, da wurden sie wieder klar und er konnte damit sehen wie sonst.

Bald darauf führte er seine Frau und Kinder aus den Bergen heraus. Wie die Leute in der Stadt die frohe Kunde vernahmen, zogen sie ihm entgegen und führten sie mit großer Pracht und Ehren in die Stadt zurück.

Von da ging es auf das Schloß des Königssohnes hinauf, wo er mit seiner geliebten Frau und Kindern noch lange glücklich lebte.

Die böse Hexe aber wurde verbrannt.

● 卡斯帕爾・大衛・弗里德里希，〈古代英雄的墳墓〉(赫爾曼之墓)。一八一二年
● *Graves of Fallen Freedom Fighters (Hermann's Grave)*, by Caspar David Friedrich, 1812

了答案。畫家們，歷史學家們和作家們開始回頭瞻望赫爾曼，將他視為開國的人物。一八〇八年時，海因利希・馮・克萊斯特撰寫了《赫爾曼的戰役》一劇，來描述在「條頓堡森林」內擊敗羅馬人的那場偉大戰役。它是一部相當可怕的劇作，充滿了反拿破崙的宣傳，但幾乎不曾被演出過，儘管弗里德里希曾經深深地被打動。然而赫爾曼那位從塔西圖斯的字裡行間復活過來的浪漫英雄，從未失去他對德國人想像世界的吸引力。

如今每年有超過十萬名訪客前往代特莫爾德的郊外，參觀矗立在「條頓堡森林」內的巨大赫爾曼塑像。那尊青銅人像高達將近九十英尺，手中握著一把寶劍——不用說也知道是面對著法國的方向。它動工於拿

● 條頓堡森林內的赫爾曼紀念碑。代特莫爾德
● The Hermann Memorial in the Teutoburg Forest, Detmold

破崙戰爭結束之後，以紀念德國獲得解放；一八七五年建造完成時，又聲勢浩大地慶祝了普魯士在一八七一年戰勝法國。赫爾曼紀念碑完美呈現出，解放戰爭時期的澎湃愛國情操（激勵了弗里德里希和格林兄弟的心靈悸動）如何被一八六〇年代以降的民族主義加以剽竊和庸俗化。

大多數德國人現在會由於赫爾曼紀念像的洶洶氣勢而尷尬不已，並且為了「條頓堡森林戰役」在後來（尤其是在納粹手中）遭到濫用而感到緊張或羞愧。二〇〇九年時，此地未曾舉辦二千週年紀念儀式，緬懷那個長年以來被視為締造了德意志國家認同的事件。但它並非完全沒有受到慶祝。在美國密蘇里州的赫爾曼（一八三〇年代由德國移民創建的一個小鎮），赫爾曼崇拜仍然方興未艾，當地於二〇〇九年進行二千週年紀念活動的方式，是在「市場大街」（Market Street）豎立一尊塑像，呈現出「赫爾曼，古羅馬軍團的征服者」。

弗里德里希和格林兄弟的作品都曾經在二十世紀有過複雜的歷史。迪士尼把格林的那些故事（特別是〈白雪公主〉）帶給了全世界的觀眾，那是兩兄弟想也想不到的事。但兩兄弟也有比較不受人歡迎的支持者，基於顯而易見的理由，納粹為了強化國家認同感，於是也喜愛格林兄弟。他們建議每個德國家庭都應該擁有一套《兒童與家庭故事集》。結果是，對下一個世代來說，這些故事不僅遭到了那種官方背書的玷汙，同時更令人擔心的是，故事中的暴力與殘忍色彩也有可能成為民族性格當中的特質，而此種特質不是德國傳統美德有辦法補救的。不過，那個時刻似乎已經成為過去。《兒童與家庭故事集》如今再度是僅次於聖經之後的全國最暢銷書籍。斯特芬・馬爾圖斯指出：

> 一九四五年後，德國人一度長年迴避格林兄弟，因為歷經納粹時代的恐怖，他們的故事未免顯得過於殘酷。不過現在已經開始重新

● 華特・迪士尼的《白雪公主》電影海報。一九三七年

● Poster for Walt Disney's *Snow White*, 1937

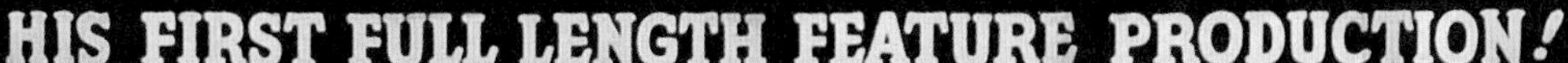

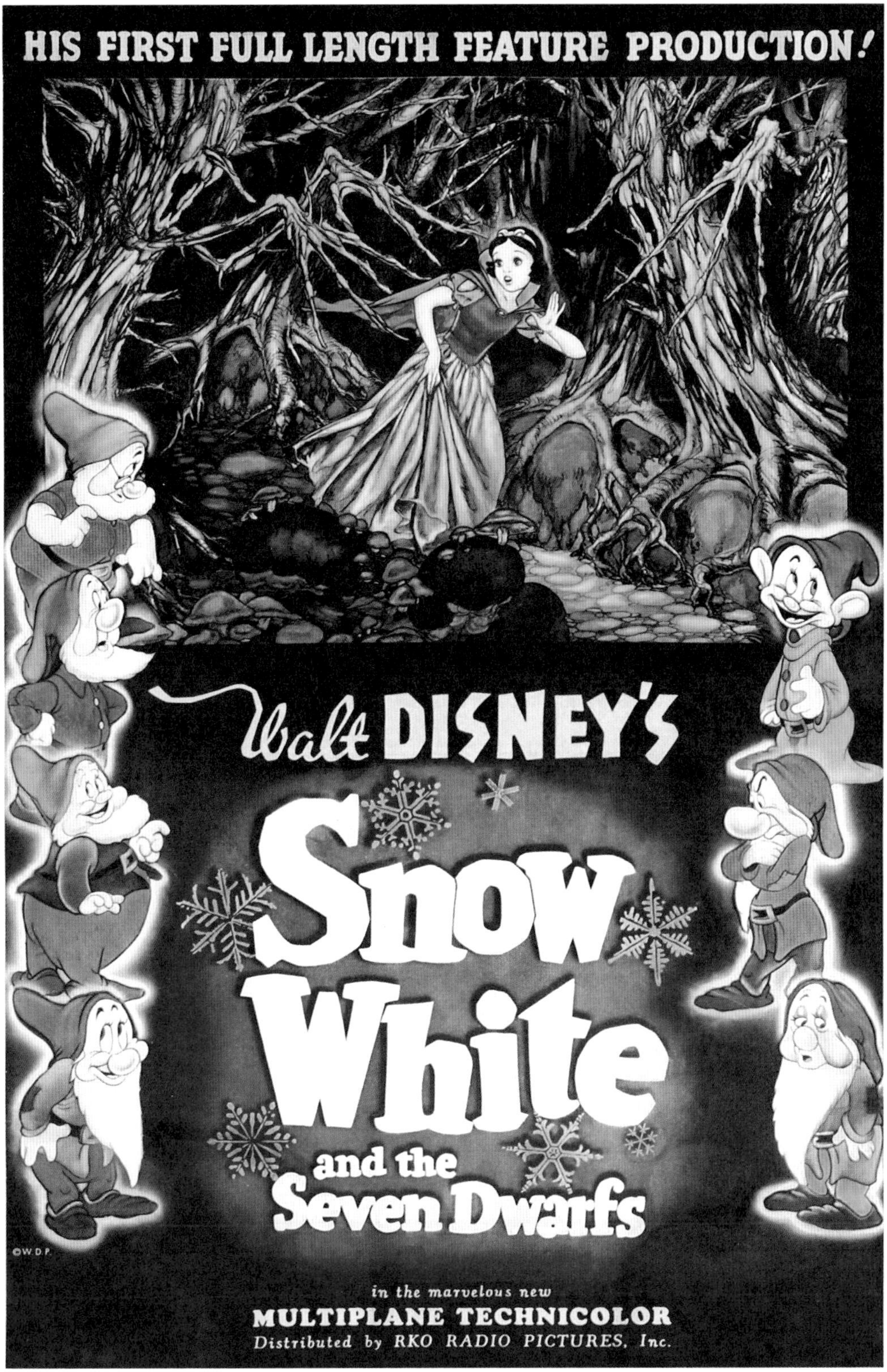
HIS FIRST FULL LENGTH FEATURE PRODUCTION!
Walt DISNEY'S
Snow White
and the Seven Dwarfs
©W.D.P.
in the marvelous new
MULTIPLANE TECHNICOLOR
Distributed by RKO RADIO PICTURES, Inc.

> 回到較古老的、前納粹時代的德國家庭觀念，這是一個很有趣的發展。真正有趣的是，現在我們在柏林可以看見新而年輕的中產階級（我們稱之為「普倫茨勞貝格群組」（Prenzlauer Berg set）——事業有成的雅痞們），把格林童話讀給自己的孩子聽，彷彿想要保存和維護資產階級家庭的舊理想似的。

弗里德里希也由於受到納粹和其他人等的仰慕，被他們吹捧成「德意志民族藝術家的典範」而受到拖累。不過正如威爾．沃恩所解釋的那樣，他現在產生的意義已經距離刺耳的愛國主義十分遙遠了：

> 非常有意思的現象是，從一九六〇年代開始，德國人已經用截然不同的眼光來看待弗里德里希。他簡直被看成是生態戰士的開山祖師，致力於保護鄉野。

德國人對森林的依戀歷久不衰，這依戀如同崇山峻嶺（或者至少如同橡樹）那般古老，是民族性格的核心成分之一。弗里德里希和格林兄弟應該會很欣慰地發現，森林現在覆蓋了全國三分之一的面積，並且受到保護——綠黨在德國以更甚於歐洲各地的方式，發展成為一個地位穩固的政黨。這個新國家的未來就像它的過去那樣，有一部分是置身於森林中。

在下一章，我們將探訪一位同時崇拜弗里德里希和格林兄弟的偉人——他是一位大作家，本身即已成為一種新的德意志屬性之象徵，並且繼續是國家萬神殿中最容易辨識的身影。

---

1 〔譯注〕塔西圖斯（Tacitus）或被音譯成「塔西佗」、「泰西塔斯」等等。

2 〔譯注〕這一組單字在那三種語言當中都是「魚」和「父親」的意思。

8 One nation under Goethe
歌德的國度

約翰・緹士拜恩那位藝術家在一七八七年完成了一幅肖像畫，這幅畫成為大多數德國人一眼就能辨認出的作品。事實上，它堪稱為全德國遙遙領先的最著名肖像畫。它懸掛於法蘭克福的「施泰德博物館」，向我們呈現出大作家約翰・沃爾夫岡・馮・歌德置身義大利時的情景：他瀟灑地裹著一件白色旅行斗篷，頭戴一頂黑色寬邊圓帽，神采奕奕地坐在古羅馬的遺物上面凝視前方。若說德國人熟悉他們偉大民族詩人的這個形象更甚於其他的一切，那麼他們同樣也熟悉他是一部頂級戲劇──《浮士德》的作者。該劇不僅是一部偉大的詩歌悲劇，長久以來更是德國國家神話的定義元素之一。

把來自各個地區、使用不同方言的德國人凝聚在一起的各種元素當中，除了由路德鍛造出來的書面語言、對童話故事和荒野景觀的共同記憶之外，還必須包括這位最偉大的德國詩人，以及《浮士德》那部內容龐雜、難以演出、由歌德終其一生不斷撰寫和改寫的巨大詩劇。有種論點宣稱如果美國是「上帝之下的一個國家」，那麼德國就是「歌德之下的一個國家」。此外毫無疑問的是，歌德以更甚於其他任何人的方式，使得德語成為被歐洲文化界閱讀以及口頭使用的語言。如今德國政府更是透過「歌德學院」，在全世界各地推廣德國的語言和文化。

歌德誕生時的那棟房子仍舊屹立不搖（但其實是戰時被炸彈嚴重毀損之後重新修建出來的結果）。其地點位於法蘭克福市中心，高四層樓，

● **次頁**｜約翰・緹士拜恩，〈歌德在羅馬平原〉。一七八六－一七八七年

● *Goethe in the Roman Campagna*, by Johann Tischbein, 1786–7

而且每一層樓都有五個上好房間，展現出十八世紀繁榮舒適的生活。屋內仍然看得見一個華麗的木偶劇院——那是歌德過四歲生日的時候，在一七五三年獲得的禮物。它是一個看起來有點像是玩具房子的大型彩繪木盒，在正前方切割出一個舞台拱門，後面有許多空間，可供按照木偶演出時的戲碼來懸掛各種彩色背景片。

歌德的父親不可能想像得到，當他把這件禮物送給兒子的時候將會釋放出何種力量。可是歌德後來寫道，那個木偶劇院改變了他的一生，在他四歲的時候將他投入一個現實與想像並存的世界裡——二者經常陷入衝突、不斷地豐富對方和改變彼此。歌德就這麼開始了寫作。那可不是他父親的初衷，在父親眼中，歌德應該成為一名律師，而那個穩定的職業將可保障他的財富和社會地位。不難預料的是，父子之間隨即出現

● 歌德的木偶劇院。
● Goethe's puppet theatre

● **對頁**｜法蘭克福的歌德故居。一八三二年
● The Goethe house in Frankfurt, 1832

緊張關係。年輕的歌德被送去上大學（其實是上了好幾所大學〔參見第四章〕）以便研習法律。他對此深惡痛絕、他遊手好閒、他跟不恰當的人們混在一起，而且他愛上了不該愛的女人。

歌德在萊比錫大學度過了三年的光陰，名義上是學習法律，其實卻參加詩歌方面的課程，並且為他許多位心上人當中的第一個——凱特馨·勳考普夫（Käthchen Schönkopf），寫下了若干詩篇。可是他所寫的東西讓他提不起勁來：他找不到合適字眼來表達自己的感受。一七六〇年代的德國文學語言參照了法國風格，既精緻優雅又拘泥於古典慣例，對一個熱情奔放的小伙子而言未免顯得生硬做作和令人窒息。歌德想要有一種更強力、更直接和更真誠的東西。結果類似一年前他在斯特拉斯堡大教堂發現了德國視覺傳統一般，他在一個意想不到的地方，為生活化的德語找到了一個可靠的文學模式——在莎士比亞那邊。

莎士比亞給歌德帶來的理念是，語言可以用來表達深刻的想法和未經加工的情感。這回答了一直困擾著他的那個問題：如何以一種可被其他年輕德國人認同的方式，來表明自己的德國身分？

> 我所閱讀的第一頁莎士比亞，就已經讓我終生都傾心於他。我高高向上跳起，並且第一次感覺到自己有了手和腳。

這詞句來自一七七一年十月十四日，時年二十二歲的歌德在他父親家中舉辦的威廉·莎士比亞慶祝活動（按照德國宗教日曆，那一天是威廉們的命名日）。他的演講稿流傳了下來，那是由一位年輕人認真手寫下來的草稿，表明他已經完全被熱情所淹沒。歌德在莎士比亞日發表的演說形同一首情歌：「自然，自然！沒有比莎士比亞的人物更自然的了！……莎士比亞，我的朋友啊！如果你還活在我們當中的話，那我只

● 一七七一年十月十四日歌德「莎士比亞演說」的手稿。
● Goethe's manuscript of his 'Shakespeare speech' delivered on 14 October 1771

Zum Schäkespears Tag.

Mir kommt vor, das sey die edelste von unsern Empfindungen, die Hoffnung, auch dann zu bleiben, wenn das Schicksal uns zur allgemeinen Nonexistenz zurückgeführt zu haben scheint. Dieses Leben, meine Herren, ist für unsre Seele viel zu kurz, Zeuge, dass jeder Mensch, der geringste wie der höchste, der unfähigste wie der würdigste, eher alles müd wird, als zu leben; und dass keiner sein Ziel erreicht, wornach er so sehnlich ausging – denn wenn es einem auf seinem Gange auch noch so lang glückt, fällt er doch endlich, und oft im Angesicht des gehofften Zwecks, in eine Grube, die ihm, Gott weis wer, gegraben hat, und wird für nichts gerechnet.

Für nichts gerechnet! Ich! der ich mir alles bin, da ich alles nur durch mich kenne! So ruft jeder, der sich fühlt, und macht große Schritte durch dieses Leben, eine Bereitung für den unendlichen Weeg drüben. Freylich jeder nach seinem Maas. Macht der eine mit dem stärksten Wandrerstab sich auf,

會和你生活在一起」。接著他不能自已地繼續發揮狂想，把他們二人比擬成歐里庇得斯《伊菲革涅亞》(*Iphigenia*)一劇當中的兩個英雄人物：「我是多麼想扮演配角皮拉德斯，假如你是俄瑞斯特斯的話！」

專精於德國浪漫主義文學的大師級學者安妮·波能康普－倫肯，針對歌德與莎士比亞解說如下：

> 那是首次在德國舉行的莎士比亞慶祝活動。對歌德來說，莎士比亞是一個象徵，代表著一種新而自由的寫作方式、思考方式——以及生活方式。「自然，自然」這個口頭禪便已經顯示出來，他在此發現的東西。當歌德遇見這種思考與寫作方式的時候，那就彷彿出現了一種宗教上的覺醒。

莎士比亞的某些地方也讓歌德能夠直接面對自己的構想和理念。閱讀歌德關於莎士比亞的想法時，我們會意識到，他其實更多是在表達他自己邂逅莎士比亞時的感觸，而非談論莎士比亞本人。在那位英格蘭作家的影響下，歌德寫出他的第一部主要著作，開始躍升為最偉大的德國作家：他在一七七四年發表了《少年維特的煩惱》。歌德以《維特》一書做出了革命性的創舉；那部小說成為德國文學發展上的分水嶺。其故事是以年輕人的情感和激情為主題，影射出歌德自己如何災難性地愛上了一位朋友的未婚妻，以悲劇收場：維特承受不住單相思的折磨，最後舉槍自盡。

一七七〇年代的《維特》相當於一九六〇年代的《發條橘子》(*A Clockwork Orange*)——該書把暴力放入一個新的、令人震驚的文脈當中，迫使人們正視他們避之唯恐不及的人類行為。歌德透過一個飽受折磨年輕人的眼睛，以及其愛情與希望、失望與死亡所產生的糾結情境，對世

- 歌德《少年維特的煩惱》之扉頁。一七七四年
- Title-page of Goethe's *The Sorrows of Young Werther*, 1774

Die Leiden des jungen Werthers.

Erster Theil.

Leipzig,
in der Weygandschen Buchhandlung.
1774.

E. W. M. Bergmann:

● 描繪出維特的麥森瓷杯。約一七九〇年
● Meissen cup depicting Werther, c. 1790

界進行了描述。它成為一本席捲全歐洲的暢銷書。各地年輕人都打扮得像維特一樣，穿著藍色外套和黃色背心，而且果真不時有人像維特那般開槍打死自己。不過那本書還是收到了其他的效果：《維特》首開其端，為德語建立起歐洲文學語言的地位。然後，歌德加入他心目中的英雄莎士比亞的行列，成為世人爭相閱讀的作家。

《維特》成為整整一代人的「密教書」(cult book)，是一個充滿激情的論據，強調了心靈在人生際遇中的重要意義；歌德告訴我們，我們情感的深度和力量，決定了人之所以為人的要素。那本書是個具有移情作用的報導，講述一位年輕人如何追隨自己的感覺，漠視了社會強加過來令人窒息的成規。《維特》明星般地位的另一面是，它被視為一本高度危險的書籍，書中主角的自殺，倡導了要以自我放縱和浪蕩行為來替代責任與義務。可是年輕一代閱讀了那本書，並且喜歡上它——據悉拿破崙揚帆出征埃及的時候便隨身攜帶了一本。

《維特》給歌德帶來了聲譽，也引起薩克森—威瑪那個小公國的十八歲統治者卡爾—奧古斯特對歌德的注意。那位公爵是一名自由主義者和開明的知識分子。他閱讀過歌德的小說，並且成為歌德的贊助人。他在一七七五年邀請歌德前往威瑪，任命歌德擔任其樞密院的成員，所負責項目之一是他的銀礦和銅礦。對這位新成名的作家來說，那是一個轉折點：與一個小邦國的統治者進行密切合作，讓歌德獲得了各式各樣的機會，那是置身在巴黎或倫敦的作家永遠也無法企及的。他被委派進行外交任務，能夠與其他的作家們會晤；他享有一筆穩定的收入和一個終生受保障的職位，更好的是，那個職位容許他隨心所欲休假，使得他可以自由自在地隨時寫出自己所想寫的任何東西。

儘管如此，歌德在威瑪的最初十個年頭，還是發生了今日我們或許會稱之為「中年危機」的情況。在斯特拉斯堡，他已經看見過哥德式建築的全部威力。繼他的「莎士比亞日」和接下來的《維特》之後，歌德又發掘並探索了歐洲北方文學的自由情懷。不過正如同莎士比亞那般，歌德對每一種經歷的胃口都在持續增加之中，而且他的思緒已經轉向了南方的藝術與文學。三十七歲那年，他決定務必要親自去羅馬瞧一瞧。他剛好在當地遇見了緹士拜恩那位藝術家，於是有了這幅著名的、能夠立即辨認的肖像畫。

《維特》和「莎士比亞日」的慶祝活動，向我們展示出一個沉浸於歐洲北方傳統的歌德；緹士拜恩的肖像畫所呈現的歌德，則迎面遇到地中海古文明殘存的破碎片段。慵懶地彷彿斜靠著一張躺椅那般，歌德坐在從一棟古羅馬宏偉建築物崩落的大石塊上歇息。背景部分出現一座廢棄了的高架引水道，在歌德身旁則是一個愛奧尼亞式的柱頭，以及一大塊浮雕。繼北方的建築與文學之後，我們在此又有了南方的視覺藝術。但這幅圖像不僅僅是有關衰頹和老朽而已。常春藤爬上了一些碎石，歌德的肩頭已有一棵小樹向下扎根：一棵德國風味十足的橡樹。歌德將從一個已消逝文化的殘跡，創造出活生生的事物。位於歌德右方的浮雕，刻畫出希臘公主伊菲革涅亞、她的弟弟俄瑞斯特斯，以及其摯友皮拉德

● 〈從西北方俯瞰威瑪〉(根據格奧爾格・爾希奧爾・克勞斯的畫作完成的銅版畫)。一七九八年

● *Weimar from the North-West*, after a drawing by Georg Melchior Kraus, 1798

斯（亦即歌德在一七七一年莎士比亞日講話中，表示他夢想能夠配合莎士比亞來扮演的那個陪襯角色）。繪製這幅肖像畫的時候，歌德正在撰寫以伊菲革涅亞為主題的劇本，但所借鑒的並非莎士比亞，而是古希臘悲劇大師歐里庇得斯，以便將古典希臘神話轉換成標準德語的戲劇。緹士拜恩顯然在暗示，歌德即將從古希臘羅馬的這些斷垣殘壁鍛造出一個新的架構，而地中海的成就可在此架構中加入北方的傳承。

歌德返回威瑪之後，以全新的活力來迎接那個偉大任務。他回顧了自己的義大利之旅，認為那是他一生中最快樂的時光。他以義大利為主題的著作，衍生出所有德國人學習用來吟詠南方風物的字句。他筆下盛開的檸檬樹，則猶如華茲華斯的水仙花之於我們英國人一般地為人所熟悉：「你可知道那檸檬開花的地方？」緹士拜恩的畫作不只是一位詩人的肖像而已：它更是德國與義大利長久戀情的最高形象。在威瑪的家中，歌德的身邊圍繞著用石膏澆注的希臘羅馬雕塑。羅馬（雖然只是家庭規模）在阿爾卑斯山以北被重新組建了出來。但歌德的故居遠不止於此而已。在一個小公國的小首府，歌德設法收集和了解整個世界。

今日前往參觀的時候，我們能夠看見他所收藏的植物與礦物——其中的「歌德木」（Goethea cauliflora，即「幹花槿」）是以他來命名，此外並陳列了「歌德石」的標本（Goethite，即「針鐵礦」）。他收集、比較、研究，和撰寫關於它們的一切，並以同樣方式面對波斯的詩歌和牛頓的光學原理。他迷上了有關天才的想法，還購買了凡・戴克的頭骨（或者他以為的凡・戴克頭骨），希望看出頭部的形狀是否可用於解讀才智的高低。機械發明同樣也令他著迷，他在人生末期獲得了一項偉大創新的小模型——史蒂芬生的「火箭號」。威瑪的第一列火車就具體而微地擺放在歌德的書桌上。他對所有的事物都感興趣，無論是藝術和科學、古代和現代都如此，而且來自全球各地。歌德故居是一座啟蒙運動紀念館、一座「一人大英博物館」——一個位於屋簷下的全世界，供人研究與領悟。歌德這位世界公民（Weltbürger）所產生的意義，遠遠不侷限於作家那方面而已。

歌德的威瑪（它同時也是席勒、維蘭德、赫爾德等等作家與哲學家的威瑪），已然成為一個新德國的標誌，代表著深度的國際化和高貴的人道精神。於是等到德國歷經了大戰的災難和一九一八年的崩潰，想要重新構思自己的時候，便在威瑪宣布成立新的共和國，並宣示其人道、開明的原則。甚至當歌德還在世的時候，他自己就已經是一個象徵，成為吸引歐洲各國遊客前往參觀的景點，此類人士包括了拿破崙——那位昔日崇拜《維特》，如今大肆進行征服的皇帝。一八〇八年十月二日，「法國的軍事力量」在埃爾福特與「德國的知識成就」會面相逢。可惜他們的對話內容缺乏令人滿意的相關記載，不過我們知道拿破崙想要談一談《維特》。童年時代的木偶劇團，如今安插了一位非常大牌的演員。

那時候（其實是終其一生）歌德都在撰寫《浮士德》一劇，講述那名男子如何與魔鬼達成協議，讓他能夠探索並擁有世界；如何努力不斷地理解和享受；如何做了一些好事卻犯下許多惡行；以及他最後如何由於永不停止地渴望追尋而得到拯救——如果他真的得到了拯救的話。自從一八〇八年初版以來，《浮士德》便在許多不同方面跟一個問題糾結不清：身為德國人的意義是什麼？安妮・波能康普一倫肯對此解釋如下：

● 歌德所擁有的喬治・史蒂芬生「火箭號」模型。

● Goethe's model of George Stephenson's 'Rocket'

● 歌德《論色彩學》的圖解。一八一〇年

● Plate from Goethe's *On the Theory of Colours*, 1810

● 歌德的色彩理論卡。一七九一年

● Goethe's colour theory cards, 1791

十九世紀末葉，人們將浮士德詮釋成一種象徵，代表著那個不斷成長的國家所具有的活力。然後到了納粹統治時期，浮士德被拿來跟理想中的德國人混為一談——他不斷努力奮鬥，最後獲得成功。然後共產主義者把他看成是他們社會願景的象徵。時至今日，對浮士德的詮釋則傾向於強調其成就所帶來的失敗——他有罪，而且只能被神聖的愛所拯救。我這一代人的成長經歷，使得我們與自己國家的關係非常破碎。現在最典型的做法，是將浮士德解讀成一個非常殘破的人物，而他總是在失敗和內疚中不斷地努力追尋下去。如今對德國歷史缺乏統一的或者簡單的圖像，不過當然還是產生了一種共同領悟，體會到德國的傳統在知性上有著若干危險，而這歸因於浮士德式的不負責任——光是思索而不去考慮某些理念在政治和社會方面所帶來的後果。

為了以不同方式來解讀歌德的德意志屬性之本質，古斯塔夫·賽普特這位頂尖的歌德評論家與評注者，採取了稍微不同於安妮·波能康普一倫肯的觀點。對賽普特而言，歌德不再只是《浮士德》的作者而已，而是擁有相當不一樣的意義。他已成為一種標誌，代表一個多元文化的德國：

有些人跟我一樣地繼續熱愛他和仰慕他，而他們之所以會這麼做，在於他們推崇他是具有高度發達文化的人，閱讀了來自各個時代以及用各種語言寫成的書籍，他除了對中國、對伊斯蘭世界和塞爾維亞之外，還對其他許多國度深感興趣。對我們當中的穆斯林來說，他當然重要得不得了，因為在他受到波斯詩人哈菲茲激發而寫出的《西東詩集》裡面有一首詩，詩中承認阿拉是真主，而穆罕默

● 卡爾·克里斯提安·福格爾·馮·福格爾斯坦，〈浮士德召喚精靈〉。一八四〇年前後

● *Faust Conjuring Spirits*, by Carl Christian Vogel von Vogelstein, c. 1840

● 法蘭克福機場咖啡館內，按照緹士拜恩畫像製作的歌德塑像。

● Statue of Goethe, based on Tischbein's portrait, in the cafe at Frankfurt airport

德是祂的先知——這種態度足以使人成為穆斯林。我們有位了不起的德國穆斯林作家納維德·凱爾曼尼，他同時是神學家和詩人，他表示：歌德是一位穆斯林，他是我們的一員。

此外根據賽普特的講法，並非只有德國穆斯林才會以「自己人」的感覺來看待歌德：

如果今天你去問別人的話，我相信他們會回答說：歌德是個有趣的模式，告訴了我們該怎麼管理自己的生活。他有過很大的壓抑感、畏懼心和神經質，對死亡、發瘋與婚姻害怕不已——那些都是攸關生死存亡的恐懼，然而他如此長壽，最後還完成了所有的事情。

聽完波能康普－倫肯與賽普特的說明之後，可以明白今日的德國人，就像一七七〇年代那些年輕的《維特》讀者一般，仍然能夠以歌德的著作與生平做為他們的主要關注對象。儘管《維特》已經退居文學史的範疇，而且《浮士德》的民族自畫像意味已不像一個世代之前那般濃厚，歌德的個人魅力依舊持續不衰。人們在他身上察覺出今日德國的一種象徵：以人道精神來因應現代的各種不同挑戰。或許正因為如此，「施泰德博物館」的那幅肖像畫仍然如此為人熟悉和受人珍愛。

在緹士拜恩的肖像畫中，歌德是一名年近四十的英俊男子。他早已是歐洲的名人，但緹士拜恩把他描繪得更加意味深長，其中具有相當奇特的預言性質。緹士拜恩的歌德已經比真人來得更偉大。他是一個擁抱全世界文化的人物。他名副其實位於雕像的底座之上。緹士拜恩向我們呈現的歌德是一座紀念碑，現在他真的變成了那樣。當我們抵達法蘭克福機場，來到如今全世界各地旅客第一次接觸到德國的地方時，會看到一尊根據緹士拜恩〈歌德〉製作的塑像向人致意。那個由一幅畫作轉化而成的雕塑，是德國過去與現在的象徵。

9 Hall of heroes 英雄的殿堂

一八〇八年的時候，從荷蘭到俄羅斯邊境之間所有的德語地區，幾乎皆已落入法國的控制下。任何值得一提的軍事抵抗行動都失敗了。拿破崙在一八〇五年十二月的奧斯特里茨戰役中大敗奧地利人，以征服者之姿進入維也納。時至一八〇六年夏天，已存在了將近一千年之久的「德意志民族的神聖羅馬帝國」遭到解散。幾個月後，拿破崙在耶拿與奧爾施泰特擊潰普魯士軍隊，迫使對方屈辱投降。一八〇六年十月二十七日，他得意洋洋地行軍通過布蘭登堡門進入柏林（參見第1章）。到了一八〇八年九月，拿破崙召集德意志各邦國的統治者們前往德國中部的埃爾福特市（它如今改稱「埃爾福特侯國」，並且被指定為法蘭西帝國的一部分），當著俄羅斯沙皇的面向他拜謁。那些德國統治者當中的許多人現在是拿破崙的積極盟友（參見導言）。其他人則淪落到只能忍氣吞聲的地步。自主的德國政治單元體實際上已經不復存在。

在這樣的情況下，德國人的身分意味著什麼——還能有什麼意義呢？面對著持久而高效率的法國軍事侵略，又有什麼反抗的可能呢？

> 就在德國最卑微低下的那些日子（耶拿的恥辱已經發生，德國正開始把自己撕成碎片），一八〇七年初在巴伐利亞王儲路德維希的心中開始出現一個想法，要以大理石雕刻出五十位最傑出德國人的形象。於是他下令立刻展開相關行動。

上述字句來自巴伐利亞路德維希國王的自述。他談論起自己的偉大夢想，希望透過對傑出德國歷史人物的表彰，重新創造出一個恆久的

● 利奧・馮・克倫策修建的瓦爾哈拉神殿。一八四二年
● The Walhalla monument by Leo von Klenze, 1842

德國。接下來數十年內，他的作為將促成十九世紀歐洲最具特色的國家身分認同表達方式之一：一座高高聳立在多瑙河上方的德意志英靈神殿——「瓦爾哈拉」。

路德維希身為王儲，在一八〇七年還沒有辦法鳩工庀材大興土木，不過他能夠（如同他在上述回憶錄引文中所說的）委託製作那些半身人像。一八〇七年至一八一二年之間，當德意志邦國一個接著一個屈辱地被迫與拿破崙結盟，準備攻打俄羅斯之際，路德維希委託當代最傑出的雕塑家們，製作了腓特烈大帝和瑪麗亞·特蕾莎皇后、格魯克和海頓、萊布尼茲和康德、席勒和歌德的雕像。昔日的那些偉大心靈（只有歌德當時還依然在世），給戰敗的德國帶來尊嚴與希望。這是歷史上最高形式的消極抵抗，將一座國家肖像藝廊視為民族解放的第一步驟。神聖羅馬帝國已不復存在，但精神上的德意志帝國仍維繫於不墜。路德維希在一八二五年成為巴伐利亞國王之後，便決心竭盡所能來為精神上的德國建造一座神殿。

在北歐神話中，「瓦爾哈拉」是一座宏偉的殿堂，女武神會把陣亡的英雄帶去那裡加入他們的前輩和戰友。一八〇〇年代之初，北歐的傳說蔚為一時風潮。當格林兄弟重新發現德國民間故事的時候（參見第7章），類似《尼伯龍根之歌》這樣的德國中世紀史詩也被挖掘萃取成為民族傳承的一部分。理夏德·華格納[1]進行改編，把維京人的傳奇故事與德國中世紀史詩融入其氣勢磅礡的《指環》四部曲，使得「女武神」和「瓦爾哈拉」成為每位上歌劇院的人熟悉的對象，或許還創造出德國音樂的最高成就。

路德維希最初的構想是，他的「瓦爾哈拉」應該坐落在慕尼黑「英國公園」。後來他做出決定，要讓它靠近雷根斯堡那座昔日的帝國城市（該城不久前剛被併入巴伐利亞王國），因為那裡曾經是神聖羅馬帝國召開帝國會議的地點，聚集了來自德國全境和境外的知名人士。「瓦爾哈

● 安格莉卡·考夫曼，〈巴伐利亞王儲路德維希〉。一八〇七年
● *Crown Prince Ludwig of Bavaria*, by Angelika Kauffmann, 1807

● **次頁**｜〈眾神進入瓦爾哈拉〉，華格納《萊茵的黃金》之最後一幕。一八七六年前後
● *The Gods Entering Valhalla*, the final scene of Richard Wagner's *Das Rheingold*, print, c. 1876

拉」將成為一個另類的德國議會。神聖羅馬帝國皇帝曾經召集過各地的代表——路德維希國王如今在一個非凡的神殿上，召集許多昔日的偉大德國心靈。

路德維希和他的建築師利奧・馮・克倫策，選擇了一個十分壯觀的地點。偉大的英格蘭風景畫家JMW・透納在一八四二年出席了開幕儀式。當時已年近七十的他深為所動，於是畫出他最複雜的晚期風景畫之一（現藏於泰德美術館），並且寫出了他最糟糕的幾個詩句：

但和平己重返——晨曦湧入，
光芒照射在瓦爾哈拉之上，其內供奉著科學與藝術，
以及德意志祖國的顯赫人物。

在多瑙河上方三百英尺處，一個坐北朝南的僻靜山丘，國王和克倫策所興建的並非一座用於召喚古代北方神明的哥德式殿堂，反而是座帕德嫩神廟。從河邊往前，穿越一座巨大宏偉的階梯即可抵達入口，這樣的安排是參考了雅典通往衛城與帕德嫩神廟的山門。於是人們不可能不感覺到，自己是前來偉大聖壇參拜的卑微朝聖者。等到建築物本身映入眼簾之後，柱廊上兩排高聳的多立克式凹槽圓柱傳達出一個明確訊息：最偉大的德國人在這裡正式被引薦為古希臘人的同儕。

如同在帕德嫩神廟那般，神殿的山形牆一開始就描述著部落的創世神話。北側的山形牆呈現一尊日耳曼英雄酋長赫爾曼的宏偉雕像，以及他那些來自不同日耳曼部落的戰士們。他們一同在公元九年的「條頓堡森林」戰役中擊敗了羅馬人，成為第一個被記載下來的德國人成功對抗入侵者的時刻（參見第7章）。在南側的山形牆上（時隔一千八百年之後）則刻畫出擬人化的國家象徵「日耳曼尼亞」，其身旁圍繞著挺身抗擊拿破崙的人們，正準備再度將德國從外敵的侵略和進犯中拯救出來。路德維希那棟建築物所想要展示的一整部德意志民族成就史，便位於這兩個決定性的時刻之間：對羅馬人進行的民族抵抗，以及從法國人手中獲得

● 由沙多製作的腓特烈大帝半身像。一八〇七年
● Bust of Frederick the Great, by Schadow, 1807

● 瑪麗亞・特蕾莎皇后半身像。一八一一年
● Bust of Empress Maria Theresa, 1811

的民族解放。

室內的空間既典雅又高挑，大約長五十碼寬二十碼，並且充滿鮮明愉悅的色彩。地面是用白色和金黃色的石板鋪砌而成，牆壁上覆蓋著粉紅色的大理石，金色和藍色的木製天花板則是由一對又一對的女性人像向上托起。若在雅典的話，她們會是雕刻成女像柱的「凱來埃的少女」（caryatids）；在這裡她們卻是女武神（Valkyries），像古代日耳曼神話中所說的，她們將死去的英雄從戰場帶往他們天上的住處——「瓦爾哈拉」。這些特定女武神的服飾為藍色和白色，亦即巴伐利亞的顏色。

這棟宏偉建築物的中央部分完全空空蕩蕩，那些豐富的斑斕色彩僅僅被使用為背景，烘托出一百三十多尊代表著「瓦爾哈拉」居民們的白色大理石半身像——我們可以逐一與它們交流，藉此領悟出德國人身分的意涵。路德維希在他第一部指南手冊的序言部分，親自定出了選擇標準：

● **最上**｜南側山形牆刻畫出一八一三年的解放戰爭。
● South pediment showing the 1813 Wars of Liberation

要成為瓦爾哈拉的居民，就必須具有德意志出身背景和講德意志語言。可是正如同希臘人依舊是希臘人，無論他們來自愛奧尼亞還是來自西西里，德國人不分來自波羅的海或者亞爾薩斯、來自瑞士或者尼德蘭，也都依舊是德國人。是的，尼德蘭。因為法蘭德斯語和荷蘭語都只是低地德語的方言罷了。一個民族的存續並非取決於所居住的地點，而是取決於語言。

路德維希找到了一個辦法，來解決德國缺乏固定疆界而產生的永恆

● 上｜北側山形牆刻畫出「條頓堡森林戰役」中的赫爾曼。
● North pediment showing Hermann at the Battle of the Teutoburg Forest

難題：簡言之，凡是人們說德語的地方，那裡便是德國。就像分布於地中海沿岸的希臘僑民那樣，散居歐洲各地的德國人也構成了一個連貫的文化世界。

那是解放戰爭結束之後廣為流行的一種觀點。恩斯特．莫里茲．阿恩特，德國民族主義的第一位詩人，在一八一三年寫出了一篇後來極受歡迎的歌詞：〈何謂德國人的祖國？〉（*Was ist des Deutschen Vaterland?*）。一個又一個的詩句道出了不同的候選者（波美拉尼亞和巴伐利亞，薩克森、瑞士和提洛爾等等）最後獲得的結論為：凡是德語響起之處，那裡就是德國人的祖國。這種介於語言，民族認同和共同渴望之間的連結，固然是路德維希、阿恩特和其他許多人為德國闡述出來的，但它也反映於英國：華茲華斯在一八〇三年的一首十四行詩中，探討英國該如何回應法國的攻擊時，也得出了一個類似的結論：「我們講著莎士比亞所使用過語言的人，不自由毋寧死。」這樣的想法歷久不衰：在一九三七年，當英國又一次面臨戰爭威脅之際，邱吉爾開始編纂他的《英語民族史》，而其出發點和路德維希針對「瓦爾哈拉」做出的假設相同：一種共有的語言表示著持久的情投意合。

確立了錄取的關鍵標準之後，路德維希繼續解釋「瓦爾哈拉」的家規如下：

> 瓦爾哈拉起始於第一位已知的偉大德國人，羅馬人的征服者赫爾曼。它裡面只有德國藝術家製作的傑出德國人物半身像；若是缺乏來自同時代的肖像，他們的姓名將以銅字鐫刻在牌匾上。那裡沒有例外條件，即使是女性也不被排除在外。平等存在於瓦爾哈拉之內。

就這種對平等的堅持而言，路德維希的「瓦爾哈拉」十分類似另外一個王室為了激勵百姓抵抗侵略者而採取的措施——普魯士國王腓特烈．威廉三世創立的「鐵十字勳章」和「露易絲勳章」（參見第14章）。在巴伐利亞和普魯士，最高的榮譽能夠同樣頒發給男性和女性，不分身分地位。此種平等概念在這兩個王國持續具有感人的象徵意義，卻顯而易見都缺乏政治內涵。

入口大門上的幾塊牌匾，立刻展示出路德維希那種稀奇古怪、兼容並包的選擇方式。它們當然是以擊敗羅馬人的赫爾曼做為開端。其旁則是艾因哈德，查理曼的宮廷歷史學者：畢竟德國既尚武又博學。英格蘭的阿爾弗雷德大帝由於講的是撒克遜語，也屬於這個德國大家族的一員；[2]他之所以會出現在這裡，是因為他從丹麥人手中拯救了自己的國家。但「瓦爾哈拉」不只是一個專門保留給大人物的地方而已。在查理

● 瓦爾哈拉紀念館的內視圖。一八四二年

● Interior of the Walhalla monument, 1842

● 凱薩琳大帝的半身像。一八三一年

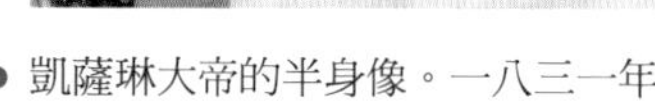
● Bust of Catherine the Great, 1831

● 奧蘭治的威廉（大不列顛國王威廉三世）的半身像。一八一五年

● Bust of William of Orange (William III of Great Britain), 1815

曼這第一位德國皇帝的旁邊，是紐倫堡人彼得·亨萊因的牌匾——據稱他在一五一〇年前後發明了第一枚懷錶（參見第19章）。這是一座非常個人化的萬神殿，而繞著「瓦爾哈拉」漫步的一大樂趣，就是看見到底有哪些人被邀請過來參加這個至高無上的「專屬派對」，以及有誰明顯地吃了閉門羹。

不難理解的是，路德維希對自己的維特爾斯巴赫家族祖先們十分慷慨，而且對君主們也同樣大方。在選擇瑪麗亞·特蕾莎和凱薩琳大帝兩位女皇的時候，則可能帶有一點勢利眼的成分。後者原本是一個德國小邦的公主，她被納入「瓦爾哈拉」一事惹惱了俄國人（法國人同樣為了查理曼現身於此而火冒三丈）。

「瓦爾哈拉」事實上是唯一大量納入了女性的萬神殿，此外它還有強大的女配角陣容，其中包括日耳曼尼亞、女武神，以及做為裝飾人物的勝利女神。所有這一切或許也用於迎合那位名聲不佳的風流君主之所

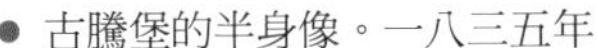
● 古騰堡的半身像。一八三五年

● Bust of Gutenberg, 1835.

● 馬丁・路德的半身像。一八三一年（一八四八年才安裝上去）

● Bust of Luther, 1831, not installed until 1848

好——路德維希與美麗的交際花蘿拉・蒙特斯之間的醜聞，最後更導致他在一八四八年黯然退位。身為天主教巴伐利亞的國王，路德維希自然也添加了男性和女性的聖人與傳教士。但整體而言，最初兩塊牌匾（替赫爾曼和艾因哈德設置的）定下了基調，於是那些貴賓當中以軍事上和文化上的英雄人物居多。

有意思的是，那些半身像並未按照任何連貫的時間順序來排列，訪客們因而只會不斷地前後移動來穿越時間和通過空間。這強化了透過路德維希的歷史想像「哈哈鏡」，邂逅折射出來的各種人物之際，所出現的如夢似幻感覺。

腓特烈大帝儘管既是普魯士人又是新教徒，卻率先獲選為加入這個巴伐利亞慶祝神殿的人士之一。他固然曾經與他的許多德國同胞交戰，並且擊敗他們；可是他在七年戰爭期間拯救了自己的國家，並使得它躍升為歐洲強國。腓特烈的附近另有一位普魯士人，那是在滑鐵盧與威靈頓合力作戰的布呂歇爾。由於這裡對「德意志屬性」的定義非常寬鬆，我們還找到了一位也曾經作戰對抗拿破崙的蘇格蘭裔俄國將軍，巴克萊·德·托利——他廁身其間的原因在於他的母語是德語。毫不令人意外的是，奧蘭治的威廉（即是英國國王威廉三世）也在這裡。因為對路德維希來說，荷蘭語是另外一個版本的德語，而威廉本身是一位來自拿騷家族的德國侯爵，曾經在一百年前領導了一個反擊路易十四的同盟。神殿一再強調的重點為：從公元七三一年在「圖爾戰役」擊敗阿拉伯人的鐵鎚查理（Charles Martel）直到「滑鐵盧戰役」為止，路德維希選擇紀念的都是那些口操德語，並且許多個世紀以來為國英勇奮戰的單獨個人。

在文化方面，偉大的音樂家們聲勢浩大——貝多芬和莫扎特、海頓和韓德爾。此外有大作家與大哲學家——歌德和席勒、伊拉斯謨和康德。同時還有偉大的發明家與科學家——古騰堡和哥白尼，以及真空幫浦與著名的「馬德堡半球」之發明者——彼得·亨萊因和奧圖·馮·格里克。入選的畫家名單又再次表明，路德維希關於德意志屬性的想法有多麼寬鬆：在杜勒和霍爾拜因旁的邊是魯本斯與凡·戴克，後二者也都講德國語言（在此指的是法蘭德斯語），因此完美地適合入住「瓦爾哈拉」。

但真正關於誰有資格進入「瓦爾哈拉」的辯論，並不涉及文學、哲學、科學、音樂或藝術領域，而是在宗教方面。當「瓦爾哈拉」在一八四二年開幕之際，最初獲選代表一千八百年德國歷史的一百六十尊人像當中，最為引人注目（當時已經廣受議論）的缺席者，是馬丁·路德。當然沒有人會懷疑他是偉大的宗教人物。可是對路德維希這位天主教徒、虔信天主教義的巴伐利亞王國之統治者而言，路德是德國歷史上製造嚴重分歧的人物，對國家的裂解難辭其咎，導致後來「三十年戰爭」的大災難，摧毀了德國的宗教統一。牛津大學歷史學家阿比蓋爾·格林曾經研究過，德意志各邦國如何在一八一五年之後用歷史來塑造民族身分。她解釋說：

隨著神聖羅馬帝國的滅亡，德國的宗教平衡出現了轉移。這並不表示天主教徒和新教徒的人數發生了變化，但是之前在神羅馬帝國有過更多的天主教政治實體，它們多半很小。神聖羅馬帝國解散後，卻形成更多的新教君主，許多邦國變得宗教混雜。等到逐漸針對德國的未來展開辯論之後，宗教因素便產生了非常重要的意義。對新教徒來說，路德顯然是具有最重要意義的德國人，是德國對世界文化的巨大貢獻。但如果你是天主教徒的話，路德和新教教義就顯得是一股製造巨大分歧的力量。他們不但撕裂了基督徒群體，也撕裂了德意志民族。各種宗教戰爭（尤其是「三十年戰爭」）更留下了恐怖而苦澀的遺產。

一尊路德的半身像其實早已發包，並且雕刻完畢，卻在最後一刻被排除在外。路德一直要等到一八四八革命爆發那年，才終於進入「瓦爾哈拉」，成為它開幕後的第一位新入祀者——越來越不得民心的路德維希在被迫退位之前不久做出了讓步。今日為了表示彌補之意，路德出現在歌德旁邊的醒目位置。然而正如阿比蓋爾·格林所指出的，宗教爭論遠遠超出了天主教和新教的範圍：

路德維希起初只是把信仰基督教義的德國人迎進了瓦爾哈拉。比方說吧，沒有人會那麼不切實際，期待路德維希也能夠把摩西·孟德爾頌加到裡面。但摩西·孟德爾頌是德國啟蒙運動的巨人、現代猶太歷史上最重要的人物之一，以及作家兼哲學家萊辛的好朋友——而萊辛進了瓦爾哈拉。他的缺席引人注目，而且迄今仍有其他值得注意的猶太人缺席，像是弗洛伊德和馬克思。

較晚來到「瓦爾哈拉」的人物當中，大多數的入祀者不令人感到意外。例如未受爭議的貴賓包括了公共衛生的先驅馬克斯·約瑟夫·馮·佩騰科弗，或者X光的發明者威廉·倫琴。

任何攸關德國記憶的殿堂，都必須特別為音樂保留一席之地。有一塊高掛在牆上的牌匾紀念著《尼伯龍根之歌》的不知名作者。當我們察看那些半身像的時候，會一如預期地發現華格納——其音樂上的「瓦爾哈拉」日後在國際上的名聲，將遠遠超出路德維希的這棟建築物。他的半身像設置於一九一三年，三年後約翰・塞巴斯提安・巴赫才跟著過來——抵達的時間晚得令人吃驚。但稍後入祀的音樂家們當中，或許安東・布魯克納才是特別值得深思的一位。他的半身像是唯一在納粹時代加進來的東西，而他之所以會在這裡，並非僅僅由於他是一位偉大作曲家的緣故，或許也是因為他出生在奧地利的林茲，那裡是希特勒成長的地點。「元首」親自出席了布魯克納入祀「瓦爾哈拉」的儀式，就此而言，「第三帝國」承襲了路德維希的文化訴求。但饒有趣味的是（令人訝異的是）那是唯一的一次。或許有人期待，希特勒會充分發揮路德維希有

- 入祀安東・布魯克納的半身像，一九三七年。希特勒站在左下角最前方。
- Installation of the bust of Anton Bruckner, 1937. Hitler is standing forward, bottom left.

● 巴伐利亞邦總理，霍斯特・澤霍弗爾，在二〇一〇年七月二十八日揭幕海因利希・海涅的半身像。

● Unveiling of the bust of Heinrich Heine by the Bavarian Prime Minister, Horst Seehofer, 28 July 2010

關「為改變世界的德國偉人建造一座神殿」的想法，但他其實並沒有怎麼插手干預。

最下面一排位於眼睛高度的那些半身像，現在是按照它們抵達「瓦爾哈拉」的時間順序來排列。繼路德之後沒有什麼人值得大家注意，直到一九九〇年為止：那年新加上了阿爾伯特・愛因斯坦，第一位進入「瓦爾哈拉」的猶太人。或許就在那一瞬間變得非常清楚的是，「誰能夠進入瓦爾哈拉」仍然是一個具有真正重要性，並且受到公開辯論的問題。在這棟建築物裡面，德國（至少是一部分的德國〔巴伐利亞〕）依舊繼續決定應該寫出怎麼樣的歷史、有哪些記憶事關重大。很少會有國家提供一個類似的論壇，來編織出自己國家的故事。

納入愛因斯坦那位離開德國過著流亡生活的猶太人之後，接下來是康拉德・艾德諾[3]，戰後德國民主的偉大建築師。但最發人深省的，或許是最晚出現在「瓦爾哈拉」的三尊半身像——辛辣、抒情而嘲諷的十九世紀詩人海因利希・海涅。他長年以來都一直缺席——部分原因當然在於他的猶太血統，但也因為他嚴厲批判了這種有關「偉人殿堂」的想法。他認為「瓦爾哈拉」荒誕不經，還發表一首詩作來譏笑路德維希修建了這個「髑髏地」。那位嘲諷者在二〇一〇年七月二十八日獲選入列，可是他的半身像與眾不同。大理石上面從顱骨到胸部中央出現一長條裂縫：雕塑家試圖找出一種解決辦法，來呈現海涅這位「瓦爾哈拉」批判者入祀於此所隱含的歧義。

新近做出的決定當中最困難的一些無疑涉及了生活於和去世於「第三帝國」的德國人（這或許也是入祀「瓦爾哈拉」的任何相關決定當中最困難的一些）。新納入者包括猶太裔哲學家艾迪特・斯坦因的半身像——她皈依了天主教、被謀殺於奧許維茲[4]，後來被羅馬天主教會晉封為聖人。阿比蓋爾・格林指出：

> 我們必須曉得，現在是由巴伐利亞邦議會決定誰能夠入祀瓦爾哈拉。他們的選擇標準對我而言顯得相當保守。例如缺少了馬克思那位明顯具有全球意義的重要人物，這是相當令人吃驚的事情。這些決定反映出巴伐利亞的特殊結構，而當地一直具有非常強烈的天主教色彩。就許多方面來說，艾迪特・斯坦因是一個相當奇特的選擇。你固然看得出來為什麼她會在那裡：她生而為猶太人、是大浩劫的犧牲者，還是一位重要的哲學家。可是顯然更具有全球性重要意義的漢娜・阿倫特[5]又該怎麼說呢？此事多方面點出了一個現象，那就是仍然存在著相互競爭的各種論述，想要表明德國現在是什麼、從前是什麼，以及德國的過去是由什麼構成的——其進行的方式非常具有地域性和宗教性。

繞著「瓦爾哈拉」走一圈的時候，最後一位半身像是索菲・蕭爾——一位以非暴力方式抵抗希特勒，最後被納粹判處死刑的人。她的半身像位於最後一塊牌匾的上方，而那塊位於底層的牌匾鐫刻著下列字詞：

● 索菲．蕭爾的半身像，以及緬懷反抗納粹者的牌匾。二〇〇三年

● Bust of Sophie Scholl with plaque to the Resistance, 2003

紀念所有勇敢反抗「第三帝國」的不義、暴力和恐怖的人們。

在這棟建築物裡面，遊客可以如同在德國的其他許多地方那般，看見一個國家如何竭力創造出一部具有連貫性和完整性的歷史。

「瓦爾哈拉」的許多事物顯得光怪陸離或者令人費解，但特別異乎尋常之處是其建築風格的選擇。它牆上高高掛著一塊牌匾來緬懷那位姓名不詳的科隆大教堂建築師，此外還有埃爾溫·馮·施泰因巴赫的半身像一尊，他是斯特拉斯堡大教堂的建造者，被歌德譽為德國哥德式建築的大師（參見第4章）。當路德維希在多瑙河畔修築「瓦爾哈拉」之際，萊茵河畔的普魯士人正在完成中世紀哥德式的科隆大教堂，把它視為古代德國的象徵而必須繼續修建下去。但完全著眼於德意志身分認同的「瓦爾哈拉」，卻根本沒有德國哥德式風格可言。它反而呈現出一種希臘式樣，帶著讓人聯想起古代埃及、巴比倫和印度的折衷主義裝飾風格。阿比蓋爾·格林繼續指出：

> 古典建築帶來了身分地位上的不同。法國人始終認同古羅馬，無論那是羅馬共和國還是羅馬帝國。德國人卻一直認同古希臘。他們認為自己就像希臘人，在文化上比較優越，即便在軍事上或許不像羅馬人或法國人那般強硬有力。此外他們也對希臘的多元化心有戚戚焉：曾經有過許許多多不同的希臘城邦，正如同曾經有過許許多多德意志邦國一般。他們覺得希臘人對自由有一種特別的依戀，而他們也把那看成是特別德國式的作風。所以我認為，替瓦爾哈拉選擇了希臘建築風格的理由非常顯而易見，但也意味深長。

對巴伐利亞人來說，這個把希臘與德國相提並論的做法產生了一種更加特殊的共鳴。就在路德維希修築「瓦爾哈拉」的時候，他的第二個兒子奧圖受到英、法、俄三國推選，成為希臘新近擺脫鄂圖曼帝國統治而獲得獨立之後的第一任國王。巴伐利亞的奧圖在許多方面塑造出我

● 埃爾溫・馮・施泰因巴赫的半身像。一八一一年
● Bust of Erwin von Steinbach, 1811

們今天所知道的希臘。他把首都遷往雅典，然後展開了雅典衛城的修復工作。現代雅典的公共建築與現代慕尼黑有著驚人的相似之處，那是因為父子二人分頭進行，為十九世紀打造了兩座理想化的希臘／德國城市的緣故。在一八三〇年代後期，雅典的帕德嫩神廟以及多瑙河上方的帕德嫩神廟，都屬於巴伐利亞維特爾斯巴赫家族的建築計畫。如同許多方面那般，十九世紀的德國人認為自己體現了古希臘的美德。一直到了今天，德國的文科中學都被稱做「Gymnasium」，藉此公開向古希臘的教育表達敬意。

1 〔譯注〕理夏德・華格納（Richard Wagner）亦被音譯成「理查・華格納」或「理查・瓦格納」。

2 〔譯注〕盎格魯—撒克遜人的老家在丹麥南部和德國北部，他們從公元五世紀開始移居不列顛。英文的「撒克遜」（Saxon）與德文的「薩克森」（Sachsen）系出同源——德語、英語、荷蘭語、法蘭德斯語都屬於西日耳曼語系。

3 〔譯注〕艾德諾（Adenauer）或音譯成「阿登納」，但德語讀音實為「阿德瑙爾」。

4 〔譯注〕奧許維茲（Auschwitz）今日位於波蘭西南部，或音譯成「奧斯維辛」（O wi cim）——但波蘭語讀音其實是「奧許文琴」。

5 〔譯注〕漢娜・阿倫特（Hannah Arendt）亦音譯成漢娜・鄂蘭。

Gruß aus München!

10 One people, many sausages
一個民族，許多種香腸

我們在上一章已經帶領讀者一探，巴伐利亞國王路德維希一世如何試圖闡明德國人的身分認同，於是為歷史上曾經講過某種德語的偉大男性和女性修造了一棟紀念建築物。路德維希的「瓦爾哈拉」是一個耐人尋味、匠心獨運的民族文化全景概述，儘管它當時在德國境內和境外都頗富盛名，長久下來並沒有像日後的「赫爾曼紀念碑」那般（參見第7章），成為風靡全民的民族情感聚焦點。或許那僅僅是因為它過於曲高和寡，只能吸引少數人而無法普及到一般大眾的緣故。

路德維希卻在有意無意之間創造出另外一種機制，其概括德意志屬性的方式，讓不分教育水準的每一個人都能夠充分參與，其國際化的程度甚至更凌駕於「瓦爾哈拉」之上。一八一〇年十月十二日，路德維希為了慶祝自己的婚禮，在他的首都慕尼黑舉辦第一屆十月啤酒節。此事獲得了巨大的成功，於是每年一直進行下去。慕尼黑的十月啤酒節如今是全球規模最大的民間慶祝活動——據稱比巴西里約的嘉年華會或者新奧爾良的「油膩星期二」（Mardi Gras）都要來得更大。現在每年有數以十萬計的人們來到慕尼黑，享用不僅大多數德國人，全世界人士也同樣喜愛的東西：德國啤酒。

大英博物館擁有來自世界各地的飲酒器，其中德國收藏的部分卻特別引人注目，因為那裡大量出現了用於喝啤酒的各種玻璃杯、馬克杯、

- 「來自慕尼黑的問候」，一張一九六〇年代的明信片。
- 'Greetings from Munich', a 1960s postcard
- 次頁｜來自德語世界，分別以玻璃、銀鎏金、琥珀和粗陶製成的飲酒器。
- Glass, silver gilt, amber, and stoneware drinking vessels from the German world

Underwalden
Frauenfeldt
Baden

單柄大酒杯，以及其他杯具。它們大多來自十六和十七世紀，是以各式各樣不同的材質製成，而且它們來自德語世界的各個角落：從比利時到俄羅斯邊境、從阿爾卑斯山脈到波羅的海。那裡有來自瑞士的高腳玻璃杯、科隆的粗陶單柄酒杯、奧地利的有蓋玻璃杯，以及來自漢堡和波羅的海沿岸（從呂貝克到里加之間講德語的貿易城市）的銀鎏金大酒杯。其中最令人驚訝的是一個完全用琥珀製作的單柄大酒杯，而那種奇異、昂貴、獨特的原材料大量出產於東普魯士（參見第3章）。從這種陣仗看來，顯然每一個地方的德國人都喜歡啤酒，而且還喜歡暢飲。

德國人喜飲啤酒，看樣子至少已經有兩千年的歷史。事實上，那幾乎是任何外國人提到他們的時候所指出的第一件事情。公元一〇〇年前後，羅馬歷史學家塔西圖斯在他的《日耳曼尼亞誌》一書裡面，談論起那些在萊茵河流域給羅馬軍團帶來許多麻煩，又在更遙遠的波羅的海沿岸收集琥珀的金頭髮、藍眼睛部落時，表示他們有一個共同點：

> 那裡有一種用大麥或其他穀物釀造的飲料，發酵得有一點類似葡萄酒。日以繼夜地喝酒不會讓人丟臉。

塔西圖斯針對那些縱情歡飲啤酒的日耳曼部落做出的觀察，後來得到考古學的證實。這構成一部分的理由，說明了啤酒為何日後會演變成為一種驗證德國人的試金石。《法蘭克福通論報》的美食記者彼得・彼得對此解釋說：

> 有不少考古證據顯示，英勇反抗羅馬帝國的古代日耳曼戰士們消耗了大量啤酒。許多十九世紀畫家描繪古日耳曼人的方式，結合了「bear」（熊）和「beer」（啤酒）：他們躺在熊皮上面，拿著鎏金牛角杯子猛灌啤酒。於是啤酒在十九世紀儼然成為國家大事。請看看十九世紀各個巨大的啤酒廳，尤其是在慕尼黑的那一些：它們的建築師都是從華格納對古代北歐英雄的夢想那邊得來靈感。

那簡直好比是十九世紀的英國人發現了「波阿狄西亞」[1]所喜愛的黃湯，並把它變成自己的國民飲料一般。

十九世紀民族主義者熱衷於發掘純正的德國傳統，結果當他們努力闡明啤酒的象徵性地位，引述塔西圖斯的時候，他們還翻找出了巴伐利亞的《啤酒純淨法》（Reinheitsgebot）——那是由公爵阿爾布雷希特四世在一四八七年首次頒布的。以這部《純淨法》為基礎，隨即編造出一些非常成功的神話。十九世紀民族主義者宣稱，《純淨法》已確保只有乾淨的、無污染的水被使用於釀造啤酒，證明這種國民飲料的完好性幾百年來受到堅決維護。這個假設普遍被接受為真，「慕尼黑慢食協會」的哈拉爾德・蕭爾卻頗不以為然：

> 德國《啤酒純淨法》意味著，你只被允許使用為數有限的幾樣東西來釀造啤酒——大麥、蛇麻子、清水，此外一概不准。這完全是一個政治性的決定。此事與消費者保護或者避免人們生病根本無關，它純粹只是為了防止有人用小麥或黑麥來釀酒，因為小麥和黑麥更適合使用於製作麵包。

換句話說，《啤酒純淨法》最初是與德國的另一個持久記憶有所關聯——對饑荒的畏懼。彼得・彼得談論起有關「啤酒純淨」的構想如何變成了政治操作：

> 非常耐人尋味的是，「啤酒純淨」的各種相關文件被忽略了三百多年之後，一直要等到十九世紀，當「喝啤酒」儼然成為德國人身分認同（成為德意志民族主義）的象徵之際，它們才再度浮上檯面。啤酒如今已變成國民飲料，所以有人會說：只有我們德國人，而非世界其他國家的人，始終在維護啤酒的純淨。

雖然《啤酒純淨法》最初來自巴伐利亞，但德國的其他許多地區很

pfarrern in vnnserm lannde nit gestatt werden sol/außgenomen was die pfarrer vnd gaistlichen von aigen weinwachsen habñ/ vnd für sich/ jr pfarrgesellen/ priesterschafft vnnd haußgesindt/ auch in der not den kindlpetterin vnd kranncken leütn/ vnuär-lich geben/ das mag jne gestatt werdē. Doch geuärlicher weiß/ von schennckens vnd gewins wegen/ söllen sy kainen wein ein-legen.

Wie das Pier Sümer vnd Wintter auf dem lannd sol geschennckt vnd praüen werden.

Item wir ordnen/ setzen/ vnd wöllen/ mit Rate vnnser Lannd-schafft/ das füran allennthalben in dem Fürstenthümb bairn/ auff dem lannde/ auch in vnnsern Stetten vnd Märckten/ da deßhalb hieuor khain sonndere ordnung ist/ von Michaelis biß auff Georij/ ain Maß oder Khopffpiers vber ainen pfenning münchner werung/ vnd von sant Jörgen tag/ biß auf Michae-lis/ die maß vber zwen pfenning derselben werung/ vnnd der-enmden der Khopff ist/ vber drey haller/ bey nachgesetzter peene/ nicht gegeben noch außgeschenckt sol werdñ. Wo auch ainer nit Mertzen/ sonder ander Pier praüen/ oder sonnst haben würde/ sol Er doch das/ kains wegs höher/ dann die maß vmb ainen pfenning schencken/ vnd verkauffen. Wir wöllen auch sonder-lichen/ das füran allenthalben in vnnsern Steten/ Märckten/ vnd auf dem lannde/ zů kainem pier/ merer stückh/ dann allain Gersten/ Hopffen/ vnnd wasser/ genomen vnd gepraucht söllen werden. Welher aber dise vnnsere ordnüg wissentlich vberfarn vnd nit halten wurde/ dem sol von seiner gerichtzöbrigkait/ das-selbig Vas pier/ zůstraff vnnachläßlich/ so offt es geschicht/ ge-nomen werden. Yedoch wo ain Geüwirt von ainem Pier-prewen in vnnsern Stetten/ Märckten/ oder aufm lannde/ ye-zůzeiten ainen Emer piers/ zwen oder drey/ kauffen/ vnd wider

快也跟著採用。由於德國北部所受到的摧殘（尤其是三十年戰爭期間致命而令人難忘的饑荒），以及經常短缺製作麵包的穀物，再再都使得《啤酒純淨法》看起來像是價值非凡的規定，適用於確保糧食的供應。從一件事情就可以看出，啤酒與民族身分密不可分的神話有多麼深植人心：一八七一年進行德國統一談判的時候，巴伐利亞加入新成立的德意志帝國的條件之一，就是必須實施《啤酒純淨法》。

令人驚訝的是（至少對不是德國人的人們而言如此），這個問題於一九九〇年再統一之後重新冒了出來。針對前東德釀造的一種黑啤酒，在全德國各地法院內進行了所謂的「布蘭登堡啤酒戰爭」，為時長達十年之久——因為它裡面添加了糖分，而那是《啤酒純淨法》所禁止的事情。

根據彼得．彼得的描述，地域性的啤酒幾百年來都定義了德國的鄉鎮、城市和地區。

> 德國有著強勁的地方釀酒傳統。在弗蘭肯地區，你能夠找到一些非常小的酒廠，真正手工釀造、用特殊大麥芽製成的啤酒。在班貝格，你喝得到一種煙燻過的啤酒「勞赫啤酒」(Rauchbier)，而它獨樹一幟的特別風味會讓人聯想起「艾雷島麥芽威士忌」(Islay malt whisky)。慕尼黑最好的啤酒之一叫做「奧古斯丁啤酒」，昔日是由奧古斯丁修會的僧侶們釀造的。

在大英博物收藏的啤酒杯上面，這種強烈的地方認同感顯得特別耀眼奪目。酒杯一個接一個地呈現出不同城市或不同王侯的紋章。這些由大師級工匠們製作的飲酒器，往往使用了珍貴的材質，擺明是打算拿來炫耀市民的自豪感。但它們也有一項非常重要的功能等待履行，那就是

● 巴伐利亞公爵威廉四世在一五一六年重新頒布的《啤酒純淨法》。
● The Beer Purity Law as re-promulgated by Duke Wilhelm IV of Bavaria in 1516

人們用「Zutrinken」這個表達真心誠意的動作（舉杯飲用葡萄酒，或者更常是喝啤酒），表示法律契約、貿易成交、效忠誓言獲得雙方認同，這個動作的意思與握手敲定生意並無不同。簽訂協定的各方於是在一個公開隆重的締約儀式中，輪流從類似這樣的華麗大酒杯暢飲一番。鑒於一些酒杯的巨大尺寸（其容量有時多達好幾公升），看來塔西圖斯描述日耳曼人喜歡日以繼夜飲酒狂歡的時候，並沒有誇大其詞。

與啤酒相映爭輝，德國國民飲食的另一個偉大象徵是「烏爾斯特」（Wurst）——香腸。[2]「烏爾斯特」就像啤酒那般，定義出德國的各個城市與地區，每一種不同的香腸都有自己的獨門配方和自己的獨特傳統。例如在慕尼黑，當地的特產是「白烏爾斯特」（Weisswurst），理應用當地由奧古斯丁修道院釀造的啤酒來搭配。「白烏爾斯特」是一種經過精心調味的白色香腸，以絞碎的小牛肉和煙燻豬肉製成。必須把它在熱水中燙熟而非加以煎煮，食用時最好搭配蝴蝶脆餅（Pretzel），此外沒有任何真正的巴伐利亞人會想在中午以後吃它。這顯然因為「白烏爾斯特」是以不曾加溫過的生肉製成，在缺乏冰箱的年代很快就會腐敗，必須趕緊吃掉。約定俗成的禁忌只會抗拒一切的科技，而這一次它排斥了現代冷藏技術——就彷彿蘇格蘭人堅持己見務必要在麥片粥裡面加鹽那般，直到今天仍舊被認真遵守的規矩是：巴伐利亞白香腸絕對不可以聽見教堂敲響的正午鐘聲。

德國的「烏爾斯特地圖」是一大片馬賽克，複雜得令人難以捉摸。除了像「法蘭克福香腸」那樣的國際巨星之外，光是巴伐利亞就已經有「紐倫堡香腸」和「雷根斯堡香腸」之類的明星；在更遠的地方還有弗蘭肯的烤香腸、下薩克森的「布萊根香腸」、不來梅的「平克爾香腸」、波美拉尼亞的「茶香腸」等等等等等。據稱它們總共有一千二百種。在德國，啤酒和香腸體現出幾百年來全國、地區和地方的歷史，它們生動鮮明地見證了地域性的分歧，成為多彩多姿地區方言的飲食代名詞。它們在區域和地方的記憶中具有特殊的一席之地——在民族的心靈當中更是如此。美食專家哈拉爾德・蕭爾解釋說：

● 柏林—維爾默斯多夫一家肉鋪陳列的商品。二〇〇六年
● The display in a Wilmersdorf butcher's shop, 2006

德國香腸是放在你盤子上面的歷史。傳統上，香腸製作是一門非常複雜的手藝——你需要很多的經驗來把肉剁碎、添加香料來保存它，以及完成其他許多工作。香腸因而是一些享有特權的德國自由城市之驕傲，而且有許多種香腸被冠上那些城市的名稱。例如我們在這邊有一些約莫手指頭大小的香腸，叫做紐倫堡香腸。它們裡面加上了肉桂和其他的香料來調味：紐倫堡與威尼斯接觸頻繁，因而能夠優先取得東方的香料。由於那些香料價格高昂，這種香腸都很小。如今「紐倫堡香腸」的名稱已在歐洲各地受到法律保護。

非德國人或許未必熟悉紐倫堡香腸，可是每一個人都曉得法蘭克福香腸。這種味道最清淡、款式最基本的香腸，往往跟小麵包一同食用。它幾乎在德國的每一個街角都看得見，而且在歐洲和美洲各地也一樣：

它裡面有著用煙燻過、切得非常細（幾乎絞成糊狀）的肉末，吃的時候通常沾上芥末醬或者番茄醬。

然而卑微的法蘭克福香腸一開始可並不是這樣。它具有高貴的皇家血統。法蘭克福大教堂幾百年來一直是神聖羅馬帝國皇帝加冕的地點。做為慶祝活動的一部分，他們烤了一頭牛，然後在裡面塞滿用切得最細（因此十分昂貴）的豬肉製成的香腸：用一項偉大的奢侈品紀念一個偉大的事件，這種香腸製作起來固然非常費工費時，可是值得為如此盛大的公開場合付出努力。香腸就和人一樣，能夠落入尋常百姓家。法蘭克福香腸卻跌得特別重。[3]

哈拉爾德・蕭爾指出，在所有地區性的香腸當中，最引人入勝者之一也來自法蘭克福——那就是「牛肉烏爾斯特」（Rindswurst），一種純用牛肉製成的香腸。它為什麼引人入勝呢？因為把牛肉剁碎是很不容易的事情——它的肉質非常堅硬，處理起來需要花上許多工夫。在十九世紀晚期，法蘭克福或許是擁有最多猶太人口的德國城市（參見第28章）。猶太人當然不可以吃豬肉香腸（例如著名的「法蘭克福香腸」），於是他們特別享用這種以細碎牛肉製成的香腸，接著它廣受全體市民歡迎，成為猶太遺產仍然存在於德國日常食物當中的一個罕見實例。

到了十九世紀晚期，德國的食品生產如同在其他國家那般，已經變得機械化。傳統上屬於家庭工業的香腸製造業於是淪為這種新趨勢的受害者。新的機器意味著，現在不管任何肉類都可以被絞得很細——而且更重要的是，這個便宜的加工程序最終罷黜了法蘭克福香腸。工業製造的香腸從此成為無產階級貧困人口的日常食物，尤其是在當時歐洲成長最快速的柏林市。結果衍生出一種惡名昭彰的情況：很難確定柏林的香腸裡面到底放了些什麼東西。因此有了一句（但很可能是出自杜撰的）俾斯麥名言，表示市民們不會真的想要知道，法律或香腸究竟是怎麼製作出來的。

五十年後，柏林香腸的低下品質卻產生了一個意想不到的發展。博物館致力於保存實物證據，然而令人失望的是，香腸所能留下的具體痕

● 製作血腸，漢斯・韋廷格，〈十二月〉的細部圖。一五二五至二六年前後

● The making of blood sausages, detail from *The Month of December*, by Hans Wertinger, c. 1525–6

跡不多。不像啤酒可以有五花八門的玻璃杯和單柄大杯來配合，香腸卻難得有專屬的盤碟或器皿，正因為如此，博物館在講述「烏爾斯特」的故事時難免力有未逮。所以當國際博物館界在幾年前發現，我們多出了一個新夥伴——柏林市的「咖哩香腸博物館」時，是多麼地又驚又喜，而這座博物館就位於昔日「查理檢查站」的旁邊。它的存在，述說著一個不久前才登上「香腸舞台」的新產品所獲得的驚人成功。這個新產品並未繼承帝國自由城市傲人的皇帝加冕傳統，反而是一九四五年後柏林食物短缺所造成的結果。我們或許可以戲仿凱恩斯的口吻，宣稱咖哩香

● 柏林咖哩香腸博物館。二〇一〇年
● The Berlin Currywurst Museum, 2010

腸是「和平之後的美食成果」。香腸依舊與我們不離不棄，已然成為柏林經驗當中的一個重要組成部分。哈拉爾德・蕭爾解釋說：

> 咖哩香腸的發明，是因為得到了一位姓名不詳、一九四〇年代末期在柏林黑市出售咖哩粉的英國士兵提供協助。當時人們只有十分廉價的香腸，於是決定在上面灑些咖哩來粉飾。那是我們正熱衷於發現外國菜餚的時刻，充滿印度風味和異國情調的東西因而讓人興味盎然，咖哩香腸變成了柏林市的象徵——在一個從來沒有過出色香腸的城市。柏林圍牆於一九八九年倒塌之後，許多德國人重新發現了柏林，咖哩香腸隨即成為既年輕又很酷的柏林生活方式之標誌。咖哩香腸儼然已成為德國食物的國家級象徵，這是一場美食悲劇。

● 希特勒在市民啤酒廠啤酒廳發表演說。一九三五年十一月八日
● Hitler speaks in the Bürgerbräukeller, 8 November 1935

儘管香腸的傳統很容易就能夠被廉價化或商業化，喝啤酒的習慣卻仍保留了它在全國公共生活中的地位——即便並不完全像塔西圖斯所描述的那樣。在十九世紀另外一個後來變得非常受歡迎的巴伐利亞傳統形成了，那就是啤酒廳。那是供人暢飲啤酒的巨大殿堂，裡面布滿了大理石和木質鑲板，以浩大的聲勢來頌揚這種國民飲料。慕尼黑最出名而且最大的啤酒廳，就是昔日的「市民啤酒廠啤酒廳」。[4]時至一九二〇年代，它已變成希特勒日益茁壯的納粹黨最喜歡的聚會地點，而且一九二三年的時候，希特勒就在該地針對市政當局發動了他那場臭名昭著但不成功的政變。等到他過了十年奪得政權之後，那裡又成為他每年向黨內「老戰士們」發表演說的場所。「市民啤酒廠啤酒廳」固然早已被拆除，啤酒廳演說（或者近來更常見的啤酒帳篷演說）的傳統卻一直延續了下

● 慕尼黑的十月啤酒節
● The Oktoberfest in Munich

來，德國政治人物依舊要有辦法掌握那種演說技巧。彼得・彼得指出：

> 這些都是舉行政治集會的理想場所。如今巴伐利亞最大型的政治演說都在「聖灰星期三」那巨大的啤酒帳篷內。你必須懂得搞民粹：你應該有一點點嘩眾取寵，但你也應該給人帶來歡笑，否則那根本沒辦法收到效果。

縱使德國已經不再像從前那樣流行喝啤酒，德國仍然是全球第三大啤酒消費國，而且本地的啤酒（就跟本地的香腸一樣）依舊獨占鰲頭。二者都在一九四五年後面臨了形象問題——它們與德國民族主義的形象太過於關係密切，成為戰後一代想要甩開的對象。然而，如同彼得・彼

● 慕尼黑市內穿著傳統服裝的啤酒飲用者
● Beer drinkers in Munich in traditional costume

得所觀察到的，目前情況正在發生變化：

> 現在有了一個新的世代，他們不曉得有關冷戰或者第二次世界大戰的問題——對他們來說，嘗試這些老古董的東西是很酷的事情。就某種程度而言，那是一種前衛風格，重新發現了甚至連酸菜也可以是極品美味。我認為，這種新德國的某個典型象徵，就是十月啤酒節。二十年前沒有人會穿著傳統的巴伐利亞服裝在那裡現身。現在每個人都這麼做，而且這似乎不帶有任何民族主義或沙文主義的色彩。十月啤酒節，憑藉其為數眾多的啤酒消費者，已成為新德國結合典型傳統與開闊胸襟的極佳例證。它甚至比足球更能夠促成不同的人群和民族齊聚一堂。這不是民族主義——它現在已然成為德

國人好客的象徵。

對英國觀察者來說，德國是一個具有驚人多樣性的國家。地區性的特色代表著好幾個世紀以來的區域歷史——各式各樣不同的啤酒和具有地方獨特風味的香腸，全部都由五百年前開始的各地規範加以管理。戴高樂將軍曾經發出著名的抱怨，表示統治一個擁有二百四十六種乳酪的國家非常困難。但他其實應該心懷感激才對，畢竟他並非試圖治理一個擁有多出了許多倍香腸種類的國家。然而這些天差地別的分歧（正如同德國經常會發生的情況那般）都在一個兼容並蓄的國家結構內並行不悖。這是一種飲食意義上的類比，對照了第五章的形形色色錢幣，並且對照了神聖羅馬帝國的整體政治運作——它無視於各種巨大的地方性差異，將德國和中歐的大部分地區凝聚在一起，為時長達一千年之久。

1 〔譯注〕波阿狄西亞（Boadicea）也被稱作布狄卡（Boudica），是古不列顛愛西尼（Iceni）部落的王后，在公元六〇／六一年領導不列顛南部的凱爾特部落大舉反抗羅馬占領軍，不幸以慘敗收場。

2 〔譯注〕「烏爾斯特」已成為英文外來字，德文的「Bier」一字（啤酒）卻在英文顯得不太吉利。

3 〔譯注〕法蘭克福香腸（Frankfurter）現在往往被稱做「熱狗香腸」。

4 〔譯注〕市民啤酒廠啤酒廳（Bürgerbräukeller）或被翻譯為「貝格勃勞凱勒啤酒館」，但該場所並非一般人印象中的「啤酒館」（或相關的希特勒「啤酒館」政變）——它是一間位於地下室的大廳，可容納一千八百三十人。

PART THREE
The Persistent Past
綿延不絕的過去

就政治方面而言，
德國長久以來都是「結構鬆散」與「形狀不定」的縮影。
在將近一千年的時間內，「德意志民族的神聖羅馬帝國」凝聚了
分別有著不同方言、法律和宗教的人群與邦國。
「漢薩同盟」則是一個既彈性十足又成效斐然的貿易協會，
或者自由貿易區。
二者依舊存活於人們的記憶當中，並且在今日被譽為歐洲的楷模。
德國昔日的各個不同歷史片段——宗教改革、拿破崙入侵，
以及一八四八年的革命——直到今天依然留下了長遠的遺產。

ꝑMEREGES
REGNANT

11 The battle for Charlemagne 查理曼之爭

哈布斯堡王朝數百年來收藏在維也納「皇家珍寶館」的諸多貴重物品當中，最珍貴的或許就是「帝國皇冠」(Reichskrone)。沉甸甸地載滿了歷史傳承與象徵意義，這皇冠也叫「查理曼皇冠」，在將近一千年的時間內被使用於神聖羅馬帝國皇帝的加冕典禮。然而那一頂皇冠並非本章的主題。更何況左圖的皇冠其實是它的複製品，由打對台的德國統治者家族霍恩佐倫王朝仿造於一九一四年，今日收藏在阿亨市市政廳。

本書第一部分探討了好幾個世紀以來浮動不定的疆界、德國變化多端的面貌，以及隨之而來的各種內部分歧。第三部分則專門介紹今日把德國人團結起來的一些記憶——此類的集體記憶和理解無視於那些內部分歧，承載著共通的經驗與共享的願望。因此，或許會令人感到奇怪的是，我挑選來體現共同理念的這一個物件即使並非贗品，至少肯定是個仿製品。不過就此案例而言，複製品或許比原件更具有說服力，甚至我們即將看見，其實就連原件也根本不是你想的那麼一回事。

公元四百年左右，羅馬帝國的西半部開始四分五裂。皇帝的權威蕩然無存。羅馬兵團撤離了不列顛、日耳曼和高盧，西歐大部分地區的公民社會秩序已經崩潰。過了四百年，在公元八百年前後，有一位名叫查理的法蘭克國王（今日法國和德國大部分地區的統治者）著手重新塑造那個失落的羅馬帝國。他以君士坦丁堡和拉文納的羅馬帝國教堂做為參考對象，在科隆西方的阿亨建造了他自己的宮廷教堂。他從耶路撒冷運

● 神聖羅馬帝國皇冠「查理曼皇冠」的複製品，由德皇威廉二世下令製作於一九一四年。

● Replica of the crown of the Holy Roman Emperors, the 'Crown of Charlemagne', made by order of Kaiser Wilhelm II, 1914

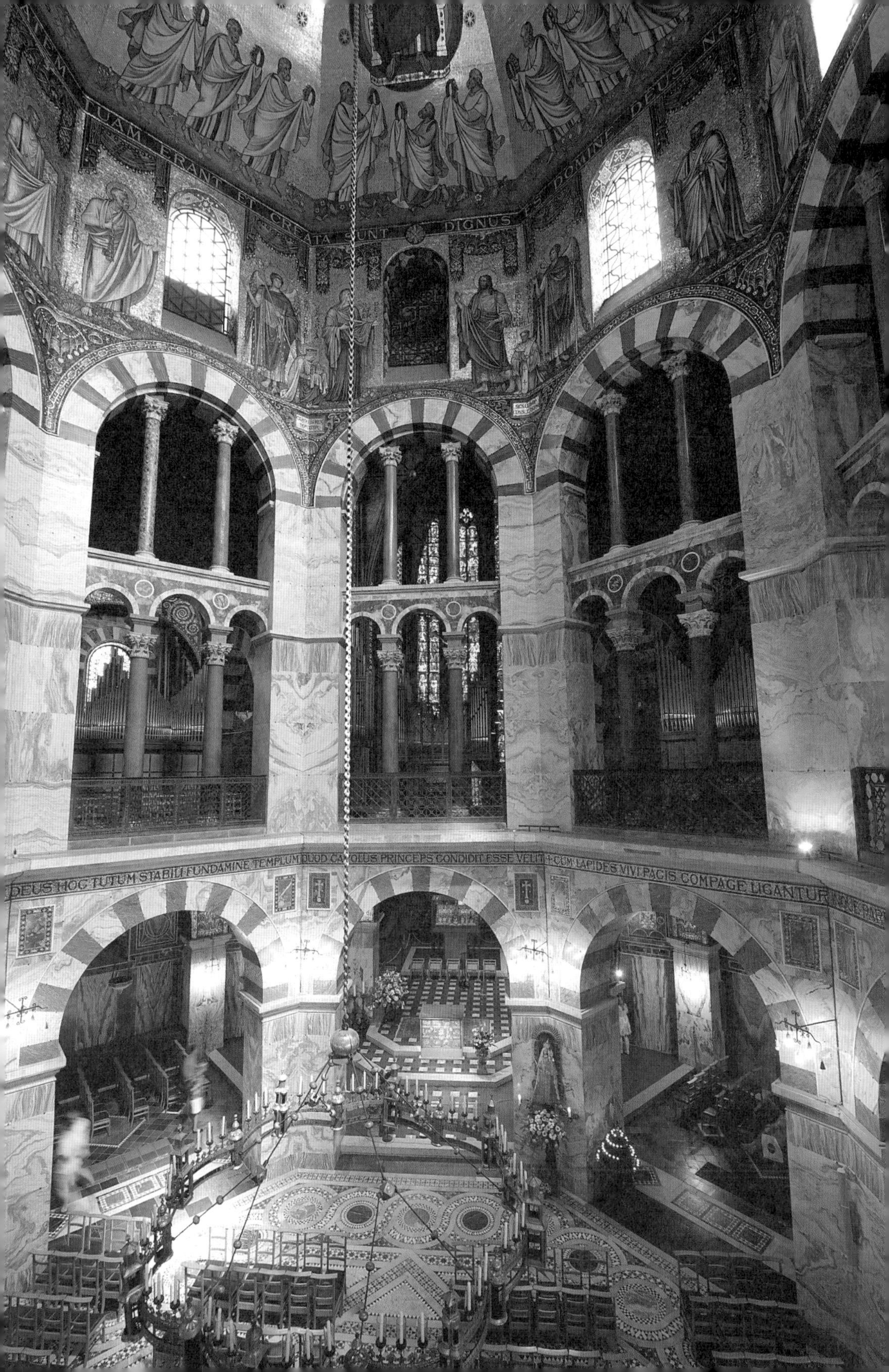
TUAM ERANT ET CREATA SUNT
DIGNUS
DEUS HOC TUTUM STABILI FUNDAMINE TEMPLUM QUOD CAROLUS PRINCEPS CONDIDIT ESSE VELIT + CUM LAPIDES VIVI PACIS COMPAGE LIGANTUR

來神聖的基督徒遺物、從羅馬運來古代的斑岩石柱，在信奉基督的德國土地上重建異教的羅馬。這個極佳的例子說明了，各種不同的歷史可以被拿來創造出一個新的故事。

查理曼的教堂依然矗立，是一棟造型尊貴、挑高三層的八角形圓頂建築。在許多個世紀裡，那曾經是阿爾卑斯山脈以北的最高建築物，裡面用一根根古羅馬石柱支撐起許多個巍峨的圓拱。它恰如其分、顯而易見是首都的教堂，屬於一個新的「神聖的」羅馬帝國。下令建造它的那位國王被德國人稱做「卡爾大帝」（Karl der Grosse），亦即「查理大帝」（Charles the Great）。對法國人和對我們英國人來說，他是「查理曼」（Charlemagne）。[1]

查理曼是法蘭克人的國王（他肯定說的是一種日耳曼方言），從公元七七〇年登基直到他在八一四年去世為止，於四十年幾乎不曾間斷的戰爭中，征服了西起庇里牛斯山脈、東至易北河與多瑙河之間的疆土，其中還包括了大部分的義大利。公元八〇〇年聖誕節當天，他在羅馬被教宗加冕為皇帝。一時之間，西方的羅馬帝國看似已獲重生，隨之有了重返和平與繁榮的希望。

這個希望在公元八四三年即告破滅，那時查理曼的三個性情乖戾的孫子繼承了他的帝國，並且加以瓜分。衝突接踵而至，查理曼帝國西部和東部地區（大致相當於今日法國和德國）的統治者，隨即針對夾在他們中間的地帶展開長久而激烈的霸權爭奪戰。德國人和法國人競相聲稱自己傳承查理曼的衣鉢，享有主導西歐的權利，並為此角逐了一千多年之久。阿亨大教堂[2]於是成為具有重大象徵意義的標的物——查理曼在

- 前頁｜左｜阿亨大教堂，查理曼的八角形圓頂建築位於正中央。
- Aachen Cathedral, with Charlemagne's octagon in the centre
- 前頁｜右｜阿亨大教堂，八角形圓頂建築的內部。
- Aachen Cathedral, interior of the octagon
- 對頁｜公元九世紀的查理曼騎馬小雕像。梅斯大教堂
- Ninth-century figurine of Charlemagne on horseback in Metz Cathedral

八一四年下葬於此，隨後的六百年期間（從九三六到一五三一年），總共有三十位神聖羅馬帝國皇帝在這棟建築內加冕。

在此與我們有關的皇帝是奧圖一世。他先是在阿亨被加冕為「羅馬人的國王」，然後在九六二年如同查理曼那般，在羅馬被教宗加冕為「羅馬人的皇帝」。如今收藏於維也納的帝國皇冠，很可能是由奧圖在九六二年的加冕典禮期間首度戴上——儘管這頂皇冠出現的時間晚了許多，卻明顯錯誤地被當成是查理曼自己的皇冠。這皇冠是由黃金、寶石、琺瑯與珍珠所組成的非凡瑰寶，許多個世紀以來進一步受到修飾，後來並添加了一個拱形結構和十字架。它持續被使用於神聖羅馬帝國皇帝的加冕儀式上，直到帝國在一八〇六年解體為止。

您或許會以為這頂皇冠是圓形的，但它其實並非如此，反而結合了八片獨立的嵌板（四片鑲滿珠寶、四片飾以琺瑯），以之構成一個八角形。它們共同用珠寶模擬出神授的世俗統治權。四片琺瑯嵌板描繪著國王們，即舊約聖經中預示了基督的三位國王——所羅門、大衛、希西家，各自持有一條在上面摘錄了加冕經文的卷軸，第四片則出現基督自己，由「撒拉弗天使」侍立在寶座兩側。[3]另外兩片嵌板上面布滿五顏六色的寶石：紫水晶和孔雀石、紅寶石和石英、水晶和珍珠，最高的兩片嵌板則分別鑲上十二顆大寶石：後側的那一片象徵了以色列的十二個支派，前側的那一片則代表了十二位使徒。前側嵌板上方矗立飾以寶石的十字架一枚，其背面則是釘在十字架上的基督雕像。

這整件物品是一個神秘的、令人眼花繚亂的（名副其實令人眼花繚亂的）綜合體，揉合了聖經君王的精神權威與中世紀早期的絕對權力和財富。但其中還具有更多的意涵：這其實不僅僅是一頂皇冠而已，它還呼應著一棟建築物（查理曼位於阿亨的教堂），以及對君士坦丁堡和拉文納的宏偉帝國教堂之緬懷。不論這頂皇冠前往何處（它千百年來已經

- 卡爾大帝（查理曼），摘自《德國人的十二位祖先和早期國王》。一五四三年
- Karl der Grosse (Charlemagne) from *Twelve Ancestors and Early Kings of the Germans*, 1543

Carolus Magnus/der erst Deutsche Keiser.

Carolus der groß/ein Franck des gblüts
Ein thewrer Fürst/eins edlen gmüts/
Kühn/weis/mechtig/vnd grosser sterck
Das zeigt sein that/vnd all sein werck/
Erlangt von wegn seins hohen rhumbs
Die Monarchey des Keyserthumbs
Wölcher mit ehrn/vnd grosser macht
Hat erstlich an die Deutschen bracht
Wölchs auch in ehrn in Deutschen landen

Er hat Deutschland gar hoch erhaben
Erleucht mit vielen thewren gaben
Mit Policey vnd gbewen zirt/
Vil grosser fehrlich krieg gefiert/
Aln vngehorsam vnderbracht
Gut Regiment vnd friden gmacht
Hat Gotseligkeit vnd kunst geliebt/
Vnd sich in aller tugent geiebt
Gestifftet hoher schulen drey

遊遍了神聖羅馬帝國全境），它都與阿亨的禮拜堂產生共鳴，並特別反映出被尊奉為帝國締造者的那個人（查理曼）的政治與精神權威。儘管查理曼自己從來不曾戴過這頂皇冠，但是不論是誰，只要掌握了它，便形同擁有查理曼的遺產。

德國文化歷史學家霍斯特・布雷德康普解釋說：

> 對德國人的帝國而言，卡爾大帝以及其宮殿所在的阿亨，都被看成是德國的起源和德國在歐洲（或者至少是在中歐）主導權的依據。法國方面則當然會主張，法國王權的開山祖師並非Karl der Grosse，而是Charlemagne。這場衝突在整個中世紀始終持續不衰。十八世紀的時候，伏爾泰甚至宣稱查理曼是一位「非常法國的」統治者。與此相反的是，十九世紀的德國人認為卡爾大帝是德國偉人。這種對立關係一直延續到製作皇冠複製品的時候，而這也就是它之所以被複製出來的原因。查理曼究竟意味著什麼？他是德意志帝國抑或法蘭西帝國的創建者？

為了支持自己的主張，雙方君主以同樣罔顧歷史事實的方式，從中世紀到十八世紀末都把查理曼的「遺物」納入他們的加冕儀式——法國人宣稱他們使用了他的寶劍，德國人則宣稱使用了「查理曼皇冠」。

等到皇帝的政治與軍事權力衰落之後，那頂皇冠又意味著什麼呢？對整個歐洲來說，它標誌出神授的至高威權，其中更有力之處在於：皇帝的職位並非世襲，卻像教宗那般是透過選舉產生的。查理曼和奧圖皆由教宗親自加冕一事，則確認了皇帝在基督徒世界所有統治者當中的首席地位。就德國內部而言，它是一個象徵（尤其是在頂端加上那個意象十足的拱形裝飾之後），代表著帝國風貌迥異的遼闊疆域，也代表著德

- 神聖羅馬帝國的聖物、法衣和標誌。紐倫堡，一四七〇年至一四八〇年
- The relics, vestments and insignia of the Holy Roman Empire, Nuremberg, 1470–80

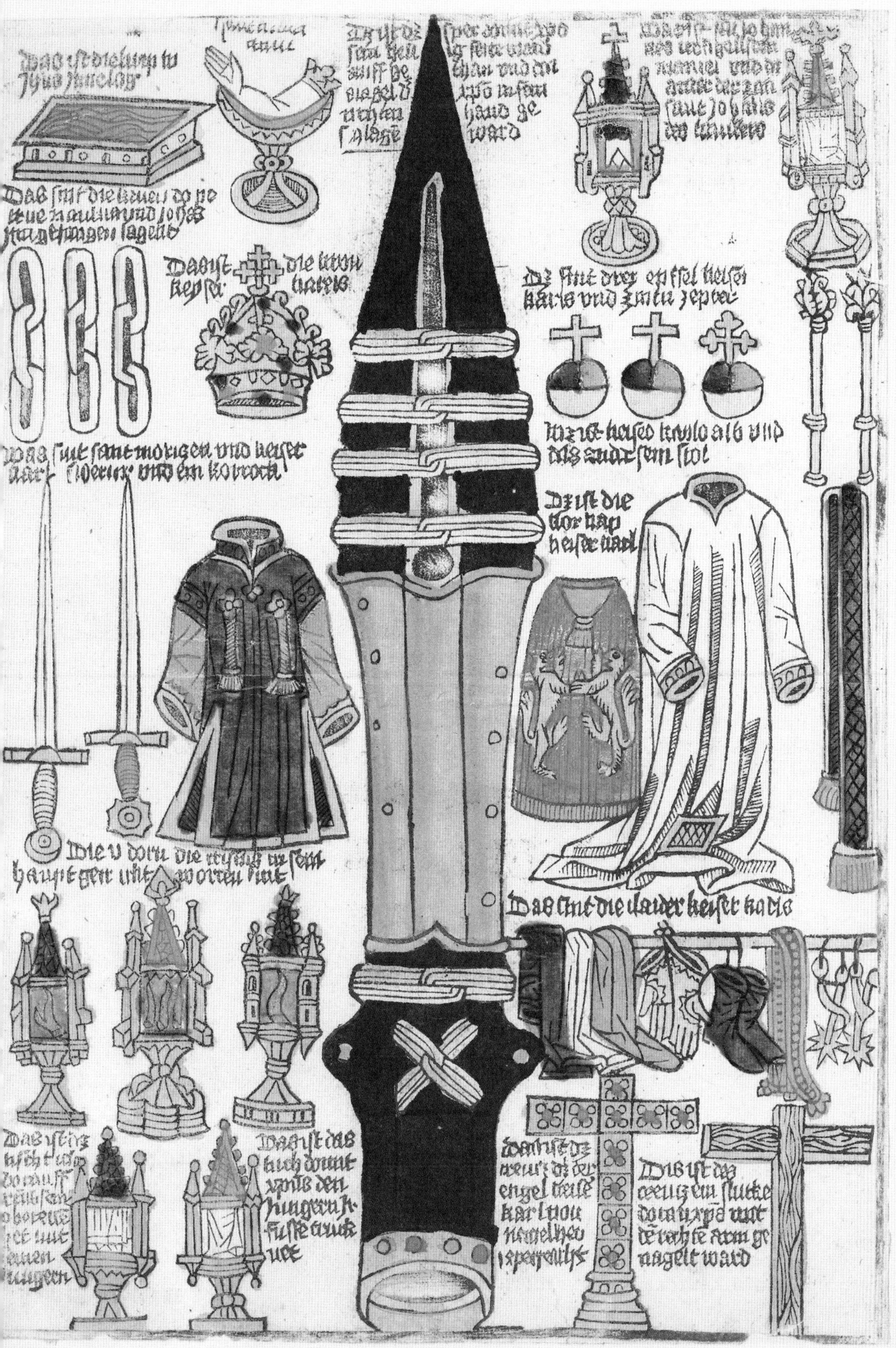
Das sint die claider keiser karls
Dis ist das
creuz ein stucke
do an xpus mit
de rechte arm ge
nagelt ward

意志各地區的共同使命。這頂皇冠靜悄悄地、古意盎然地、不精確地述說著一個共同的遺產。

由於千百年來的皇帝是從不同統治者家族選舉產生，那頂皇冠雲遊過不同的德國城市。但最終大約在公元一五〇〇年左右，哈布斯堡家族鞏固了他們對帝國的掌握之後，皇冠就固定停留在紐倫堡，使得那一座富裕強盛的自由城市更特別具有帝國風範，變成了和諧而統一的德意志夢幻世界之中心點。這城市所產生的共鳴讓華格納樂此不疲，後來更被希特勒徹底加以利用。隨著時間的進展，一些帝國諸侯們也獲得了自己的王冠——分別在普魯士、大不列顛，以及波蘭。但它們都僅僅是王國的冠冕而已。帝國仍然只有一個，所以這頂皇冠依舊至高無上。

然後，隨著拿破崙崛起，一切都改變了。法國軍隊如今不僅攻打萊茵蘭，重複了路易十四過去經常做出的事情，還進而入侵義大利、占領羅馬。一八〇四年時，拿破崙自行在巴黎聖母院加冕為「法蘭西人的皇帝」，就像查理曼那樣，在教宗面前——為此還特地將教宗送去巴黎，以便共襄盛舉。經過一千多年，歐洲第一次有了兩位皇帝。典禮上的排

- 貝特朗．昂德里約製作的獎章，一八〇六年。在正面呈現拿破崙與查理曼，背面則是被他們擊敗的對手：普魯士的腓特烈．威廉三世和古薩克森人的領袖維杜金德。
- Medal by Bertrand Andrieu, 1806, showing Napoleon and Charlemagne on one side, and their defeated opponents Frederick William III of Prussia and the Saxon leader Widukind on the back.

場讓人不會對拿破崙的意圖產生任何懷疑。在大教堂的門外則豎立著一尊查理曼雕像來配合此事。進行加冕儀式時，拿破崙配戴著「查理曼之劍」。但由於「真正的」查理曼皇冠當然還在德國（哈布斯堡王朝煞費苦心讓它不落入拿破崙的手中，把它從紐倫堡移到了維也納和更遙遠的地方），他乾脆委託製作一頂採用完全不同設計的「新的」查理曼皇冠。新的這頂完成於一八〇四年，現在依舊陳列在羅浮宮，驚人地被命名為「La couronne dite de Charlemagne」（據稱的查理曼皇冠）。這是對紐倫堡那頂中世紀皇冠的神秘力量所能表達的最大敬意——或者如同RJW．埃文斯所解釋的，非常清楚地展現出來，法國人如何挑戰了神聖羅馬帝國的生存：

- 左｜拿破崙版本的查理曼皇冠。一八〇四年
- Napoleon's version of Charlemagne's crown, 1804
- 右｜雅克－路易．大衛，〈拿破崙一世皇帝自行加冕〉。一八〇五至一八〇七年前後
- *The Emperor Napoleon I crowning himself*, by Jacques-Louis David, c. 1805–7

拿破崙摧毀了那個帝國。這是毫無疑問的事情。拿破崙自行加冕為「法蘭西人的皇帝」一事，清楚表明了他的權利要求與神聖羅馬帝國水火不容。奧地利統治者有鑑於此，所以儘管他早就已經是神聖羅馬帝國皇帝法朗茲二世，卻仍自稱為奧地利皇帝法朗茲一世。他看了出來，自己非常需要一個退而求其次的位置。

一八〇五年十二月法國人在奧斯特里茨打了勝仗之後，拿破崙擺明已經能夠在德意志的土地上為所欲為。他在德國的諸侯當中免不了會有許多盟友，而這促成他創建出一個「萊茵邦聯」。此事成為神聖羅馬帝國瓦解的直接導火線。時至一八〇六年夏天，法朗茲二世宣布解除諸侯們對他的效忠宣誓。這麼做是因為法朗茲能夠預見，接下來的發展若非拿破崙將以某種方式來篡奪帝國，就是創建一個替代的帝國，並且把他的那批德國附庸也包括進去。無論採取的是哪一種方式，都不可能繼續維持神聖羅馬帝國。

若說皇冠是衝突的焦點之一，那麼查理曼的繼承權之爭更以同樣顯眼的方式，反映在他那座阿亨教堂裡面的石頭上。一七九四年入侵的法國革命軍隊砍下了教堂內的那些古羅馬斑岩石柱，把它們運往巴黎。後來只繳回了一部分（其餘大多仍然在羅浮宮），如此一來，當初由查理曼親自帶回、至今依舊矗立在阿亨教堂內的石柱，只能跟十九世紀的一些複製品並排站立。可是被帶去法國的東西不侷限於那些石柱而已。一八〇一年簽訂《呂內維爾和約》時，整個阿亨遭到併吞，被納入了法國的版圖。阿亨如今成為一座法國城市，在拿破崙奪取查理曼的帝國衣鉢之際起著重要的象徵作用。一八一五年拿破崙在滑鐵盧戰役被普魯士和英國擊敗以後，阿亨再也無法回復到昔日神聖羅馬帝國自由城市的地位，因為那個帝國已經不存在了，那城市反而成為普魯士不可分割領土

- 呈現德皇威廉一世穿著神聖羅馬皇帝服飾的彩色玻璃窗。一八八八年
- Stained-glass window showing Kaiser Wilhelm I dressed as Holy Roman Emperor, 1888

WILHELM I
DEUTSCHER KAISER, KÖNIG VON PREUSSEN

的一部分。哈布斯堡家族曾經長年持有、拿破崙所夢寐以求的阿亨帝國教堂，從此落入霍恩佐倫家族手中。查理曼如今再度是卡爾大帝，是一個德國人，或者帶有惡作劇意味地說，是一個普魯士人。

十九世紀演變出來的結果，使得哈布斯堡家族從此僅僅擔任奧地利皇帝，日益退居他們位於南方和東方的王朝世襲領地。普魯士勢力的擴充，卻與重新形成的德意志帝國理念齊頭並進，一直到一八七一年為止。然後，普魯士作戰擊敗了法國，法蘭西人的皇帝拿破崙三世遭到廢黜，霍恩佐倫家族的普魯士國王威廉一世在凡爾賽宮被推舉為德意志皇帝。發展至此，您或許已經認為查理曼遺產的爭奪戰終於塵埃落定，即便柏林和維也納之間仍有激烈角逐，但如今在本質上肯定只不過是德意志內部的爭論罷了（參見第21章）。

然而神話的強大功能不容小 ，這個攸關歐洲主導權的神話更是讓法國難以割捨。一八八二年法國在西岱島上設置了一尊巨大的銅像，呈現出查理曼和他的聖騎士們——其設計者是夏爾和路易．羅歇兩兄弟，位置在巴黎聖母院的門外，靠近當初為了拿破崙一世加冕而豎起一尊查理曼塑像的地點。法蘭西第三共和儘管反對教權、反對皇權，並且在一八七〇年戰敗之後流放了拿破崙三世，卻仍然需要那位來自阿亨的古代皇帝矗立於全國首都的心臟地帶，就在國家教堂的前面。他挑釁意味十足地面向德國，而且今日的訪客還能夠看見，這個青銅的查理曼甚至騎在馬背上準備出征之際，頭上都還戴著那一頂在本章處於核心地位的八角形皇冠。

二〇一三年的時候，大英博物館曾經向維也納「皇家珍寶館」提出詢問：是否可以借展奧圖的皇冠，以及一切與查理曼職權有關的物品？我們遭到了禮貌地拒絕——我們被告知，神聖羅馬帝國的皇冠不再出遊。但是我們發現，我們曾經有過非常高貴的同伴。一個世紀之前，德

● 夏爾和路易．羅歇製作的巨大查理曼銅像（一八七七年）。巴黎西岱島
● Charles and Louis Rochet's huge bronze statue (1877) of Charlemagne on the Ile de la Cité, Paris

皇威廉二世提出過完全相同的請求，因為他準備在阿亨舉辦一場以帝國加冕為主題的展覽。儘管當時柏林與維也納之間存在著緊密的軍事與政治同盟關係，德皇威廉同樣遭到了拒絕。時值第一次世界大戰爆發前夕，哈布斯堡家族的皇帝既不願意（也沒辦法）出借承載著德意志第一位皇帝的精神光環與政治光環的那頂皇冠。

霍斯特·布雷德康普繼續把故事講了下去：

> 阿亨那一件帝國皇冠複製品裡面封裝著悠久的歷史——普魯士霍恩佐倫王朝與奧地利哈布斯堡王朝競逐「德意志民族的神聖羅馬帝國」繼承權之歷史。那是件複製品，因為威廉想要借用原件的時候，原件不被允許離開其收藏地維也納前往普魯士。於是威廉二世下令完成那件複製品，藉此宣揚霍恩佐倫王朝是「德意志民族的神聖羅馬帝國」整個傳統之真正繼承者。

今日陳列在阿亨的帝國皇冠複製品具有非常高的品質，並且精確地掌握了每一個細節，這證明威廉二世曾經多麼重視計畫中的帝國加冕展。展覽計畫因為一九一四年戰爭爆發而被迫中斷。等到戰爭結束時，哈布斯堡和霍恩佐倫家族的皇帝們都已經消失不見。可是皇冠保留了下來，它所體現的故事仍然尚未結束。霍斯特·布雷德康普表示：

> 這件複製品反駁了奧地所宣稱的，只有哈布斯堡家族成員才可具體代表那個帝國。
>
> 故事當然開始於奧圖一世，此外大多數的研究指出，他不僅創造了德國人的帝國，甚至還創造出有關這頂皇冠可以回溯到卡爾大帝（或稱查理曼）的神話。從那一刻開始，查理曼便成為備受爭議的對象：他到底是法國人還是德國人？
>
> 但那已經是過去的事情。查理曼（卡爾大帝）如今代表著法國和德國之間的友誼。因此，阿亨市固定每年頒發給「真正歐洲人」的

● 戴高樂與艾德諾離開蘭斯大教堂。一九六二年
● De Gaulle and Adenauer leaving Reims Cathedral, 1962

卡爾獎（查理曼獎），如今在德國大眾關於查理曼的記憶中扮演了主要角色。卡爾大帝若是在德國人的意識中起了作用的話，那麼他之所以成為一位偉大德國人的理由並不在於他促進了德國的利益，而是因為他超脫其上，將德國的利益提升到一個更高的層次——歐洲的層次。

假如今天要我發揮想像力，把查理曼擺放到一個特定場景的話，我會把他設置在一九六二年的蘭斯大教堂。因為康拉德·艾德諾和夏爾·戴高樂在那裡歡慶法蘭西民族與德意志民族之間新出現的兄

> 弟情誼。那是查理曼（卡爾大帝）絕對會在現場的時刻，而他以一種凌駕於國家利益之上的歐洲方式，授予那兩位政治家正當性。

艾德諾與戴高樂聯袂展開那個莊嚴的和解行動整整一千年之前，奧圖一世在羅馬被教宗加冕為帝，而他或許就戴著原版的「查理曼皇冠」。開始於阿亨的那個傳說、圍繞著「查理曼皇冠」打轉的矛盾衝突，以及查理曼遺產之爭，現在都已經正式成為歷史。德、法兩國之間新而持久的夥伴關係，已被表明是維繫歐洲長久秩序的基石。

這個故事曾經有過一個最後的（或者接近最後的）酸澀轉折。一九六二年的「快樂結局」，如今固然讓法國和德國回顧起來都倍感溫馨，距此二十年前的一九四〇年代卻出現過一個非常不快樂的前奏曲，而且那段過去不言而喻已經在集體記憶中遭到壓抑。如同拿破崙以及德皇威廉二世那般，阿道夫．希特勒也對查理曼的遺產很感興趣。他把帝國皇冠從維也納帶回紐倫堡重新安置：那裡是皇冠在拿破崙入侵之前的保管場所，此時更已成為德意志「第三帝國」鄭重其事舉辦黨大會的地點。

到了一九四〇年代初期，希特勒試圖把法國右派爭取過來，支持他

- 針對查理曼帝國分裂一千一百週年，在一九四三年生產的塞弗爾瓷盤。
- Sèvres plate produced in 1943 for the 1,100th anniversary of the division of Charlemagne's empire

的對俄作戰——或者按照他自己的講法，那是為了保衛歐洲價值觀，而對布爾什維克野蠻主義進行的十字軍東征。所以他轉而求助於查理曼，將他視為歐洲文明的締造者，畢竟查理曼是兩國都尊崇的對象。一九四三年生產的一種「塞弗爾」瓷盤因而圖示了一尊小雕像，刻畫出騎在馬背上的查理曼。在瓷盤背面有一段拉丁文題詞寫著：

> 查理曼的帝國，在八四三年被他的孫子們所瓜分，在一九四三年由阿道夫・希特勒與歐洲各民族一同守護。

希特勒果真找來法國志願者在東線與德國合力作戰。他們被稱為「查理曼師」(Division Charlemagne)。

1 〔譯注〕Charlemagne是把拉丁文「卡爾大帝」(Carolus Magnus) 改拼成法文的結果，被英文沿用。查理曼在英、法文已分別意為「查理大帝」或「夏爾大帝」(Charles le Grand)。俗稱的「查理曼大帝」有畫蛇添足之嫌。

2 〔譯注〕阿亨大教堂 (Aachen Cathedral) 或被音譯為「亞琛大教堂」。

3 〔譯注〕基督和兩位天使的上方以拉丁文寫出：「藉著我，君王執政」(箴言8:15)。所羅門、大衛和希西家的卷軸則分別寫著「不要自作聰明，應敬畏上主，遠避邪惡」(箴言3:7)、「你是愛正義的大能君王」(聖詠集99:4)，以及「我要在你的壽數上多加十五年」(列王紀下20:6)。

12 Sculpting the spirit 雕刻出來的精神

一七五六年，伏爾泰寫出了那句著名的嘲弄，他將神聖羅馬帝國譏諷為「既不神聖，也不羅馬，更不是帝國」。這是一句精彩的俏皮話（而且伏爾泰擅長這樣的單句俏皮話），可是說不通。神聖羅馬帝國於其千年歷史的各個不同階段，事實上很明顯地三者皆是。把話講白一點，「神聖羅馬帝國」跟它在國號招牌上所說的一模一樣：同時被設置來繼承古代皇帝們的羅馬和教宗們的羅馬，而且它以驚人的程度做到了這一點。我們已經透過錢幣對「帝國」進行了觀察（參見第5章），並且看見這帝國如何被查理曼創造出來並傳承下去（參見第11章）。在這一章內，我想看看它獨特的神聖面。

儘管那個帝國是以萊茵蘭為中心，從一開始神聖羅馬帝國便在軍事野心和領土擴張的夢想上，具有十足的古羅馬作風。查理曼將精選的古物從帝都羅馬運往位於阿亨的教堂，一心一意要讓自己和繼任者在軍事與政治意義上成為最高統治者，使得他們的帝國能夠統領四方。日後的德文Kaiser（皇帝）等於拉丁文的Caesar（皇帝）[1]，擁有許多相同的屬性和稱號。但是那個帝國也從一開始就具有神聖的色彩。正如我們在前一章所看到的，查理曼於公元八〇〇年前往羅馬，並且獲得教宗加冕。世俗和宗教的威權隨即在那個新國度變得不可分離——教會的諸侯同時也是國家的諸侯。負責推舉帝王的七位「選侯」（他們都是雄霸一方的諸侯）[2]，有三位是大主教，分別來自美因茲、特里爾和科隆。

● 里門施奈德《四位福音傳播者》當中的路加。一四九〇至九二年前後
● Riemenschneider's Luke from *The Four Evangelists*, c. 1490–92

神聖羅馬帝國有著許多驚人的事物，其中之一就是：這個古老的、以羅馬天主教為精髓的政治結構，竟然有辦法在宗教改革時期成功適應過來，能夠在各個方面同時容納新教和天主教的信仰，並在很大程度上維持住雙方的忠誠與好感。這是一個偉大的政治成就，然而為此付出了非常高昂的代價。本章所探討的就是一五二〇年前後的痛苦轉型。它永遠撕裂了教會和德國，並且影響到歐洲最強有力和最震撼人心的雕塑家之一——提爾曼．里門施奈德——的人生與工作。

里門施奈德在德國境外比較不為人知，但我認為他探索心靈層面時的深度和微妙性，可與多納泰羅相比擬。他最喜歡的媒介，就是椴木這種傳統的德國材料，因為其細密質地能夠表達出驚人的各式各樣紋理。以現在收藏於柏林市「博德博物館」的《四位福音傳播者》為例，它原本屬於一組大型木雕祭壇裝飾屏，在一四九二年為維爾茨堡附近「米內爾斯塔特」鎮上的「瑪利亞瑪達肋納教堂」製作完成。那件尺寸高大、人物眾多、敬獻給「抹大拉的馬利亞」[3]的作品，主宰了教堂東翼，高處的人物朝著天堂方向飛升（位置已相當接近頂端）。坐著的那些福音人物每個高約二點五英尺，都位於裝飾屏的底部，剛好在祭壇本身的上方。每當神父主持彌撒、按照天主教神學來代表耶穌基督的時候，他會直直面對著馬太、馬可、路加和約翰。[4]神父便在他們陪伴下，大聲朗讀他們所撰寫的福音書。教友們就跪在離他們只有幾碼遠的地方。

這些雕像被設計用於供人經常仔細觀看、成為生活中的同伴，並且在每一次主持彌撒或者望彌撒的時候參與對話。藉由這組騰飛的祭壇裝飾屏，里門施奈德提供了一個神聖的框架，讓一介凡人能夠不受時間限制地在框架裡發揮自己的屬靈功能。就此意義而言，它或許可用來象徵整個神聖羅馬帝國的架構。因為帝國本身就是一個神聖的框架，充滿了

● 米內爾斯塔特教堂的祭壇。里門施奈德的《四位福音傳播者》當初是為該教堂製作，如今為現代複製品。

● The altar of Münnerstadt church, for which Riemenschneider's *The Four Evangelists* were originally made, with modern reproductions

● 里門施奈德的《四位福音傳播者》：從左至右為馬太、馬可、路加和約翰。一四九〇年至一四九二年

● Riemenschneider's *The Four Evangelists*: (left to right) Matthew, Mark, Luke and John, 1490–92

對基督的生命和苦難救贖的對照，而一些身為過客的演員（帝王、諸侯和商人們）便在這個框架內扮演了由神授予他們的角色。

聖路加坐在一張矮凳上，若有所思地斜著頭，把右手搭在他的福音書上，用左手輕拍那一隻跪在他腳邊、代表其信仰屬性的公牛。[5]這尊人像是用一整塊木頭（一根椴木樹幹）雕刻而成，展示了里門施奈德從容優遊於技藝和材料之間的精湛手法。路加的手、他的福音書，以及二者中間的那塊布，明顯呈現出彼此互異的紋理、質料和重量，而它們又都截然不同於公牛頸部的垂皮皺褶。但這件雕刻品觸及了凌駕於表面之上的問題。衣服的紋理隱約指出，雖然路加是在休息，他的心中卻不平靜：沉重地堆積在他肩頭的織物，以及他袖子上的鋸齒狀褶皺，都點明

了令人不安的負擔。他從自己所坐的地方向下俯瞰祭壇，而祭壇在彌撒儀式中象徵性地重現耶穌基督的犧牲。路加的福音書詳細記載了耶穌基督的降生，他自己卻每天在這裡目睹祂的死亡。路加臉上露出陷入沉思的憂鬱表情，而公牛宛如體貼自己主人的忠犬一般，滿懷期盼地轉過頭來安慰他。這位聖人跟我們十分類似。

柏林「博德博物館」館長，藝術史家茹利安．夏普伊，是一位研究里門施奈德的著名學者，對此說明如下：

> 他的天才在這裡發揮得淋漓盡致。這也是他之所以如此成功的原因。你很難在欣賞這些作品的時候，不忘記你其實正在觀看木頭。我們需要記住的是，在一四九〇至一四九二年之間創造這件作品的時候，德國絕大多數雕刻品都是彩色的，經過鎏金和彩繪。如果你

是一位雕刻家，知道你的人像作品將被塗上顏色，你大可依靠畫家在臉頰添加胭紅，或者在眼睛塗上紅色，讓人物看起來好像是曾經哭過的樣子；但如果你必須提供不著色的雕刻品，那麼人像的面部表情便完全取決於你掌控鑿子的能力。就此而言，里門施奈德超群絕倫。他這方面的功力絕對無與倫比。

顏色非常淺的椴木上面覆蓋著蜂蜜色的透明塗層，而我們可以看見，眼睛的部分只是點了一下油漆，嘴唇則呈現出淺紅色澤——但僅此而已，別無其他顏色。其所呈現的一切，以及整個表現方式，都是透過加工處理椴木來達成的。如果仔細觀看的話，我們就能夠發現工具的痕跡幾乎無所不在。例如大片的褶皺上面顯露出一種不同的刀法。相形之下，頭髮的紋理則是朝著許多不同方向鑿刻而成，藉此突顯出個別的髮捲。深深的切割痕創造了豐富的明暗對比：里門施奈德是一位將光線作為創作元素的大師。您不得不想像一下，在陳列這些作品的教堂內，照明條件會在早晨和傍晚之間隨著季節與天氣而產生變化。此外還經常點亮燭光。面部表情會持續不斷地改變。

對我來說，聖路加雕像的傑出之處在於它的內斂性和冥想性。意涵與形式在此匹配得無懈可擊。聖路加在膝蓋上按住已經完成的福音書，並沒有直接拿著它。他衣紋的一部分將他的手與書隔開，而這表明了一個千百年來的老習慣——你不可觸碰神聖的物品。臉上的鬱悶神情、人像的姿態、衣服的紋理、所擺出的手勢，這一切都讓我覺得似乎在暗示著，他對他自己寫出的福音書內容感到敬畏。

儘管里門施奈德是一位名聲響亮的雕塑家，我們卻缺乏有關他早年生平的具體事蹟——甚至連他的確切出生日期也不清楚。他如同古騰堡那般雲遊於德國南部的一些大城市，而且和古騰堡一樣的是，中世紀晚期的宗教經濟塑造出他的職業生涯。據信他先是在烏爾姆和斯特拉斯堡學會了自己的手藝，然後於一四八三年前往維爾茨堡，在當地富可敵

● 可能的提爾曼・里門施奈德自雕像，摘自克雷格林根教堂的祭壇裝飾屏。
一五〇五至一五一〇年
● Probable self-portrait of Tilman Riemenschneider from the Creglingen altarpiece, 1505–10

國、權傾一方的采邑主教所屬轄區內定居下來。那時他剛二十歲出頭。兩年後，他迎娶一位有錢的寡婦（他還會再結婚三次），並且獲得了大師工匠的資格。他多半是為教會工作，不過他擁有自己的工坊，還會訓練來自德國其他地區的學徒。儘管他那種類型的雕刻品製作起來非常辛苦費時，他的工坊規模很大而且產量可觀——總共有將近一百五十組祭壇裝飾屏，以及其他的宗教雕塑、墓碑和人像。即便它們現在多半已經散逸無蹤，維爾茨堡地區至少仍有十二組祭壇裝飾屏流傳了下來，在更遙遠的區域另有其他許多作品得到保存。

一四九二年當他雕刻出《四位福音傳播者》的時候，他在自己的領域內已經卓爾不群，有多達四十名學徒支撐起一個相當大型的企業，他搖身成為一位坐擁葡萄園的富裕地主。里門施奈德在神聖羅馬帝國一個重要的采邑主教領地，變成了地位顯赫的市民。這位藝術家在他的城市和他的世界，徹底融入了宗教上、經濟上、政治上的生活。

當里門施奈德的事業蒸蒸日上時，宗教和政治局勢日益動盪不安。後來將給宗教改革火上加油的各種理念，正在德國全境贏得支持，引發激烈的辯論。我們不知道里門施奈德的宗教立場偏向哪一方，但茹利安・夏普伊認為《四位福音傳播者》揭露出來，這位雕刻家自己正在跟那些令人不安的新理念搏鬥：

> 在我看來，宗教改革所取得的最重要成果之一，就是神與人類之間已不復存在仲介者：你可以直接向上主祈禱。每當舉行彌撒的時候（那肯定是天天都會發生的事情），「舉起聖體」的動作都是以這些雕像做為背景。聖體象徵著神所創造出來的肉體，以及神所創造出來的「人子」，《四位福音傳播者》代表了神所創造出來的字句。里門施奈德將神的這兩個面向揉合在一起，而其做法就是讓這些雕像成為「舉起聖體」時的背景。這就是為什麼當我們看著路加臉部的時候，我固然不會把他講成是「深受困擾」，卻可發現這部福音書中的內容並沒有讓他無動於衷。那裡瀰漫著巨大的悲傷，他正在撫摸牛的頸背，而那頭牛揚起雙耳，彷彿想要表示：一切終究都會好起來的。我們會覺得此人已瀕臨崩潰邊緣，這種極端個人化的層次，正使得那些經過雕刻的木料變得如此令人驚訝和感動——我們一方面能夠察覺它們是加工後的木塊，同時卻又把它們當成人類看待。
>
> 里門施奈德從來沒有戲劇化的表現。他的藝術不會叫囂吶喊，而是以既令人信服又輕巧柔和的方式來進行表述。我們可從中看出自己的希望、自己的弱點、自己的期盼；體會是什麼使得我們成為人類，什麼能夠幫助我們變得更好。里門施奈德發揮自己的才華，使得神在個人的層面變得容易親近——就此意義而言，我們不妨把他看成是一位宗教改革運動的藝術家，即便他終其一生都為天主教的教會工作。

雕像中的路加正在獨自沉思著基督之生與死所產生的意義，而這種內斂性絕對契合了一五〇〇年前後德國心靈上的一股強勁潮流：個人的虔信已然成為改革派神學（新教神學）的關鍵因素。

製作這個祭壇裝飾屏的時候，教會與帝國的結構仍舊安全無虞，即便教會的一些做法（特別是教會與金錢的關係）早已備受攻訐。皇帝下面有數百位諸侯，統治著不同的領地：其中某些人是王侯、公爵或伯爵，但也有很多人是主教和修道院長。教會在各地提供了精神上的框架，教會在許多地點同時也掌握著地方上的大權。采邑主教們則無論從任何角度來看都雄霸一方，其中之一就是里門施奈德的保護者、贊助者和統治諸侯——維爾茨堡主教。他們的世俗身分地位成為越來越多評論者的眼中釘，新教徒們更是相信，教會的中心精神任務已經遭到了世俗權力毀壞和腐化。結果不可避免的是，帝國的一些世俗公爵和諸侯雖秉持原則卻同時追求私利，於是願意擁護新教教義。喬吉姆・惠利解釋說，一場政治動亂勢所難免，而里門施奈德就置身在它的中央：

> 以提爾曼・里門施奈德那樣的藝術家為例，他身為維爾茨堡的市民和當地市政委員會的成員，於親身經歷宗教改革時期之際，一定會覺得那些年頭具有非常大的不確定性。儘管皇帝們（馬克西米利安一世，以及一五一九年之後的查理五世）極力維護天主教義，一些諸侯和城市當局卻有著相當不同的願望。他們當中有許多人著眼於促進教會的改革，尤其熱衷於維持自己領地上的秩序。宗教改革衍生出各種問題來，對同時代的人們來說，其極致就是一場嚴重威脅到德國許多地區政治安定的大規模騷亂事件——一五二五年的「德國農民戰爭」。

在很大程度上，神聖羅馬帝國的概念是由羅馬天主教信仰加以支撐：不管日常現實生活中的權力關係如何，各種政治職能都是在神學的框架內被闡明和制定出來，把這情況拿來比對今日中國政府與傳統馬克思—列寧主義基本教義之間的關係，或許不完全是牽強附會的做法。於是隨著宗教改革運動，興起了一種新而不同的基督信仰理解方式之後，帝國的整個理念便遭到質疑。維爾茨堡的情況更絕對如此。一五二〇年代的時候，提爾曼．里門施奈德已經成為市政委員會的領導成員。維爾茨堡主教則是帝國內部最富裕和最強大的教會諸侯之一，他是個具有爭議性的人物，持續不斷地與當地居民起摩擦。

一五二五年的時候，歐洲經歷了法國大革命之前規模最大、蔓延最廣的民間起義行動：德國農民戰爭。引發它的原因，部分出自對王公貴族們徵稅過度所產生的憤怒——這種抱怨令人耳熟能詳，本身並不是什麼新鮮事。新穎的地方在於，有一些高階的新教神職人員向農民表示支持。在許多人眼中，這變成了對政治壓迫和經濟壓迫的反抗：於是新形成一種激進的平均主義，威脅到地方上的每一個層級。最後官方鎮壓叛亂的方式，就跟起義本身一樣血腥。農民戰爭揉合了烏托邦理想主義與野蠻作風，在德國右派和左派的記憶當中，都占有獨特的一席之地。它是藝術家凱特．柯爾維茨[6]年輕時的主要關注點（參見第22章）。在一五二五年，維爾茨堡更是農民戰爭最重要的事件現場之一。

提爾曼．里門施奈德的不幸之處是：他曾經在德國各地爆發動亂那一年，擔任維爾茨堡的市長。他與市政委員會的其他成員必須做出決定，究竟應該與主教的部隊，或者與規模龐大許多的農民反抗軍站在同一邊。結果市政委員會為叛軍打開了城門（他們很可能別無選擇），教區座堂諮議會和主教本人則退避到山頂上的要塞。一等到叛亂被敉平之後，主教又勝利地返回他的城市。那位教會諸侯隨即重申自己的世俗權力。當時在里門施奈德身上實際發生過的事情，如今已籠罩於猜想的迷霧之中，根據茹利安．夏普伊的說法，諸多相關記載都只不過是一廂情願的神話創造罷了：

> 這個主題缺乏明確相關事證，只有許許多多的傳奇故事。但我們知道，里門施奈德曾經兩次當過維爾茨堡的市長，並且長年擔任市政委員會成員。市政委員會在維爾茨堡采邑主教的威權統治下飽受折磨，於是支持了農民的反抗行動。不過其中也有現實方面的理

- 施瓦本聯盟的軍隊前來維爾茨堡鎮壓農民。一五二五年
- The army of the Swabian League arriving to suppress the peasants at Würzburg, 1525

由。維爾茨堡並非一座獨立的城市——它有一位諸侯，而很可能是希望能夠像紐倫堡或者科隆之類的帝國自由城市那般，獲得更多自治地位。所以很難說市政委員會的動機完全出自於人道關懷。

據悉起事行動失敗後，里門施奈德遭到逮捕。但他並沒有留下任何聲明，來告訴我們他自己的意見。如果您看一下我們已有的事證，應該能夠發現他的確直接了當地贊成提高農民地位。不過我們沒有辦法證明這一點。據說他遭到了酷刑對待，他的雙手被打斷，他從此再也不曾進行過雕刻。我們所確切知道的就僅僅是，在一五二五年農民戰爭結束之後，他曾經做過一些修補的工作，其他便乏善可陳——儘管我們並不曉得，他的雙手是否果真被打斷了。

人們或許期待，像他這般出類拔萃的大師只要力所能及的話，就會一直工作到老年為止。雖然如此，一位藝術家若想繼續不斷獲得委託，將不得不尊重若干行為準則。比方說吧，發出太多批評的聲音絕對不是明智之舉。縱使是偉大的約翰·塞巴斯提安·巴赫，在兩百年後寫信給贊助者時的署名仍然為「您最卑微順從的僕人」。采邑主教敉平農民叛亂之後，里門施奈德不管自己的大師手法再怎麼高超，都顯然變成了不受歡迎人物。潛在的贊助者們避之唯恐不及，免得在采邑主教那邊惹出麻煩來。

農民戰爭結束於血泊之中。馬丁·路德雖然曾經將福音書翻譯成尋常百姓的語言，聲稱所有的人在上帝面前平等，如今卻對老百姓叫嚷著要求獲得的那種平等深感震驚。他呼籲諸侯們毫不留情地鎮壓叛亂。諸侯們果真那麼做了。

無論里門施奈德涉入農民戰爭的真實情況究竟如何，那場戰爭都結束了他的雕塑家生涯。德國的藝術以及世界的藝術為此而變得比較貧乏。不過其既有作品的下場，至少在剛開始的時候並沒有那麼悽慘。在法國、英格蘭和蘇格蘭，宗教改革對宗教藝術產生了毀滅性的影響。那裡的圖像、玻璃、雕刻遭到砸爛焚燒，修道院已淪為廢墟。德國的情況卻有所不同。路德對藝術在宗教崇拜中所扮演的角色，抱持了寬宏大量的態度。神聖羅馬帝國的地方分權結構，以及由彼此環環相扣（但各自為政）的邦國所拼湊出來的大雜燴，意謂一場跨地域性的搗毀聖像運動從來都無法立足。若是在歐洲其他地區，里門施奈德的許多祭壇裝飾屏和雕像肯定會遭到破壞，但它們卻在帝國內部倖存下來。

正如喬吉姆·惠利所指出的，中央皇權的式微意味著德國不同於其他歐洲國家，是由妥協的做法（而非冷酷的意識形態）來主導大局：

一五二六年，統治者取得共識，他們可隨心所欲管轄自己的事務

> 和自己的領地，直到教會的大公會議針對一切做出決定為止，這種處理方法有著相當模糊的空間。大公會議最後當然沒有針對一切做出決定來，以致造成了一個接一個的妥協。查理五世在一五四〇年代做出最後嘗試，意圖藉由武力將自己的威權和自己的宗教偏好（天主教義）強加過去。等到此事因為諸侯的反抗而失敗後，終於在一五五五年達成一項框架協議：《奧古斯堡和約》。[7]和約中承認，羅馬天主教和新教路德教派這兩種基督徒的信仰，在神聖羅馬帝國境內受到同等尊重，這和約的協議在一六四八年的《西發利亞和約》又得到闡述，進而承認喀爾文教派是第三種獲得允許的信仰。此項協議不僅承認了諸侯們的權力，甚至給予個別臣民在那三個教派之內的宗教自由權。

「農民戰爭」和「三十年戰爭」造成可怕的衝突之後，帶來的結果被某些歷史學家看成是神聖羅馬帝國的最高成就：一個能夠在官方層級包容宗教分歧的政治實體。就宗教寬容這方面而言，無論是英國還是法國都沒有辦法相提並論。

里門施奈德勉強從農民戰爭中倖存了下來，他大部分的作品也同樣得到保全，直到有一種截然不同的力量——品味，讓它們淪為犧牲品為止。包含《四位福音傳播者》在內的米內爾斯塔特祭壇裝飾屏，毫髮無損地撐過了宗教改革，然而其加工精美的光澤表面被認為過於平淡乏味，因而有另外一位藝術家被邀請過來給那些人像上色。後來那整套作品都無可挽回地不合時尚了。結果巨大的祭壇裝飾屏遭到拆卸，被放進儲藏室保管。在拿破崙戰爭的混亂時期，它被分解成幾個部分，隨即零散出售，但大部分元件都流傳下來，目前收藏在許多不同的博物館。《四位福音傳播者》被小心翼翼地清除顏色之後，如今安全地存放於柏林。

里門施奈德的藝術家聲譽在二十世紀穩步上升。擺設其雕塑作品的那些教堂已經成為觀光勝地。各地博物館並紛紛舉辦特展來彰顯他的作品。他被看成是位至高無上的雕塑家，儘管將獨具德國風味的椴木使用為塑材，卻明確表達出一整個大陸的細膩情感。他終於獲得自己在歐洲史上應有的地位。自從一九四五年以來，其個人聲譽還出現令人咋舌的發展。在德國建構民族記憶的過程當中，提爾曼·里門施奈德更發揮了始料未及的作用。

當戰爭於一九四五年五月結束之際，德國人惶惶不可終日，不曉得自己將在曾遭他們恣意破壞的歐洲面臨何種未來。此時在大西洋彼岸的華盛頓，二十世紀最偉大的德國人之一，湯瑪斯·曼，那位逃離希特勒帝國的作家，針對「德國和德國人」這個題目，站在美國國會圖書館向他的美國東道主發表演說（參見第6章）。他指出，已然經歷過「壞德國人」的所做所為，現在應該是鑑定出「好德國人」，辨認「另一種德國人」的時候。湯瑪斯·曼承認了馬丁·路德「偉大中的缺陷」，尤其是譴責他參與鎮壓農民之後，繼續說道：

> 當時在德國有一個名叫提爾曼·里門施奈德的人，特別能夠讓我產生好感。他是一位宗教藝術大師、雕塑家和木刻家，因為他那些表達出忠誠信仰的卓越作品而名聲大噪，其作品替德國各地的禮拜堂增添了光彩。他從來也沒有想到自己會插手政治、干預俗事，那與他謙遜的天性，與他對自由而和平的工作之熱愛相去甚遠。不過他心中對窮人和被壓迫者的關懷，使得他認為他們的志業既正當又符合神意，於是他站到農民那一邊，起而反對地方權貴們、采邑主教們和王公貴族們，即便他原本很容易就能夠獲得他們的寵信。那個時代的巨大反差產生了鮮明對比，讓他感覺自己被迫從純粹心靈和美學的天地挺身而出，成為捍衛自由與正義的鬥士。為了在其眼中比藝術和尊榮生活更加崇高的那個志業，他犧牲了自己的自由。因為受到他的影響，維爾茨堡的市民拒絕為「城堡」（為采邑主教）

● 里門施奈德，〈賢士朝聖〉。一五〇五至一五一〇年
● *The Adoration of the Magi*, by Riemenschneider, 1505–10

● 紀念里門施奈德逝世四百五十週年的東德五馬克硬幣和西德六十芬尼郵票。

● East German five-Mark coin and West German sixty-pfennig stamp commemorating the 450th anniversary of the death of Riemenschneider

> 服兵役，並且普遍抱持革命的態度來反對采邑主教。結果里門施奈德為此付出高昂的代價。因為他所反對的各方勢力勝利地粉碎農民起義之後，對他進行了殘酷的報復；他們把他關進監獄並施以酷刑，他歷盡磨難而身心俱疲，再也無力喚醒木石之中所蘊涵的美麗。

在這篇既感人又抒情的獻詞中，湯瑪斯．曼顯然相信自己找到了一位心靈伴侶——那位基於道德信念，在爭取自由的偉大奮鬥中承擔起自己所能扮演角色的藝術家（但吹毛求疵者或許會認為，他從美國加州坐觀「第三帝國」之際所面臨的試煉，不能和置身在「農民戰爭時期」維爾茨堡政治荊棘叢內的處境相提並論）。他的論點當然得不到歷史證據支持。上述演說主要是湯瑪斯．曼的夫子自道，實際論及提爾曼．里門施奈德的成分較少。但其論點甚至更加闡述了有關重建德國歷史、必須尋找出（創造出）可傳承記憶時的痛苦難處，這種困境難得會出現在歷史比較單純、對歷史抱持比較輕鬆態度的其他國家。

不僅湯瑪斯．曼將這位椴木雕刻家看成是一位道德上和政治上的英雄。戰後的兩個德國都跟隨了他的榜樣。德意志聯邦共和國很自豪地把里門施奈德的作品放到自己的郵票上。對德意志民主共和國來說（那裡採用了和湯瑪斯．曼一樣輕忽書面證據的做法），里門施奈德這號人物更是意義非凡。他顯然具備藝術家所該有的一切美德——因為他大無畏地挺身而出，力圖捍衛窮人不受權貴壓迫的自由，於是他們把他放到硬幣上。在東德建構國家記憶的過程當中，那位雕刻家同時成為了藝術家、政治活動家和烈士，是人人應該遵循的楷模。他已然成為那個社會主義國家的世俗聖人。

湯瑪斯．曼發表那篇演說七十年後，里門施奈德的政治問題依舊莫衷一是，在某些圈子內仍然方興未艾。里門施奈德的藝術內斂性繼續散發著寧靜的力量——那種力量幾個世紀以來多方面標誌了德國人的精神，驚人地展現於路德教派的虔信運動，而且今日仍可從德國人對謙遜和節制的由衷讚賞隱隱察覺出來。

1 〔譯注〕Caesar原本只是「凱撒」這個姓氏，後來才衍生成「皇帝」頭銜。德文Kaiser的發音就是「凱撒」。

2 〔譯注〕選侯（elector/Kurfürst）或被翻譯為「選帝侯」，但他們其實只有選出「羅馬—德意志國王」的資格（國王能否加冕為「羅馬人的皇帝」取決於教宗）。

3 〔譯注〕瑪利亞瑪達肋納（Maria Magdalena/Mary Magdalene）是天主教的譯名，新教的譯名則為：抹大拉的馬利亞。（那座教堂是天主教的教堂，而本書作者是新教徒。）

4 〔譯注〕馬太、馬可、路加、約翰是新教的譯名，天主教的譯名則為瑪竇、馬爾谷、路加、若望。

5 〔譯注〕在傳統天主教藝術中，四位福音傳播者分別有自己的象徵。瑪竇的象徵是人（耶穌誕生）、路加的象徵是公牛（犧牲受難）、馬爾谷的象徵是獅子（耶穌復活）、若望的象徵是鷹（耶穌升天）。

6 〔譯注〕凱特．柯爾維茨（Käthe Kollwitz）或被音譯成「凱綏．柯勒惠支」。

7 〔譯注〕奧古斯堡（Augsburg）或音譯為「奧格斯堡」——該城得名自古羅馬皇帝奧古斯都（Augustus）。

13 The Baltic brothers 波羅的海兄弟們

漢堡和不來梅：歐洲最後的兩個中世紀城市邦國，現在仍分別是德意志聯邦共和國境內的自治邦之一，擁有自己的地方立法機關。它們截然不同於曾經被偉大王朝統治過的其餘各邦——例如昔日的巴伐利亞王國或薩克森王國。他們是德國針對變化多端的政治組織形式，成功進行一場不同凡響的實驗之後的殘存者，那場實驗成為有史以來所建立過最持久的商業網絡之一：漢薩同盟。

走出倫敦市區的「坎農街站」（Cannon Street Station），然後左轉沿著「道門斜坡」（Dowgate Hill）向河畔前進，會來到一條位於鐵路下方、既光線昏暗又不吸引人的小巷子：鋼院通道（Steelyard Passage）。步行穿過陰鬱，接著往右邊轉向堤岸，就能夠在鐵路橋樑的牆壁上看見一塊牌匾。它揭幕於二〇〇五年，標誌出「鋼院」商站所在的位置。那裡曾經欣欣向榮，是一個成立於十三世紀末葉的商業交易據點，如今則已完全遭到「坎農街站」抹殺。「鋼院」（Steelyard或Stahlhof），曾經是倫敦市內的一小塊德國，是「漢薩同盟」那個使用德語的巨大商業同盟在英格蘭的總部，而該同盟橫渡北海與波羅的海、連接了萊茵蘭和俄羅斯，並且將遍布歐洲北部的許多城市結合起來。時至今日，一條沿著堤岸的小徑仍然名叫「漢薩步道」（Hanseatic Walk）。

「鋼院」是泰晤士河畔一個設置圍牆的大型聚落，實際上是一座巨大的倉庫。其旁設有碼頭和起重吊車，而船隻就在那裡帶來德國的葡萄

- 小漢斯・霍爾拜因，〈但澤的格奧爾格・吉瑟〉。一五三二年
- *Georg Gisze of Danzig*, by Hans Holbein the Younger, 1532

Boo Church
Stiliard

酒並且輸出羊毛布料。那裡還為居住於此的四百名德國商人設置了若干會議室和房舍，以及一個大廳。就許多方面而言，他們是一個自己管理自己的獨立社區，名副其實地擁有治外法權。牌匾上面指出，那些商人「從十三世紀到十九世紀和平地居住在倫敦市內」，但這種說法未免言過其實。「漢薩同盟」在中世紀對英格蘭羊毛貿易的控制，曾經導致一些暴力對抗事件，然而英國方面有很好的理由要讓漢薩的那批德國人不受干擾。希拉蕊・曼特爾曾經對漢薩同盟在倫敦的活動做過研究，以便撰寫她那本以湯瑪斯・克倫威爾為主題的小說，因為那位克倫威爾與歐陸的緊密聯繫往往是透過「鋼院」來進行。希拉蕊・曼特爾解釋了事情的原委：

> 鑑於德國在那些日子並非一個實體，而是一群自主的國家，此地簡直等於是官方代表辦事處。當時還沒有我們會在稍後時期發現的貿易與外交之間的分工，「鋼院」因此可被形容為德國在英國所呈現出的面貌。它在經濟方面是一個絕對的強權，因為透過「鋼院」進來的各種貨物不僅由於其實用性，更由於其高品質而受到矚目。甚至在那些日子裡，德國製造的產品早就已經是可靠的保證。德國社區受到優待的原因有一部分在於，打仗的時候最好能夠有漢薩商人跟你站在同一邊，因為他們掌握了一支龐大的船隊，而且英格蘭當然總是很容易受到封鎖。英格蘭在亨利八世時期的最大弱點之一就是，如果穀物供應被切斷的話，全國很容易在收成不佳時挨餓。英格蘭是一個巨大的羊毛布料生產地和出口國，但它不一定會有辦法餵飽自己。

一五三〇年代經常步行通過倫敦「鋼院」大門的人士之一，是小漢

● 溫徹斯拉斯・霍拉，〈倫敦全景圖〉當中的「鋼院」細部圖。

● Detail from Hollar's *Long View of London* showing the Steelyard

● 小漢斯・霍爾拜因，〈自畫像〉。一五四二年
● *Self-Portrait*, by Hans Holbein the Younger, 1542

斯・霍爾拜因那位藝術家。他從巴塞爾抵達倫敦之後，便在倫敦的知識分子、朝臣和商人之間建立起一個非比尋常的顧客群。他獲得了湯瑪斯・克倫威爾與安妮・博林的贊助，而且二人都對宗教改革表示同情。漢薩商人是倫敦最令人豔羨的外來居民，是一個既富裕又享特權的精英階層，有辦法取得歐陸的各種奢侈品。而他們要是能夠負擔得起的話，很可能會委託那位講德語的同胞小漢斯・霍爾拜因幫他們繪製肖像畫。

如果我必須選擇一個物件來概括處於鼎盛時期的漢薩同盟，那麼它就是霍爾拜因一五三二年為格奧爾格・吉瑟（一位在「鋼院」進行貿易活動的但澤商人）繪製的肖像畫。吉瑟時年三十三歲，穿著十分昂貴的衣服（看看那些紅色袖子！），並且十分熱衷於讓觀賞者知道他是誰。他殷勤地拿著一封信，而那個角度剛好可以讓我們看見，它上面以低地德語寫著：「Dem erszamen Jergen Gisze to Lunden in Engelant mynem broder to handen」（面交給尊貴的格奧爾格．吉瑟，我在英國倫敦的兄弟）。其頭頂高處有一張用封蠟黏在牆上的紙條，而我們可以從中讀到（這回是拉丁文）：「這是格奧爾格．吉瑟的（Georgii Gysenii）[1]精確重現，他現年三十四歲，他的臉頰跟我們在這裡看見的完全相同，他的雙眼則一樣靈活有神。」除此之外，萬一我們錯過了這兩條線索的話，在牆壁的左側還塗寫出「G. Gisze」的字樣。格奧爾格．吉瑟確保我們已經曉得他是誰之後，顯然希望我們也知道他勤於書寫商業信函，所以右邊架子上的那些信件出現了一些巴塞爾商人的回郵地址，表示他是一位認真的、成功的、受過教育的年輕人，正在倫敦市內獲取寶貴的商業經驗。

吉瑟家族出身自科隆（重要的漢薩同盟貿易中心），而後在但澤（今日的格但斯克）那個使用德語、向波蘭國王效忠的城市經商致富。格奧爾格前面桌上擺放的一枚戒指，呈現出波蘭國王齊格蒙特授予他們家族的紋章。戒指和他兄弟的來信共同突顯出來，漢薩同盟的貿易社群多麼依靠家庭關係，而且在遠距離安排信貸業務的時候更是特別如此。畫面的右側完全與生意有關，例如來自巴塞爾的那些郵件、上有紅色絲絨帶的帳簿、錫製墨水瓶、鵝毛筆，以及正式信函所需要的紅色封蠟、圖章戒指和封印。在圖像的另一側，瓶中的鮮花展示了另外一個格奧爾格：康乃馨傳統上是訂婚的象徵，迷迭香和牛膝草則分別代表著思念與純潔。這是模範未婚夫格奧爾格．吉瑟：此肖像畫繪製完成三年之後，他迎娶了另一位但澤富商的女兒克莉斯汀娜．克呂格為妻——牆壁左側在他姓名的上方並出現一句略嫌刻板的拉丁文格言：「Nulla sine merore voluptas」（沒有憂愁就沒有喜樂）。

希拉蕊．曼特爾十分熟悉這幅畫，以及坐著的那個人：

> 格奧爾格．吉瑟是但澤一個富裕家庭的子弟，任職於倫敦的德國商站以便汲取國際經驗。他正目不轉睛地看著我們，而我們不妨把這幅畫解讀成一封情書。經過渲染處理以後，他的雙眼朝向身體右

● 一五五二年時的呂貝克
● Lübeck in 1552

側，而右手邊傳統上是女性所在的位置。康乃馨暗示格奧爾格已經訂婚了；他彷彿正在看著他那位留在家鄉因而缺席的未婚妻。如果誰以為商販沒有尊嚴的話，他最好瞧一瞧「鋼院」的那些肖像畫。那些人是漢薩同盟這個龐大國際貿易組織的商賈。他們是擁有財富和地位的人，但或許缺乏正式的政治權力，而格奧爾格是被安插在那裡的一位深具影響力的年輕人。霍爾拜因的其它「鋼院」肖像畫則比較平鋪直敘。它們的風格相當正經八百。坐著被畫像的人往往直挺挺面對著我們，看起來簡直像是由一位天才大師完成的大頭照。

「漢薩」(Hansa)起源於十二世紀。這個字眼最初意味著一群男性，並且帶有若干軍事色彩，到了十二世紀它卻被用來形容中世紀的行會。當漢薩同盟在十五世紀達到顛峰的時候，它是一個由大約九十座講德語的自治城市所組成的聯合體，在呂貝克和漢堡的領導下，成為一個分工合作的鬆散邦聯。就這方面來說，它德國風味十足。正如同德國

北部的許多地區一樣，它是在皇帝和帝國機構的控制範圍之外運作。有些成員城市，包括但澤和里加，斯德哥爾摩和卑爾根在內，更完全位於帝國境外。

倫敦德國歷史研究所的科妮莉亞·林德曾經特別鑽研過漢薩同盟的歷史。她指出：

> 漢薩是一個非常奇怪的玩意兒，因為它沒有官員、沒有印信、沒有章程、沒有陸軍、沒有海軍、沒有船隻。一切都是由商人們個別擁有。它在很大程度上立基於經濟方面的信任感。將大部分漢薩商人凝聚起來的一個因素，是他們所說的語言——低地德語。另外一個因素則是家庭關係，我們在各個東部城市看見的許多漢薩商人家族其實最初來自最西邊，而且他們經常藉由通婚維繫了與西部各城市的關係。所以置身呂貝克的人往往十分清楚是哪些人在里加跟他們打交道，而且他們很可能具有某種親戚關係。

- 漢斯．霍爾拜因，〈科隆的赫爾曼．馮．威迪希〉。一五三二年
- *Hermann von Wedigh of Cologne*, by Hans Holbein, 1532
- 漢斯．霍爾拜因，〈科隆的德里克．貝爾克〉。一五三六年
- *Derick Berck of Cologne*, by Hans Holbein, 1536

倫敦的漢薩商人們有能力委託霍爾拜因那位既傑出又昂貴的藝術家繪製肖像畫，這讓我們得以一窺，漢薩同盟在十六世紀中葉已經變得多麼重要和強大。該組織本身擁有的東西或許很少，卻多方面進行了控制。它的力量奠基於一個複雜的貿易路線網絡，從北海、波羅的海延伸至歐洲北部的大川巨流——連接了窩瓦河與泰晤士河。但那些漢薩城市不只是尋找貿易機會而已，它們也防衛貿易路線，因此它們自行籌組武裝船隊來護衛成員城市，必要時甚至向挑戰其權力和活動的人發動戰爭。他們發展出自己的商業法律體系，幾乎每年在呂貝克召開大會——漢薩同盟議會（Hansetag），來討論重要的事項。漢薩同盟的力量從俄羅斯西北部的諾夫哥羅德，跨越波羅的海和北海，一直延伸到倫敦和英格蘭東部。科妮莉亞．林德解釋了那一切是如何運作的：

● 呂貝克的儲鹽倉庫——少數屹立至今的原版漢薩同盟建築物。

● Salt warehouses in Lübeck, some of the few original Hansa buildings still standing today

漢薩把彼此綁在一起的用意，是為了要靠數量來尋求安全。那是一個由具有共同商業利益的人們所組成的團體。但有趣的是，呂貝克和漢堡等城市自己並沒有生產多少東西。它們就只是商品交易的中心而已。商人的日益專業化，意味著他們不再需要如此頻繁地親自出外旅行。這反過來又使得他們能夠在自己的總部城市積極參與政治，例如有許多漢薩商人曾經擔任過市政委員會的成員。他們有專業人員負責四處旅行，而且他們有貿易夥伴，比方說，有某位堂兄弟在目的地等待接貨。透過這種工作方式，一位商人不再受限於只能前往卑爾根一地而已，他反而能夠同時派船去倫敦、里加和卑爾根。漢薩商人們真正做到的事情，就是連接了歐洲的東部和西部。

這正是霍爾拜因在他的格奧爾格·吉瑟畫像中，如此強而有力召喚出來的世界。吉瑟的父親非常典型地是但澤的市政委員會成員之一；吉瑟自己的郵件則在一個友好的家族式信貸與匯兌網絡內，將巴塞爾與但澤連接了起來。

然而這個網絡向外延伸的廣度遠甚於此。吉瑟用來擺放象徵性花朵的那個花瓶，是以最為細緻、厚度最薄的威尼斯玻璃製成，而這同時展現出吉瑟的財富和霍爾拜因捕捉反光的高超技巧。花瓶旁邊有一個肯定是製造於德國南部的圓形黃銅小時鐘，二者都放在一塊從地中海東部地區進口的土耳其地毯上。吉瑟背後掛在架子頂端的物品，讓人聯想起家鄉來：一個以波羅的海沿岸的琥珀製成的圓球形小吊墜。漢薩便如此把世界各地的財富一同帶往「鋼院」。

不過在一五三二年完成這幅肖像畫的時候，漢薩同盟既銷售商品也銷售理念，而那些理念後面的事實是：大多數主要的漢薩城市都接受了新的宗教改革信仰，正如同經常發生的那樣，宗教沿著貿易路線傳播開來。希拉蕊·曼特爾繼續解釋說：

> 這幅畫裡面的一切都跟「交流」有關。而且還涉及「交流」的不只一種涵義，因為在倫敦的德國商人們進口了遭到查禁的路德版聖經。他們成為一個中心，吸引了所有想知道以本地方言寫出的上帝話語的人們。「鋼院」是一個非常引人注目的自給自足社區，非但遭到強烈懷疑，而且還被人襲擊。那固然是一個陷入重圍的社區，但什麼也阻止不了獲利豐厚的禁書生意。理念確實無法被阻擋在外，於是到了一五三〇年代的時候，形勢已經變得對他們相當有利。湯瑪斯·克倫威爾那位新教同情者的地位正如日中天，而他即將藉由一系列的法令與羅馬決裂，並推動英國自己的宗教改革。霍爾拜因本人則如同後來所發現的，屬於那個計畫的一部分。安妮·博林加冕成為王后之際（一五三三年六月），德國的（漢薩同盟的）商人曾經委託霍爾拜因設計一座勝利拱門，藉此表達他們對那個巨

大越軌事件的祝賀：在歐洲各地被視為亨利八世小妾的那個女人戴上了后冠。之前在思想意識上經常受冷落的德國商人，如今已處於事件的核心之中。結果，從此開始，任何在都鐸王朝英格蘭有頭有臉的人物，甚至包括國王本人在內，都是由霍爾拜因繪製肖像。這位德國畫家多方面代表著他自己的同胞及其巨大的經濟實力，他留給我們關於那個時代的許多文化標誌，卻被我們認為是英格蘭風味十足。

在十五世紀的時候，漢薩同盟是整個英格蘭東部沿岸的一股強大勢力。除了倫敦、波士頓、金斯林（King's Lynn）之外，它在赫爾（Hull），伊普斯維奇（Ipswich）和桑威治（Sandwich）也設有倉庫。在德國，身為漢薩同盟權力根據地的漢堡和呂貝克，被授予了神聖羅馬帝國自由城市的地位。然而隨著英格蘭和荷蘭擴大他們與美洲和遠東地區的貿易，並同時發展了他們自己的船舶製造業、海上力量和金融中心，各個漢薩同盟城市發現自己的處境越來越不利。畢竟波羅的海無法與大西洋競爭。漢薩同盟逐漸喪失了各種特權：在一五四九年被俄羅斯，在一五九八年被伊麗莎白一世撤銷。到了一六〇四年的時候，它僅僅剩下十四個成員城市。科妮莉亞．林德解釋說，還有一些別的內在因素對此起了作用：

> 它消亡的原因之一，在於那裡沒有適當的結構。於是等到時間一久，商人們便逐一轉身離開漢薩同盟，接著它就那麼土崩瓦解了。這是一個非常緩慢的消亡過程，長達好幾個世紀之久。我們甚至沒有一個確切的日期，來表示漢薩同盟在何時停止存在。儘管一六六九年是經常被談起的年份之一，亦即最後一次召開漢薩同盟議會的時候，然而與會者並未宣布漢薩同盟正式結束於一六六九年。其實根本就沒有做出任何決定來。他們以為還將繼續舉行會議，卻從此不了了之。

儘管倫敦（或者更確切地說，是霍爾拜因）為我們提供了一些我們所知道最好的漢薩商人肖像畫，英格蘭卻一直處於漢薩同盟的外圍。心臟地帶是波羅的海。沒有任何事物能夠像格奧爾格·吉瑟的肖像畫那般，如此緊湊地總結出這個北德商人世界的複雜運作方式。即便如此，我們仍可藉由三個供儀式使用的十七世紀大酒杯，更進一步見識其持久不衰的財富。按照那個世界裡的習慣做法，簽訂一項貿易合同或者確認一筆商業交易的時候，都會正正式式地共飲啤酒（跟我們今天的握手並沒有兩樣），而在呂貝克、漢堡，或者在格奧爾格·吉瑟的但澤老家，人們喝啤酒的方式相當驚人（參見第10章）。這三個大酒杯都是銀鎏金的奢侈品，經過精心裝飾，堂皇富麗，而來自但澤的那個單柄大酒杯又遠遠勝過另外兩個。

它是由但澤市一位名叫丹尼爾·弗里德里希·馮·米利烏斯的金匠製作於一七〇〇年之前不久，在杯身部分呈現出巴比倫國王伯沙撒舉辦盛宴的全景圖。[2]伯沙撒王坐在一條長桌的首位，而微型高浮雕逐一呈現了他的賓客們。當那些人歡歡喜喜地宴飲時，他們頭頂的牆壁上（從拿著單柄大杯子喝啤酒的人看得一清二楚、他們自己卻還見不到的那個角度），浮現出「Mene Mene Tekel Upharsin」的字樣——「彌尼、彌尼、提客勒、烏法珥新」，[3]「就是你被稱在天平裡，顯出你的虧欠」——神藉此譴責了那場宴席的豪奢褻瀆。這是金匠為新教富人製作的偉大工藝品，意味著權力和財富都是被允許的，但只能在畏懼和聽從上帝的情況下享用。除此之外，它用典型的德國表達方式傳達了該訊息——「彌尼、提客勒」（Mene Tekel）這幾個字眼，在現代德語仍被使用於強調某些無法

- 左上｜呂貝克的銀鎏金單柄大酒杯。一六〇一至一六二五年
- Silver-gilt tankard from Lübeck, 1601–25.
- 右上｜漢堡的銀鎏金大口杯。一六五〇年前後
- Silver-gilt beaker from Hamburg, c. 1650.
- 下｜但澤的銀鎏金單柄大酒杯。一六八〇年前後
- Silver-gilt tankard from Danzig, c. 1680

被接受的，或者嚴重錯誤的事情。

另外兩個大酒杯則具有典型的漢薩風味。其中製作於呂貝克的那一個，在蓋子內部刻出了里加的市徽——當時它屬於波蘭—立陶宛聯邦的一部分；來自漢堡的大口杯則製作精美，會讓人誤以為屬於「新藝術風格」(Art Nouveau)，它的上面並以西里爾字母銘刻出俄文題詞。它們共同以富裕的方式，見證了漢薩同盟這個為時長達數百年的超國家貿易社群。僑居波羅的海地區的德國商人，以及在但澤、里加、塔林和柯尼斯堡的德語人口，一直留存下來並且興旺發達到一九四五年。接著全體人口遭到驅逐或殺害。其結果是，東半部的漢薩同盟徹底遭到滅絕(參見第26章)。

就英國而言，如今我們僅僅在倫敦的泰晤士河畔堤岸有一塊牌匾、在金斯林有一間倉庫，以及有一些霍爾拜因的傑出畫作，向我們提醒著漢薩同盟昔日的輝煌。在德國卻留下了強烈許多的痕跡。十座德國城市依然自稱為「漢薩城市」(Hansestadt)，它們的汽車牌照號碼則自豪地出現「H」這個開頭字母—— HB代表不來梅、HH代表漢堡、HL代表呂貝克，依此類推。政治歷史學家米夏埃爾·施圖爾默解釋說：

> 如果你詢問來自漢堡或不來梅的人們，他們的朋友和鄰居在哪裡，以及誰是他們最親近的鄰居。他們會不約而同地回答說：英國和斯堪的納維亞半島。

據說遲至一八八〇年代，儘管漢薩同盟早已不復存在，小孩子們仍然會吟唱道：「漢堡、呂貝克和不來梅。沒有人能夠屈辱它們。因為它們是自由城市。俾斯麥在那裡沒有權勢。」換句話說，新的德意志帝國的法令在那裡施展不開。但已毫無疑問的是，這些城市的繁榮如今有賴於它們的工業生產和大西洋業務，而非其傳統的漢薩同盟活動。於是到了一九〇〇年前後演變出日益擴大的落差，一邊是蓬勃發展的漢堡和不來梅，另一邊則是於十九世紀持續沒落的呂貝克。

● 呂貝克的歷史中心區
● The historic centre of Lübeck

幸福與成功的外在標誌和具體象徵，往往只有在衰退的進程早已開始之後才會變得顯而易見。外在的呈現需要花上一段時間——那就好比天上星星的光芒一樣，當它在我們眼前看起來最閃亮耀眼的時候，星星本身可能早就已經熄滅了。

對漢薩同盟繁榮盛景做出最強有力和最著名的文學召喚，發生在它已成過去之際。湯瑪斯．曼以他的憂鬱故事《布登勃洛克家族：一個家族的衰落》(出版於一九〇一年)，刻畫了一個漢盟同盟大家族的傳統與財富——在它經濟寬裕的黃昏時期。

呂貝克（湯瑪斯．曼的家鄉城市）現在已經被合併到什列斯威－霍爾斯坦，[4]不再享有自治地位。面朝大西洋的漢堡和不來梅卻繼續欣欣向榮下去，仍然是漢薩自由市，以及現代德國的兩個自治邦。（漢堡

S.P.Q.H.

人非常引以為傲的是，他們那裡是一個「Freie *und* Hansestadt」〔自由城市與漢薩城市〕，而不來梅僅僅是一個「Freie Hansestadt」〔自由漢薩城市〕。這種區分顯然具有極為巨大的意義，卻讓局外人始終摸不著頭緒。）這兩座城市曾經（而且依然）自視為仿效了古羅馬盛世作風的城邦共和國，而在古羅馬是由執政官和元老們進行統治，並且在公共建築物上面寫出「SPQR」這個拉丁文縮寫—— Senatus Populusque Romanus（元老院與羅馬人民）。

時至今日，我們依舊能夠在漢堡市政廳的門楣上方看見「SPQH」字樣—— Senatus Populusque Hamburgensis（元老院與漢堡人民），並且在不來梅以類似方式發現「SPQB」。[5]德國的航空公司則叫做「漢莎航空」（Lufthansa ——空中的漢薩），而其商務客艙被命名為「元老客艙」（Senator class）。

鐵幕倒塌二十五年之後，歐洲北部的政治地理又回復到先前的模式。儘管文化和語言的基本面已經改變了，橫跨波羅的海與北海的貿易卻再度變得稀鬆平常。今天的塔林、里加和格但斯克，很容易就能夠與漢堡、不萊梅和倫敦進行貿易。

- 漢堡市政廳：SPQH
- Hamburg Town Hall: SPQH

1 〔譯注〕這是以拉丁文所有格形式拼寫出的格奧爾格．吉瑟（主格形式則為「Georgius Gysenius」）。吉瑟或被音譯成「吉斯澤」，但吉瑟的現代德文拼法為「Giese」。

2 〔譯注〕伯沙撒（Belshazzar）是新巴比倫王國末代統治者，死於宴會當晚（天主教的譯名為：貝耳沙匝）。

3 〔譯注〕天主教版聖經音譯為「默乃，默乃；特刻耳，培勒斯」。此典故出自〈但以理書〉（達尼爾書）第五章：「彌尼，就是神已經數算你國的年日到此完畢。提客勒，就是你被稱在天平裡顯出你的虧欠。毘勒斯〔與烏法珥新同義〕，就是你的國分裂，歸與（米提人）和波斯人。」

4 〔譯注〕什列斯威－霍爾斯坦（Schleswig-Holstein）或被音譯成「石勒蘇益格—荷爾斯泰因」。

5 〔譯注〕SPQB（元老院與不來梅人民）的拉丁文寫法為：Senatus Populusque Bremensis。

1813

14 Iron nation
鐵的國度

一千位女士身穿華麗服裝，她們無不佩戴羽毛裝飾——有的藍如晴空、有的微微泛紅，在此是姹紫和嫣黃，在彼則呈現一抹綠意。環繞著她們的鑽石捕捉了窗外的太陽，向四面八方散發炫目光芒。每位女士都彷彿是從一道金色的屏障脫穎而出，那看起來宛如帷幕已經上升，正準備換個角度來呈現一場盛會。

這是十九世紀初的英國宮廷，出現在美國大使理查·拉什的筆下。幾千年來，貴重金屬和寶石都在歐洲被視為權力與財富的明確象徵。婦女們用這些代表豐饒和權勢的標誌來妝點自己，自豪地加以佩戴並且迎來驚嘆的目光。倫敦的女士們便如此樂在其中。不過，假如那位大使被派駐到普魯士的話，他只會面對截然不同的景象。在那裡的宮廷舞會上，他將看見一種樸素許多的珠寶首飾類型，例如圖示於第二五二頁的那一條簡單項鍊。它既不是以貴重金屬製成（此處沒有「金色的屏障」），也沒有綴上閃閃發光的寶石。它很平實、呈現黑色，而且是鐵製的。在普魯士，尤其是十九世紀的普魯士，這種平淡無奇的金屬（這種製作刀劍、頭盔、工業與農業器具的原料），已經成為首選的珠寶材料，有了一個新的用處——並非拿來炫耀財富，而是要展現愛國心，以之做為抵抗法國侵略者的象徵。

柏林讓「鐵」發揮出人意料功能的這種特殊習慣，有著久遠的歷史，

- 鐵十字勳章。一八一三年
- Iron Cross, 1813

從布蘭登堡「大選侯」腓特烈・威廉的這尊小塑像即可看出。他曾經在一六七〇年代英勇對抗瑞典侵略者來捍衛自己的國家，並開始促成「布蘭登堡—普魯士」（普魯士王國的前身）脫胎換骨成為歐洲強國之一。他被呈現為軍事英雄和基督徒騎士聖喬治，身穿羅馬盔甲來戰勝邪惡。他騎乘著戰馬、長矛已經準備就緒，制服了在他下方翻滾的妖龍。那是標準的雕塑表現形式，完全合乎常規習慣——但有一個方面除外。在歐洲其他任何地區，像這樣的一尊塑像通常是用青銅澆鑄而成，呼應著羅馬帝國的高貴典雅。不過這是柏林，其宮廷因為杜絕浮華奢侈而惡名遠揚。「大選侯」，在一六八〇年代的柏林，被用鐵呈現了出來。若說薩克森日後是被它所生產的瓷器定義出來（參見第18章），那麼鐵就是普魯士的具體化象徵：不低俗豔麗、不胡搞瞎搞。這是鐵的國度。

鐵十字勳章巍然屹立於普魯士的這種傳統之中。全世界都正確地知道，鐵十字勳章乃德國軍事造詣的象徵之一。但是它也體現了普魯士國家及其公民關於團結、低調與決心的理念。儘管如此，整個故事卻開始於鐵製的首飾。這種首飾具有典型的德國作風，表達出德國人備受珍視的一種美德——「Bescheidenheit」（謙遜）。例如這條項鍊就十分平鋪直敘、樸實無華。九片讓人聯想起古羅馬貝殼浮雕的黑鐵橢圓形紀念章，被三條鍊子精巧地串連成一個環狀的飾物。它可以回溯至一八〇五年前後，亦即拿破崙戰爭中的最黑暗時刻，當法國軍隊幾乎完全征服和占領了德國人的土地之際。普魯士保持一段時間的中立後，以決定命運的方式（或許愚蠢地）針對拿破崙的挑釁做出回應，拿起了武器。普魯士國王，腓特烈・威廉三世，公開呼籲百姓拒絕一切形式的鋪張浪費，要過著極度簡樸的生活。在瑪麗安娜公主的示範下，普魯士王室家族號召女性公民捐出自己的金銀珠寶，做為她們個人對戰備的貢獻。其回報則是獲得類似這條項鍊的鐵製首飾。它們上面往往銘刻著「Gold gab ich für

● 將大選侯呈現為聖喬治的鐵塑像。一六八〇年
● Iron statue of the Great Elector as Saint George, 1680

Eisen」（我把黃金換成鐵），公開驗證了無私忘我的忠誠與愛國心。普魯士人正準備成為鐵一般的男人和女人。

一八〇六年時，普魯士軍隊卻在「耶拿」和「奧爾斯泰特」兩場戰役中慘遭擊潰，拿破崙於是勝利地進入柏林市（參見第9章）。王室避難至東普魯士的柯尼斯堡，亦即今日俄國在加里寧格勒的飛地（參見第3章），來到柏林東方數百英里外的地方，而後甚至前往與俄國交界的默美爾。柯尼斯堡或許看似一個遙遠的前哨基地，但它其實是普魯士靈魂的核心。它是普魯士王國的肇始之地，而且該國的第一位國王在一七〇一年加冕於此。在柯尼斯堡安頓下來以後，腓特烈・威廉三世國王不得不承認：普魯士這個十八世紀歐洲最成功和最開明的國家之一，如今正面臨著致命的危險。在公眾的記憶中，有關普魯士於一八〇六年勇敢地獨自負隅頑抗的印象歷久不衰，或許跟英國人記憶中一九四〇年在敦刻

● 鐵項鍊。一八〇五年前後
● Iron necklace, c. 1805

● 克里斯提安・丹尼爾・勞赫，普魯士國王腓特烈・威廉三世和露易絲王后的半身鐵像。一八一六年

● Iron busts of King Frederick William III and Queen Luise of Prussia, by Christian Daniel Rauch, 1816

爾克之後的孤獨英雄主義不無相似之處。那個國家如今是為了自己的生存而戰，由國王領導——他的身旁則是英雄色彩十足、已在許多德國人心目中代表著奉獻和啟發的露易絲王后。

普魯士在柯尼斯堡展開了對法國的反擊。其首要工作是重新構思國家、重新整頓軍隊，並且重新激勵民眾。國王宣布，「只有鐵和決心」才能夠拯救國家。選擇佩戴鐵製首飾的普魯士婦女，就是其中的一個面向。然後到了一八一三年，當戰局開始變得有利於普魯士及其盟友的時候，國王停止頒發一切現有的軍事勳獎。他下令為參加反抗拿破崙之戰的人們鑄造一種新的勳章。這種鐵十字勳章用於頒發給所有階級的人員，而不僅僅侷限於軍官——那是普魯士進行的歷史性創新，同時也是一個傑出的公關手法。在為國家爭自由的戰鬥中，所有的普魯士人從此不分貧富或社會地位，皆可獲得同等獎勵。（拿破崙曾在一八〇四年採行過類似的「榮譽軍團勳章」體系。英國則一直要等到一八五六年，才推出了適用於所有階級的勳章——「維多利亞十字勳章」。）根據《鐵的王國》一書作者克里斯托弗・克拉克的說法，鐵十字勳章這個機制與現有的普魯士神話配合得天衣無縫：

> 腓特烈・威廉宣布用鐵製作勳章，因為那是一個節約與刻苦的時代。其中饒有趣味之處在於，它聯結了一種特定類型的「緊縮政策」和對於普魯士的「身分認知」（認為普魯士是一個克勤克儉的國家）。此概念意味著：容克家庭的妻子們（布蘭登堡貴族家庭的妻子們）從此將會縫製自己的衣服。那種關於普魯士本質的記憶充滿了神話般的色彩，所著重的就是簡單樸實的處事之道，而對鐵的熱愛與那個基本情感模式一拍即合。
>
> 鐵的引人入勝之處當然在於它並非貴重金屬。它是一種再普通也不過的材料，供使用於製造日常生活中的器具。國王將這一點表達得淋漓盡致。當鐵十字勳章被創造出來的時候，這是一種新型的軍用飾物。它不分階級地承認了全體人員的勇氣和功績，不僅對將軍們和貴族們如此，對其他上前線的人們也都一視同仁——一切只取決於他們如何履行職責，而不計較其身分地位。

在那個時候，鐵十字勳章既表達出普魯士自我形象中的冷靜與彈性，同時也展現了腓特烈・威廉自己鐵一般的決心，務必要把他的王國從法蘭西占領下解救出來。他強調說，這是「在當前戰爭進行的期間內，用於表彰功勳的一種特殊形式」。做為飾物，它簡單得十分驚人，以黑色的鑄鐵製成，並搭配了銀色的邊框。它上面沒有銘文，沒有歌功頌德的浮誇文字，只有頂端位於國王名字縮寫字母「FW」上方的一個王冠圖樣、中央的三片橡樹葉，以及全面展開反擊的年分：一八一三。那是鐵，而非貴金屬；是德國的橡樹，而非古羅馬的桂冠。它毫無疑問是一個非常優雅的物件，儘管如此，鐵十字相較於銅、銀、金等材質，所產生的衝擊效果仍然強勁有力。它所蘊含的象徵意義，甚至比一個非德國人所能想像出來的還要來得複雜。霍斯特·布雷德康普解釋，普魯士軍方的這種十字勳章，如何在德國人心目中產生了更廣泛的意義：

> 從我們的直觀角度來看，鐵代表著德國人的堅毅不拔，是這種核心美德之象徵。此一觀點與德國的橡樹若合符節，配合得完美無缺。因為每個人都知道橡樹是德國的象徵，聯結著傳統上對德國人性格的同一種定義（參見第7章）。除此之外，鐵十字勳章結合了第二種金屬：銀質的邊框。那代表著露易絲王后，以及她所象徵的德國人在另一方面的性格。白銀意味著靈敏性和柔弱性（正面意義上的柔弱性，而非「軟弱」的意思）——那種靈敏度、感性、直覺力能夠產生作用，激發出當時認為德國心靈所該具備的特質。於是鐵十字勳章不僅代表了強大的力量和平等的原則，同時也意味著德意志靈魂柔軟的一面。它在我們眼中之所以充滿了象徵意義，正因為它包含了至少三種不同的原則，而非只有一種。

提爾西特[1]這個小鎮位於柯尼斯堡東北方不遠處。就在此地，拿破崙於一八〇七年在尼門河中央的一個大木筏上面與沙皇會面，並且簽訂了法俄兩國的盟約。而且就在此地，與那個友好條約形成鮮明對比的是：普魯士被迫在《提爾西特和約》中接受拿破崙開列出的懲罰性條款。露易絲王后曾經與拿破崙會面並做出最後努力，試圖說服他進行比較慷慨的安排。但是拿破崙沒有理會她。按照該條約的規定，拿破崙奪走了大約一半的普魯士土地和人口——將之分配給俄羅斯、薩克森和拿破崙自己的家人，其所索取賠款的金額十分巨大。那些報復性的條款震驚了歐洲，而且永遠沒有被普魯士遺忘。一八七一年戰局翻轉之後，法國人

● 普魯士露易絲王后懇求拿破崙。一八〇七年七月

● Queen Luise of Prussia pleads with Napoleon, July 1807

將會憤怒地發現普魯士用同樣方式來對待他們。在此過程中，拿破崙創造了一個強大的敵人：露易絲王后終其餘生一直鼓勵普魯士國民奮鬥不懈，直到他們能夠恢復自己的尊嚴、收復自己的土地為止。她深受百姓愛戴，被他們尊奉為「民族美德的靈魂」。當她在一八一〇年去世之後，拿破崙評論說，腓特烈・威廉「失去了他最好的部長」。

儘管鐵十字勳章已經同時結合了力量與心靈（它的銀邊象徵著王后），露易絲王后去世四年後，哀痛逾恆的國王還是為了紀念她而創設「露易絲勳章」，頒發給為國效勞的普魯士女性。其持有者被限制在一百人之內，而且它和鐵十字勳章一樣，是開放給所有的社會階層。

露易絲勳章是一個小型的黑色搪瓷十字架，中央有一塊天藍色的嵌

● 露易絲十字勳章。一八一四年推出
● Cross of the Order of Luise, introduced in 1814

板，在「L」那個字母的周圍環繞著七顆星。露易絲王后身為妻子和母親、愛國者和榜樣，在民間傳奇與國家的記憶當中占有核心的地位。露易絲勳章連續不斷地一直存在到一九一八年為止。鐵十字勳章卻與之相反，在一八一五年拿破崙戰爭結束以後便停止使用，要等到俾斯麥在一八七〇年的普法戰爭帶領普魯士走向勝利之際才又重新頒發（參見第21章）。

今日陳列在柏林「德國歷史博物館」的一件物品，展示出一八一三年鐵十字勳章所充滿的記憶和象徵意義有多麼強大：其形狀雖然與原本的勳章類似，尺寸卻大了許多——長寬超過三英尺，而且上面到處是鐵釘。鐵再一次被用來為國家提供服務，類似這樣的十字標誌是在幫第一次世界大戰戰備募款。從一九一五年開始，人們可以購買一根鐵釘，然後用鎚子把它敲入那種十字架，所支付的金錢則供戰備使用。那些鐵釘有著不同的品質和價格，所以每個人無論收入多寡，都有能力資助這場戰爭，於是窮人與富人心連著心、工人階級與容克貴族肩並著肩。宛如一百年前佩帶鐵製首飾那般，現在購買一根鐵釘以便公開展現愛國情操。鐵十字勳章再度成為一個武裝團結起來的國家之象徵。

對霍斯特・布雷德康普而言，創造於一八一三年的原版鐵十字勳章，體現出普魯士歷史上難得一見的強有力時刻。那是一個聯盟，由左派和右派、由社會中的自由主義知識分子和威權主義軍方人士所一起組成；在那個時候，男性和女性皆可從國家獲得同樣的獎勵，肩並肩致力於一個共同的目標——擊敗拿破崙。那個社會聯盟雖然成功地實現了目標，卻無法在繼之而來的和平時期存活下去：

> 在鐵十字勳章創始理念的最佳傳統中，普魯士國王們同時打出了兩張牌，既強調威權又有意願把全體國民團結在一個新的聯盟裡面。他們想要創造出一個國家，但他們總是想方設法避免創造出一個民主的國家。無怪乎民族運動會在解放戰爭之後遭到摧毀：因為該運動所包含的民主、自由的一面已經變得過於危險。鐵十字勳章所象徵的聯盟，今天我們會稱之為「左派自由主義民族運動與威權民族主義的聯盟」，因此那個聯盟必須被打破。正因為德國統一運動中的自由主義傾向在一八一五年後遭到摧毀或受到壓制，於是才爆發了一八四八年的革命。

滑鐵盧戰役之後，自由主義者希望將能夠形成一個新的社會，由一部憲法和某種形式的民意代表機制來保障公民權利。國王卻有別的想法，結果普魯士在短短幾年之內即已重返專制王權統治的舊格局。此後就很難出現改變，直到一八四八年爆發動亂和革命為止。

鐵十字勳章的團結理念，很快便因為反動與改革之爭而消亡。它雖

● 布滿釘子的巨大鐵十字。一九一五年至一九一八年
● Giant Iron Cross with nails, 1915–18

然不再被使用為軍用飾物，卻以一種十分醒目，甚至令人驚訝的方式，於現代柏林的生活中繼續存在了下去。今日最熱鬧繁忙的市區之一就是以它來命名，叫做「克羅伊茨貝格」(Kreuzberg)——十字山。卡爾·弗里德里希·辛克爾那位設計師在市中心南側一個小山丘的頂端（一八一三年時柏林人觀看拿破崙的軍隊終於撤出柏林的地點），設計了一座紀念碑來尊崇普魯士所做出的貢獻，將整個德國從十餘年的法國入侵和占領中解救出來。它的哥德式教堂尖頂造型，在英國人眼中看起來非常類似「阿爾伯特紀念亭」。不出所料的是，它完全用鐵製作。在十二個

GROSS
BEEREN
GROSS
GOERSCHEN
Der König dem Volke
das auf seinen Ruf hochherzig
Gut und Blut dem Vater
lande darbrachte den Gefal
lenen zum Gedächtniß den
Lebenden zur Anerken
nung den künftigen Geschlech
tern zur Nacheiferung.

高大的壁龕裡面有著超大尺寸的鐵塑像，代表了把拿破崙的軍隊逐步趕出德國的歷次主要戰役，而其極致就是一八一三年進行於萊比錫附近的「民族大會戰」（第一次世界大戰之前歐洲所經歷過的最大規模地面戰役），接下來是普魯士在一八一四年占領巴黎，以及一八一五年在滑鐵盧的最後勝利。

在尖塔頂端當然就是鐵十字的本尊，具體象徵了普魯士軍事力量與自由平等主義在戰時的歷史性同盟。這種同盟關係的軍事面，早已隨著德國在一九四五年的完全潰敗而一了百了；其自由平等的一面，卻在十字山生機盎然得令人嘖嘖稱奇。這個市區已成為多文化、多族群的新柏林之象徵，每當陽光普照的日子，便能夠在辛克爾那座紀念碑周圍的公園裡聽到德語、土耳其語、阿拉伯語和俄語。說出那些語言的各個家庭，或穿戴「希賈布」服飾享用著冰淇淋和土耳其旋轉烤肉、或在瀑布旁邊戲水、或在聆聽露天鋼琴演奏——一切都在鐵十字落下的影子裡。

一八二一年三月二十日在十字山參加紀念碑落成典禮的那些自由主義者，應該會為了今天的美好結局而感到驚訝。平安擺脫外敵入侵的危險之後，德國各地的統治者馬上斷定：即使沒有平等或民主的理念，他們照樣也能夠順利撐住場面。對改革的各種希望很快都被成功地壓制下去。接下來二十五年是自由派徒勞無功進行奮鬥的年代，直到馬克思發表《共產黨宣言》，以及一八四八年屈辱般的失敗。

● 蝕刻畫：位於十字山的普魯士國家紀念碑，
由JM・毛赫根據辛克爾的設計圖完成於一八二三年。

● Etching of the Prussian National Monument at Kreuzberg, by J. M. Mauch after Schinkel, 1823

1 〔譯注〕提爾西特（Tilsit）今日的名稱是蘇維埃茨克（Sovetsk）。

15 Two paths from 1848 一八四八年之後的兩條路徑

當德國在二〇一四年夏天慶祝其足球隊贏得世界盃冠軍的時候，全世界的電視螢幕充滿了黑色、紅色和金色。那些代表德國的顏色出現在加油棒、吉祥物、臉部的塗料和各種旗幟上。對大多數人來說，國旗基本上就是標籤或識別符號而已，主要只具有儀式方面的意義。可是對德國人而言，他們的國旗（那面國旗，以及它上面的三個顏色）具有非常特殊的意義和悠久的歷史。

柏林的「德國歷史博物館」收藏了許多旗幟，上面出現各式各樣的紋章或盾徽，有著伸出一個頭或兩個頭的老鷹，它們分別是各個君主、邦國和城市的標幟。一直要等到進入專門為一八四八革命而設的展廳，才首度出現了我們今日所知道的德國國旗。它截然不同於之前的那些範疇，因為它並非任何特定統治者或現有邦國的旗幟，而是代表著一個理想中的新國家—— 一個統一而實施法治的德國。這是一個等待誕生的國家之旗幟，而且那個國家在一八四八年的時候幾乎誕生了。

一八一五年時，等到拿破崙相繼在萊比錫和滑鐵盧戰敗之後，德國不得不設法在政治上重新發明自己。法國入侵所造成的創傷（在某些情況下並導致為時將近二十年的「被占領期」），給德國帶來了不穩與分裂。拿破崙已經有效地摧毀神聖羅馬帝國，且同時羞辱了普魯士和奧地利。從此缺乏明確的權威中心，或者說缺少普遍受到尊重的單一政體。一八一五年舉行維也納會議時，齊聚一堂的歐洲統治者們在奧地利政治家克萊門斯·馮·梅特涅精心主導下，決心要盡其所能恢復保守的舊秩序。昔日的各個統治者家族於是重新掌權。昔日神聖羅馬帝國的「百衲衣」遭到合理化，被重組成為數目較少、面積較大的一些邦國。它們共

同組成「德意志邦聯」（Deutscher Bund），一個結構鬆散、由奧地利皇帝擔任主席的主權國家集合體——但它與其說是取代了，倒不如說是呼應了神聖羅馬帝國。

對教育水準不斷提高的中產階級（市民階層〔Bürgertum〕）而言，尤其是對他們當中的年輕人來說，這種回到由君主和王侯組成的專制結構，不採用某種議會模式的做法非但不公不義，根本無法被接受。法國人儘管曾經是侵略者和壓迫者，但他們隨身帶來了平等和自由的革命思想，那受到許多德國人熱情擁抱。此外他們期盼在終於擊敗拿破崙之後，能夠獲得自由主義的憲政新秩序。在他們眼中（而且他們人數眾多），回到過去是不可忍受的事情。專門研究一八四八革命的歷史學家喬納森・斯佩博教授解釋說：

> 法國大革命和拿破崙時期的巨大動盪，導致正統性出現了真空狀態，各地之間的疆域遭到重劃和重塑，一七八九年之前的三百個德意志邦國已被裁減成三十七個。民間往往感覺當前的統治者們缺乏正當性——他們不是其傳統王朝的統治者，而且他們往往還信仰不一樣的宗教。比方說吧，普法爾茨的百姓多半是新教徒，如今卻受到信仰天主教的巴伐利亞國王統治。更何況人們渴望獲得比較具有合法性的新政府形式。

一八四八年時，整個歐洲都面臨了動盪和革命。歐洲大陸於農作物嚴重歉收之後陷入經濟不景氣，各地不斷出現衝突事件，例如：在奧地利是農奴叛亂，在瑞士則是一些宗教爭端。那一年才剛開始，政治動亂已經匯流成了普遍的暴力事件：在義大利、法國、低地國家和奧地利，各個保守政權紛紛面對著叛亂行動，有些政權就此崩潰。法國成為一個

● 前頁｜立憲德國所使用的三色旗當中的一幅。一八四八至一八五二年前後
● One of the tricolour flags of constitutional Germany, c. 1848–1852

共和國，奧地利皇帝已告退位，甚至連普魯士國王腓特烈・威廉四世都批准了一部憲法。最重要的是，參加德意志邦聯議會而聚集在法蘭克福的各地代表當中，自由派勢力首度占有優勢。

就是那個議會第一次正式做出宣布：黑色、紅色和金色是德國國旗的顏色，屬於一個統一、依據明文憲法來運作，並且享有自由的新德國。那三種顏色則呼應著三個字眼「Einigkeit, Recht und Freiheit」——統一、法治和自由。新國旗和新國歌〈德意志之歌〉（*Deutschlandlied*），傳達出同樣的訊息。自由將受到憲法保障，以防止諸侯們的專橫統治。那面國旗將成為德國百姓的，而非某一個特定邦國的旗幟。喬納森・斯佩博指出：

> 傳統的說法是，德國三色旗的這三個顏色（黑、紅、金）起源自一八一三年反抗拿破崙與法國占領的起義行動。當時普魯士有一個志願者團體穿著黑色的制服，上面有紅色鈕扣和金色鑲邊。那三種顏色後來被使用於帽徽上做為國家的象徵，並在一八三〇年以後日益頻繁地被使用為旗幟，其中最著名的一次發生在一八三二年的「哈姆巴赫盛會」（Hambacher Fest），一個充滿民族主義色彩的大型民間集會。但這旗幟不能被公開展示。那是非法的行為、是對德意志各邦國政府的挑戰，因為它同時意味著，民族和民權高於各個單獨的君主。一八四八年革命爆發後，首先出現的事情就是：人們拿出這種黑紅金三色旗，開始讓它四處飄揚，不管是在街頭還是在官方建築物的上面。那讓普魯士當局顏面盡失。它象徵著人們在一八四八年春天的時候，希望事情的發展能夠帶來根本的改變。這面旗幟所體現的理念是：國家應該由人民來建構。德意志民族只有一個，而德國人的革命所造成的結果，將使得他們終於擁有自己的民族國家，他們自己的、涵蓋了所有三十七個

● 次頁｜〈市民與士兵在柏林市法蘭克福林登大街進行戰鬥，一八四八年三月十八日與十九日〉。
● *Fighting between civilians and soldiers in the Frankfurter Linden Strasse, Berlin, 18–19 March 1848*

不同君主國的統一德國。

「一八四八年」對德國的意義，不同於歐洲其他地方。那不只是為了掙脫不負責任的王侯政權之枷鎖，主要更是為了鍛造出一個新的國家實體來涵蓋全體德國人。其情況看起來簡直像是，那面旗幟已經找到了它自己的國家。一個振奮人心、改變民情的想法為：德國不應該只是普魯士、巴伐利亞、薩克森或者漢堡而已。德國應該超越這一切，成為一個新的和更高的實體與身分，超越它的各個組成部分。喬納森・斯佩博解釋說：

> 為了表達這個理想，他們有了一首新的歌曲——〈德意志之歌〉。它一開頭就表示「德國，德國超越一切」(Deutschland, Deutschland über alles)，而其用意在於強調：對德國百姓而言，德國比他們的地方統治者、他們的城市、他們的家鄉都要來得重要許多。它不是一首地區性的國歌，而是首度成為全體德國人的國歌。那是這首國歌的初衷。但歷史已經扭曲了它對外在世界產生的意義。畢竟〈德意志之歌〉的麻煩之處在於它曾經與納粹有關。[1]然而它當初是被設計做為一個民主國家的歌曲。

〈德意志之歌〉的作詞者是奧古斯特・霍夫曼[2]，其演唱旋律則使用了海頓譜寫的奧地利皇帝頌歌。當時它所強調的並非德國的主導權，而是強調統一，正如同那面旗幟是統一的標誌一般：德語世界的各個不同部分應該聚集在一起，在法律的規範下享有統一和自由。事到如今，受到納粹汙染的「德國超越一切」那幾個字眼已經不再唱了，因為它們原本的浪漫民族主義情懷肯定會造成誤解。第二次世界大戰結束後，它們

● 奧古斯特・霍夫曼，〈德意志之歌〉的作詞者。一八四一年
● August Hoffmann, author of the 'Deutschlandlied', 1841

已經被霍夫曼歌詞的第三段「統一與法治和自由」取而代之，成為今日德國國歌的歌詞。

一八四八年後，德國三色旗僅僅飄揚了不到兩年的時間。法蘭克福國民會議早已被派系紛爭削弱，進而在一八五〇年崩潰。德國的憲政實驗以失敗告終。反動君主們恢復了信心，於是自由派遭到粉碎。統治者們各自在他們的邦國恢復行使職權，奧地利重新鞏固自己的邦聯主席身分與南德強權地位，普魯士則繼續主宰北德。各地的憲法都被打了折扣。三色旗又一次被抑制下去，原先的狀態再度居於上風。二十年後，德國在俾斯麥的普魯士領導下果真獲得統一，並且有了一部非常不同的憲法，而新的德意志帝國國旗是黑白紅三色旗。可是對一八四八至一八五〇那兩年的記憶留存了下來，等到帝國在一九一八年崩潰之後，威瑪共和國重新拾起一八四八年的許多民主理念，黑色、紅色和金色的國旗又飄揚在國會大廈上方。後來，納粹卻把它拿了下來，替換掉它。

一八四八年還發生了另外一個事件。雖然在短時間內這運動也是一大失敗，卻同樣對德國產生了非常深遠的政治衝擊，對世界的其餘部分影響更大：一位有錢的年輕生意人，以及一位時年三十歲、由律師改行過來的哲學家，共同發表了一本薄薄二十三頁的小冊子，試圖藉此對一個新的邊緣團體的成員產生激勵作用，那就是「德國共產主義者同盟」。《共產黨宣言》出現的時間，就在德國各地爆發民間騷亂之前不久。其兩位作者，卡爾・馬克思和弗里德里希・恩格斯，都因為自己的革命思想而不得不離開普魯士。那份以德文撰寫的宣言最早發表於倫敦，因為二人可以在那裡自由出版。源自《共產黨宣言》的用語已然成為全球各地左翼運動的口頭禪，就連最不關心政治的人也對它們耳熟能詳：「至今一切社會的歷史都是階級鬥爭的歷史」，以及最後響亮萬分的「全世界無產者，聯合起來！」

● 法蘭克福國民會議。一八四八年
● The Frankfurt Assembly, 1848

原版的小冊子只有極少數留存至今，不過有一本就收藏在大英圖書館。平淡無奇的設計、密密麻麻以德文花體字母印出的便宜排版方式，讓它在褪色的綠紙封面下顯得格外脆弱和易受傷害。這書沒有任何地方能夠暗示出它將產生的影響。蘇珊・里德是大英圖書館德文善本書籍部門的主任，為我們說明了初版時的情況：

> 據估計它至少有兩千本，因此他們不僅把它分發給聯盟的成員而已，同時還試圖廣泛加以流傳。我們知道，革命爆發後有一千份被送往巴黎，其餘拷貝則被送去了別的歐洲國家。

可是馬克斯的宣言（就像自由派的三色旗那樣）並沒有在德國促成

他和恩格斯所預測即將帶來巨變的革命。蘇珊．里德指出：

> 說來奇怪的是，宣言中的理念在一八四八年的德國似乎流傳得並不廣，即便它誕生自與革命相同的土壤，把一些將要發生的事情預測了出來。它在一八四八年幾乎遭到遺忘，而且要等到較晚的時候，大約是在一八七〇年代，它才開始被重新拾起和再度發行。而後至十九、二十世紀之交，那份宣言逐漸演變成一個經典般的文本，到了簡直像是祈禱書的地步。如果《資本論》是馬克思主義思想的聖經，那麼《共產黨宣言》就是它的國教《公禱書》。
>
> 它主張「剝奪地產，把地租用於國家支出」、「徵收高額累進稅」、「廢除繼承權」、「通過擁有國家資本和獨享壟斷權的國家銀行，把信貸集中在國家手裡」。它談論起「德國正處在資產階級革命的前夜」。而且它強調共產主義者將會支持資產階級革命，因為只有這麼做，他們才能夠「在推翻德國的反動階級之後立即開始反對資產階級本身的鬥爭」。

一八四八年的失敗陰霾，在之後數十年內同時籠罩著自由主義者和共產主義者。關於那決定性的一年（有可能誕生兩個截然不同德國的一年）之記憶，則不斷被重新審視。喬納森．斯佩博繼續說明如下：

> 您應該知道AJP．泰勒的名言：一八四八年是德國歷史「走到轉折點，卻未能轉變的時刻」。這句話固然饒有深意，不過我認為最近幾十年裡，我們已開始從稍微不同的角度來看待一八四八年。它不再是政治失敗的例子，反而被視為一個新的機會，使得形形色色的人們能夠參與政治——例如婦女參政。德國的第一批女權主義者

●《共產黨宣言》第一版的扉頁。一八四八年二月

● Title-page of the first edition of the *Communist Manifesto*, February 1848

der

Kommunistischen Partei.

Veröffentlicht im Februar 1848.

London.

Gedruckt in der Office der „Bildungs-Gesellschaft für Arbeiter“

von J. E. Burghard.

46, Liverpool Street, Bishopsgate.

都是在一八四八年革命期間展開自己的政治生涯。尤有甚者：德國在一八四八年實際參加政黨的人數比例遠較今日為高（大約高出了三、四倍之多），我們因而可以發現一八四八年標誌著爆炸性的政治參與，在整個政治體系中留下了痕跡。一旦關於國家統一的想法進入公共領域之後，就再也不會消失了。說來諷刺，最後是由普魯士保守派人士俾斯麥和他那些戴著尖頂頭盔的士兵，創造出自由主義革命者夢寐以求的國家統一。但儘管如此，那主要還是因為他們先提出了相關理念的緣故。所以我認為歷史學家們近來看待一八四八年的方式，往往比從前來得更加正面。更何況一九九八年的革命一百五十週年紀念，在德國廣泛地受到了慶祝。

一九一八年德皇退位之後，共產主義者和自由主義者都看見了（並且抓住了）機會來完成開始於一八四八年的工作。而且雙方是在同一天那麼做。一九一八年十一月九日，社會民主黨人菲利普·賽德曼從柏林國會大廈的陽台宣布成立「德意志共和國」，該國的憲法將來還會在威瑪制定出來。賽德曼宣布完畢兩個小時之後，共產主義者的領袖，卡爾·李卜克內西特，也從「柏林城市宮」的陽台，宣布成立「自由社會主義共和國」。那個建立共產主義國家的嘗試在幾個月之內就慘遭挫敗，李卜克內西特自己更遭到謀殺（參見第22章）。威瑪共和國的自由主義派後來則被納粹淹沒。一八四八年的那兩股勢力再次失敗。

但儘管是以失敗告終，一八四八年的各種事件仍然如同一八三二年的盛會那般，在德國人的歷史記憶中留下了強烈的印象，其情況就好比《改革法案》之於英國，或者《獨立宣言》之於美國：它們在全國的每一個階層引發辯論，為政治參與創造了可供參考的先例。一八四八年

- 東柏林。一九八九年
- Opposite: East Berlin, 1989
- 次頁｜慶祝重新開啟布蘭登堡門。一九八九年十二月二十二日
- Celebrations at the re-opening of the Brandenburg Gate, 22 December 1989

WIR SIND EIN VOLK
Berlin
K
St
M

● 柏林「馬克思－恩格斯廣場」上的馬克思和恩格斯銅像，其後側是柏林大教堂。

● Statues of Marx and Engels in the Marx-Engels-Forum, Berlin, with Berlin Cathedral behind

兩個相互競爭的傳統（自由民主傳統與馬克思主義傳統）之間的敵意不僅削弱了威瑪共和國，接著更標誌出一九四九年之後分裂形成的兩個德國。在西邊，聯邦共和國聲稱自己傳承了法蘭克福國民會議和它的自由憲法。在東邊，民主共和國認為自己實現了馬克思的無產階級革命，如今全世界的工人們終於聯合了起來。「開姆尼茨」那座工業城市則被驕傲地更名為「卡爾・馬克思城」。

在一九四九年的時候，兩個德國——自由民主的西德和馬克思主義的東德，都將革命時代的黑紅金三色旗宣布為自己的國旗。它同時在波昂和柏林飄揚了十年之久，直到東德在一九五九年給它加上了自己的國徽（錘子、圓規、黑麥穗束）為止，藉此表明兩國之間的分裂既深刻又持久。過了三十年，等到柏林圍牆倒塌之後，有一名爭取統一的東柏林示威者，在手中拿著一塊呈現統一後德國形狀的黑紅金三色標誌。再度有一個國家等待誕生，而牌子上面寫著：「Wir sind ein Volk」（我們是一個民族）。那非常一八四八。

德國如今已重新統一在一八四八年革命期間的自由派旗幟與國歌之下。「卡爾・馬克思城」則再度成為「開姆尼茨」。有人或許會認為，法蘭克福國民會議的那些中產階級自由主義者終於戰勝了君主，並且明確地驅除了《共產黨宣言》的那些無產階級革命分子。不過柏林有自己的訣竅，能夠把勢同水火的事物兼容並蓄，有辦法跟不同的麻煩歷史一起過生活。黑、紅、金三色旗如今飄揚在刻著「Dem Deutschen Volke」（獻給德意志人民）題詞的國會大廈上方。然而在經過翻新之後的市區東半部，卡爾・馬克思大道依舊是最宏偉的街道；在柏林的心臟地帶，在歐洲最大資本主義經濟體的政治中心，則一如既往傲然挺立著《共產黨宣言》的作者與德意志民主共和國的英雄「弗里德里希・恩格斯和卡爾・馬克思」之巨大塑像。一八四八年的兩條路徑繼續存在下去。

---

1 〔譯注〕納粹時代國歌的前半是〈德意志之歌〉（德國超越一切），後半則是納粹黨歌〈霍斯特・威瑟爾之歌〉。

2 〔譯注〕奧古斯特・霍夫曼（August Heinrich Hoffmann, 1798-1874），出生於法勒斯雷本（Fallersleben）。德國歷史書籍通常稱他為「霍夫曼・馮・法勒斯雷本」（Hoffmann von Fallersleben）。

PART FOUR
Made in Germany
德國製造

金屬加工、精密工藝、汽車、鐘錶、書籍和最精美的銅版雕畫，
德國人長久以來一直擅長將極其複雜的物品製作得異常優良。
技術培訓和工藝技能在德國所享有的重要地位，
更甚於其他歐洲國家。
從古騰堡到包浩斯和金龜車，
「德國製造」一詞始終是公認的品質標誌。

15
20

16 In the beginning was the printer
太初有印刷機

一千多年來，一本書的製作開始於殺死動物以便提供羊皮紙，接著需要抄寫員長時間的細心工作。這一切都在德國出現了改變——五個半世紀之前，約翰尼斯．古騰堡發明一種新式的活字印刷術，我們今日所知曉的書籍從此誕生。對許多人來說，那個時刻意味著現代世界的開端。無庸置疑的是，在歐洲，知識的獲得從此已非少數人的特權。古騰堡的發明不但塑造出宗教改革（於他展開工作六十年之後），它還改變了我們的政治。僅管數位革命已經發生，他的發明依舊支配著我們組織自己思維的方式。今天我們在iPad平板螢幕上面閱讀東西的時候，還是不耐煩地翻到「底頁」去探究結局；我們仍然完全不自覺地使用「書籤」；而且在傳送電子郵件的時候，我們會選擇我們的「字型」。在這個先進的資訊科技世界，我們照樣堂而皇之、無可救藥地繼續是古騰堡的孩子們。

在第4部分，我們將看見一些不僅改變了德國，而且也改變了全世界的德國製造的事物。現代印刷機肯定是它們全體當中最偉大的一個。我們在這一章將探討古騰堡如何完成他的革命，以及為什麼此事或許只有可能在德國發生。最好的起步點莫過於一四五〇年代初期在美因茲發行的《古騰堡聖經》。頁287的圖例後來成為「英國王室收藏」的珍藏品，非但被裝訂得富麗堂皇，還加上了英國國王喬治三世的紋章（它目前存放於大英圖書館）。其尺寸類似今日人們在教堂讀經台上看見的聖經。翻開來以後，它乍看之下完全像是一部彩繪手抄本：兩欄優雅的黑色文

● 壓印機。一五二〇年
● A printing press, 1520

字看似用手抄寫得非常清晰工整，在周圍還裝飾著以金箔和絢麗色彩繪製的花卉禽鳥圖案。這是一個賞心悅目的美麗物件，經過專業設計以供人閱讀。

古騰堡印製了大約一百八十本聖經，其中的四十八本大致完整地保存到現在。它們當中的兩本如今就在大英圖書館。克里斯提安・顏森，一位研究早期印刷書籍的歷史學家和大英圖書館的收藏部門主管，解說了有哪些跡象顯示這是一部印刷出來的書籍，而非謄寫得異常一致的手抄本：

> 《古騰堡聖經》符合了使用者在一四五五年前後對書籍外觀的期待。如果你想要賣什麼東西的話，就必須把東西製作得讓顧客有辦法一目了然。因此古騰堡製作出來的物品，看上去就跟傳統的書籍一模一樣。判定它為印刷品的方法，則是仔細觀察油墨，注意它那非常光亮的表面。當你用手抄寫一本書的時候，你會使用水基油墨。你把你的筆放到水基油墨裡蘸一蘸，然後墨水就會流出來。可是你在印刷的時候不能這樣做，因為墨水也會順著壓印機流下去，以致破壞了頁面。古騰堡的發明之一，就是一種並非墨水的墨水。我們所稱的「印刷墨水」其實是一種快乾漆，這意味著它會黏著在表面上而不流開，使得看起來與手抄的有所不同。

古騰堡借用油漆匠的配方，找到了合適的快乾漆——但這只是他從其他許多手藝那邊發現和套用過來的工法之一而已。無論是釀酒師傅和金屬業者，或者是拉丁學者和金飾工匠，分別都有自己的秘訣與技巧可供他汲取。他隨即想辦法把它們結合起來，創造出第一間印刷工坊。接著他必須設法建立一種商業模式和分銷體系。這位先生是偉大的結合者

● 《古騰堡聖經》的〈創世紀〉開頭部分。一四五五年
● The opening of the Book of Genesis from the Gutenberg bible, 1455

Incipit liber Bresith quē nos Geneſim dō⁹
In principio creauit deus celū
et terram. Terra autem erat inanis et
vacua: ⁊ tenebre erant ſup faciē abiſſi:
et ſpiritus dñi ferebatur ſuper aquas.
Dixitq; deus. Fiat lux. Et facta ē lux.
Et vidit deus lucem q eſſet bona: et
diuiſit lucem a tenebris. appellauitq;
lucem diem et tenebras noctem. Factū
q; eſt veſpere ⁊ mane dies unus. Dixit
quoq; deus. Fiat firmamentū in me-
dio aquarū: et diuidat aquas ab a-
quis. Et fecit deus firmamentū: diui-
ſitq; aquas que erant ſub firmamen-
to ab hiis que erant ſuper firmamen-
tum: ⁊ factum eſt ita. Vocauitq; deus
firmamentū celū: ⁊ factum eſt veſpere
et mane dies ſecundus. Dixit vero de-
us. Congregentur aque que ſub celo
ſunt in locum unū et appareat arida.
Et factum eſt ita. Et vocauit deus ari-
dam terram: cōgregationeſq; aquarū
appellauit maria. Et vidit deus q eſ-
ſet bonū. et ait. Germinet terra herbā
virentem et facientem ſemen: et lignū
pomiferū faciens fructum iuxta genus
ſuū: cuius ſemen in ſemetipo ſit ſuper
terram. Et factum eſt ita. Et protulit
terra herbam virentem et facientem ſe-
men iuxta genus ſuū: lignūq; faciens
fructū et habēs unūqdq; ſementē ſcdm
ſpeciē ſuā. Et vidit deus q eſſet bonū:
et factū ē veſpere et mane dies tercius.
Dixitq; aūt deus. Fiant luminaria
in firmamēto celi. ⁊ diuidāt diem ac
noctē: ⁊ ſint in ſigna ⁊ tēpora. ⁊ dies ⁊
annos: ut luceāt in firmamēto celi et
illuminēt terrā. Et factū eſt ita. Fecitq;
deus duo lumiaria magna: lumiare
maius ut pēeſſet diei et lumiare min⁹
ut pēeſſet nocti: ⁊ ſtellas. ⁊ poſuit eas in
firmamēto celi ut lucerent ſup terrā: et
pēeſſent diei ac nocti: ⁊ diuiderēt lucem
ac tenebras. Et vidit de⁹ q eſſet bonū:
et factū ē veſpere et mane dies quart⁹.
Dixit etiam deus. Producant aque
reptile anime viuentis et volatile ſup
terram: ſub firmamēto celi. Creauitq;
deus cete grandia. et omnē animā vi-
uentem atq; motabilem quā produxe-
rant aque in ſpecies ſuas: ⁊ omne vo-
latile ſecundū genus ſuū. Et vidit de-
us q eſſet bonū: benedixitq; ei dicens.
Creſcite et multiplicamini. et replete a-
quas maris: aueſq; multiplicentur
ſuper terram. Et factū ē veſpere ⁊ mane
dies quītus. Dixit quoq; deus. Pro-
ducat terra animā viuentem in gene-
re ſuo: iumenta ⁊ reptilia. ⁊ beſtias ter-
re ſecundū ſpecies ſuas. Factū ē ita. Et
fecit deus beſtias terre iuxta ſpecies ſu-
as: iumēta ⁊ omne reptile terre in ge-
nere ſuo. Et vidit deus q eſſet bonū:
et ait. Faciam⁹ hominē ad ymaginē ⁊
ſilitudinē noſtrā. ⁊ pſit piſcibꝫ maris.
⁊ volatilibꝫ celi. ⁊ beſtiis uniūſeq; terre:
omīq; reptili qđ mouet̄ ī terra. Et crea-
uit deus hominē ad ymaginē et ſimi-
litudinē ſuam: ad ymaginem dei crea-
uit illū: maſculū et feminā creauit eos.
Benedixitq; illis deus. et ait. Creſcite
et multiplicamini ⁊ replete terram. et
ſubicite eam: ⁊ dominamini piſcibus
maris. ⁊ volatilibus celi: ⁊ uniuerſis
animātibus que mouentur ſup terrā.
Dixitq; deus. Ecce dedi vobis omnē
herbam afferentem ſemen ſup terram.
et uniūſa ligna que habēt ī ſemetipis
ſemētē generis ſui: ut ſint vobis ī eſcā.
⁊ cūctis aīantibus terre. omīq; volucri
celi ⁊ uniuerſis q̄ mouētur in terra. et ī
quibus ē anima viuēs: ut habeāt ad
veſcendū. Et factū eſt ita. Viditq; deus
cuncta que fecerat: et erāt valde bona.

和偉大的企業家，在一四五〇年代的時候，沒有幾個地點能夠像美因茲那般地讓他大展鴻圖。

今日在市中心大廣場上最引人注目的地點，傲然挺立著古騰堡本人的青銅塑像——塑像以強而有力但完全憑空想像的方式，刻畫出一個身材高大、蓄留大鬍子的人物。我們其實並不知道古騰堡看起來究竟是何模樣，但他的名氣很快就需要有具體形象來配合，於是有人在古騰堡去世後發明出這麼一個圖像。版畫印刷使得這個圖像普及開來，傳遍了整個歐洲，成為這尊銅像的範本。

美因茲由於在萊茵河上的重要戰略位置，好幾個世紀以來一再飽受摧殘。它曾於第二次世界大戰期間遭受系統性的轟炸。如今在歷史悠久的市中心，大多數建築物顯然都來自一九五〇或一九六〇年代，不過那座巨大的教堂除外。它受損之後已被精心修復，依舊是昔日古騰堡所熟悉的主要地標——美因茲大主教（當時德國最有權勢的人物之一）的座堂。古騰堡的祖宅距離大教堂只有幾分鐘步行路程，其教區教堂（聖克里斯托弗教堂）的廢墟仍然矗立在那裡。

之前歐洲雖然有過一些較早期的書籍印刷形式，但它們的應用範圍有限。木刻雕版曾經被廣泛運用於印製單頁——通常是一張畫片，有時還伴隨著若干文字，例如加上了祈禱文的聖像。將木版正面朝下對著羊皮紙或紙張放置妥當之後，接著便用錘子敲擊打印，其效果通常相當粗糙，但勉強還可以接受。可是用木塊雕刻文本的時候很容易出紕漏，尤其如果文字的性質非常神聖的話：萬一犯了錯誤就不可能進行修改，只能拿另外一塊木頭重新再來過一遍。所以，如果想要印刷像書籍那般龐大和複雜的東西，木雕技術具有嚴重的缺陷。古騰堡的壓印機卻使用金屬活字，徹底改變了一切。

科妮莉亞．施耐德博士，古騰堡博物館古代印刷部門的負責人，描

● 伯特爾．托瓦爾森的古騰堡雕像。一八三七年（背景是美因茲大教堂）

● Statue of Gutenberg, by Bertel Thorvaldsen, 1837, with Mainz Cathedral behind

CROZATIER FUDIT

述了古騰堡可能曾經採用過的工作方式：

> 古騰堡的工坊早已片瓦無存，其他十五世紀的印刷工坊也都沒有任何東西保留下來。不過在我們的博物館，我們已經重建出早期印刷業的可能樣貌。首先是把紙張固定在一個裝設了幾根細針的框架上，等到印刷反面的時候只需要翻轉紙張、重新使用那些針孔，就可以讓另外一面也印刷在紙上完全相同的位置。下一個步驟是給活字上墨——所使用的是兩個用皮革製作成啞鈴形狀、裡面塞滿馬鬃的「上墨球」。你先用油墨覆蓋它們的表面，接著在金屬活字上薄薄地塗抹開來。托盤內的活字版著墨完畢之後，就被固定到紙張上方的壓印機。壓印機本身高約六、七英尺，中央有一根巨型木製螺桿，看起來簡直像是個龐大的螺旋開瓶器。螺桿被旋緊時，就會把活字版朝著紙張按壓下去。這是一個苦差事，但如果版面乾淨的話，讀起來會異常清晰。日後的教宗庇護二世看見了其中一頁之後，曾經寫信表示：「你不必戴眼鏡就能夠閱讀它們。」

這位未來的教宗之所以會發現文字版面特別清爽，是因為每一個字母都是以相同壓力印刷出來的。那是古騰堡構思出一個絕妙主意，決定使用壓印機之後所產生的結果。美因茲曾經是（而且至今仍舊是）重要的葡萄酒產區，古騰堡自然而然會想到要運用葡萄壓榨機的技術。轉動螺桿就可以向整個頁面施加非常強大而均勻的壓力，這使得古騰堡能夠以此種規律性和清晰度印刷出每一行文字。

整個過程當中真正困難的部分，在於製造出每一個頁面所需要的全部金屬活字。就此而言，地理和歷史也都站在古騰堡這邊：摩瑟爾河和薩爾河流域幾千年來一直是冶金中心。複雜金屬加工的專業技能俯拾皆是，正等著被重新定向。克里斯提安・顏森解釋說：

> 德國是金屬加工能力發展得非常快速的歐洲地區之一，所以古騰

● 美因茲的古騰堡博物館內重建出來的古騰堡壓印機與工坊。
● Reconstruction of the Gutenberg press and workshop in the Gutenberg Museum, Mainz

堡是處在相當有利的技術環境中。想印刷一本書，你需要一大堆非常類似，而且往往完全相同的「A」、「E」、「O」等等。光是為了一個頁面就需要幾百個「E」，所以你必須要有能力把那些字母複製鑄造許多遍。古騰堡發明一種工法，使得他能夠製作字模，大量鑄造出同一個字母。接下來就有了數以千百計的小金屬塊——儘管它們各自出現不同字母，它們卻必須高度一致。因為如果長短參差不齊的話，把它們放在一起並且旋轉螺桿的時候，就會把紙張扯破。所以古騰堡必須想出方法，不僅把每一個「E」和每一個「I」都標準化，還要讓字身高度一致。這是一點也不簡單的事情。

● 憑空想像出來的古騰堡畫像。一五八四年

● Imaginary portrait of Gutenberg, 1584

獲得這麼多可活動、可分離的鉛字之後，便解決了木刻雕版的最大缺陷之一：能夠在試印樣張裡面挑出錯誤來，而且很容易即可插入正確的鉛字加以修改。可是，正如同克里斯提安・顏森已經指出的，這種優勢需要付出代價。若無法讓活字版全體組成的高度保持均衡一致，就可能會毀損紙張。科妮莉亞・施耐德解釋了為什麼古騰堡別無選擇，只能使用「紙張」這種脆弱的材質：

> 他原本打算使用羊皮紙，因為他準備印製《聖經》。既然想要印出神的話語，那麼就必須使用你所能找到的最珍貴材料，而那正是羊皮紙。然而實在不可能獲得足夠的羊皮紙來印製一百八十部聖經：全書總共有將近兩千頁，而每八個頁面需要一隻綿羊或山羊。動物根本就沒有那麼多，所以他使用了紙張。

但事情可不像聽起來那麼簡單，印刷所需的優質紙張並非到處都買得到。當時最好的紙張來自義大利，這恐怕會涉及一場既漫長又昂貴的採購之旅。幸好美因茲的地理位置再度發揮了關鍵作用。沿河而上就是法蘭克福。那裡每年舉辦兩場大型的商品交易會，古騰堡得以就近向義大利訂購紙張，確定六個月後就能夠在下一次的交易會進貨。因此當古騰堡製作這種以新方法印刷出來的聖經時，他在每個階段都有辦法就地取得所需的一切相關技術或材料。

儘管教宗庇護二世不必戴上眼鏡就能夠閱讀古騰堡的聖經，但如果想在一本大部頭著作裡面認清方向的話（尤其是當大聲朗讀之際），印出章節標題的做法可讓人方便許多——若能有一些色彩來導引目光的話，那會更加方便，所以古騰堡一開始把章節的開頭印成紅色。但他最後還是放棄這個主意。克里斯提安．顏森解釋了原因何在：

> 他很可能意識到，印出彩色標題的做法耗時較久，因而比較昂貴，還不如由他或別人花錢請抄寫員事後進行。於是他停止那麼做。此事非常有趣，因為它告訴我們，這在很大程度上涉及財務活動；而古騰堡正在學習應該如何組織工作流程，以便用這種新的工法來賺錢。此外他在剛開始的時候每頁印出四十行，但很快就更改成每頁四十二行，藉以節省紙張。這是一個學習的過程。

古騰堡和他的技術工人們花了很長時間，終於創造出足夠供一本聖經使用的字母，這中間大約花了兩年之久的時間。可是一旦有活字可用之後，他便在一名抄寫員只能製作一本聖經的時間內，印刷出了一百八十本聖經。克里斯提安．顏森指出：

> 在製作一本書的複雜過程中，所需要的每個元素其實都是現成的。古騰堡的天才就在於把所有這些不同的程序結合起來，變成一個前後連貫的工藝。壓印機雖然已經存在了很長一段時間，把壓印

> 機使用於文字印刷卻絕對是別出心裁。他另外一個神乎其技的地方，就是採用了快乾漆。將快乾漆使用於繪畫的做法在十五世紀還相當新穎，而古騰堡發現這正是他的新工藝所需要的東西。我們從聖經的製作過程中可以看出，古騰堡不斷僱用更多人手來分門別類處理聖經的各個部分，藉此加快工作進度。他需要具備銅板雕刻技巧的人、具備金屬鑄造技術的人、具備木工手藝的人。他還需要有人擔任排版工人，把金屬活字合在一起形成單字、欄位、頁面，而且那人必須熟悉拉丁文。這樣的人不可能一直都很容易找到，因為人們在十五世紀上大學修習拉丁文時的初衷，或許並不在於拼湊金屬塊來弄髒自己的手指頭。此外你需要有人實地給活字版上墨——那只能說是一份苦差事，因為快乾漆既黏搭搭又硬邦邦；而且還要有人把活字版放入壓印機，拉動壓印桿；最後你更需要有人校對頁面，保障全書的編排順序正確無誤。

在此之前，那一類的工藝和技術從來沒有以這種方式結合起來過。

即便如此，古騰堡所銷售的仍然並非成品：那只不過是印刷完畢的未裝訂散頁而已。頁面的裝訂和手工彩繪是由買方負責進行，大英圖書館所擁有的版本正是以這種方式產生了如此富麗堂皇的效果。這種做法使得每一位買家，無論他們置身歐洲的任何地點（萊茵河使得銷售通路可以無遠弗屆），都有辦法按照當地的風格，以他們和他們的讀者所熟悉的方式來裝飾自己的書本。

這種商業模式和生產體系的經濟原理頗具挑戰性，儘管就許多方面而言，它在現代人的眼中並不完全陌生。古騰堡是一個相當富裕的人，但他仍然需要周轉資金來購買材料、支付工匠等等。他在美因茲能夠借到錢，找得到商業夥伴，即便結果未必對他有利。他還必須在一個我們覺得非常陌生的經濟環境下工作，宗教與財務在這時空下具有同等的重要性。克里斯提安・顏森解釋說：

● 由古騰堡印刷的贖罪券：在底部填上你的姓名。
在此案例中，購買者保利努斯．夏普已經寫出了他的姓名、日期和簽字。

● Indulgence printed by Gutenberg: fill in your name at the bottom.
In this instance the purchaser, Paulinus Chappe, has entered his name, date and signature

現存的各種證據都指出，人們在十五世紀購買大部頭聖經之後會把它交給宗教機構，所換取的回報則是有人為他們的靈魂祈禱。這並不是因為那些宗教機構還沒有聖經的緣故。它們早已有了聖經，而且有許多本。但如果你想請別人為你說出祈禱詞的話，這是一本非常適合送給宗教機構的書。所以生產古騰堡聖經反映出另外一面，那就是我們依然置身於這麼一個世界，那裡最有價值的事情就是為死者祈禱。

克里斯提安．顏森概述了率先進行歐洲印刷業務的複雜性（中國早在很久之前即已擁有木刻印刷與活字印刷術）：

> 古騰堡是非常聰明的生意人。不過我們之所以對他知道得那麼多，原因在於他經常缺錢而導致他陷入法律糾紛——如果有誰陷入了法律糾紛，最後就會在檔案裡留下記錄。古騰堡既不遵守婚約，又曾經監禁來自鄰城的高級公務人員，時而遊走於法律邊緣。他借過錢，並且跟有能力籌措資金的人建立起合作夥伴關係。我們對那個夥伴關係知之甚詳，因為他們後來拆夥，結果在一四五五年鬧上了法庭。在印製聖經的同時，古騰堡還印刷其他東西來賺取所需的現金流——例如用於確認你的罪孽會被寬恕的「贖罪券」。古騰堡所製作的其實是一些預印表格：上面留下了空白來填寫贖罪券購買者的姓名，以及他們購買的日期。這對教會的行政工作頗有助益，因為教會不需要僱用許多人坐在那裡把它們抄寫出來。贖罪券屢見不鮮，這表示古騰堡想必曾經印刷了成千上萬張。所以這種做法不但可讓心生懺悔的買家在來世得到赦免，還為古騰堡提供了非常方便的現金流。

因此在整個過程當中的每一階段，從為死者祈禱直到赦免罪孽，中世紀晚期的虔誠信仰都是古騰堡進行技術創新時的「財務驅動力」。此外由於教會學校把重點放在拉丁文教學上面，阿爾卑斯山以北最為暢銷的教科書，埃利烏斯．多納圖斯的《拉丁文法》，變成了古騰堡的另外一棵搖錢樹。

美因茲於一四六〇年陷入內部動亂，導致古騰堡蒸蒸日上的業務嚴重受損。但這反而促進書籍印刷在歐洲各地的傳播。古騰堡的一些工匠離開之後，把他們的技能帶去科隆和義大利。又如，威廉．卡克斯頓前往科隆勘查情況，在一四七〇年前後帶著印刷術跟著他一同回到英國。美因茲曾經為印刷機的創造提供過完美的條件，其優越的地理位置更確

● 埃利烏斯．多納圖斯《拉丁文法》書中的一頁，由古騰堡印製於美因茲。一四五六至一四五八年

● A page from the *Latin Grammar* of Aelius Donatus, printed by Gutenberg in Mainz, 1456–8

tur audiminor audiũtor. Optatõ mõ tpe p̃nti ⁊ p̃tito in-
pfcõ ut̃ audirer audireris l' audirere audiret̃ ⁊plr̃ ut̃ audiremur
audiremĩ audirent̃ Preterito pfcõ ⁊ plusqʒpfcõ ut̃ audit⁹ essem
l' fuissẽ eẽs l' fuisses eẽt l' fuissʒ ⁊plr̃ ut̃ auditi eẽm⁹ l' fuisse-
m⁹ eẽtis l' fuissetis essẽt l' fuissent Futuro ut̃ audiar audiaris uel
audiare audiat̃ ⁊plr̃ ut̃ au[illegible]
uo mõ tpe p̃nti cũ audiar [illegible]
⁊ audiamur audiamĩ audiant̃ Preterito impfcõ cũ audirer au
direris l' audirere audiret̃ ⁊plr̃ cũ audiremur audiremĩ audirentur
Preterito pfcõ cũ audit⁹ sim l' fuerĩ sis l' fueris sit l' fuerit ⁊plr̃ cũ
auditi sim⁹ l' fuerim⁹ sitis l' fueritis sint l' fuerint Preterito plus-
qʒpfcõ cũ audit⁹ essẽ l' fuissẽ eẽs l' fuisses eẽt l' fuissʒ ⁊plr̃ cum
auditi eẽm⁹ l' fuissem⁹ eẽtis l' fuissetis eẽnt vel fuissent Futuro
cũ audit⁹ ero vel fuero eris vel fueris erit vel fuerit ⁊plr̃ cũ audi-
ti erim⁹ vel fuerim⁹ eritis vel fueritis erunt vel fuerint Infinitiuo
mõ sm̃ nũis ⁊ psonis tpe p̃nti ⁊ p̃tito impfcõ audiri Preti-
to pfcõ ⁊ plusqʒpfcõ auditũ esse vel fuisse Futuro auditũ iri
Duo pticipia trahũt̃ a u̾bo passiuo p̃titũ ut audit⁹ Futurũ
ut audiendus
Fero fers fert ⁊plr̃ ferim⁹ fertis ferũt
Preterito impfcõ ferebã ferebas ferebat ⁊plr̃ ferebamus
ferebatis ferebãt Preterito pfcõ tuli tulisti tulit ⁊plr̃ tulim⁹ tulis
tis tulerũt vel tulere Preterito plusqʒpfcõ tuleram tuleras tulerat
⁊plr̃ tuleram⁹ tuleratis tulerant Futuro ferã feres feret ⁊plr̃ fere-
mus feretis ferent Imparatõ mõ tpe p̃nti ad scdaʒ ⁊ tciã psonã
fer ferat ⁊plr̃ feram⁹ ferte ferant Futuro ferto tu ferto ille et
⁊plr̃ feram⁹ fertote ferũto l' feruntote Optatõ mõ tpe p̃nti ⁊ p̃
terito ipfcõ ut̃ ferrẽ ferres ferret ⁊plr̃ ut̃ ferremus ferretis fer
rẽt Preterito pfcõ ⁊ plusqʒpfcõ ut̃ tulissem tulisses tulisset et
plr̃ ut̃ tulissemus tulissetis tulissent Futuro ut̃ feram feras
ferat ⁊plr̃ ut̃ feramus feratis ferant Coniunctiuo mõ tpe

● 美因茲全景。一五六五年
● Panorama of Mainz, 1565

保了書籍印刷術勢不可當地向外傳播出去。

巨大的紅砂岩教堂似乎宣告了此地自從古羅馬人建城以來的歷史延續性。然而在古騰堡的時代，美因茲不光是一座擁有大教堂的城市而已，它還是一個大主教國，擁有自己的貨幣和自己的法律。它的君主，即大主教，排名居於有權推舉神聖羅馬帝國皇帝的七位諸侯之首；就憲政體制而言，美因茲大主教的地位更僅次於皇帝本人（參見第5章）。美因茲鄰近美因河注入萊茵河之處，位於許多采邑主教領地和自由城市的中心，它們都是帝國之內的自主邦國：離此不遠就是斯特拉斯堡（古騰堡曾長年在那裡居住，並發展出他的構想），以及法蘭克福那個忙碌

的貿易中心，再往北方過去一些則有科隆和許多繁榮的尼德蘭城市。這是一個由獨立宮廷、富裕城市和國際交易會共同構成的地區——換句話說，這裡異常密集地聚集了識字的客戶，為書籍印刷提供現成的市場。只有德語世界才能夠提供的經濟活動網絡，在這世界裡，技術嫻熟的工匠很容易就可以從一個中心移動到另外一個中心，而且德國的巨川大河：萊茵河、美因河、摩瑟爾河與內卡河，構成了一個無與倫比的分銷體系。在這裡製造的物品可以銷售到整個歐洲。

因此從一開始就有許多人能夠立刻接受古騰堡的出版物，再加上一般的印刷書籍。重要的是，沒有中央政治威權來控制事態的發展。克里

1400

1900

Johann Gensfleisch zu Gutenberg

Offizielle Festpostkarte

Gutenbergfeier in Mainz

Carl Goebel fec.

ALLEINVERTRIEB L. KLEMENT FRANKFURT a/M

ALGRAPHIE DRUCK & VERLAG DER ALGRAPH. KUNSTANSTALT JOS. SCHOLZ MAINZ

斯提安・顏森解釋了此事至關緊要的原因：

> 這意味著從前不容易獲得書本的人，現在有了門路。在一四八五年出現過這樣的例子：有一本評注彌撒經書的小冊子不受干擾地以德語手抄本形式存在了好幾百年，然後才被印刷成書。可是它一被印出來便遭到查禁。美因茲大主教不僅禁止那本評注，還全面禁止了從拉丁文和希臘文翻譯成方言的書籍。他的理由是：你怎能指望沒有接受過正規大學教育的人，會有辦法領悟出正確的道理呢？除非你已經學過該如何理解它，否則你就會搞錯。但是大主教無法阻止在自己轄區外的印書工作。由此可見，門路的擴大不只是由於書籍價格降低了的緣故，原因也在於人們如今擁有了能夠幫他們做出詮釋的文本——在受到控制的環境之外。對印刷版書籍的需求變得如此強烈，以致活字本身也成為一種商品。你可以出售活字，而這意味著在一四七〇／一四七五年前後，數以百計的人有辦法設置印刷工坊。你無法控制此趨勢。這種技術的工作方式非常不利於管理當局的掌控。

神聖羅馬帝國在政治上的四分五裂，保障了非凡的自由。所以過了六十年後，當馬丁・路德撰文抨擊出售贖罪券之際（那些贖罪券表格非但讓教宗財源廣進，還曾經資助過古騰堡），他不僅在德國境內找到了願意印刷發行的業者，而且有別於法國或英國之類中央集權國家的是，那些印刷業者無法被阻止。

● 一九〇〇年來自美因茲的明信片，用於慶祝（據稱的）古騰堡誕生五百週年紀念。
● Postcard from Mainz in 1900 celebrating the supposed 500th anniversary of Gutenberg's birth

1500.
AD
Albertus Durerus Noricus
ipsum me propriys sic effin-
gebam coloribus ætatis-
anno XXVIII.

17 An artist for all Germans 全體德國人的藝術家

福斯汽車（Volkswagen）、愛迪達（Adidas）、彪馬（Puma）、梅賽德斯（Mercedes）[1]、漢莎航空（Lufthansa），它們都是擁有著名文字標誌（logo）的著名德國公司——例如福斯汽車與交織在一起的VW字母、Adidas與三槓運動條紋，以及Mercedes與三叉星徽。LOGO本身就是一項德國的發明：聯合活字（logotype）原本是印刷業者鑄造出來的一種符號或標記，使用於分割或裝飾頁面。在這一章裡面，我們將著眼於所有德國LOGO當中最早的一個，而且堪稱是最受推崇的一個。它起源於一五〇〇年前後，至今依舊在全球各地受到青睞和垂涎。大英博物館「版畫室」的許多件展品都打出了這個LOGO，是全世界最知名的一些版畫。這標誌由兩個經過優雅設計的縮寫字母組成：一個拉得很長的「A」，有著扁平的頂部和一條位置偏高的橫線，在「A」的雙腿內側則安置了一個「D」。二者是阿爾布雷希特．杜勒（Albrecht Dürer）[2]的姓名開頭字母縮寫，以及他個人的商標。

杜勒是獨領風騷的德國藝術家。他的圖像，以及他的自畫像，在德國無人不知，無人不曉。他屬於一種新類型的藝術家。他很顯然迷戀上了自己，是歐洲第一位畫出這麼多自畫像的偉大藝術家。他體現出了「將藝術家視為英雄和明星」的文藝復興理念，完全涉入了新的世界和新的技術。杜勒也是第一位向歐洲各地廣泛銷售自己作品的藝術家，他為視覺藝術利用了那個早已將書面印刷文字傳播到整個歐陸的分銷體系

- 阿爾布雷希特．杜勒，〈自畫像〉。一五〇〇年
- *Self-Portrait*, by Albrecht Dürer, 1500

（參見第16章）。不過杜勒也是一位全球性的藝術家。就像莎士比亞之於英國，他如同透鏡一般，讓許多德國人藉以見識文藝復興時期歐洲變化多端的世界以及新領域。就像莎士比亞，他探索了生活的各個方面——政治和自然歷史、宗教和哲學、男歡女愛和自然景觀；他還像莎士比亞那般，既與宮廷關係密切同時又保持孑然獨立。杜勒的藝術創作不僅僅是針對一位贊助人而已（有時那人就是皇帝自己），更是針對整個市場。他是一位精明的生意人（另一個與莎士比亞類似之處），並且獲得了巨大的商業成功。基於所有這些原因，杜勒已然成為獨一無二的偉大德國藝術家。正如同英國作家們會不自覺地引用莎士比亞那般，德國藝術家們直到今天都還引用杜勒，幾乎沒有察覺自己正在那麼做。

有了LOGO當然並不能代表就是真品，令人不安的發現是：根據專家們的意見，大英博物館所收藏的印有AD組合字樣的版畫當中，有一些其實是贗品。茱利亞·巴萃姆，大英博物館德國版畫與素描部門的主任，解釋了應該如何區分正版的和冒牌的AD標誌：

> 我不得不表示，區分真偽的確有一定的難度。像杜勒的「AD」這樣簡單的設計，很容易就可以仿造。杜勒去世後，這標誌顯然在十六世紀晚期遭到複製，以便於正版供應枯竭之際刺激版畫的銷售。每一個購買版畫的人都知道AD字母組合的意義何在，所以他們並不真正在乎那到底是不是真品：即使只擁有勉強能跟杜勒扯得上一點關係的東西，那就已經夠了。我們認為，杜勒在一五〇六年前往威尼斯的動機之一，是要查明究竟誰在市面上流通那些打出其名號的版畫，並且為此採取對策——實際上就是為了保護他自己的品牌。這種問題顯然也出現於紐倫堡。杜勒的《啟示錄》系列版畫名聞遐邇，而他曾在一五一一年版的背面加上了一個警句：「你們這些小偷和模仿我作品的人都給我小心點」，告訴他們將會受到懲罰。讓我們吃驚的地方在於，他比較在乎的事情並非圖像被人複製，而是AD字母組合遭到擅自使用。看來他並不怎麼反對其他藝

術家複製他的圖像；但那些人把複製品講成是他的真跡，才是他真正介意之處。

直接為贊助人製作的版畫，當然會比較容易受到掌控。大英博物館收藏的杜勒精品當中，有一件作品因為尺寸巨大而引人注目。它是有史以來曾創作過的最大型版畫之一，由一百九十五塊單獨的印版製作而成（見次頁）。它是一座用紙張造出來的宏偉凱旋門，在一五一五年前後由神聖羅馬帝國皇帝馬克西米利安一世委託進行。它的上面裝飾了各種具有寓意的人物和歷史人物，用於宣揚帝國統治的好處。馬克西米利安是最早察覺版畫具有政治宣傳潛力的統治者之一。此處印出的凱旋門雖然從來不曾存在過，因為馬克西米利安負擔不起它的建造費用，不過他可以散發杜勒製造的相關紙上圖像，而且第一版就印製了七百份以上。它們懸掛於市政廳和全帝國各地的公侯宮殿內，以非常經濟的方式表明皇帝本人隨時都可能勝利地抵達。

杜勒的故事開始於紐倫堡，一座位於德國南部富裕的帝國自由城市。城內的哥德式城堡是中世紀皇帝召見全德各地代表，以及「查理曼皇冠」（參見第11章）受到保管的地點。城堡仍舊矗立在上方，守護著這座風光如畫的城市，情況正如同一四七一年時，身為家中十八個小孩之一的杜勒誕生於此之際那般。紐倫堡曾經以金屬加工製品名聞遐邇（參見第19章），而杜勒的父親是一位成功的金匠。年輕時代的阿爾布雷希特首先接受了金匠訓練，然後才學習當畫家。他的教父安東・科貝格則致力於新近出現的印刷技術，在一四九〇年代初期已經是德國最成功的印刷業者和出版商之一。正是版畫印刷品（及其經由德國的廣闊分銷網絡大量銷售的潛力）使得杜勒從一位地方性的藝術家晉身成為歐洲名流，同時替自己創造出聲譽和財富。

杜勒以物流高手和版畫線條大師之姿，置身其中經營業務、創造傑作長達二十年之久的那棟房子，現在依然屹立。「杜勒之家」的負責人，湯瑪斯・紹爾特博士，解釋了當地一些有助於杜勒獲得成功的條件：

● 阿爾布雷希特・杜勒，
〈馬克西米利安一世的凱旋門〉。
一五一五至一五一七年

● *Triumphal Arch of Maximilian I*
by Albrecht Dürer, 1515–17

● 重建於一九四五年之後的老紐倫堡：城堡位於左前方，杜勒之家則在右側。

● Old Nuremberg, rebuilt after 1945, with the castle on the left and Dürer's house on the right

杜勒在正確的時間，出生於正確的地方。一五〇〇年前後正好是紐倫堡的鼎盛時期。那裡有許多成功的商人；那裡有偉大的文藝復興時期人文主義者，例如杜勒的老友，既是律師又是學者的威利巴德．皮克海默；市內擁有大量的財富，而且紐倫堡與全世界都維持貿易關係——與威尼斯、布魯塞爾、安特衛普、克拉科夫，以及奧斯陸等等重要的歐洲貿易城市。諸如此類的關係非常密切，給杜勒帶來遠甚於一位傳統畫家所能獲得的巨大助益。杜勒用印刷術複製了自己的藝術作品，使得他的木刻版畫和銅版雕畫在很短時間內就傳遍歐洲各地。

正如同傳播古騰堡書籍時的情況那樣，文藝復興時期德國的各種交易會、河道及貿易路線也有效地推廣了杜勒的圖像。

杜勒的版畫是首先在歐洲大量生產的偉大藝術作品，杜勒本人則是率先掌握了印刷這門新技術的偉大藝術家，將木刻版畫和銅版雕畫的地位提升到一個新的層次。當時固然還沒有人稱之為資訊科技，但這就是資訊科技的實質意義。那些版畫大幅擴充了圖像的數目，拓展了一個人在一生中所能看見的各種既有用又神奇的事物。

杜勒和他能幹的妻子，阿格尼絲．弗萊，一同行遍德國各地並且前往國外銷售版畫、傳播了那些圖像的聲譽和影響力。他一四九八年推出的《啟示錄》系列，是第一本由藝術大師繪製，印刷成書的西方藝術圖冊。書中的聖經文字伴隨著十五幅木刻版畫，其中包括了著名的〈啟示錄四騎士〉在內。這本書所選擇的發行時間非常理想。有許多人曾經相信過，啟示（世界的末日）會在一五〇〇年來臨，因此很好奇地想要看一看到時候可能是什麼模樣。甚至等到已經確定世界不會就此完結之後，鑑賞行家們照樣繼續讚賞和購買那些具有強大表現力的圖像。杜勒自己出版了那本書，並將大筆金錢投資在製作各個木刻版所需要的熟練工匠身上。當時的世界末日跟現在的世界末日一樣，都是票房的保證，那些版畫賣得如此之好，為他的餘生提供了一筆可觀收入。

杜勒一直由於他的銅版雕刻而特別受人讚賞。那是非常困難、精確、耗神的工作，而且（有別於木刻版畫）是由他自己在銅版上面親手完成的。其中兩幅銅版畫長久以來更被視為技法高超和內涵豐富：偉大的寓言人物「憂鬱」坐在那裡，周遭圍繞著一系列的物品與符號；此外是騎士英勇地坐在馬背上，出發前進，而其兩側分別為死神和魔鬼。茱利亞．巴萃姆解釋了它們為何如此不同凡響：

> 兩幅圖皆展現出相當驚人的技術成就，其主題產生了相輔相成的作用。我們看見那位騎士坐在馬背上，與魔鬼一同穿越山石嶙峋的峽谷，而他忠實的狗兒奔跑於身旁。在他的駿馬後面（在他的右手邊）就是死神。但他對死神不理不睬。他目標明確並且積極進取。「憂鬱」那個身影卻垂頭喪氣地披著厚重服裝。她的狗兒則已經睡著了。環繞著她的是一些冷冰冰的幾何形狀物體，在背

景部分還出現一片空空蕩蕩的末世景觀。你能夠感覺到，她掌握不了自己的生活，完全受困於思索和創造之間的奮鬥。無論從何種角度來看，她都跟那個騎士截然相反——他目標明確地騎馬向前，她卻坐著不動。

就技術方面來說，杜勒在此炫耀了他的拿手絕活。他把雕刻刀拿捏得爐火純青，藉由圓點和短線條召喚出變化多端的光影效果。有辦法用黑色和白色達到這一點，那是相當令人吃驚的事情。可千萬別輕忽了複雜成這樣的銅版畫在雕刻時的困難度。此後再也沒有任何人能夠完成這樣精細的版畫。畫中的線條是如此層次分明，你必須懂得怎麼使用各種不同類型的鑿刀，才有辦法表現出這種光影效果、「憂鬱」身上那一套絲質長袍的柔軟質地，以及騎士的忠狗在背部的鬆軟毛皮——那裡一根根的狗毛都飄飄欲動，讓你看得見凸出來的骨頭。杜勒運用那種技法來處理他所有的動物。後來固然有許多臨摹者試圖捕捉這兩幅圖像的神韻，但再也沒有人能夠把鑿刀掌握得如此老練純熟。例如哥雅採用了銅版蝕鏤法，林布蘭則進行了蝕刻，不過唯獨杜勒有辦法製作出像這樣的銅版雕畫。

這兩幅版畫之所以眾所周知，並不只是因為其製作技巧無與倫比的緣故。它們是如此出名，使得它們在某種意義上已經成為德國的雙重自畫像，呈現出的兩個相互矛盾的面向——由〈騎士〉代表的強力行動，以及由〈憂鬱〉代表的內向沉思。很難想像還會有其他任何歐洲國家能夠藉由這種微妙而複雜的圖像，形象化地將自己描繪出來。

針對那些版畫及其意義做出的各種詮釋，許多個世紀以來不斷地迴盪，在德國身分認同的歷史脈絡中扮演著獨特角色。霍斯特．布雷德康普對此指出：

● 阿爾布雷希特．杜勒，〈啟示錄四騎士〉。一四九八年

● *Four Horsemen of the Apocalypse* by Albrecht Dürer, 1498

● 阿爾布雷希特・杜勒，〈憂鬱〉。一五一四年

● *Melancholia* by Albrecht Dürer, 1514

● 阿爾布雷希特．杜勒，〈騎士、死神與魔鬼〉。一五一三年

● *Knight, Death and the Devil* by Albrecht Dürer, 1513

我認為找不到另外兩件物品，能夠如此體現出十九世紀德國心靈的自我界定，那種界定所產生的結果是我們都曉得的。騎士置身在一個極度敵對的環境中，沒有任何逃脫的可能性、沒有希望——四周圍繞著鬼怪，以及對他所做的每件事情都不利的一片景象。這名騎士代表了德國人的自我定義，他有一顆鐵一般的心，不論時局如何變遷都沿著他所選擇的道路繼續走下去。所以在這種意義上，騎士已成為堅毅不拔的象徵；他固守自己的方向，完全無視於阻擋在路上的敵人和障礙。「憂鬱」則恰恰相反，被視為德國人靈魂的象徵，可以被定義成笛卡兒所代表的啟蒙運動之對立面。「憂鬱」以浪漫主義替代了法國的理性主義。就此而言，真正具有決定性意義的是靈魂，並非機械般的身體和頭腦，而靈魂正同時是頭腦以及身體的激勵因素。德國人的靈魂於是被定義成：比其他任何民族更有深度和更為複雜。但這也意味著各種不同屬性的元素，像是自我毀滅、行動上的癱瘓，以及可能會導致瘋狂的自我冥思。換句話說，這可謂是針對十九世紀德國心靈做出的一種兩極化的定義，沒有其他作品能夠如此「清楚明白地」讓人看出這一點。

這兩幅版畫的強大力道，以及有關「杜勒表達出最典型德國特質」的看法，使得人們在拿破崙占領德國之後的那些年頭，重新對他產生了非常濃厚的興趣。紐倫堡的「杜勒之家」於一八二八年向公眾開放，成為一座紀念博物館。在此之前，唯一更早獲得紀念館的藝術家，就是佛羅倫斯的米開朗基羅。杜勒這位最國際化和歐洲化的藝術家，儼然成為德意志民族復興的一部分。湯瑪斯・紹爾特博士解釋說：

我們必須記住德國在「後拿破崙戰爭時期」所處的政治情況。德國陷入四分五裂，於是對國家統一的渴望貫穿了整個十九世紀。在一八七一年的時候，我們有過一個頗不尋常的巧合：德國在普魯士領導下擊敗了法國，建立了德意志第二帝國，然後在紐倫堡這裡慶

> 祝阿爾布雷希特・杜勒誕生四百週年。人們不相信事情會發生得如此偶然。結果杜勒就在那個時刻變成了民族英雄。

然而正如同俾斯麥（那位獲得「一八七一年勝利的建築師」）所發現的（參見第21章），在德國的民族英雄身分不無可能會變成了「金杯毒酒」。假如杜勒在十九世紀後期仍然活著的話，他一旦獲悉〈騎士、死神與魔鬼〉是華格納最喜愛的版畫，以及尼采眼中「難得一見的雄性圖像」之後，恐怕會訝異得猛烈晃動他那捲曲的長髮。若在二十世紀，要是杜勒曉得那幅版畫已經被戈培爾盜用於宣傳活動的話，他恐怕更會覺得自己的世界末日到了。藝術歷史學家威廉・韋措爾特在一九三六年寫道：「英雄的心靈喜愛這幅銅版雕畫——尼采曾經這樣，阿道夫・希特勒今天也是如此。」正如同本書所探討的其他許多成就與傳統那般，杜勒的作品一旦遭到納粹侵占和汙染之後，便沾上了一種不受歡迎的、邪惡的色彩：一九四五年以後在人們的眼中，這位騎士不再被看成是一位高貴、勇敢的奮鬥者，而是一名目無法紀的強盜騎士，帶來了死神和魔鬼。無怪乎現代的德國評論家，會把注意力集中在他另外一幅偉大版畫的創造性奮鬥——〈憂鬱〉。

但「憂鬱」不是一個適合做為結尾的地方。「杜勒」這詞意味著豐盛的生命和一個新的世界——不僅僅是印刷與傳播的新世界，更是一個真正嶄新的世界。當杜勒前往安特衛普，參觀柯爾特斯征服墨西哥之後送回歐洲的阿茲特克寶藏時，那些來自一個先前完全未知文明的創造物給他留下了深刻印象。杜勒後來寫道：對他而言，那些創造物比奇蹟還要來得珍貴。或許杜勒最名聞遐邇的版畫主題，也來自於世界的另一端：〈犀牛〉。葡萄牙人在一五一五把牠從印度帶去里斯本，成為歐洲人自從古羅馬時代以來所看見的第一頭犀牛。杜勒根據這頭犀牛製作了一幅最暢銷的木刻版畫。那是他除了繪製〈可怕的豬〉和〈連體嬰〉圖像之外，對奇妙怪誕的通俗版畫世界做出的許多貢獻之一（但〈犀牛〉的知名度還是遙遙領先）。

● 阿爾布雷希特・杜勒，〈犀牛〉。一五一五年

● *Rhinoceros* by Albrecht Dürer, 1515

茱利亞・巴萃姆解釋說，以科學的眼光來看，那幅〈犀牛〉簡直像是一個來自「侏羅紀公園」的怪獸：

> 杜勒自己從來沒有見過那種動物。其創作根據是一篇記者報導，而該報導針對犀牛的外觀做出了詳細描述，談論到其皮膚上的鱗狀斑點所產生有如烏龜殼一般的效果。報導中的某些內容肯定讓它聽起來宛如一副鎧甲，因為杜勒賦予犀牛皮膚的許多部分一種明顯類似鎧甲的外觀。牠的模樣非常凶狠，讓人感覺具有不可思議的力量。那呼應了杜勒把這隻巨大動物擠進一個小盒子的方式，畢竟當時人們的看法是：牠本來就只能關在籠子裡。此處的表現手法十分出色

——犀牛角頂住版畫的前緣，犀牛尾巴則被版畫的另一邊擋了回去。杜勒在犀牛的下顎添加非常普通的觸鬚，而這個細節是他自己的發明，借用自他所熟悉的一些動物。於是犀牛被呈現出來的外觀顯得完全可信，牠所擁有的那種力量更使之具有令人生畏的威嚴。

杜勒在自己的一生當中，總共給這幅版畫製作了四千至五千份拷貝：木刻版的優點之一在於能夠長時間使用，即使細節往往已經模糊不清了也無所謂。然而鑒於杜勒對其無與倫比的銅版雕刻技巧之自豪，以及〈憂鬱〉令人愉悅的微妙細節，他說不定會覺得有些懊惱，因為在杜勒所有的作品當中，這幅（或許稱得上是搖錢樹的）通俗圖像變成了最具可辨識性、最廣為傳頌的一個。

兩百年後，德勒斯登的麥森瓷器廠決定製作一頭瓷器犀牛用於炫耀。到了那個時候，人們早已看見過其他的真實犀牛。不過該廠沒有理會真正的犀牛，反而寧願採用杜勒的圖樣。如同之前和之後的許許多多德國人那般，他們是通過杜勒的眼睛來看世界的。

1 〔譯注〕梅賽德斯在兩岸三地往往被稱做「賓士」、「朋馳」、「奔馳」、「平治」等等。

2 〔譯注〕杜勒或被音譯成「丟勒」，但Dürer的德語讀音其實比較接近「迪勒」。

18 The white gold of Saxony
薩克森的白色金子

十八個高約四英尺的中國青花瓷瓶，在一七一七年成為兩位歐洲統治者所敲定的一筆最不尋常的外交交易的核心。薩克森的統治者用六百名最好的士兵，向普魯士國王換來一百五十一件中國瓷器——其中包括了那十八個瓷瓶。那批士兵在柏林被稱為龍騎兵衛隊，這些瓷瓶則直到今天依然以「龍騎兵瓶組」之名，陳列於德勒斯登的瓷器館。

薩克森選侯「強者」奧古斯特是一位充滿激情（實際上是執迷不悟）的各類藝術品收藏者。但他有一種壓倒一切的狂熱：他染上了時人所稱的「瓷器病」。沒有任何記錄提到，當他那六百名龍騎兵從德勒斯登行軍穿越德國境內前往柏林之際，對那筆交易（以及由他們自己承擔的「瓷器轉讓費」）究竟抱持著什麼樣的想法。但沒有任何事物能夠更清楚地展現出「weisses Gold」（白色金子）的地位與價值，「白色金子」就是中國瓷器在當時所享有的聲譽。它既充滿異國情調又十分昂貴，因為它具備了歐洲瓷器所沒有的一切：質地堅硬、經久耐用、呈半透明、釉料均勻、是最不易損壞的瓷器，而且非常美麗。最關鍵的地方是，歐洲根本沒有人能夠做出任何可相提並論的東西來。

在一七二八年，那個非比尋常的禮物交換行動發生十一年之後，又出現另外一次令人難忘的薩克森－普魯士高峰會晤。普魯士國王腓特烈・威廉一世前往德勒斯登訪問，被款待以假面舞會和笙歌宴飲之後，「強者」奧古斯特赴柏林進行回訪。他按照協議要求，帶著送給普魯士

- 路易・德・西爾維斯特，〈薩克森的奧古斯特二世與普魯士的腓特烈・威廉一世〉。一七二〇年前後
- *Augustus II of Saxony and Frederick William I of Prussia*, by Louis de Silvestre, c. 1720

王后索菲·多蘿蒂亞[1]的禮物一同過去。其重頭戲是一套特製的瓷器，其中包括一組現藏於大英博物館的碗盤。我們知道這組碗盤是贈送給索菲王后的，因為它們每一件的中央都有普魯士的黑鷹，在周圍用字母拼寫出王后的名字。這批瓷器的離奇之處在於，即便其外觀明顯具有中國特色：細膩透亮、質地堅硬、釉面呈玻璃狀，卻不像一七一七年被交易的「龍騎兵瓶組」那般出現白底青花圖案。它的底色當然也是白色，但其彩繪源自一個不同的傳統，使用了紅色、綠色、藍色和黑色。尤其特別的是金色無所不在，到處都出現金色的邊框和金色的花飾。

兩次交換禮物的十一年間隔當中，已經發生過非常驚天動地的事情。奧古斯特找出了如何在歐洲製作中國瓷器的辦法；更確切地說，就是如何在他的薩克森家邦做中國瓷器。他督導完成了現代德國化學界最

● 一七一七年交給薩克森統治者奧古斯特的七個「龍騎兵花瓶」。
● Seven of the Dragoon Vases given to Augustus of Saxony in 1717

初的偉大勝利之一：麥森瓷器。奧古斯特想要炫耀一番，便把它做為禮物送給他在柏林的競爭對手和鄰居。德國第二次成功複製了一項中國的獨門技術成就（古騰堡印刷術是第一次）。

在安德烈亞．曼帖那繪製於一五〇〇年前後的〈賢士朝聖〉那幅畫作上，三位賢士當中最年長的一位向聖嬰耶穌呈遞了做為禮物的黃金，把它盛放在當時歐洲人認為東方所能提供的最珍貴容器裡面——一個來自中國的青花瓷杯。在十八世紀初，瓷器仍舊跟曼帖那在十五世紀晚期作畫的時候一樣貴重。其中主要原因之一是，沒有人曉得它是怎麼做出來的。另一個原因在於，把瓷器從中國和日本進口到歐洲是利潤豐厚的獨門生意，長年受到荷蘭東印度公司壟斷。該公司將各種瓷器船運至阿姆斯特丹，而它們多半很快就在當地落入世襲統治荷蘭共和國的奧蘭

- 為普魯士索菲．多蘿蒂亞王后製作的麥森瓷器。一七三〇年
- Meissen porcelain made for Queen Sophia Dorothea of Prussia, 1730

治家族手中。

在十八世紀德意志各邦的權力政治角逐當中，外交禮品不只是一個形式上的問題而已，還涉及了在別的公爵、諸侯，或者國王面前炫耀自己的神通廣大。尤其重要的是，要拿得出別人沒有辦法給的東西——比方說，就像今天只有中國人能夠贈送大熊貓一般。寇朵拉·比朔夫這位研究瓷器政治的專家解釋說：

> 外交禮物是近代早期的一種流通貨幣，每一位統治者都迫切需要特殊的物件（例如他自己製造的產品）當做禮品使用。每一位統治者都渴望找到獨一無二、只有他能夠給的東西。這可以是一種天然的產物，比方說俄羅斯的沙皇贈送毛皮，或者漢諾威選侯培育特種的馬匹；要不然就像法國人那般，使用工坊裡面打造出來的奢侈品。布蘭登堡選侯甚至有兩項獨特物品可做為珍貴的禮物：他們在波羅的海沿岸發現的琥珀（參見第3章），以及從十七世紀下半葉開始有辦法提供的中國瓷器。他們透過自己與奧蘭治家族的關係而進入了那個行業。

薩克森的奧古斯特選侯卻非常不幸，除了他的龍騎兵之外沒有什麼特別的東西可以拿來送人。然而比派頭爭面子的作風已經愈演愈烈。一七〇〇年之後，相繼有三位神聖羅馬帝國的選侯變成了國王。布蘭登堡選侯腓特烈·威廉已經自稱為「在普魯士的國王」（參見第3章）。漢諾威選侯格奧爾格（喬治）繼承了大不列顛的王位；奧古斯特本人則被推選為波蘭國王。與選侯們相形之下，國王們甚至更迫切需要有能力來賞賜貴重的禮物。如果想要真正擺出國王的派頭，就一定要有辦法饋贈真正具有王者風範的禮物。奧古斯特卻長久以來因為金錢短缺而出名。

在相當突然的情況下，看樣子能夠幫助奧古斯特擺脫困境的答案，就那麼落入了（或者其實是脫逃到）他的手中。約翰·伯特格爾是一名煉金術士，他屬於好幾個世紀以來堅持不懈、屢敗屢戰，千方百計尋找「魔法石」的那種人，把廉價的金屬轉化成黃金。一七〇一年時，腓特烈．威廉國王打算實地測試他所吹噓的煉金本領，伯特格爾只得匆匆離開柏林，前往薩克森尋求庇護。奧古斯特看見了自己的機會。他給予伯特格爾庇護。接著他把那個難民監禁起來，要求伯特格爾繼續工作下去，並且用黃金塞滿他的庫房。烏爾里希．皮區，德勒斯登瓷器收藏館的館長，講起了那個故事：

> 奧古斯特把伯特格爾當成囚犯看待，並且要求他製作黃金。伯特格爾當然沒有辦法做到這一點。他的同伴埃倫弗里德．瓦爾特．馮．契恩豪斯是發明家和數學家，曾經做過許多實驗來查明瓷器的配方，然而從未獲得成功。但契恩豪斯鼓勵伯特格爾也進行這樣的實驗，結果伯特格爾成功了。他在一七〇八年找出正確的方法。其中的秘密非常簡單。中國人並不是按照配方來製作，他們只是就地取材，而中國的那種白色黏土含有長石，石英和高嶺土。伯特格爾必須把中國黏土裡不同的成分辨認出來。終於在進行兩年實驗之後，成功地發現了在胚泥中應該具備的成分。他選取來自薩克森和德國其他地區的白色黏土，然後把它們混合在一起。他一直仔細記錄所使用的原料，以及所涉及礦物質的精確分量。這麼長時間下來，他總算大功告成。

巫術已經讓位給我們所熟悉的實驗研究。不合情理的「魔法石物理學」（浮士德與魔鬼締結盟約那個傳說故事的基礎），於是在薩克森被實事求是的化學所取代。易北河畔的德勒斯登城內發生了一場變形記：簡單的泥土最後蛻變成為白色的金子。

那固然並非真正的金子，但奧古斯特很快就意識到，他能夠把它轉化成金子。烏爾里希．皮區解釋說，奧古斯特不但終於擁有了自己專屬的外交禮品和利器，還得到一個潛在的豐厚收入來源：

● 貝爾納多・貝洛托，〈從易北河右岸望去的德勒斯登〉。一七四八年

● *Dresden Seen from the Right Bank of the Elbe*, by Bernardo Bellotto, 1748

● 伯特格爾的紅瓷實驗：（左）中國紫砂茶壺，一六六二至一七二二年；（右）伯特格爾製作於麥森的仿製品，一七一二年。

● Böttger's red porcelain experiments: (left) Chinese teapot 1662–1722, (right) Böttger's copy made in Meissen 1712

國王一確定伯特格爾的製造品質可以媲美日本和中國，便下令在德勒斯登開設工坊。但實驗室在幾個月之內就已經嫌太小，於是他決定把工坊遷往麥森，來到環境清幽的阿爾布雷希特城堡，因為他想要持續保密和壟斷。奧古斯特起初委託仿造他自己的東方瓷器，這個做法很快就讓麥森工坊大獲成功。每個人都想要擁有這種裝飾著中國式和日本式圖案的瓷器。儘管如此，那家工坊過了幾年之後已經變得更有自信，於是減少模仿而開始創造出它自己的歐洲造型和裝飾藝術。這是第一次生產出真正的歐洲瓷器。整個歐洲大陸為之豔羨不已。

所有這一切解釋了：奧古斯特何以能夠在一七二八年將歐洲風格的

麥森瓷器贈送給索菲・多蘿蒂亞王后。那是他自己的瓷器，製造於他自己的首都德勒斯登附近。「強者」奧古斯特如今也是「富者」奧古斯特，或者最起碼是「比較不窮的」奧古斯特。古騰堡意識到並且充分利用了書籍的大眾市場潛力，奧古斯特卻對瓷器的市場定位抱持完全相反的觀點。他希望瓷器繼續是只有富人和權貴才負擔得起的稀有商品：其昂貴價格將給薩克森國家財政帶來直接和持續的益處。這確實是此後二百五十年所發生的事情。他將麥森瓷器當成一種外交工具來大力推廣，不僅帶來了現金，同時也產生影響力。如果能夠用瓷器取代歐洲餐桌上的金子和銀子，這將會創造出豐厚的收益。薩克森舉辦的國宴上於是擺設出一系列精緻的瓷器。各式禮物被饋贈給其他的王室家族，希望藉此鼓勵別人有樣學樣，向薩克森購買他們所需要的瓷器。但此外還另有因素促進了瓷器的普及。寇朵拉・比朔夫對此說明如下：

> 諸如巧克力、咖啡和茶之類的飲料在十七世紀進口到歐洲以後，就對新的容器產生了需求。它們都屬於熱飲，這是之前相當罕見的現象，而金、銀和玻璃器皿顯得不很實用。固然可以為此使用來自中國或其他東方國家的杯具，可是它們不怎麼合乎歐洲人的口味，而且都太小了。更何況那些杯具過於昂貴，不適合日常使用。咖啡與茶的風尚日益盛行，很快就連與宮廷缺乏關係的人們都有能力上咖啡館。剛開始時用的是陶製品，不過它們容易碎裂，結果很快就有人把腦筋動到新近開發出來的薩克森瓷器上面了。

除了成套的瓷器餐具之外，茶具和咖啡用具也開始登場。

發明一種新媒介的樂趣，就在於發現可以用它來做出更多其他東西。隨著時間的推移，奧古斯特變得越來越雄心勃勃和創意十足，他打算展示薩克森製造的瓷器所能夠實現的特別事物。瓷器來勢洶洶，不僅可以媲美金銀餐具，還可以在雕塑製作方面與青銅分庭抗禮。麥森開始生產小雕像，然後把它們做得越來越大，直到奧古斯特最後決定把瓷器與各式各樣的王侯奢侈作風結合於一體。

偉大的統治者們全部都擁有觀鳥園和動物園，在裡面豢養著耗費巨資從世界各地蒐集過來的珍禽異獸。它們非常適合用來招待外國訪客藉以炫耀。奧古斯特於是決定，他要擁有一座瓷器鳥舍和一座瓷器獸苑。之前從來沒有任何人做過類似的東西，今天卻可以在德勒斯登的王宮裡面看見它們。較小的鳥類彩繪得十分鮮豔，以各種不同的姿勢和燦爛的色調，從牆頭高處的支架作勢向下俯衝。在地板上則有較大的禽鳥和白瓷製成的動物。這一切都非常令人驚嘆。一隻孔雀站著，尾巴從牠棲息的樹木向下垂掛。另外一隻真實大小的孔雀，正在驕傲地開屏。這是把所使用的材料推向其物理極限——由一大塊未受到支撐的瓷片模擬著顫抖、豎起的尾羽。這雖然堪稱為技術上的極致，卻不只是靜態的奇觀而已。禽鳥和獸類都被呈現得栩栩如生，做出牠們在大自然裡會進行的事情：遊玩、覓食、殺戮。兩隻狗兒在翻滾嬉戲，與此同時有一隻狐狸叼著一隻雞溜走。一切當中最凶險的則是那些禿鷹，其中一隻在鳥喙中緊咬著被牠用爪子抓住的一隻鸚哥的心臟。這不僅僅是一個獸苑而已。這是大自然的劇場，牙齒和爪子雖然是紅色，在此卻是以白色的（雪白耀眼的）瓷器來加以呈現。

這整場秀的明星毫無疑問就是犀牛，或者更精確地說，是一對犀牛——其中的一頭是棕色，另外一頭是白色。牠們模仿自杜勒著名的木刻版畫（參見第17章），由於那幅版畫如此出名，使得德勒斯登的雕塑家們決定不要花費心力去看一看真實的犀牛，而直接把那個令人難忘的平面圖樣轉化成三維立體形象。麥森的犀牛驚人地揉合了各種偉大的德國成就，在十八世紀歐洲最美麗的城市之一，將印刷機的發明、杜勒的天才、瓷器的發明共同交融呈現出來。烏爾里希・皮區指出：

> 我認為奧古斯特想要告訴全世界，他能夠製作出絕妙的瓷器。他希望人們能夠向他的工坊訂購麥森瓷器。這是為工坊舉辦的公關活動。正因為如此，他的兒子經常贈送禮物給其他諸侯，藉此促進其

● 德勒斯登王宮內的瓷器獸苑
● The porcelain menagerie in the palace in Dresden

他諸侯也想在自己宮廷擁有麥森瓷器的願望。結果那種做法收到了效果。例如有許多義大利貴族家庭向麥森下訂單，製作附上他們家族盾形紋章的瓷器咖啡組等等。

事情就這麼繼續發展下去。到了十八世紀中葉，瓷器迅速成為中產階級家庭的一項特色，而且不光是在德國如此。德勒斯登的成功被歐洲各地的瓷器工廠加以複製——在維也納、巴黎、柏林以及倫敦。麥森工廠則繼續是最負盛名的德國製造廠之一，直到第二次世界大戰結束為止。然後它成為史達林索取巨額戰敗賠償下的犧牲品，被用於彌補納粹破壞蘇聯工業所造成的損失。大部分的廠房設備遭到拆除，所蒐集的藏品被運往東方。烏爾里希・皮區解釋了接下來發生的事情：

在一九四五年的時候，瓷器收藏就像其他所有的藝術品一樣，都

● 約翰・戈特利布・基爾希納
製作的瓷犀牛。一七三〇年

● Porcelain rhinoceros, by Johann Gottlieb Kirchner, 1730

● 被繪上東德第一任總統威廉・皮克肖像的麥森瓷器。一九五五年

● Meissen porcelain being decorated with a portrait of Wilhelm Pieck, the first President of the GDR, 1955

被從德勒斯登運往蘇聯，要等到一九五七年才又重返——或者回來了大約百分之九十。到了一九六二年，瓷器收藏被陳列在「茨溫格宮」(德勒斯登的王宮)，製造廠則開始恢復生產，但僅僅針對西方市場而已。你在東德這邊買不到麥森瓷器，那根本是不可能的事情。你只能通過秘密途徑來獲得它。擅自出口瓷器或者攜帶瓷器離開東德都遭到嚴格禁止，於是政府可以藉由瓷器的外銷大發利市。一九九〇年再統一之後，麥森廠的確非常成功，因為麥森瓷器仍然被視為身分地位的象徵。不過這種情況現在已經有所改變，它不再被視為身分的象徵，它的奢侈品地位幾乎已被遺忘。

麥森廠曾經在二十世紀重返「瓷器專屬於統治者」的舊傳統，奉命為埃里希・何內克（德國再統一之前的共產東德末代國家領導者）製作官方版的瓷器。看來任何在薩克森進行統治的人，都必須與瓷器工藝有所瓜葛。

透過古騰堡，德國證明了它不僅能夠仿效中國的印刷術，還有辦法後來居上。麥森的情況也如出一轍。時至今日，瓷器已經不再是王公貴族們的專屬品，這個歷史發展出來的新現象很容易（或許太容易了）被視為理所當然。我們在任何購物大街都買得到高品質的瓷器，可以用它來喝熱咖啡，不必擔心會燙到手指或嘴唇。在三個世紀以前需要多少名士兵做為轉讓費，才能夠換來這麼一個價值一英鎊的杯子呢？

---

1 〔譯注〕索菲・多蘿蒂亞（Sophie Dorothea/Sophia Dorothea）來自德國漢諾威，是英國國王喬治一世之獨生女，以及普魯士腓特烈「大帝」的母親。

19 Masters of metal
金屬大師群像

德國的聲音聽起來是什麼模樣？大多數人列出的清單，很可能會隨著音量的上升和人數的增加，依序包括了巴赫的清唱劇、貝多芬的交響曲、華格納的歌劇，以及最響亮的是：群眾於德國贏得足球世界杯之後發出的嘶吼聲。它們都是世界各地所熟悉的聲音，它們全部都屬於德國意涵的一部分。但我認為，同樣可納入德意志屬性的還包括了另外一種聲音——金屬撞擊在金屬上的聲音，亦即精密工程所發出的嗡嗡聲和鏗鏘聲。

在此類聲音的清單當中，我們或許還可以繼續列出：福斯金龜車[1]讓人感到放心的引擎轉動聲（它是戰後德國機械工程的標誌，在全球銷售了二千一百萬輛，凌駕於福特T型車之上）；一枚黃銅百寶匣發出的叮噹聲（那個高度精密的天文裝置來自十六世紀，能夠報出時間、月球的相位變化，並具備許許多多其他的功能）；一座十九世紀的布穀鳥鐘（不管《黑獄亡魂》那部電影中的哈利．萊姆講出了什麼詆毀言論，[2]它的發明者幾乎肯定是德國人而非瑞士人）；一隻十六世紀的懷錶所發出的滴答聲——這項來自紐倫堡的德國發明受到高度重視，據稱是其發明者的彼得．亨萊因被列名在巴伐利亞路德維希國王的「瓦爾哈拉」（參見第10章）；最早但也最重要的，則是古騰堡印刷機吱吱嘎嘎的木頭聲——這個早期的德國精密工藝綜合體後來改變了全世界（參見第16章）。此外還有更多候選對象可以加入這個手工技術的交響曲。

沒有其他任何領域能夠像金屬製品與加工那般，讓人清楚看出德國

● 用於取得師傅資格的銀杯。紐倫堡，十六世紀晚期

● Silver masterpiece cup from Nuremberg, late sixteenth century

的設計與工藝、藝術性與創新性。德國的工藝技術享譽全球，而且德國人自己也知道，他們一直擅長的事情就是製作精密產品——立基於幾百年來嚴格訓練的學徒制度，這種制度在第二次世界大戰之後促成該國的再生，至今依然運作不歇。

許多人，甚至包括歌劇界以外的人士，都知道紐倫堡曾經有過「名歌手」(Meistersinger，即歌唱大師)：一個由業餘詩人和音樂家組成的行會，按照嚴格的規則創造出無與倫比的美麗歌曲。但紐倫堡就像其他德國城市，也在許多其他的工藝美術領域培育了大師——那些專業人才接受長年訓練之後，已然達到技藝的巔峰。在紐倫堡尤以金屬加工業者最為聲譽卓著。他們的訓練體系和昔日全歐洲各地一樣，是建立在行會制度之上。每一座城市都有自己的各種行會，涵蓋了所有的技術製造業，其範圍從蠟燭製作和毛皮加工一直延伸到木工手藝和玻璃吹製，並且還包括許多「史密斯們」(smiths)：鐵匠(blacksmiths)、銅匠(coppersmiths)、銀匠(silversmiths)、金匠(goldsmiths)等等。不言自明的是，金匠在他們當中享有最高地位。

這些行會簡直像是秘密社團，會員的資格受到嚴格限制，藉以維護品質、標準，以及具有同等重要意義的——價格。行會師傅透過學徒制度來訓練下一代的工匠。你一開始先當學徒(apprentice)，花費四到六年的時間擔任工坊助手；接著你取得「出師學徒」(journeyman)的資格，花費數年時間從一座城市移動到另一座城市替其他的師傅工作，直到你決定申請加入行會，自己也成為師傅(Meister/master)為止。申請成為師傅的時候，你必須提交三件「大師之作」(masterpieces)來證明你已經準備妥當。這個用語如今已變得通俗化，被廣泛應用於任何高品質的物品。它已經失去了有關「奮鬥」和「競爭」的含義。此類作品在當時展現出，你是否擔當得起師傅的重任。例如若想成為金匠師傅，你必須製作印章、鑲上寶石的戒指，以及杯子各一件。在紐倫堡，杯子是三件作品當中最重要的一個，必須製作成毛莨花朵的形狀。

大英博物館裡面有一個極佳的例證(參見頁334)——那件「大師之

作」的銀杯來自十六世紀晚期，據信是一位馬丁．瑞萊因的作品。它一點也不實用。毛茛花朵形狀的容器並不適合拿來喝東西。它有六個半圓形突出物，啜飲的時候再怎麼小心也很難不潑灑出去。然而每一個突出物上面都有精雕細琢的古典神話場景、美德或墮落的象徵，以及拉丁語的銘文。所有可用的空間都經過裝飾，點綴著蜥蜴或甲蟲，或者至少是個美麗的波浪線條。這個杯子的特點不言自明：它並非飲器，而是用於表明它的製作者是自己那個行業的大師，是一位頂尖的技術人員、是學有專精和地位崇高的人士。那就意味著，你身為觀賞者、客戶，以及飲用者（如果你堅持要那麼做的話），將會高度讚賞這些技藝，樂意破費購買。紐倫堡這一件「大師之作」的毛茛花朵形狀杯子，完美概括了歷代德國金屬工匠所享有的地位。

目前仍然無法確定，懷錶最初是在何處以小型便攜式時鐘的模樣現身——義大利北部和德國南部兩地都有可能，十九世紀的德國人毫無疑問更精於此。瓦爾哈拉紀念館（參見第10章）列出的偉大德國人當中，包括了那位無疑相當重要、被視為懷錶發明者的鎖匠和鐘錶匠彼得．亨萊因（一四八五－一五四二年）。真實的情況卻要複雜得多。第一批懷錶基本上就是小型的便攜式時鐘，它們十分罕見、非常昂貴，可穿戴起來作為掛飾或服裝的配件。真正的懷錶一直要等到十六世紀晚期才被開發出來。來自斯派爾（在萊茵蘭）的漢斯．史尼普，是斯派爾鐵匠行會的知名成員之一，他所製作的懷錶具有那個時期的典型風格。其正面和背面的外殼都雕鏤得十分精緻，在背面有傳統的圓弧和花卉圖案，正面的開口則顯露出下方的數字，襯著銀質和搪瓷的錶面。那些數字出現了兩次，分別採用羅馬和阿拉伯的形式，「2」這個數字則按照德國鐘錶的典型做法，呈現為「Z」的形狀。它可以被設定成鬧鐘，每小時敲響一次。

德國工藝技術能夠發展到那種高度，原因在於獨特的地理位置給德

● **次頁**｜摘自《紐倫堡編年史》的紐倫堡市區風貌。一四九三年

● Nuremberg cityscape, from the *Nuremberg Chronicle*, 1493

NVREMBERGA

國提供了大顯身手的機會。許多條歐洲主要陸上貿易路線都穿過德國的名都巨邑，像是萊比錫和法蘭克福之類舉辦大型商展的城市，或者是奧古斯堡和紐倫堡，這兩座城市直到十八世紀都還主導金屬加工業，於是吸引了來自全德各地最優秀的金匠。牛津科學史博物館的館長西爾克·阿克曼指出：

> 十六世紀的時候，「德意志民族的神聖羅馬帝國」是一片廣袤的土地，上面有無數的宮廷競相爭取最優秀的工匠。所以德國完全不同於一直以倫敦為中心的英格蘭。在德國，紐倫堡曾經是各種貿易路線的交會點，在當時被稱作「歐洲的準中心」（Quasi Centrum Europae）。每一種貿易都會經過紐倫堡，甚至連象牙也包括在內，你所能想像到的任何東西都不例外。

有越來越多小型邦國在神聖羅馬帝國的法理框架內進行自治，這種情況使得在地方層級就能夠強制推行高標準，實施約束性的做法和規定，例如對工坊的大小規模設下限制。若是在倫敦或巴黎，一個成功的工坊能夠不斷地擴大規模，以便承接其成功所帶來的任何業務。在諸如紐倫堡和奧古斯堡之類的帝國自由城市，一項大型的業務卻必須由好幾家不同的工坊合力承包，其結果是：它們起先相互競爭，然後彼此合作來滿足相同的高標準。

這種同心協力的方式得到了豐厚回報。它有助於建立德國金匠和銀匠在全世界獨占鰲頭的地位；不過由於科學儀器製造業的緣故，德國從事其他金屬加工的人員特別受到推崇。他們橫跨各種領域，將學術專業、科學知識、實用技術與數學能力和創造性的藝術結合起來，達到了最高的工作水準。大英博物館就收藏著這麼一件複雜的工藝品：一個尺寸與小錢包相彷彿、被稱做「天文百寶匣」的長方形物件。這個金屬匣裡面集合了各式小儀器，讓你有辦法做出驚人的事情。你能夠用不同的方式來判斷時間；它有好幾種纖巧精緻的日晷，在正中央還有一個小型

● 漢斯・史尼普，鍍金的黃銅時鐘懷錶。一五九〇年前後

● Gilt-brass clock-watch, Hans Schniep, c. 1590

且非常複雜的觀星盤（那個時代的計算機），可給行星和恆星定位、以月亮來計時等等。它有一點點類似現代的衛星導航裝置，能夠幫助你找到自己的方向。此外它有不同類型的鐘點系統，因為各座城市是以不同的方式來計時。它還可以使用於占星算命。西爾克・阿克曼指出：

> 一五九六年的時候，來自海爾布隆的約翰・安東・林登製作了這個天文百寶匣。天文百寶匣基本上就是那個時代的智慧型手機。它是裝在一個盒子裡的宇宙：它提供了你用得著的一切東西，方便你計時、找出你在地球上的位置，以及確定日期。它甚至設計了空間放置你的繪圖工具。天文百寶匣可以出現各種不同的形狀和尺寸。它們通常是圓形，看起來有點像是用鍊子吊掛在腰帶上的懷錶。它們其實可以是你所喜歡的任何形狀，但這個天文百寶匣非常不尋常

的地方，在於它呈現出一本書的形狀。不妨試著想像一下，把三隻智慧型手機宛如三明治一般地堆疊起來後的模樣。那就是這個天文百寶匣的大小和厚度。它裡面的儀器種類絕對是獨一無二的。這顯示出擁有者的財富：他有辦法找來最優秀的工匠。不過這也揭露，該擁有者涉入了最新的科學討論。這件作品來自十六世紀末葉，一個特別令人興奮的時期，因為哥白尼革命才剛剛發生。一五四三年哥白尼有關「太陽是宇宙中心」的著作問世，那種截然不同的世界觀帶來了巨大衝擊。製作這個天文百寶匣之前不久，教宗在一五八二年頒布了一個新的曆法，給閏年制定出新的規則。天文學和數學的圖表全部都需要重新刻製。擁有了這樣的一個裝置，你就能顯示自己正在涉入那些討論。我們不免會感到好奇，那位擁有者是否果真明白它所有的功能。正如同今日擁有最新款智慧型手機，但只使用其一小部分功能的人們那樣，此類天文百寶匣的擁有者固然獲得了所有那些儀器，卻不太可能每天都會使用到它們。它主要是一件用於炫耀的物品。

但不管是否用於炫耀，這物件都已經展現出來：一六〇〇年左右的時候，德國南部的精密工藝在知識上和技術上都獨樹一幟。

曾經讓德國工藝技術受惠良多的行會制度，幾乎未經改變地一直延續至十九世紀初。然後如同在其他歐洲國家那般，工業革命以及它所創造出來的大規模生產技術，使得傳統工藝面臨了沉重壓力。行會竭力阻止工廠開業，因為它們生產出來的廉價商品將會搶走他們的市場。然而大勢所趨難以逆轉。專精於德國這時期經濟史的歷史學家伯恩哈德·里格爾指出：

隨著工業革命加快步伐，完全剝奪了行會傳統上所享有的各種權力之後，行會制度從十九世紀中葉開始已不再具有真正重要的意義。普魯士政府針對慘敗於拿破崙一事做出回應，於一八一〇年左

● 約翰・安東・林登，天文百寶匣。一五九六年
● Astronomical compendium, by Johann Anton Linden, 1596

右啟動改革，使得這個趨勢在十九世紀初的普魯士演變得最為激烈。普魯士刺激經濟發展的措施當中，有一項是取消了行會的各種權力；這是他們工業革命的真正基礎之一。行會遭到邊緣化的結果，就是幾乎任何人都可以創業。那基本上意味著企業自由，而且這種情況在十九世紀的大多數時候持續進行了下去。

● 黑森林布穀鳥鐘。
一八六〇至一八八〇年
● Black Forest cuckoo clock, 1860–80

對消費者來說，這是一場革命，影響了從精密金屬儀器直到布穀鳥鐘的一切事物。大英博物館收藏的一個布穀鳥鐘（見上圖），道出了一則有關德國工業生產引人入勝的故事。布穀鳥鐘製造於黑森林，其外觀完全符合人們期待中的模樣。它的外殼採用新哥德式建築風格，並且有著雕刻精美的圓形擺錘。在布穀鳥的小門和屋頂山牆上，還有許多細膩的木雕。它的基本結構相當簡單，可是從設計到組裝的每一個層面都具備非常高的品質。這是一個很好的例子，表明了德國的一些行業在十九世紀時的發展路線：走向低端消費品的生產製造，但一直以高技術水準來維護卓著的可靠度。（例如有些美國的布穀鳥鐘被人偽稱是「德國製造」，因為那在當時就和現在一樣，是機械品質的確認標誌。）精密金屬製品的富裕贊助金主已在很大程度上遭到替換，取而代之的是希望以合理價格獲得可靠產品的日常消費者。過去六十年來，表現可靠、價格合理，向世界各地展示德國工藝的代表性產品，就是福斯金龜車。

德國人在一八八〇年代率先製造出內燃機，而且德國人（主要是戈特利布・戴姆勒和卡爾・朋馳）創造了第一批真正的汽車。但一般德國人起先並不是這項新工藝技術的受惠者。「戴姆勒－朋馳」固然製造好汽車，但那些都是給富人使用的豪華轎車。類似美國「福特T型車」那樣的國民車構想，在德國起步得非常慢。按照伯恩哈德・里格爾的講法，此事就和那個時代的許多事情一樣，原因在於第一次世界大戰的經濟後果：

> 在一九二〇年代，大約百分之八十五的德國百姓只負擔得起每星期上電影院一次或兩次。第一次世界大戰的時候，中產階級曾經把大筆金錢投資於戰爭公債，結果損失慘重。接著在一九一〇年代末期和一九二〇年代初期之交出現的惡性通貨膨脹，名副其實地掃除了中產階級消費者。絕大多數的百姓實在沒有太多錢。如此一來，一般大眾（非中產階級）轉而成為消費市場的主流；這是第一次世界大戰結束之後，特別在德國形成的現象。英國和法國擁有中產階層的比例比德國多，這種情況在擁有汽車的比例方面變得特別明顯。英國和法國的汽車擁有率曾經遠比德國高出許多。直到第二次世界大戰結束為止，汽車製造業都不是德國人的強項。德國當然也有汽車工業，但它主要是豪華汽車的工業。

希特勒在一九三三年上台之後，對德國極低的汽車擁有率感到震驚——儘管威瑪共和國政府一直在努力改變這一點，並開始規劃高速公路網。納粹黨於是決定，德國的機動化應該成為一項關鍵政策。這當然也展現了該政權的力量，能夠讓老百姓開心，能夠證明德國可與美國相匹敵。希特勒隨即要求斐迪南・保時捷，為這個非常缺乏閒錢的國度設計

● 希特勒坐在早期款式的福斯汽車上，斐迪南・保時捷正俯身憑靠。一九三八年五月
● Hitler in an early Volkswagen with Ferdinand Porsche leaning over, May 1938

一款構造堅固、保養容易、性能可靠，可大量生產的汽車。它後來被稱做「福斯汽車」(Volkswagen)，即「大眾汽車」。曾經寫出這段歷史的伯恩哈德・里格爾指出：

> 保時捷為這個設計項目爭取到幾乎無限的經費，最後就是我們現在所知道的金龜車。那是一個高品質的設計。它屬於氣冷式，而且非常堅固，於是可以停放在戶外：你不需要擁有車庫，這對不那麼富裕的消費者來說是十分重要的事情。堅固也很重要，因為這意味著車子不需要太多的保養，可降低日常開銷。因此就許多方面而言，這輛汽車帶有一九三〇年代物質匱乏的痕跡。該設計的出發點是要完成不可能的事情——把一個基本上相當貧窮的國家普遍機

動化。在第二次世界大戰之前，這種汽車從未量產過。納粹在沃爾夫斯堡設立了一座龐大的工廠，可是戰爭爆發妨礙了生產，以致從未真正展開。但萬一果真製造出來的話，將會演變成一場經濟災難，因為希特勒有一次就那麼坐下來表示：「我們要讓這車子的售價在一千國家馬克以內。」那其實只是一個象徵性的價格，從來沒有人做過相關的計算。一旦他們於「第三帝國」期間估過價，所有的經理人員都將會瀕臨神經崩潰，因為他們知道這款國民車所將產生的經濟破壞性。

- 位於沃爾夫斯堡的福斯汽車生產線。一九四〇年代末
- The VW production line at Wolfsburg in the late 1940s

第二次世界大戰結束後，事實上是英國人首先製造金龜車供其占領軍使用。然而英國製造商都對金龜車不感興趣，無意接手生產——英國汽車業者在一九四五和四六年間做出的結論是：「這種車輛不符合汽車的基本技術要求。它對一般購買者相當缺乏吸引力。」可是一等到工廠被交還給德國人之後，德國工藝傳奇中的各種元素共同發揮了作用。新的西德民主帶著新貨幣——德國馬克（參見第27章），從納粹政權垮台後的經濟、社會與政治廢墟中挺身而出，煞費苦心地重新建立起昔日在品質和創新等方面的聲譽，汽車工業更成為其中的翹楚。這個發展在很大程度上歸功於西德政府的堅持，要為不少於三百四十二個行業恢復學徒制度，藉以確保任何產品的最高工業標準。伯恩哈德・里格爾解釋說

> 金龜車從來就不是奢侈品，但它呈現出德國製造業久負盛名的特點，那就是它的品質。即使當金龜車在五〇年代供不應求之際，該公司仍然不斷地斤斤計較品質。五〇年代中葉的時候，甚至連公司CEO都親自閱讀技術檢驗報告，一再向員工發出備忘錄，以確保某人在某處檢測到的撞擊噪音不會再次出現。其道理非常簡單：我們的未來取決於這種超高品質，我們承受不起任何的弱點。心理上的因素也促使德國人堅持認為，成功來自於對高品質的執著。這有一部分是與二十世紀上半葉的兩次軍事失敗經驗有關，結果就是人們失去了一切：德國人的此種態度事實上就是對那些敗仗的一種補償。

品質確保了巨大的、遍及全球的成功。如今我們將金龜車視為最典型的德國汽車。在許多方面，它當之無愧；但它不止於此而已。它是戰後經濟奇蹟（Wirtschaftswunder）的一部分，它是新德國（西方國際大家庭自由民主、愛好和平的新成員）所呈現的新面貌。伯恩哈德・里格爾表示，西德的新形象在曾經極力設法摧毀舊德國的那個國家——美國，變得尤其鮮明：

● 耶拿市的蔡司學徒們。東德，一九四九年
● Zeiss apprentices in Jena, East Germany, 1949

有幾個發展因素促使德國變成了我們所知道的那個汽車王國。第一個因素是經濟奇蹟。實質所得在五〇和六〇年代增長四倍，使得大多數人擁有了過去沒有的可自由支配消費的能力。人們首先真正想要購買的東西之一就是汽車。第二個因素則是國際經濟起飛，使得許多家德國汽車製造商搖身成為大型出口企業，而福斯汽車在這方面是真正的佼佼者。早在一九五五年的時候，福斯的國外汽車銷售量就已經超過國內。那是一個令人難以置信的成功故事，福斯的各個外國市場當中，又以美國規模最大和最負盛名——世界上最大的汽車市場。其原因是自從一九五〇年代初開始，美國人眼中的西德已不再是昔日的敵人，而是當下冷戰時期的盟友。所以福斯金龜

車的現身，突顯出美國的占領政策以及他們在冷戰初期的措施已經獲得成功。這件事非常重要，因為西德在最受重視的市場上增加了能見度，基本上也有助於替「德國製造」這個非常重要的標籤恢復名譽。

以不起眼低科技起家的「福斯汽車公司」，現在擁有高科技的「奧迪」——其廣告用語「Vorsprung durch Technik」（進化科技，定義未來），如今在國外就和在德國境內一樣廣為人知。這句宣傳口號點出了一個重點。二十一世紀的德國汽車工業，已經重新贏回德國自十六世紀以來在精密金屬加工方面的聲譽，重新回歸到直接與文藝復興時期紐倫堡的「大師之作」毛莨杯，以及與天文百寶匣的精湛技藝結合起來的一貫傳統。那些金屬大師都是德國人。

- 從漢堡運往美國的福斯金龜車。一九五〇年八月
- Shipping Volkswagens from Hamburg to the USA, August 1950

- 某家庭在他們的福斯金龜車旁邊野餐。一九五〇年代
- A family picnicking beside their Volkswagen in the 1950s
- 對頁｜沃爾夫斯堡。二〇一一年
- Wolfsburg, 2011

1 〔譯注〕福斯金龜車（VW Beetle）或被翻譯為「大眾甲殼蟲」。

2 〔譯注〕《黑獄亡魂》（*The Third Man*）片中的主角哈利．萊姆（Harry Lime）批評說：「在瑞士，他們有兄弟之間的友愛，他們有五百年的民主與和平，可是他們只擁有什麼呢？——咕咕鐘。」

AUTOSTADT
www.autostadt.de

20 Cradle of the modern 現代的搖籃

在一九一九年的戰後混亂局勢下，柏林市已陷入左派與右派團體之間的暴力打鬥。新選出的德國國民議會於是出人意料地決定不在柏林國會大廈，而是前往威瑪市內的劇院舉行會議。這裡是個安全的地點，而且屬於一個更安全的傳統。新成立的共和國討論憲法的地點，將不是軍國主義、獨裁帝制、把德國帶向戰爭與失敗的柏林，而是德國最偉大的兩位作家（歌德和席勒）的城市，甚至是在經常演出二人作品的那同一所劇院裡面。他們國際化和人性化的威瑪古典主義，堪稱是德國的最高文化成就——兩人的知識與道德權威將塑造並激發新成立的威瑪共和國。在一九一九年為德國建立一個更美好未來的工作，開始於選擇一個更好的過去：並非普魯士，而是威瑪。

今日在威瑪「德國國家劇院」的牆壁上，有一塊銅質牌匾記錄著：「在這棟房子裡面，德國百姓藉由他們的國民議會，於一九一九年八月十一日為自己制定了威瑪憲法。」這些粗大、清晰的字母是由沃爾特．格羅佩斯那位建築師所設計的。[1]在同一年（一九一九年），格羅佩斯自己也受到深具歷史意義的德國價值觀的啟發，在威瑪成立了另一個新的機構——那一所熔建築、藝術和設計於一爐的學校，現在以「包浩斯」之名著稱於世。

這個最現代化的運動深深扎根於傳統。「包浩斯」（Bauhaus）字面上的意思為「建築屋」，指的是昔日固定設置於德國哥德式大教堂內的建

● 年輕的包浩斯成員們在威瑪。一九二二年前後
● The young Bauhäuslers in Weimar, c. 1922

● 德國國家劇院牆上的銅質牌匾，以及由沃爾特・格羅佩斯設計的字母。
● Bronze plaque on the wall of the German National Theatre, with lettering by Walter Gropius

築師與石匠的作坊。在新的包浩斯裡，格羅佩斯希望能夠結合中世紀行會的工作傳統、最嚴格的現代設計原則，以及工業化生產的巨大潛力。舊的價值觀將為前所未有的廣大公眾催生高品質的新工藝品。就像威瑪共和國一樣，威瑪包浩斯將借用德國過去的價值觀來塑造一個新的社會。事實上，包浩斯重新塑造了世界。假如沒有格羅佩斯和包浩斯率先創造出這種優雅實用性，今天我們的城市和房屋、我們的家具和字體設計都會是難以想像的。

有一件物品能夠完美地將那個運動的美學觀點總結出來，那就是包浩斯博物館裡面的一個搖籃，一九二二年由二十四歲的學生彼得・凱勒所設計。正如同包浩斯的許多物品那般，它是以簡單的材料製成（這回使用了木材）、採用純幾何形狀，並且塗上了三原色。搖籃本身呈三角形、長度大約一公尺，旁邊有兩個接近方形的傾斜面。它的尖端朝下，三角形的頂點都被套在一個大圓圈之內。如果你推動這些木製圓圈，搖籃就會搖來晃去。由於它的重心很低（尤其如果裡面有鋪蓋和嬰兒的話），絕對不會翻覆。那是一個美麗、優雅、實用的物件，呈現出圓形、

● 新當選的共和國總統弗里德里希・艾伯特從德國國家劇院的陽台發表講話。威瑪，一九一九年二月十一日（前景是歌德與席勒的雕像）。
● Newly elected Reich President, Walter Ebert, speaking from the balcony of the National Theatre in Weimar, 11 February 1919, with statues of Goethe and Schiller in the foreground

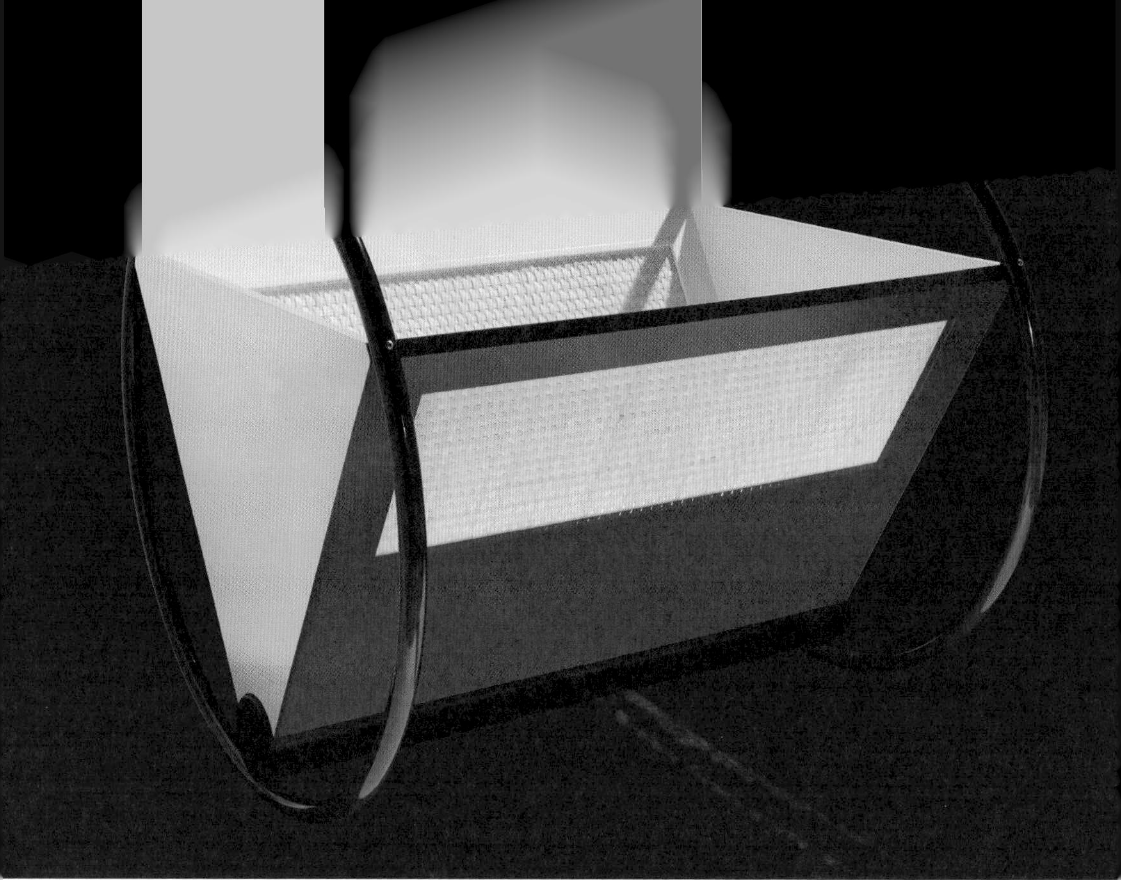

● 彼得．凱勒的搖籃，最初設計於一九二二年，今日依舊生產。

● Cradle by Peter Keler, originally designed in 1922 and still in production today

三角形和方形，賞心悅目地被塗成紅色、黃色和藍色——完美的包浩斯風格。任何有幸睡在這個搖籃內的嬰兒，都會覺得世界井然有序、非常的平衡和明亮。威瑪包浩斯博物館的館長烏爾麗克．貝斯特根博士認為，這個搖籃是包浩斯教學的一個縮影：

> 在這裡看得見包浩斯的原則，因為彼得．凱勒實際運用了瓦西里．康定斯基的色彩理論。康定斯基教導他的包浩斯學生，幾何圖形都有相對應的顏色，例如三角形對應黃色、方形對應紅色、圓形對應藍色——在這裡都看得見。此外更可看出來，彼得．凱勒仔細考量到這個搖籃的實用功能。比方說吧，側面兩旁都有一片柳條板用於通風，以便讓寶寶感覺舒適。他設法讓功能與形式

協調一致，同時仔細研究材料的性質（而在這裡所涉及的是彎曲膠合板）。這些重要的工業設計原則，都是包浩斯在威瑪所教授的主題。就許多方面而言，那相當接近古老的中世紀行會制度。《包浩斯宣言》讀起來簡直像是：他們想要興建一個大的殿堂，讓學生、教師和工匠宛如置身於某種社區之中，在那裡緊密地生活在一起，工作在一起。

格羅佩斯在一九一九年的《包浩斯宣言》寫道：

> 建築師們、畫家們、雕塑家們，我們必須回歸手工藝！因為所謂的「職業藝術」這種東西並不存在。藝術家與工匠之間並沒有根本的不同。藝術家就是高級的工匠。由於天恩照耀，在某個靈光乍現的倏忽間，藝術會不經意地從他的手中綻放。但是，每一位藝術家首先都必須具備手工藝的基礎。正是在工藝技巧中，蘊涵著創造力最初的源泉。
>
> 因此，讓我們來創辦一個新型的手工藝人行會，取消工匠與藝術家的等級差異，再也不要在我們之間樹起妄自尊大的藩籬！讓我們一同期待、構思並且創造出未來的新結構，用它把一切（建築、雕塑與繪畫）都組合在單一的形式裡。有朝一日，新結構將會從百萬工人的手中冉冉升起，水晶般清澈地象徵著未來的新信念。

包浩斯明顯受到中世紀的啟發，卻一心一意要在現代工廠的世界裡運作。格羅佩斯打從一開始就十分清楚：精緻藝術和應用工藝是一體之兩面，必須結合起來。所以除了手藝熟練的工匠之外，格羅佩斯還邀請諸如約翰尼斯．伊登、保羅．克利、里昂耐爾．費寧格，以及瓦西里．康定斯基之類的藝術家前往那所新的學校任教。康定斯基這位俄國畫家於第一次世界大戰之前即曾在慕尼黑率先推動抽象藝術，從此在教學的許多領域影響力十足。精神面和現實面應當齊頭並進；實用性絕對不是

● 包浩斯大師們站在包浩斯大樓的屋頂上。德紹，一九二六年。從左至右：約瑟夫・亞伯斯、辛納克・謝帕、格奧爾格・穆赫、拉斯洛・莫霍利－納吉、赫伯特・拜爾、約斯特・施密特、沃爾特・格羅佩斯、馬塞爾・布洛伊爾、瓦西里・康定斯基、保羅・克利、里昂耐爾・費寧格、崗塔・斯托爾策爾、奧斯卡・施萊默。

● Bauhaus masters on the roof of the Bauhaus building in Dessau, 1926. Left to right: Josef Albers, Hinnerk Scheper, Georg Muche, Laszlo Moholy-Nagy, Herbert Bayer, Joost Schmidt, Walter Gropius, Marcel Breuer, Wassily Kandinsky, Paul Klee, Lyonel Feininger, Gunta Stolzl and Oskar Schlemmer.

● 藝術學校，威瑪（包浩斯的第一個家）。興建於一九〇四至一九一一年
● The Kunstschule, Weimar, built 1904–11, first home of the Bauhaus

美感的天敵；大規模生產能夠以合理的價格，把藝術家或工匠的創造力帶給一個新而龐大的消費群體。彼得・凱勒的搖籃打從一開始就是設計用於工業生產。它直到今天仍然被製造著，世界各地的人都可以上網購買——格羅佩斯想必會感到欣慰。

正如預料，在「精緻」藝術與「應用」藝術並行不悖的一所學校內，那個搖籃的各項特色同樣也適用於包浩斯的平面設計。非常耐人尋味的是，充滿創新性、甚至革命性的包浩斯，竟然有辦法在那麼多的德國早期傳統中逍遙自得。一九二三年包浩斯舉辦展覽會來宣揚校內作品的時候，師生們為此設計了幾種邀請卡，成為包浩斯最引人注目的一些創作（參見頁364）。即使到了今天，它們看起來仍然像是走在時代尖端的別致抽象藝術品，將康定斯基的理論帶上宜人、細膩的新高度。可是就其比

● 對頁｜上｜瑪麗安娜・布蘭德，銀製茶壺。一九二四至一九二九年
● A silver tea-infuser by Marianne Brandt, 1924–9
● 對頁｜下｜包浩斯在威瑪的金屬工坊。一九二三年
● The metal workshop at the Weimar Bauhaus, 1923

● 位於德紹的包浩斯學校。由格羅佩斯設計於一九二六年，
一九四五年嚴重受損，一九七六年重建。
● The Bauhaus school in Dessau, designed by Gropius in 1926, badly damaged 1945, restored 1976

例、圖案和效果而言，它們顯然多方面參照了兩百年前歌德在威瑪製作的一系列小卡片——它們用於伴隨歌德的色彩理論講座，而康定斯基一定知道並且鑽研過那些卡片（參見頁147）。沉睡在凱勒搖籃內的包浩斯寶寶，不僅於無意之間繼承了德國的行會傳統、中世紀的建築實務，以及康定斯基關於色彩和卓越的概念，同時也延續了啟蒙運動時代的科學探索和一百多年前歌德在這同一座城市內所進行的調查。沒有其他任何革命性的運動，曾經如此牢固地植根於過去。

沃爾特・格羅佩斯早已下定決心，包浩斯不管有著多麼激進的原則，都應該保持政治中立。然而在威瑪共和國的熾熱氛圍下，那只是一個毫無希望的烏托邦夢想。一九二四年時，社會民主黨人在圖林根邦失去了政權。他們從一開始就是包浩斯的贊助人，但他們的繼任者是保守

● **對頁**｜為包浩斯展覽設計的明信片，威瑪，一九二三年。
設計者分別為瓦西里・康定斯基（左上），保羅・克利（右上），
拉斯洛・莫霍利－納吉（左下），赫伯特・拜爾（右下）
● Postcards for the Bauhaus exhibition, Weimar, 1923, by Wassily Kandinsky (top left), Paul Klee (top right), Laszlo Moholy-Nagy (bottom left), Herbert Bayer (bottom right)

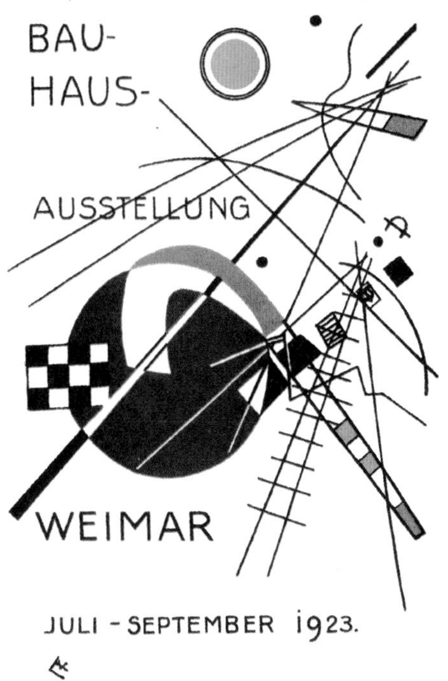
BAU-
HAUS-
AUSSTELLUNG
WEIMAR
JULI - SEPTEMBER 1923.

WEIMAR
BAUHAUS Ausstellung 1923

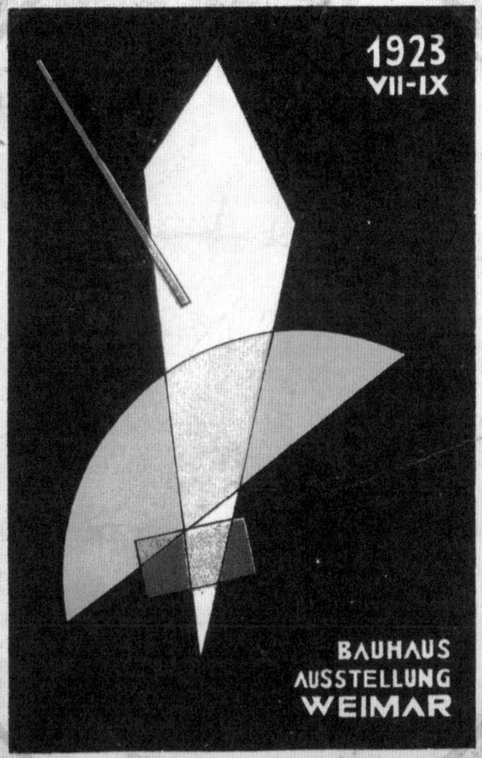
1923
VII-IX
BAUHAUS
AUSSTELLUNG
WEIMAR

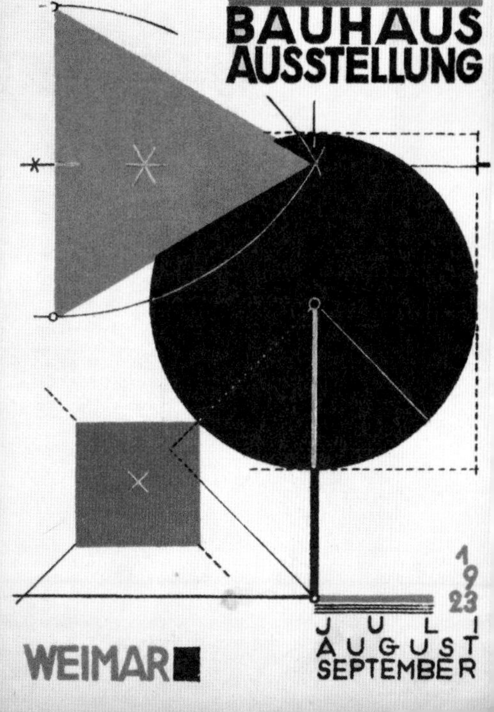
BAUHAUS
AUSSTELLUNG
1
9
23
JULI
AUGUST
SEPTEMBER
WEIMAR

的民族主義人士，把撥款削減了一半。

於是一九二五年的時候，包浩斯在威瑪關門歇業，搬遷到薩克森的德紹。政治上的辯論在那裡愈演愈烈，以致格羅佩斯於一九二八年辭職求去。他的繼任者漢斯·邁爾進一步把學校推向左派政治立場，然後他在一九三〇年遭到解雇，由偉大的現代主義建築師密斯·凡·德羅接替了一段時間。可是真正的危機隨著納粹贏得德紹的控制權而來臨，包浩斯再度被迫搬遷——這次是前往柏林，最終在一九三三年遭到關閉，因為納粹譴責它是「文化布爾什維克主義」的中心。如果納粹黨人痛恨的是包浩斯的政治主張，他們對它的作為卻抱持著比較矛盾的態度。烏爾麗克·貝斯特根講起了那個故事：

● 希特勒斜坐在包浩斯風格的鋼管椅上。一九二八年
● Hitler reclining in a Bauhaus-style steel chair, 1928

國家社會主義黨一直曉得，現代化對他們來說非常重要。他們需要新的工業設計，藉以維護自己的權力。他們痛恨與包浩斯有關聯的那些人，可是他們需要那些人的物品和技術專長。有一張著名的照片呈現希特勒坐在一把鋼管椅上，而那把椅子很可能出自包浩斯的設計。身為最著名包浩斯設計師之一的瓦根費爾德，能夠不受干擾地在「第三帝國」時期繼續工作。納粹認為有問題的地方並不在於包浩斯的設計，而是其背後的意義——自由與開放。

一九三三年之後，雖然許多老師和學生們能夠像瓦根費爾德那般地繼續工作，不少人還是離開了德國，把包浩斯的理念和包浩斯的技能傳播到全世界。「流亡海外的包浩斯」在耶魯大學尤為強勁，而概念藝術大師邁克爾・克雷格—馬丁就在那裡接觸了它，敏銳地意識到它的原則和宗旨：

他們試圖找出一種方法來整合視覺文化的各種形式，將繪畫的教學與設計的教學、家具設計與圖形設計、圖形設計與字體設計、字體設計與建築學整合起來——讓所有這些事物都水乳交融。再來就是一種渴望，想要給材料帶來誠實和純淨。如果你仔細察看材料的性質，材料自己就會告訴你應該如何處理它。這種做法並不著眼於有錢人專屬的事物。這是試圖找到一種方式，以便讓美好事物進入尋常百姓手中。

所有這些想法幾乎都以視覺化的形式闡明於包浩斯最初的出版物。那是一套出版於一九二一年、由十四幅平版印刷畫組成的校內大師作品集，其標題是《新歐洲版畫藝術》。只需瞧一瞧封面頁（參見頁368），就足以讓人曉得那是怎麼一回事。邁克爾・克雷格—馬丁解釋說：

對世界的重新審視正在進行當中。字體經歷過一種全新的處理方

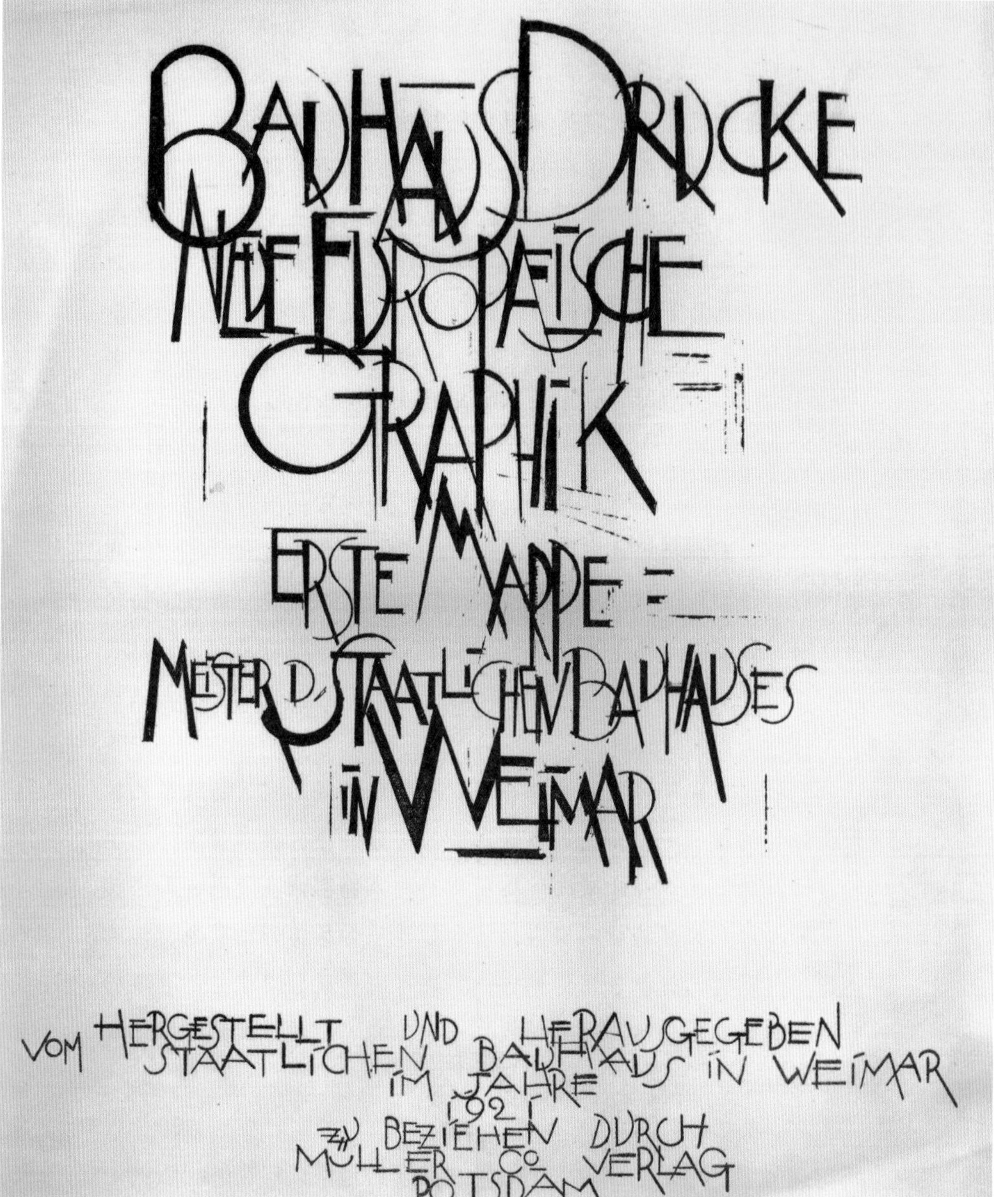

● **上**｜里昂耐爾・費寧格設計的「包浩斯」第一套代表作選輯《新歐洲版畫藝術》之標題頁。一九二一年

● Title-page by Lyonel Feininger of the first Bauhaus portfolio, *Neue Europäische Graphik*, 1921

● **對頁**｜奧斯卡・施萊默，〈圖像設計 K1〉。摘自《新歐洲版畫藝術》，一九二一年

● Figure Design KI, by Oskar Schlemmer, from *Neue Europäische Graphik*, 1921

> 式。每一個字母顯然都是手工雕琢和手工製作出來的。它們每個的大小都不相同、字母彼此重疊、各自的比例不斷改變、線條的粗細變化多端。它內容豐富、具有手工製作感、充滿圖像意涵，動態十足。

封面頁上由里昂耐爾・費寧格精心、調皮地設計出來的那些字母，為整套作品集定下了基調。《新歐洲版畫藝術》如此引人注目、如此活力充沛，找不到任何可向世人傳達的一貫宗旨。在那一套選集當中，奧斯卡・施萊默抽象圖示化了由許多人物形體構成的〈圖像設計K1〉（參見頁369），可以和保羅・克利那幅充滿強烈個人化與宗教性的〈內光聖徒〉相對比。不過有一張圖紙似乎比其他作品更能代表包浩斯的設計理念，就是約翰尼斯・伊登的〈白人之家〉那幅石版畫，它既是紙上的幻想又是一種建築設計（參見頁372）。邁克爾・克雷格—馬丁指出：

> 它就像是你或許會拿給客戶看的圖像，向他們展現房子可能的樣貌。那是一棟幾何形狀的房屋，在一個立方體上方有個立方體，再上面又有個立方體。所有的窗戶都是正方形、完全沒有框架、沒有接合部分、沒有裝飾元素，只有交替出現的黑色和白色。特別有趣之處在於，伊登根本就不是建築師。他最出名的是他的色彩理論，這幅平版印刷畫卻是黑白兩色的建築圖紙。最令人吃驚的事情則是：今天我們可以看著它，想像那棟房子真的已經蓋了出來，即使作者沒有建築師背景。它所應用的一切特點，都會讓我們與現代化設計產生聯想。包浩斯的確創造出了現代世界的面貌。這棟房子引人注目的地方是，它的幾何造型缺乏對稱性。納粹的建築物幾乎總是對稱的，以之做為一種表達權威的方式。在這裡，我們卻遇見相反的情況。包浩斯被納粹視為左派的冒險事業。它本質上代表著社

● 保羅・克利，〈內光聖徒〉。摘自《新歐洲版畫藝術》，一九二一年

● *Saint of the Inner Light*, by Paul Klee, from the *Neue Europäische Graphik*, 1921

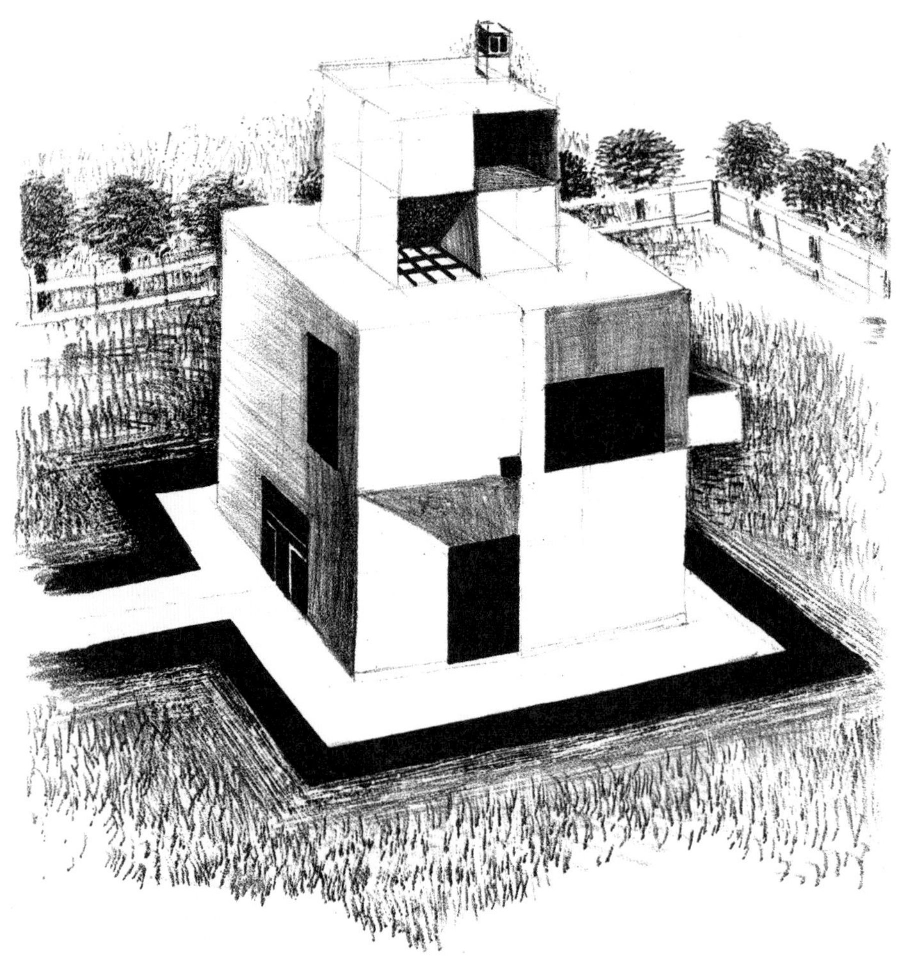

● 約翰尼斯・伊登，〈白人之家〉，摘自《新歐洲版畫藝術》。一九二一年
● *The House of the White Man*, by Johannes Itten, from *Neue Europäische Graphik*, 1921

會主義的願景，預示著普通民眾的烏托邦可以是什麼模樣。

一九三三年以後，德國只剩下了一種可被允許的烏托邦願景，在納粹的世界裡，容不下支持過包浩斯構想和理念的那許多人。埃里希・格里茨是一位購買了包浩斯大師作品集的紡織品製造商，在一九三四年以猶太難民身分來到英國。一九四二年的時候，他把那套作品集，連同其他珍貴的版畫，贈送給大英博物館，藉此表達他的感謝之意。但更重要的是為了確保這些屬於一個較早期的、不同的、更高貴的德國物件，會繼續存在下去。對邁克爾·克雷格—馬丁來說，包浩斯卻不只是繼續存在了下去而已，它已經以各種在一九二〇年代難以想像的方式獲得勝利：

> 包浩斯的真正繼承者是「宜家家居」(Ikea)。「宜家家居」意味著包浩斯所夢寐以求的一切——大規模製作簡單而設計優良的物品，為大眾進行低成本的生產。時至今日，包浩斯設計的偉大家具都還繼續銷售，它們看起來就像一九二〇年代的時候那樣，現代感十足。包浩斯想要做出的許多設計，在那個時代實際上仍然無法製造。人們沒辦法按照所需要的方式來彎曲金屬，當然就更不可能進行大批量的生產。現在我們才終於開發出相關技術，讓我們得以實現他們的理想。

在德國內部，關於包浩斯的記憶依然強烈。不過就很大程度而言，這取決於你在一九八九年之前是居住在德國的哪個部分。烏爾麗克·貝斯特根解釋如下：

> 東德和西德具有兩種不同的包浩斯傳統。在西德，包浩斯一直是真正民主的象徵。例如類似格羅佩斯那般的包浩斯師生們早些年前往了美國和英國，然後在一九六〇年代初期或者在一九六八年回來。他們代表著民主。年輕的德意志聯邦共國想要成為一個民主國家，所以他們接納了包浩斯。那是毫無疑問的事情：包浩斯是他們所想要的代表象徵。
>
> 在東德，他們偏重漢斯·邁爾的傳統——他曾經任教於德紹的包浩斯，並且是共產黨員。其座右銘為「要滿足人民的需要，而非奢華的需要」(Volksbedarf anstatt Luxusbedarf)。

很容易就能看出來，為什麼東德採用了邁爾針對包浩斯的核心目標與成就所抱持的看法。他在東德扮演了重要角色，其中的受益者就是那個搖籃的製作者。彼得・凱勒完成在包浩斯的學業後，開設了自己的設計工作室。雖然納粹禁止他公開展示自己的畫作和設計，但是他直到一九四五年都可以像其他一些包浩斯的學生那般，擔任自由建築師和電影布景設計師。到了德意志民主共和國的時期，彼得・凱勒在邁爾的支持下返回威瑪，任教於當地的建築與造型藝術學院（現稱為包浩斯大學），一九六三年以教授的身分退休。他成功地重返繪畫，以此充實了退休後的生活。結束穩定的職業生涯之後，他在一九八二年去世：其情況就和大多數德國人一樣，他雖然沒有流亡海外也沒有成為烈士，卻認識過不少那樣的人。今天，在網際網路上，他和他的搖籃享譽全球。

在重新統一後的現代德國，包浩斯熔合哲學、技術、實用、精神、社會和美學於一爐的做法，具有深刻的感染力。烏爾麗克・貝斯特根指出：

> 包浩斯不可能被濃縮成一種風格或者某些特定的物件，例如預製房屋或是一些精彩的包浩斯製品。包浩斯意味著一個社會對設計這件事的嘗試，它在德國仍然喧騰眾口，所以現在我們有許多年輕設計師以包浩斯和包浩斯理念做為參照對象。密斯・凡・德羅告訴我們，包浩斯是一種態度，亦可說是一種哲學——那種理念如今在德國非常活躍。

● 沃爾特・格羅佩斯在威瑪包浩斯的辦公室。一九二四年
● The office of Walter Gropius in the Weimar Bauhaus, 1924

1 〔譯注〕沃爾特・格羅佩斯，更接近原音的翻譯為「瓦爾特・格羅皮烏斯」（Walter Gropius）。

PART FIVE
The Descent
急轉直下

一八七一年在凡爾賽宮宣布建立德意志帝國——
德國從此把法國的傳統角色接手過來，
成為嫌自己疆域不夠大的歐洲麻煩製造者。
接下來七十五年內，德國既製造出也遭遇了前所未見的大災難。
此類禍害的規模很難加以掌握。
本書第五部分聚焦於若干個人的經歷和日常的物件，
以之做為透鏡來觀察這些給每一位德國人帶來沉重記憶的黑暗歲月。

21 Bismarck the blacksmith
鐵匠俾斯麥

一六八〇年代的凡爾賽宮明鏡殿，是一個令人目眩神迷的鏡面玻璃新技術展示會。那裡映照著看似沒有盡頭的花園、光彩奪目的水晶吊燈，在天花板一連串鋪張浮誇的圖畫中，路易十四國王（或者那是戰神馬爾斯？）正勝利地橫渡萊茵河，來攻擊、打敗和羞辱神聖羅馬帝國皇帝利奧波德一世。那個自吹自擂的聲明向世人宣告著勝利的法國、至高無上的法國。

時至一八七一年一月十八日，普魯士國王威廉一世接受了新的德意志帝國皇冠，成為德皇威廉一世：

> 朕威廉，蒙上帝恩典，普魯士國王，……特此昭告天下：鑒於對我們共同祖國所應盡之義務，朕響應德意志各邦諸侯及自由城市聯名向朕發出的呼籲，……重建並接受虛懸已達六十餘年之久的德意志皇帝稱號。

並非巧合的是，發表這篇響亮宣言的地點不在柏林，反而是在凡

- 俾斯麥將「統一之劍」遞交給日耳曼尼亞。木刻版畫，一八九五年前後
- Bismarck handing Germania the sword 'Unitas'. Woodcut, c. 1895
- **次頁**｜安東・馮・維爾納，〈在凡爾賽宮明鏡殿宣布成立德意志帝國〉。一八八五年。在畫中，俾斯麥穿白服，藉以突出他的地位（他其實穿著藍色服裝）。這幅畫作是皇室家庭送給俾斯麥的禮物。
- *The Proclamation of the German Empire in the Hall of Mirrors at Versailles*, by Anton von Werner, 1885. Bismarck is shown in white to heighten his prominence (he in fact wore blue). The painting was a gift to him from the Imperial family

18 Januar

1871.

UNITA

爾賽宮的同一座明鏡殿，當法國－普魯士戰爭甚至還沒有正式結束的時候。繼普魯士軍隊幾個月前在梅斯和色當擊敗拿破崙三世之後，這是在心理上取得的最終勝利：它回應了兩個世紀以來的法國侵略、回應了失去亞爾薩斯一事（該地區被路易十四征服之後，如今終於重新回歸德意志國）；它回應了普魯士在耶拿戰役之後所受的屈辱，以及拿破崙進行的占領；或許最重要的是，它回應了神聖羅馬帝國在一八〇六年的解散。那就是新任皇帝說出「虛懸已達六十餘年之久的德意志皇帝稱號」之際，所想要表達的意思。時隔兩個世紀，命運和歷史的巨輪已經轉變方向。明鏡殿內所宣布的是，歐洲的至尊力量已不再是法國，而換成了德國。法蘭西第二帝國已告結束——德意志第二帝國開始登場。

奧圖・馮・俾斯麥就是促成這一切發生的人，他是這個驚人外交與政治勝利的工程師。他在國外受到憎惡和懼怕，其威權主義則在國內引來自由主義者的辱罵，但俾斯麥在許多德國百姓眼中是個英雄。他去世之後，全德國各地都斥資建造了俾斯麥紀念碑；不過你也可以把俾斯麥帶進自己的家裡。在十九世紀末葉出現過各式各樣的俾斯麥小塑像，但只有極少數能夠比用青銅和赤陶製成的那一個更加耐人尋味。那一個版本（見對頁）高約一英尺，將俾斯麥呈現為鐵匠。禿頭、衣袖挽起、穿著皮圍裙並拿著錘子，中年俾斯麥宛如一個值得信賴的鄉村鐵匠那般，站在他的鍛造場。

一隻馬蹄鐵垂掛在鐵砧的底部，但俾斯麥並非給馬匹釘上蹄鐵。他正在製作武器，他加工中的「鐵」將和「血」一起，按照他的一個著名講法來改造德國。鐵砧上面有一把劍，鐵砧旁邊則是一塊已經鍛造完畢的盾牌，銘刻著德意志皇帝的鷹徽。來到家中，這位認真、勤勞的先生便會站在書桌或壁爐上面做出提醒：他的奮鬥已促成德國在歐洲各國之間取得適當位置，強大到終於可以安然避免受到法國侵略。這樣的小型

● 奧圖・馮・俾斯麥以「鐵匠」之姿現身
● Otto von Bismarck as blacksmith

俾斯麥塑像被大量生產，其流傳之廣，可與英國斯塔福德郡陶器廠的維多利亞女王塑像相提並論。小塑像承載著並且永遠保存了一個關於俾斯麥的傳說，將他視為德國榮譽的維護者以及國家安全的堅定捍衛者。

正如同我們在第十四章所看到的，自從開始作戰反抗拿破崙以來，鐵始終是一個具有關鍵意義的普魯士身分象徵。俾斯麥與鐵的關聯性，讓他在繪畫和雕塑之中被呈現為鐵匠，並使得他被稱做「鐵血宰相」。此關聯性起源自凡爾賽宮舉行德皇登基儀式將近十年之前，當他同時出任普魯士首相與外交部長之際所發表的一篇演說。在該次演說中，他大肆嘲諷那些認為德國在一八四八年革命時期錯失了良機的人。他表示根本就沒有這麼一回事：一八四八年（參見第15章）是一個錯誤，而德國的未來將建立在一個非常不同的基礎上：

> 德國所仰望於普魯士的，不是自由主義，而是其實力。普魯士必須集中力量，並且維持力量以待有利時機，而這時機已經被錯過了好幾次。普魯士在（一八一五年）維也納會議簽約劃定的邊界，不利於健全的國家政治。當前的重大問題不是靠演說和多數派決議所能決定的（這正是一八四八年和一八四九年時的重大錯誤），而是靠鐵和血。

我們以英文引用俾斯麥的話語時，通常會把它說成是「血和鐵」（blood and iron）。不過我們應該記住，俾斯麥其實是把鐵放在前面。[1]根據克里斯托弗·克拉克的講法，其中有著重大區別：

> 鐵是一種應用非常廣泛的元素，象徵著戰爭與軍事衝突——因為武器是用鐵製成的。當俾斯麥發表演說，表示未來的德國爭奪戰「不是靠演說和多數派決議所能決定的，而是靠鐵和血」之際，他所想的正是這層意思。其實俾斯麥這麼講的時候，鐵的含義已經遠遠超出了武器的範疇。它也意味著一個工業強國的實力。當俾斯麥

說出那些話語時，此事仍然幾乎難以察覺，因為德國在一八五〇和一八六〇年代才剛剛拉開工業革命的序幕。然而等到此事果真發生的時候，它是以超乎尋常的速度進行。德國軍事力量的迅速擴充極為出類拔萃。德國人幾乎超越了其他所有的人，而這跟鐵有很大關係。毫無疑問的是，假如缺乏了高度發達的普魯士工業經濟實力，俾斯麥在一八六六和一八七〇年分別對抗奧地利和法國的戰爭，絕不可能獲得那樣的成果。所以鐵的意義不僅僅侷限於武器而已，那還包括了鐵架橋樑、鐵路路線，以及有辦法用先進武器作戰時所需要的那種工業力量。

那個鄉村小鐵匠的微型鐵砧，代表著歐洲大陸最龐大的工業經濟體。

奧圖・馮・俾斯麥是普魯士土地貴族階級「容克貴族（Junker）」的典型成員。他恐怕會因為自己被呈現為體力勞動者而覺得不可思議，甚至感到震驚不已。他出生於一八一五年，時間就在「滑鐵盧戰役」和「維也納會議」之前不久；後者則創造出一個由許多自治城市和諸侯國組成的「德意志邦聯」，用它來繼承神聖羅馬帝國（參見第15章）。一八三〇年代，當自由派和激進派人士首度認真提出有關統一德國的要求時，俾斯麥正在哥丁根大學研習法律。[2]接著他放棄學業，花了一年時間擔任後備軍官，然後返鄉管理位於布蘭登堡的家族莊園。整個故事不無可能到這裡就已經結束了。可是一八四七年的時候，來自一個保守派政治團體的朋友們安排他當選為代表，前往參加普魯士新近成立於柏林的議會。他在那裡給自己建立起反動保皇派的名聲。其傳記作者，喬納森・斯坦伯格，解釋了俾斯麥針對一八四八年革命事件所做出的回應：

他很高興地看見革命以失敗告終。一方面當然是因為他在政治上反對它，但也因為他看出了革命的失敗給他創造出來的機會。他非常雄心勃勃，他在一八五四年以三十九歲的年紀，於完全缺乏外交實務經驗的情況下，順利獲得最高級的外交官職務當中的一個職位——前往法蘭克福擔任普魯士派駐德意志邦聯的大使。他便在那個位子上學會自己的技藝和發展出自己的理論。假使革命成功了，俾斯麥永遠也不可能獲得那樣的一份工作。

俾斯麥在法蘭克福首次遭遇到德國廣大中產階級的政治動力，並且理解了他如何能夠導引其能量。接下來十年內的大多數時候，俾斯麥出任一系列的大使職位，相繼從法蘭克福前往聖彼得堡和巴黎。套用他自己的一句名言，他開始意識到「可行性的藝術」（the art of the possible）。隨著他的實用主義和他對政治的領悟日益增長，他注意到歐洲各大強權所具有的根本性弱點和矛盾——這可以被利用來統一德國，而不至於犧牲普魯士的權力與地位。俾斯麥一八六二年八月訪問倫敦的時候，向他的東道主班傑明・迪斯雷利透露了自己的計畫。喬納森・斯坦伯格將俾斯麥的談話內容描述如下：

「我很快就會被迫接管普魯士政府的施政。我首先關注的事情將是改革軍隊，無論是否能夠得到下議院的支持。一旦軍隊達到令人敬畏的地步之後，我會抓住第一個最好的藉口來向奧地利宣戰、解散德意志邦聯、迫使中小邦國屈服，讓德國在普魯士的領導下獲得民族統一。我來這裡，是為了向女王的部長們說明此事。」他們聽得目瞪口呆。在回家的路上，迪斯雷利與奧地利大使同行，他們在其宅邸告別時，迪斯雷利告訴大使說：「小心那個人，他講的是真心話。」迪斯雷利非常正確地嚴正看待了俾斯麥的言論。俾斯麥表示他打算做的事情，正是他後來的實際作為。

既然已經擬定了自己的方案，俾斯麥便在第二年開始付諸實際行動。丹麥國王於一八六三年十一月去世之後，俾斯麥促成普魯士和奧地利締結盟約，誘使丹麥陷入兩場激烈而短暫的戰事，為普魯士爭取到什列斯威公國，奧地利則退而求其次取得霍爾斯坦公國。

過了三年，在一八六六年，俾斯麥確保法國會保持中立而義大利將提供協助之後，便轉向對付奧地利並且再度加以智取。奧地利與包括巴伐利亞和符騰堡在內的南德天主教邦國結盟後，發動戰爭意圖贏回自己在德國的領導地位。那演變成一場災難，在七星期的時間內即告結束——「閃電戰」(Blitzkrieg) 一詞便在當時首度被人使用。俾斯麥隨即創造出一個新的「北德意志邦聯」，將奧地利排除在外並且讓普魯士享有德國事務的主導權，他自己則擔任邦聯總理——「鐵血宰相」。

歐洲震驚於這位政治「藝術家」所發現的「可行性」。俾斯麥已經擊敗了奧地利，德意志世界的傳統領導者。從此他可以全力對付法國——歷史上的頭號敵人。適值西班牙王位虛懸，法國和普魯士之間於是進行了硬碰硬的談判，決定應該由誰來填補那個空缺。俾斯麥藉由改寫一份外交照會，讓人認為普魯士國王和法國外交部長相互侮辱了對方，於是創造出他所想要的危機。法國則在幾天之內，就沉不住氣地宣布開戰。俾斯麥在回憶錄中寫道：

> 我一直認為，結束了對奧地利的戰爭後，自然而然會跟著出現一場對法國的戰爭。我毫不懷疑的是，在實現德國的全面重組之前，這將是必要的事情。

快速擊敗雜亂無章的法國而贏得的徹底軍事勝利，帶著這位「鐵匠」和他的國王前往凡爾賽宮。正如俾斯麥此前在一八六二年所預測的，新的德意志帝國被鍛造完成了——用鐵和血。

儘管已獲得各種外交上和軍事上的成就，俾斯麥與他的國王（如今他的皇帝）之間的關係從來都不一帆風順。他們的關係中其實充滿了磨擦，時而還相當幼稚，以致穿插著雙方的大動肝火。他們的多次激烈爭執之一，就發生於威廉在明鏡殿發表演說之前不久。一七〇一年時，布蘭登堡選侯不得不湊合著使用「在普魯士的國王」(King in Prussia) 那個頭銜，而非「普魯士國王」（King of Prussia）。現在威廉希望被稱為「德國皇帝」（Emperor of Germany）；但俾斯麥知道這麼做會激怒邦聯中的其他君主們，因此他堅持稱之為「德意志皇帝」（German Emperor）。如此一來，威廉在統一（但採取聯邦制）的德意志帝國，將僅僅是「同僚中的第一人」。[3] 威廉吼叫道，他即將失去一切，並且氣沖沖地告訴自己的兒子，他是「用光芒四射的普魯士王冠換來這頂骯髒的皇冠」。他有三個禮拜的時間不跟俾斯麥講話。然而他讓步了：

> 朕接受德意志皇冠，希望德意志民族將可藉此在國家的邊界內享有和平，為自己以熱忱和奉獻進行的戰鬥獲得獎勵，而此邊界可為祖國保障許多個世紀以來所欠缺的安全，防阻法國一再發動侵略。

威廉一世擔任德皇這個新角色的時候，曾經有過許多幅肖像畫（參見頁205的插圖）。但它們都比不上一幅真人大小、現藏於柏林「德國歷史博物館」的頭部到肩膀的肖像。這肖像以如此有力而巧妙的方式來呈現其職務的複雜性、政治上的勾心鬥角，以及他與他的首相和家庭成員之間的關係。在彩色油印版畫上，那位留著醒目的絡腮鬍、配戴各種軍功勳章和飾物的皇帝，以威嚴而慈祥的藍色雙眼向前凝視。可是我們一看見了那幅肖像就會意識到，它的表面很奇特地受到干擾。有許多根間隔著固定距離、兩面著色的垂直木條，各自有大約四分之一英寸寬的表面。正對著畫面的時候，只看得見德皇威廉。但如果向左邊移動的話，就出現了俾斯麥；若向右邊移動，映入眼簾的則是威廉的兒子——皇太子腓特烈。

那幅三重肖像成為一種新鮮的玩意兒，既用於向王室也用於向俾斯麥的功績致敬。不過還可以用一種更有趣的方式解讀它。站在左邊的時候，我們從某個範圍的角度可以望見俾斯麥和德皇威廉一起出現。俾斯麥融入了德皇；德皇則成為俾斯麥的另一種表現形式。鑒於我們知道他們之間所存在的緊張關係，這個設計令人動容又非常有力地烘托出一個事實：這兩人還是有辦法繼續不斷地攜手合作下去。無怪乎德皇威廉曾經說過一句名言：「普魯士人只需要敬畏上帝和俾斯麥。」

從右邊看那幅肖像畫的時候，則出現威廉和他的兒子——王儲腓特烈。他們之間的關係同樣是變化多端和複雜萬分。腓特烈迎娶了維多利亞女王和艾伯特親王的女兒維多利亞，並且在國內政治方面是自由主義者。他想要讓德國遠離俾斯麥的中央集權結構模式，轉而更接近英國的議會傳統。在一八八八年，當這幅肖像被製作出來的時候，腓特烈剛剛登上皇位，自由派人士期待即將誕生一個新的德國。可是這幅畫像還包含另外一項微妙的巧思。當我們同時看著俾斯麥和德皇威廉的時候，就完全見不到皇太子腓特烈，而這正好是俾斯麥的本意。從一八七一年的軍事勝利直到德皇威廉在一八八八年駕崩之間，俾斯麥憑藉自己的機靈、毅力和韌性，確保皇太子腓特烈宛如從肖像畫這個角度所看見的一般，徹底脫離了視線。畫家的藝術手法精準地契合了這位政治大師的操盤技巧。

一八七一年，俾斯麥已然成為德意志帝國總理，是那個新國家在政治上和經濟上的最有力人物。在接下來的二十年內，他塑造了現代德國。他幾乎立刻展開行動來對抗在其眼中過於強大、對德國政治影響太深的天主教會，企圖以所謂的「文化鬥爭」(Kulturkampf) 翦除其羽翼。結果，那個毒性與破壞性十足的政策以失敗收場。他實施進口關稅以保護德國工業，並且推出一系列關於健康保險、意外傷殘保險和養老金的法規，建立了歐洲的第一個福利國家。這些政策也都是雙刃劍，旨在攔阻自由派和左派所提出的種種要求。對今天的許多德國人來說，俾斯麥繼續如同他在世時那樣，是一個帶來破壞、造成分歧的人物——他無情地打壓了一個具有連貫性的社會民主運動之發展，這在二十世紀產生了可怕的後果。他的德國統一者地位卻無可爭辯。鐵匠小塑像只不過是他所享有地位的一個示例罷了。一八七一年時，施特拉爾松特的一名魚產商人為表達對他的尊崇之意，將自己的醃鯡魚重新命名，於是，「俾斯麥鯡魚」(Bismarckhering)，一種低收入家庭的主食，進入了日常用語。

俾斯麥同時還意識到，新的德國已經攪亂了微妙的歐洲權力平衡。他於是花費大量時間促成一系列的條約與協議，以確保均勢的重建和避免歐洲發生戰爭。例如當一八七六年在巴爾幹地區出現危機的時候，俾斯麥向國會表示，德國的參與只會徒勞無益：「等到衝突結束的時候，我們將不會曉得自己到底為何而戰。」德國於是繼續置身在和平與繁榮

- 三重肖像，製於一八八二年前後。
  從左邊看去有俾斯麥的形影。從右邊看去則是皇太子腓特烈的形影。
- Triple portrait, c. 1882. From the left: view of Bismarck. From the right: view of Crown Prince Friedrich.
- **對頁** | 從中央看去是德皇威廉一世的形影。
- From the centre: view of Kaiser Wilhelm I.

之中。他保護帝國免於因為固有的地理缺陷而被外敵包圍，在一八八七年與俄國締結了一項條約，使得俄國的盟友——法國，遭到冷落。俾斯麥之所以能夠實現這一切，並不僅僅在於他自己是一位精明的政治人物，更是因為德皇威廉活了九十一年的緣故。喬納森·斯坦伯格對此解

BISM

釋如下：

> 威廉一世在一七九七年出生。假如他壽終正寢於聖經中所稱的「古稀之年」（three score and ten），他會在一八六七年去世，時間是在德國統一之前。那麼腓特烈三世登基之際還是個年輕人，而且他會解僱俾斯麥。但事實上他既不曾在一八六七年，也沒有在一八七七年或一八八七年登基，因為那個老頭子一直沒死。而只要威廉一世仍然待在那裡（一八八八年三月他以九十一歲之年去世），俾斯麥就保有一份工作。所以俾斯麥的整個職業生涯完全有賴於那位老先生的壽比南山。

將俾斯麥和他的僱主融合在一起的那幅三重肖像，反映了一個深刻的歷史真相。

對德國的自由主義者來說，一八八八年是充滿大好希望的一年，因為在新任德皇腓特烈三世的統治下，一切都可能出現改變。可是腓特烈三世接替父親僅僅九十九天之後，他自己就死於咽喉癌。甚至到了今天，德國人仍然將一八八八年稱做「三帝之年」（Dreikaiserjahr）。腓特烈的繼任者是他那個任性的兒子威廉二世，即使俾斯麥也奈何不了那位皇帝。很快即已明確顯示出來，威廉跟他的那位總理大臣難以取得交集。威廉不喜歡俾斯麥的謹慎外交政策，而他的想法（套用日後一位帝國總理的著名講法來說）就是德國需要「在陽光下取得一席之地」。最後的決裂，肇因於俾斯麥試圖頒布嚴苛的《反社會主義者法》。鐵血總理辭職下台，退居他位於漢堡近郊「腓特烈斯魯」的莊園，等待應邀東山再起。但此事從未發生。他的墓誌銘上面寫著：「威廉一世皇帝的忠實德國僕人」。其離職被許多人看成是威廉二世那位任性皇帝做出的愚蠢舉

● 前頁｜德國國會大廈前方的俾斯麥紀念碑（已毀）。一九〇〇年前後
● Bismarck monument (now destroyed) in front of the Reichstag, c. 1900

動，《噴趣雜誌》針對此事件繪製的經典漫畫下的標題為〈領航員下船〉。新登基的德皇認為自己不再需要一位領航員，覺得有辦法自行為船掌舵，而且那麼做了——可是他帶領那艘船走上一條俾斯麥絕對不可能認可的路線，最後導致災難。

一九一九年時恰恰又回到了凡爾賽宮，一個和平條約在明鏡殿內被強加到德國頭上，該和約的宗旨是要確保法國再度成為歐洲大陸的主導力量。一八一五年時，歐洲的和平規範著眼於約束法國的侵略擴張習性；一九一九年時的用意則是以類似方式來抑制德國。然而在維也納會議結束後，各國歡迎法國重返歐洲的國際社會；一九一九年時的各個戰勝國卻執意宣布德國有罪，以致影響了隨後三十年的發展。

● 〈領航員下船〉，《噴趣雜誌》。一八九〇年三月

● 'Dropping the Pilot', *Punch*, March 1890

1 〔譯注〕德文原文是「Eisen und Blut」（鐵和血）。

2 〔譯注〕哥丁根（Göttingen）或被音譯為格廷根，但德語讀音比較接近「哥廷恩」。

3 〔譯注〕「同僚中的第一人」（First among equals）表明威廉只是被擁戴出來的共主，地位與其他德意志諸侯們平等。這個用語通常直接以拉丁文表達：「Primus inter pares」。

22 The suffering witness 受苦受難的見證者

是否能夠用「一位母親抱著她死去的孩子」做為主題，來代表一個大洲和一個世紀的苦難？這個問題曾經受到激烈爭辯。德國重新獲得統一後不久，赫爾穆特・柯爾總理在一九九三年做出決定，將柏林市中心一棟質樸的新古典主義建築物——「新崗哨」(Neue Wache)，使用為「戰爭與暴政犧牲者紀念館」。那個光禿禿而未經裝飾的空間裡面只容納了一個物件。在其正中央一扇圓形天窗的下方，矗立著一尊母親懷抱著、屏蔽著她已死去兒子的塑像。它是凱特・柯爾維茨製作的一尊塑像之放大版，如今默默地向「新崗哨」的所有訪客傾訴，表示曾經有千百萬人死於二十世紀的戰爭與暴政。

版畫家和雕塑家凱特・柯爾維茨的生與死，不但受到了普魯士歷史的形塑，同時也緊密反映出普魯士的歷史。她的一生幾乎完全涵蓋了一八六〇年代普魯士於俾斯麥任內獲得的勝利、德國在普魯士領導下獲得的統一、普魯士的滿目瘡痍、普魯士的國家地位遭到撤銷，以及普魯士在一九四五年之後被從歐洲地圖抹除。柯爾維茨於一八六七年出生在德國東部的邊陲之地，在東普魯士的柯尼斯堡——那座歷史名城是布蘭登堡選侯在一七〇一年自行加冕為國王，以及伊曼努埃爾・康德重新塑造

- 凱特・柯爾維茨，〈自畫像〉。一九〇四年
- *Self-Portrait*, by Käthe Kollwitz, 1904
- 次頁｜「獻給戰爭與暴政的犧牲者」——「新崗哨」內部的〈母親與亡子〉銅像，由哈拉爾德・哈克根據凱特・柯爾維茨的原件澆鑄於一九九三年。
- Cast of the *Mother and Son* in the Neue Wache, by Harald Haacke after Käthe Kollwitz, 1993. 'To the victims of war and tyranny'

DEN OPFERN VON KRIEG

UND GEWALTHERRSCHAFT

歐洲哲學的地點（參見第3章）。她的父親是一位家境寬裕、政治立場激進的商人，她的祖父則是一位同樣激進的路德教派牧師，而她自己則從兒時就十分關注（更貼切的講法或許是「十分執著於」）社會公義方面的問題。

這種同時從二者傳承下來的激進性和宗教性，明顯呈現於她的作品中。我認為她是最偉大的德國藝術家之一，她的藝術作品使用了傳統基督徒的苦難形象，來探討一個不公平社會體系所產生的種種後果。可是她按照自己的特殊需求，重新塑造那些苦難形象。在柯爾維茨的藝術作品中或許會出現「犧牲」，卻不讓人確定是否真的會有「救贖」。

在一八九〇年代的柏林，她的丈夫是一位與窮人為伍的醫生，她則任教於柏林藝術家協會的女子學院。柯爾維茨家的公寓位於當時還是工人階級居住區的「普倫茨勞貝格」（Prenzlauer Berg），屋內的狹小空間使得她無法處理大型畫布或者使用油彩。凱特・柯爾維茨轉而專精版畫。在她的一生中，她製作過好幾幅自畫像——例如第三九六頁的插圖完成於一九〇四年，當她三十七歲的時候。那是最傑出的自畫像之一，只有少數幾份拷貝留存至今。畫像的頭部以一系列的棕色呈現出來，從肉色一直延伸到暗褐色——那一位陷入沉思的美麗女性，正用雙眼凝視觀賞者右側的某樣東西，神情冷靜而堅毅。此時她已深切關注與她共處的工人階層在生活中的困境，並且特別關心女性的角色與責任。她在一九四一年寫道：

> 我必須認識那些過來向我的丈夫求助，順便也向我求助的婦女。無產階級的命運和一切與他們生活方式有關的事物，讓我深感悸動……。但我想強調的是，同情和憐憫起初並沒有產生多少重要的作用，吸引我來呈現無產階級的生活。真正具有關鍵意義的事情，就只在於我發現了工人生活的美麗。

與勞動階級婦女接觸之後所產生的這種衝擊，非常明顯地展現於她第一個巨大的公眾成功：她在一八九〇年代中期完成的《西里西亞織工起義》蝕刻版畫系列。這個主題源自她的朋友格哈特·豪普特曼的一部劇作——其內容有關普魯士西里西亞省織布工人在一八四四年的起事，而這個抗議行動遭到了有關當局的殘酷鎮壓。柯爾維茨曾在一八九三年參加一場私人表演活動，觀賞了那齣被禁止的戲劇並且深受感動。

對柯爾維茨作品心儀已久的年輕德國作家丹尼爾·凱曼指出：

> 她具有這種巨大的同情心。但我認為那並非感性的同情心，而是真正的深切同情。此外，當她把那種同情心視覺化的時候，她借鑒了存在於德國人潛意識中的非常古老圖像。例如我認為「三十年戰爭」和「農民戰爭」時期令人難以置信的持續暴力與破壞，至今仍然以某種方式銘刻在德國人的集體記憶當中。而且在發生二十世紀的大災難之前，它銘記於心的程度甚至更高。在她不得不針對實際發生的災難做出反應之前，她已經全心全意地同情那些遭到侵害的貧民，以及受苦受難的貧民。

柯爾維茨的蝕刻版畫系列實際上是在伴隨，而非描繪豪普特曼的劇本——那些版畫當中最強有力的一幅，其所呈現的是劇本內根本沒有提及的情景（參見頁403）。其內容關於男性為婦女和兒童進行生活奮鬥之後的結果。織工本人坐在一旁的陰影裡面，和他的紡織機同樣無事可做。可是在前景部分，織工的妻子正用雙手撐住頭部，吸引了我們的注意力。這幅蝕刻版畫中的所有光線，都落在她那臥病在床的餓肚子小孩身上。母親看著注定將死去的孩子躺在充滿光線的嬰兒床內，而後側陰影中可以辨識出父親的身形，這個組合內的一切都讓觀看者聯想起〈耶穌降生圖〉。柯爾維茨的強大力道，有一部分在於她能夠運用人們所熟悉的構圖方式，呈現出一位陷入絕望、必須為她無力拯救的那個生命承擔責任的母親，而非聖母喜悅地面對著前來救贖世人的新生兒。社會的層面已結晶於個人的層面，柯爾維茨為她的政治觀點和她的藝術表現找到了適用於一切的隱喻做法：我們彼此之間存在著相互扶持、同舟共濟的責任，那就好比母親必須用愛心來保護她的孩子一般。而且在任何一種情況下，失敗的後果都是死亡。

柯爾維茨的《織工》系列版畫於一八九八年在柏林展出。格哈特．豪普特曼看見它們以後，表示：「她那些沉默的線條就像一陣痛苦吶喊似地穿透骨髓；像這樣的吶喊聲是在希臘人和羅馬人那邊從來也聽不到的。」展覽會的主辦者深受這個作品系列感動，於是提名她角逐官方金質獎章來表彰她的藝術成就。可是德皇的顧問委員會拒絕了她——鑒於「該作品之主題，以及其處理方式平鋪直敘、完全缺乏任何緩解痛苦或撫慰人心的元素」，國家不願意表揚她。換句話說，這種藝術具有政治性，它呈現出真實的生活令人無法接受。

詩人露絲．帕德爾曾在她的作品中，強而有力地闡述了衝突與創造力的關聯性。她認為凱特．柯爾維茨屬於一種罕見的藝術家類型，有辦法從痛苦和折磨中創造出美麗。

> 苦難完全吸引了她的注意力，以致她的美學觀感幾乎完全與她的情感和社會責任感融為一體。她沒有紀念任何事情，她只是面對著痛苦。她並沒有美化痛苦，而是對它正眼相看——這其實是非常罕見的做法。她總是在個人的層面找到痛苦，因為如果想創造出一件真正的好作品，一件有生命的作品，你就不能隨便找像是戰爭或革命那樣抽象的主題。你會從一個特定的角度切入。這些人都是來到她丈夫診所的病患，他們是沒錢買藥的窮人，他們的孩子命在旦夕、食不果腹，她卻在其中找到了「美麗」的一面。我認為在此出現了某種狂熱態度。它是在表示：問題就擺在眼前，世人正在受苦受難，而你無法逃避它。你知道你無法把目光移開。這種藝術你是沒有辦法視而不見的。

很顯然，這幅版畫見證了實際發生在柏林的事情，正如同五十年前

● 凱特・柯爾維茨，《西里西亞織工起義》系列之〈苦難〉（母親與挨餓的孩子）。一八九七年

● *Mother and Starving Child*, from the series *The Silesian Weavers' Revolt*, by Käthe Kollwitz, 1897

在西里西亞一般。儘管已經有了為現代德國福利國家奠定基礎的俾斯麥社會改革，以及各種著眼於改善公共衛生與健康的大型工作計畫，一九〇〇年代的柏林仍有數以十萬計的人們生活在可怕的環境下，面對著城市嚴重的過度擁擠和對健康產生的不可避免後果。工會和它們提出的要求都遭到政府與雇主的一致反對，德國各地的罷工行動則如同西里西亞

織工起事一般，遭到了暴力鎮壓。

柯爾維茨於是再次轉向歷史以便探討當下，開始著手進行她的第二個偉大版畫系列，藉此呈現窮人如何嘗試掌握自己的命運。這一回，她選擇了一五二〇年代的「農民戰爭」(參見第12章)。那是一個在德國人的記憶當中占有獨特地位的事件。據信是受到路德著作啟發而廣泛蔓延的反抗行動，卻遭到路德的否定並且被徹底粉碎。其中讓柯爾維茨感興趣的地方，是社會動盪對個別家庭造成的影響，尤其是給婦女帶來的影響。於是她以自己和她的兒子彼得做為樣板，繪製出〈女人和死去的孩子〉那幅版畫的草圖。結果那變成了一個讓人不寒而慄的預言。

依鳳．希穆拉，柯爾維茨的傳記作者，講述了這個故事：

> 一九一四年戰爭爆發的時候，柯爾維茨置身在柏林。她的大兒子漢斯時年二十二歲，她幫他在軍隊裡找到一個職務。她正在挪威徒步健行的小兒子彼得則在八月六日返國，打算志願參軍。可是彼得還沒有成年(未滿二十一歲)，因此需要先取得父親的同意才能夠從軍，而他的父親拒絕了。凱特．柯爾維茨隨即說服丈夫同意。於是當兒子死去的時候(那是他離開柏林十天之後的事情)，她的悲傷之中還存在著內疚。

彼得在一九一四年十月陣亡於比利時一事，改變了、而且決定了柯爾維茨的餘生。她寫道：「在我們的生命當中出現了一道傷口，它將永遠無法癒合，而且也不應該癒合。」

她陷入深深的沮喪，並開始嘗試製作一件雕塑來紀念她的兒子和他的戰友們。但她就是鼓不起勇氣來完成那件作品，並且在一九一九年銷毀了它。與此同時，她對冷酷無情的軍國主義所產生的強烈反感，已然沸騰成為對戰爭的由衷敵意與熾熱的和平主義。當戰爭已經接近盡頭，而政府呼籲年邁男子和青少年入伍從軍的時候，她自己公開做出了反呼籲：「死的人已經夠多了……不要再讓別的男人倒下！」

● 凱特・柯爾維茨，《戰爭》系列之〈犧牲〉。一九二四年
● *The Sacrifice*, from the series *War*, by Käthe Kollwitz, 1924

一九二四年的時候，她推出了另外一個系列的版畫，標題就叫做《戰爭》。不同於奧圖・迪克斯之類其他藝術家的作品，它們完全不顯示戰役或破壞，而只是呈現後方民眾的情景——母親們如何傷心欲絕地帶著小孩，在她所稱的「這些無法言喻的艱難歲月」茹苦含辛。那些黑白分明的版畫令人難以直視，人物的臉龐刻畫出悲傷、畏懼和驚恐所帶來的折磨。那是一位女性對戰爭做出的見證，它們完全無與倫比。該系列的第一幅版畫〈犧牲〉反映著她為了自己兒子彼得的命運而感到的悲傷和內疚。那或許就是她的自畫像：一名裸體的年輕女子閉緊雙眼，哀傷

● 凱特·柯爾維茨，《戰爭》系列之〈母親們〉。一九二四年
● *The Mothers*, from the series *War*, by Käthe Kollwitz, 1924

地把嘴巴抿成一條線，並且將她那正在熟睡、安穩地躺在她懷抱中的嬰兒向前遞了出去，以致嬰兒隨時可能被從臂彎裡取走。我們是多麼心甘情願地、盲目地走進戰爭！另一幅版畫〈母親們〉則呈現了圍成一圈的若干婦女：她們相互用手臂抱住對方，試圖藉此保護自己的孩子，臉上流露出驚恐的神情。

在一九一九年之後的德國，儘管已經損失了大量的人口（一百八十萬人左右），陣亡者紀念碑或者公開悼念儀式卻相當罕見。你怎麼可能公開紀念一場丟臉的敗仗，以及隨後被強加過來的苛刻和約？你又該如何緬懷那些白白犧牲的人呢？柯爾維茨不同於當時的任何藝術家，在她的《戰爭》版畫系列中娓娓道出了普通德國人的失落感——損失了兒子、父親、兄弟、情人，損失了一整個世代的人們，並且還損失了政治穩定、國家領土，以及個人尊嚴。這是一位女性對一場男人的戰爭所做出的回應。她親自回應了她本來能夠防止，而且應該更努力設法防止的死亡事件。

根據露絲・帕德爾的看法，那種回應促使她最後終於完成了她為亡子彼得製作的紀念雕像。她最初的構想是要呈現一位母親和一位父親，分別跪在他們兒子屍體的頭部和腳部旁邊。她放棄了那個構想之後，在一九一九年六月的日記中寫道：「我還會回來的。我將會為你和其他那些人完成這項工作。」露絲・帕德爾指出：

> 柯爾維茨總共花了十八年的功夫。那件作品完成於一九三二年，

- 凱特・柯爾維茨，〈悲傷的父母〉，一九二五至一九三二年。一九三二年設置於比利時羅格菲爾德墓園，而後在一九五六年遷移至比利時弗拉茲洛的德國戰爭墓園。
- *The Grieving Parents*, by Käthe Kollwitz, 1925–32. Installed in the cemetery at Roggevelde, Belgium, in 1932 and transferred to the German War Cemetery at Vladslo, Belgium, 1956.

而且它沒有把彼得呈現出來。它只顯示了悲痛欲絕的父母。它被設置在比利時的一座公墓，是一個非常公開的紀念碑，名稱為〈悲傷的父母〉。她給了那對父母她自己和她丈夫的臉孔，但後來她意識到：她還沒有完成她自己的哀悼。我認為對她而言，創造的行為或許非常接近哀悼的行為，因為二者都涉及某種補償，但同時也是一種對損失的確認。而且二者（正如同她的審美觀和社會感那般）是如此緊密地連結在一起。

在西線那些偉大的戰爭紀念碑當中，柯爾維茨的那兩位下跪在地、哀痛萬分的父母展現了一種獨特的悲愴。丈夫和妻子被他們的苦難分隔開來而陷入孤立，無法相互安慰。他凍結在痛苦中，她則已不堪負荷。

第一次世界大戰才剛結束，德國便陷入政治和社會的動盪不安。德

● 斯巴達克斯同盟舉行示威時，卡爾．李卜克內西特從普魯士下議院的陽台發表演說。柏林，一九一八年十一月

● Karl Liebknecht speaking from a balcony at the House of Representatives at a Spartacist demonstration, Berlin, November 1918

● 凱特．柯爾維茨，〈追悼卡爾．李卜克內西特，一九一九年一月十五日〉。
● *Memorial for Karl Liebknecht, 15 January 1919*, by Käthe Kollwitz

皇下台後已經不再有中央權威，社會主義革命在帝國各地的城市和邦國推翻了舊秩序，王侯和公爵們紛紛出逃或退位。帝國的軍隊已被解散，右翼準軍事組織的非正規部隊，所謂的「義勇軍」，遊蕩在街頭，用他們認為合宜的任何手段來維持秩序。槍砲法則變成了家常便飯。柏林尤其是左派和右派敵對集團的必爭之地。首都已經過於危險，不適合政治人物集會和辯論。新選出的國民議會只得前往威瑪召開會議，在那裡為新成立的同名共和國草擬了一部憲法（參見第20章）。

一九一八年十一月，「斯巴達克斯同盟」試圖在柏林建立一個共產黨政府。結果它的領導人（卡爾．李卜克內西特和羅莎．盧森堡）遭到逮捕，並且被社會民主黨和「義勇軍」聯手殺害。李卜克內西特被子彈擊中背部，讓他看起來好像是死於企圖脫逃之際。羅莎．盧森堡迅速成為了全世界左翼鬥爭運動的烈士偶像。李卜克內西特去世的日期則是革命日曆上的重要紀念日。對凱特·柯爾維茨來說，那是她人生中的另外一個轉折點，那迫使她深入地檢討她自己的左翼信仰，並且做出決定：她真正想要的社會主義究竟是社會民主主義呢，還是共產主義；她想成為和平主義者呢，還是活動家？

她前往瞻仰李卜克內西特的遺容，然後製作了一幅驚人的圖像來描繪哀悼他的那些人——畫面下方列出標題是「生者獻給死者…紀念一九一九年一月十五日」。它呈現了樸素白色裹屍布下的卡爾·李卜克內西特遺體，其周圍環繞著他的追隨者和支持者，在他們蒼白的臉上流露出哀傷和難以置信的神情。

此處的視覺語言比柯爾維茨之前版畫中的更加強硬許多。在她的朋友恩斯特·巴爾拉赫影響下（他是一位雕塑家和版畫家同僚，我們將在第二十九章與他再次相遇），柯爾維茨為此選擇了木刻版畫，以運用更強烈的明暗對比和更大膽的簡化形式。黑色烘托出明亮的白色，讓李卜克內西特的頭部看似圍繞著一圈光環。位於前景的四名男子對著屍體彎腰，宛如門徒哀悼死去的基督一般。在人群當中出現了柯爾維茨為所有的社會製作的圖像：一位母親和她的嬰兒俯身前傾，藉此向死者致敬。傳統的基督徒圖像再次被運用於一個完全世俗的目的。

根據依鳳·希穆拉的講法，柯爾維茨當時已經表明，她對卡爾·李卜克內西特的同情是出於個人因素，並非來自政治方面的考量：

> 在威瑪共和國最初的那些年頭，凱特·柯爾維茨幫「國際工人救濟組織」做過許多事情，為他們製作大量的宣傳海報，供他們銷售賺錢來資助自己的活動。她製作了卡爾·李卜克內西特的木刻版畫，雖然她並不喜歡他，甚至在他死後也還是不喜歡他。但他的家人請求她製作一幅關於他的版畫，於是她那麼做了。等到她開始進行以後，便不再把他看成是政治上的敵人，而僅僅是一個人，一個對社會民主主義或共產主義具有重要意義的人。她為這個圖像付出了很長的時間，直到今天它依然非常出名。

● 凱特・柯爾維茨，《死亡》系列之〈死神的召喚〉。一九三四至三七年

● *The Call of Death*, from the series *Death*, by Käthe Kollwitz, 1934–7

第二年柯爾維茨在日記中寫道：身為藝術家，她感覺自己有權以這種體諒的方式來呈現李卜克內西特，並且將這幅木刻版畫獻贈給支持他的工人們，雖然她自己不必是其政治追隨者。她的日記清楚地顯露出來，她現在已經非常明白，自己在激進革命共產主義的問題上究竟是站在哪一邊：

> 假如我還年輕的話，我一定會是個共產黨員，而且甚至到了現在仍然有某種力量把我拉到那邊去。可是現在我已經五十多歲了，我已經經歷過戰爭，眼睜睜看著彼得和成千上萬的年輕人死去。世界上的種種仇恨讓我感到恐懼和震驚。我對能夠讓人們活下去的那種社會主義充滿渴望，而且我發現人世間已經看夠了謀殺、謊言、苦難、扭曲。簡言之，已經受夠了這些窮凶極惡的東西。在那樣的基礎上建立了的共產主義國家，不可能出自神的旨意。

在整個一九二〇年代和一九三〇年代，凱特・柯爾維茨的許多作品繼續反映戰爭及其餘波——貫穿了整個威瑪共和時期的各種難以化解的衝突。她公開反對希特勒的崛起，並且與愛因斯坦、其他的知識分子和藝術家聯名簽署了《對團結一致的緊急呼籲》，鼓勵選民們在一九三二年的各次大選中拒絕納粹。等到納粹上台之後，便不出所料地禁止她參加展覽，並強迫她離開藝術學院。她的作品卻從未正式列入「頹廢藝術」的清單（參見第24章），甚至還被不具名地使用於納粹宣傳。她感到震驚，但是拒絕提出抗議，因為那可能會使得她捲入麻煩——或者甚至更糟糕的是，納粹恐將採取報復行動而直接把她的名字寫在宣傳品上面，讓她顯得是在替他們的觀點背書。

一九三五年時，她製作了她的最後一個版畫系列——直截了當被取名為《死亡》的八幅石版畫。第四一一頁的插圖是其中最後一幅：〈死神的召喚〉。它描繪了她自己的死亡。柯爾維茨把自己呈現為一位身體向前傾的老太太，她的左手向上舉起，她的右手則朝著看不見身體、從上方向她伸來的一隻手移動過去。可以看得出來她就是三十年前那幅自畫像上的同一位女性，卻由於那三個黑暗十年的種種遭遇而變形萎縮。這簡直就是德國在那些年頭的自畫像。

- 凱特・柯爾維茨，〈母親與亡子〉。一九三七至三八／三九年
- *Pietà*, by Käthe Kollwitz, 1937–38/39

這很難得到納粹政權的青睞，畢竟他們自稱是致力於讓一個潔淨純種的民族獲得重生。「蓋世太保」曾經登門拜訪她，集中營的幽靈隨之而至。幸好她的國際知名度意味著，她能夠獲得相對較多的自由。第二次世界大戰則帶來了最後的打擊：她的孫子於一九四二年在東線陣亡，接著她在隔年被疏散離開柏林。等到她在戰爭最後幾個星期，於一九四五年四月去世的時候，她的出生地柯尼斯堡已經泰半被毀，落入俄國人手中。在接下來幾個月內，當地的整個德國人口若非已經逃離，就是遭到驅逐或殺害，而且那座城市已被劃入俄羅斯的領土（參見第26章）。情況直到今天依然如此。七百年的普魯士歷史就此告終。

不過柯爾維茨在一九三〇年代的時候繼續工作，仍然用創作來撫平一九一四年時的悲傷。一九三七年十月二十二日，彼得的忌日當天，她在日記中記道：

> 我正在完成一件小雕塑，它是由我嘗試創作的一尊老人雕像衍生出來的。它已經變得有些類似〈聖殤〉(聖母瑪利亞懷抱著死後的基督)。一位母親坐在那裡，讓她死去的兒子躺在她的兩膝之間，靠在她的腿上。再也沒有了痛苦，所剩下的只是沉思。

柯爾維茨未曾把彼得包括在一九三二年〈悲傷的父母〉的紀念雕塑當中——其重點是父母各自感到的悲傷。現在她終於為彼得和她自己共同創造了一尊私人的紀念像。

雖然在形式上衍生自宗教圖像，這件雕塑品沒有任何基督教的意味。與耶穌基督不同的是，她的兒子沒有被呈現給觀看者，供他們凝視或崇拜。他不像米開朗基羅〈聖殤〉那般地躺在母親的膝蓋上，而是在她的雙腿之間蜷縮成一團。他的兩膝高高向上，以致他幾乎完全被母親

● 德國總統理夏德・馮・魏茲賽克。一九九三年十一月十四日
● President Richard von Weizsäcker, 14 November 1993

的身體遮擋住。她沒有把他呈現給我們看，而只是試圖屏蔽他，不讓他在死後受到進一步的傷害。那種徒勞無功的姿勢產生了極為強烈的悲愴感。在此圖像中，沒有任何東西暗示著犧牲小我完成大我。那裡沒有一絲救贖世人的跡象，只是在對屠殺做出回應。露絲·帕德爾接著表示：

> 我之所以注意到凱特·柯爾維茨的作品，是因為我正在寫一本書來探討衝突與創造力的關係，以及創傷如何有可能激發出創造力。一些藝術家有辦法如此地正視創傷，以致能夠創造出真正非凡的藝術也來向其他人傾訴。詩人艾蜜莉·狄金生曾經說過：「在巨大的痛苦後，一種得體的情感來臨。」

一九九三年十一月十四日，德國總統理夏德·馮·魏茲賽克在滂沱大雨中來到「新崗哨」，將其用途更改為全國的「戰爭與暴政犧牲者紀念館」。那是一個沒有正式演講的低調儀式，即便該場地歷年來已經擔任過三場不同戰爭的紀念館——它曾經是普魯士的拿破崙戰爭紀念館、威瑪共和國的第一次世界大戰紀念館，以及東德紀念第二次世界大戰的「法西斯主義和軍國主義受害者紀念館」。如今這棟建築物被用來紀念「戰爭與暴政犧牲者」——所有戰爭與暴政的犧牲者。在這裡光禿禿石條地面的正中央，在迎向風霜、雨雪和陽光的圓形天窗下方，有著凱特·柯爾維茨一九三七年那尊雕塑的放大版，而她本人既是見證者又是受害者。

魏茲賽克總統宣讀了赫爾穆特·柯爾總理的一份聲明，解釋為什麼會選擇這件雕塑：「因為這位偉大藝術家的創造性工作所蘊涵的原則，與我們建立在同樣原則之上的國家體制密不可分。」我認為柯爾發揮卓越的洞察力，看出了柯爾維茨圖像中的母親保護孩子，正好比是國家承認自己有責任保衛其權力範圍內的每一個人。

但如同露絲·帕德爾所說，柯爾總理選擇柯爾維茨那件雕塑的做法並未廣受歡迎：

赫爾穆特·柯爾選擇了這個構圖，在柏林市（德國再統一後的首都）紀念戰爭與暴政的犧牲者。他受到了很多批評。人們表示，這一位哀悼亡子的婦人不足以撫慰大屠殺受害者，以及第二次世界大戰大量死難者的在天之靈，只能夠代表第一次世界大戰。但我認為，柯爾非常明智地堅持了自己的選擇，因為人們實際上只能移情於個人的處境。於是它矗立在那裡，讓光明與黑暗形成強烈對比。它位於敞開的天空下、光線直直照射過來，而空蕩蕩的牆壁環繞在它的周圍。它總結了所有戰爭中的每一個人所承受的苦難。它即使現身在新石器時代的墓室裡面，照樣也會意味深長，因為它是以大人哀悼孩子做為主題。柯爾的政治天才在於他一眼看了出來，即使其他的東西都已經消失無蹤，這尊塑像將依然屹立不搖。那裡沒有上下文的來龍去脈，沒有任何特定的服裝或道具。只有已死去孩子的一小部分臉龐向上對著母親；母親雖然用手擋住自己的視線，卻仍無助地看著孩子。這是悲痛與失落的具體呈現。

東、西兩個德國繼承了第二次世界大戰的毀滅，而它們面對那個苦澀遺產時的不同態度，也反映於他們看待凱特·柯爾維茨本人及其作品的方式。依鳳·希穆拉解釋說：

她是最重要的二十世紀德國女性藝術家。她代表了二十世紀的歷史及其所帶來的一切苦難。光是以凱特·柯爾維茨為主題的博物館就有三個，此外還有數以百計的學校，街道和廣場是以她來命名。但是重新檢視其作品的工作，卻要等到德國重新統一以後才開始。在此之前，東西德之間曾經針對解讀她的生平與作品的正確方式，出現過某種形式的競爭：她到底是社會主義的藝術家（如東德所主張的），或者（如西德所主張的）是全人類的藝術家？雙方為此爭辯了許多年。她當然二者都是。

Fünftausend Mark
Hunderttausend Mark
R·01207990
Reichsbanknote
ZWANZIG MILLIARDEN MARK
20 MILLIARDEN MARK
Reichsbanktausend Mark
1000
Reichsbanknote Tausend Mark
Deutsche Reichsbahn
Einhundert Milliarden Mark
Dieser Schein wird an allen öffentlichen Kassen wie gesetzliche Zahlmittel angenommen; er kann vom 1. Dezember 1923 ab zur Einlösung aufgerufen werden.
Berlin, den 27. Oktober 1923.
№ 006697
Deutsche Reichsbahn
Eine Billion Mark
(Eintausend Milliarden)
Dieser Schein wird an allen öffentlichen Kassen wie gesetzliche Zahlmittel angenommen; er kann vom 1. Dezember 1923 ab zur Einlösung aufgerufen werden.
27. Oktober 1923.
Der Reichsverkehrsminister
REICHSBANKNOTE
EINHUNDERT MILLIARDEN MARK
REICHSBANKDIREKTORIUM
100
REICHSBANKNOTE
FÜNFZIG MILLIARDEN MARK
REICHSBANKDIREKTORIUM
2000
Reichsbanknote
100000

23 Money in crisis 金錢陷入危機

第一次世界大戰使得一個獨特的字眼在德國人那邊脫穎而出——「Ersatz」（代用品）。它字面上的意思是「替身」（substitute），但在大眾的心目中很快就變成「假的」（artificial）。戰爭結束很久之前，德國即已耗盡日常生活中的許多必需品。協約國的海上封鎖意味著，有許多東西根本就沒有辦法獲得。於是出現了用石油製成的「代用橡膠」、用覆盆子葉片製成的「代用茶」、用橡樹子製成的「代用咖啡」。甚至還有「代用」服裝和內衣——是用紙製成的。那在二十一世紀聽起來頗有創意，甚至十分浪漫，可是它嚇壞了當時的柏林人。更糟糕的是，甚至連金屬也不夠用了——任何金屬皆然。早在戰爭初期，小面額的「國家馬克」硬幣已開始迅速消失不見，因為其他的用途需要金屬。時至一九一九年，所有的低面額錢幣皆已完全消失不見。取而代之的則是「代用馬克」和「代用芬尼」，所使用的製作材料通常都是紙而非金屬。

它被稱呼為「代用貨幣」（Notgeld）——應急貨幣，而大英博物館是這種臨時貨幣的最大收藏者之一。代用貨幣的種類非常繁多，因為不再發行低面額的本國貨幣之後，每一個城鎮都必須自力更生。德意志國家銀行的高面值紙鈔固然繼續流通，代用貨幣卻是日常生活所需的零錢，正是此一事實讓它變得如此趣味橫生。既然中央政府已經搖搖欲墜，地區性的記憶和忠誠隨之復甦起來。十八世紀帝國所特有的錢幣多樣性（參見第5章），於是從五花八門對地方認同感和市民自豪感的探索當中，找到了在二十世紀蓬勃發展的類似情況。例如美因茲宣傳了市區包括古騰堡雕像在內的景點；不來梅強調當地的優良國際港口；波羅的海地區

● 惡性通貨膨脹下的紙幣，一九二二至二三年

● Bank-notes from the hyperinflation, 1922–23

50 Pf Notgeld der Stadt Mainz 50 Pf
Marktbrunnen

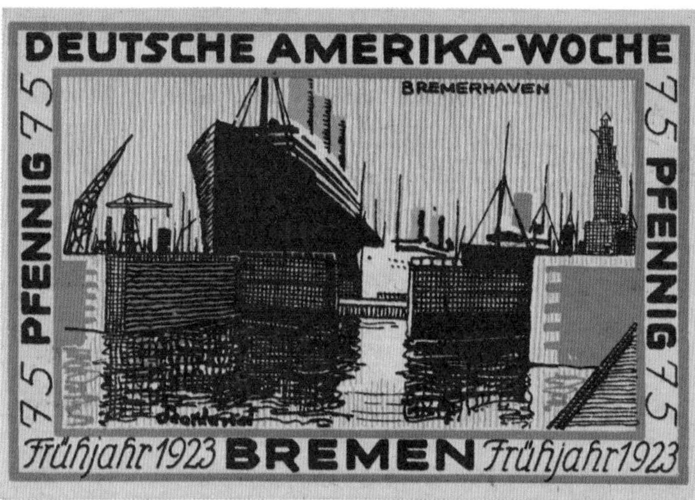
DEUTSCHE AMERIKA-WOCHE
BREMERHAVEN
75 PFENNIG 75
75 PFENNIG 75
Frühjahr 1923 BREMEN Frühjahr 1923

REUTERGELD
50
PFENNIG.
OSTSEEBAD MÜRITZ

- 奧伊廷的五十芬尼代用貨幣（追悼第一次世界大戰陣亡者，並且引用歌劇《奧伯龍》的旋律來紀念作曲家韋伯）。一九二一年
- Eutin fifty Pfennig Notgeld commemorating the First World War dead and the composer Weber with music from *Oberon*, 1921

的度假勝地米里茨刻畫出那裡時髦的水上活動；奧伊廷則推崇該市的著名子弟作曲家韋伯並且在圖案中出現樂譜。有些地點則選擇從歷史的角度著眼：博德斯霍爾姆介紹了它的修道院，一個偉大的宗教中心；埃森納赫則強調其新教傳統，還附上了馬丁·路德翻譯《新約全書》的圖像。

觀看這些紙鈔的時候，彷彿是在瀏覽德國旅遊指南，每個城鎮都在展示其獨特的地方，即最有可能吸引訪客的好奇心和喚起本地居民自豪感的事物。但是這些紙鈔的引人之處並不侷限於地理因素。它們更以驚人的方式，巡禮了一九一九至一九二三年之間，當威瑪共和國正在掙扎求生時的公眾情緒，以及各種讓百姓驚慌、著迷和關注的事情。從圖案中可以看出，表彰作戰陣亡者的願望持續存在。不來梅和漢堡有一種紙鈔緬懷著俾斯麥，以及德國在非洲失去的各個殖民地；另外一種紙鈔來自即將從德國分割出去的格蘭比——該城鎮位於什列斯威－霍爾斯坦

- **對頁｜上｜**美因茲的五十芬尼代用貨幣（古騰堡紀念碑位於右側）。一九二一年
- Mainz fifty Pfennig Notgeld with Gutenberg monument on the right, 1921
- **對頁｜中｜**不來梅的七十五芬尼代用貨幣與港口風光。一九二三年。
- Bremen seventy-five Pfennig Notgeld with harbour scene, 1923
- **對頁｜下｜**米里茨的五十芬尼代用貨幣。一九二二年
- Müritz fifty Pfennig Notgeld, 1922

- 上｜博德斯霍爾姆的五十芬尼代用貨幣與僧侶圖案。一九二一年
- Bordesholm fifty Pfennig Notgeld with monks, 1921
- 下｜埃森納赫的五十芬尼代用貨幣與路德圖像。一九二一年
- Bottom: Eisenach fifty Pfennig Notgeld with portrait of Luther, 1921

的丹麥語區，正準備應丹麥的要求，在英法兩國監督下舉行公民自決投票。有些則用令人不快的反猶太笑話來傳播流行的偏見，此外還有更多各式各樣的代用貨幣。這些紙鈔匯集了德國人在一九二〇年代初期的記憶、希望和畏懼。

● 不來梅的七十五芬尼代用貨幣與失去的非洲殖民地和俾斯麥。一九二一年

● Bremen seventy-five Pfennig Notgeld with lost African colonies and Bismarck, 1921

有趣的是，因地而異的多樣性還出現在另外一個方面——並非所有的代用貨幣都是紙鈔。在麥森和德勒斯登，代用貨幣是瓷做的（不言可喻，它很快就變成了收藏對象）；在比勒費爾德那個巨大的紡織業中心，所使用材質為亞麻或者絲綢；而且可以想見的是，在某些地區則是香

1
1
Vive la France
Klip her
Vojens
Bredebro
Tönder
Tinglev
Padborg
Nyböl
Lindholm
Flensborg

WEISSWEIN, 51000 FÜR ROTWEIN, 15000 FÜR PORTWEIN, 45000 FÜR SEKT, 58000 FÜR LIKÖR, 26000 FÜR BIER, 9000 WEINKARAFFEN U.S.W.
TRAG VON VERSAILLES AM 10. JANUAR 1920
O FLUCH! O SCHANDE SOLCHEN TRÖPFEN! SATANE STEHEN AUF DEN KÖPFEN, DIE PLUM-
PEN SCHLAGEN RAD AUF RAD UND SCHLAGEN
Stadt Sparkasse Bielefeld
1000
KOCHS ADLER

Aus der guten alten Zeit
Bier!
O „Dovid" was ist Dir passiert?
Du bist zur Hälfte nur rassiert?
Nein, wirklich es ist nicht zum Lachen,
Kannst Geschäftchen heut nicht machen.
Ja, nun ist es Dir mal passiert:
„Du bist über den Löffel balbiert."

腸。這是德國地域主義在危難時刻的有力重申。而根據英國央行前任行長默文·金恩的講法，這在某種意義上成為一個帶來希望的消息——人們對自己本地貨幣的信任，超過了對國家貨幣的信任：

> 德國的代用貨幣非常引人入勝，因為它引發了一個問題：為什麼我們不讓大家印製自己的鈔票？最典型的答案是，人們害怕突然發現所持有的鈔票已經變得一錢不值。如果各銀行發行了它們自己的鈔票，你就有必要住得離總行很近，以便在銀行傳出壞消息的時候趕去那裡，把你的鈔票換成金幣拿走。最要緊的事情是，你必須有辦法快速地向銀行索取資產。代用貨幣這個例子卻說明了，當國家陷入無法適度供應貨幣，或者無法擔保貨幣價值的情況時，地方社區如何決定自行印製實際上等於是借條的東西。偉大的政治思想家海耶克曾經主張，任何人都應該被允許印製鈔票，而非像我們今天這樣地由國家壟斷貨幣發行權。此構想沒有考慮到的缺點是：人們想要感覺到，被他們拿來衡量萬事萬物的憑據有著穩定而一致的價值。但是那種缺點不足以產生全盤否定國幣的效果，更何況在整體世界經濟當中，全球各國發行自己的貨幣，而且運作得相當好。

一些最傑出的代用貨幣來自威瑪，來自包浩斯藝術設計運動的發祥地——那裡在一九二〇年代初期完全重新想像了美學與功能的世界（參見第20章）。威瑪紙鈔是由包浩斯的赫伯特·拜爾所設計。那些紙鈔上面不出現任何關於歷史或旅遊的主題，所具備的只有純粹的功能、清晰的溝通、大膽的設計。拜爾運用強烈的色彩，然後直接以特色十足的版面印出文字和數字。形式毫不妥協地跟隨了功能上的需求。這種代用貨幣

- 上｜格蘭比的一馬克代用貨幣（圖示決定了當地應該歸屬丹麥或德國的公民投票）。一九二〇年
- Gramby one Mark Notgeld depicting the local plebiscite deciding whether to be part of Denmark or Germany, 1920
- 中｜比勒費爾德的亞麻布一千馬克代用貨幣。一九二二年
- Bielefeld linen one thousand Mark Notgeld, 1922
- 下｜貝費龍根的七十五芬尼代用貨幣與反猶太人的漫畫。一九二一年
- Beverungen seventy-five Pfennig Notgeld, with anti-Jewish cartoon, 1921

50 000 000

FÜNFZIG MILLIONEN MARK

WEIMAR, DEN 9. AUGUST 1923
DIE LANDESREGIERUNG

50 000 000 Mark zahlt die Kasse der Thüringischen Staatsbank dem Einlieferer dieses Notgeldscheines. – Vom 1. September 1923 ab kann dieses Notgeld aufgerufen und gegen Umtausch in Reichsbanknoten eingezogen werden.

Wer Banknoten nachmacht oder verfälscht oder nachgemachte oder verfälschte sich verschafft und in den Verkehr bringt, wird mit Zuchthaus nicht unter zwei Jahren bestraft.

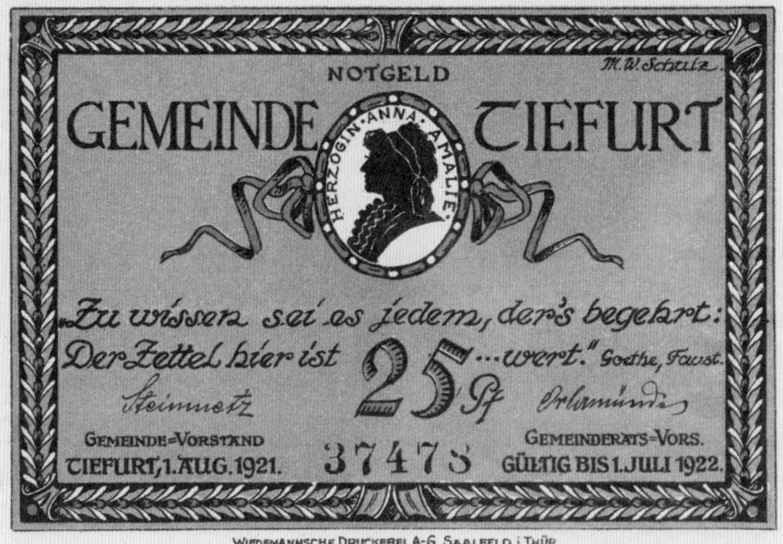

WIEDEMANNSCHE DRUCKEREI A.-G. SAALFELD i. THÜR.

是現代主義的美學宣言。拜爾在一九二三年只有兩天的時間來設計這些紙鈔，但他意識到這是一個難得的機會，可向廣大公眾展示包浩斯的字型和設計，而且大眾只能使用它們，別無選擇。前衛的現代主義設計將在幾小時之內進入每一個家庭。代用貨幣給了「包浩斯」之前根本無法想像、公開曝光的機會。

克拉麗莎·馮·施佩是大英博物館的部門負責人之一，來自北萊茵—西發利亞邦。她對館內所收藏最引人注目的一些代用貨幣進行了探索：

> 很顯然可以拿代用貨幣來做的事情之一，就是展現本地的風光、建築物，以及人們真正感到自豪的景觀。大英博物館也擁有來自我家鄉的代用貨幣——西發利亞的波霍爾特。波霍爾特的地標是文藝復興時期的市政廳，那是該地區非常典型的一棟建築物，所以他們為鈔票選擇了它。此外還有一張紙幣來自威瑪近郊的提福特，那裡是薩克森－威瑪公爵夫人安娜·阿瑪麗亞的夏宮所在地。她曾經在當地款待過歌德，長時間與他交談和散步。於是那張紙幣援引了歌德《浮士德》的字句，在上面印出：「Zu wissen sei es jedem, der's begehrt: der Zettel hier ist 25 pfennig wert.」（意為：「茲昭告天下，讓人人知曉：這些紙頭兒價值二十五芬尼。」）——《浮士德》原文寫出的是「這些紙頭兒價值一千克朗」，在這裡的價值卻變成了二十五分錢。

這種代用貨幣開了一個文學玩笑，引用歌德字句來質疑應急紙幣之價值。其製作者在逗弄歌德、逗弄金融的不穩定，以及逗弄當地的記憶：它以一種自信、時髦、文謅謅的方式來面對困境。輪到哈默爾恩[1]的紙鈔時，所選擇的對象則理所當然已不再是歌德，而變成了「斑衣吹笛人」

- 上｜五千萬馬克代用貨幣。由赫伯特·拜爾設計，發行於一九二三年七月二十五日。
- Fifty million Mark Notgeld, designed by Herbert Bayer in Weimar, issued 25 July 1923
- 中｜波霍爾特的二十五芬尼代用貨幣與市政廳。一九一八年
- Bocholt twenty-five Pfennig Notgeld with Rathaus, 1918
- 下｜提福特的二十五芬尼代用貨幣與更動過的歌德《浮士德》引文。一九二一年
- Tiefurt twenty-five Pfennig Notgeld with an amended quotation from Goethe's *Faust*, 1921

50
Anno 1284 : Am Dage Johannis et Pauli war der 26 Junii
Dorch einen Piper mit allerley Farve bekledet
50
L. Enders
50
Gewesen CXXX Kinder verledet binnen Hamelen geborn
to Calvarie bi den Koppen verloren
50

Stadt Hameln a. d. Weser
19 18
Gut für Fünfzig Pfennig
50
50
Dieser Gutschein wird von unserer Kämmereikasse eingelöst. Er verliert seine Gültigkeit einen Monat nach Aufkündigung in den Hamelner Ortsblättern
Hameln, den 1. Juli 1918
Der Magistrat: Jürgens

+SCHULTZ + VON + DER + MIEHLEN + CALOW + SEVERING + HOEVENER+
BAURAT
STADTRAT
STADTVERORDNETE
C № 297248
Verbrauch Bielefeld
30000 Zentner
Winter 1916-17
Kriegsplatz-Anweisung
Durchhalten in Not Ist Kriegsgebot
SKB
BIELEFELD
BIELEFELDER + LEBENSMITTELAUSSCHUSS
FUER + DAS + KRIEGSNOTJAHR + 1917
OBERBUERGERMEISTER + DR + STAPENHORST
Kriegsnahrung in Bielefeld Dezember 1918 bis Februar 1919: an Pferdefleisch 350 Pferde. Das ist die Bespannung von 2 kriegsstarken Schwadronen Kavallerie.

和老鼠。克拉麗莎・馮・施佩解釋說：

> 老鼠一次又一次地現身於哈默爾恩的紙鈔。在一九一八年版的五十芬尼紙鈔上，我們能夠發現老鼠坐在數字頂端。那同一張的背面則可看見「斑衣吹笛人」帶領孩子們走出城外。代用貨幣在當時反覆使用的主題之一，就是與本地有關聯的文學題材，無論那是歌德在威瑪，或者是哈默爾恩的「斑衣吹笛人」傳說。所使用的言詞往往相當不雅，並且語帶幽默和諷刺，輕描淡寫地看待嚴酷時光。但也並非總是如此。大英博物館的收藏品當中還包含一張比勒費爾德的小紙鈔。它是早期的代用紙幣之一，影射了一九一七年所謂的「蕪菁甘藍冬天」：當時食物嚴重短缺，人們只能靠蕪菁甘藍來果腹。有一根哭泣的蕪菁甘藍伴隨著印在左側的「Durchhalten in Not ist Kriegsgebot」字樣，意為：「在苦難中堅持下去，這就是戰爭的法則」。

幽默感在這裡完全消失不見了。它反而散發著一種更加陰暗的基調，烘托出一九二〇年代早期德國最關鍵的問題之一——支付戰敗賠款和滿足戰勝國的需索。代用貨幣也觸及了那一方面。克拉麗莎・馮・施佩指出：

> 我們有來自比特費爾德的紙鈔。該地是一個離柏林不遠的產煤區。紙鈔背面呈現出運載煤炭、首先駛向科隆的火車——我們能夠看見背景部分的科隆大教堂，以及位於左側的巴黎艾菲爾鐵塔。這是正從德國運往法國的煤炭，紙鈔上面則非常精確地告訴我們：「從一九二〇年四月至一九二一年三月之間，總共運走了二千八百一十萬噸煤炭。其中的百分之六十七點一用於支付賠款，……只有百分之十一點五是按照世界市場的行情銷售出去。」

- **上和中**｜哈默爾恩的五十芬尼代用貨幣與「斑衣吹笛人」。一九一八年
- Hamelin fifty Pfennig Notgeld with Pied Piper, 1918
- **下**｜比勒費爾德的十芬尼代用貨幣與蕪菁甘藍。一九一九年
- Bielefeld ten Pfennig Notgeld with turnip, 1919

- 比特費爾德的五十芬尼代用貨幣與載運煤炭前往法國的火車。一九二一年
- Bitterfeld fifty Pfennig Notgeld with train carrying coal to France, 1921

這張代用貨幣正在述說著，許多人如何為了一個事實而深感憤怒：德國生產的煤炭非但不能用來賺取外匯，反而有三分之二被戰敗賠款吞噬掉，而且是交給了法國人。

代用貨幣全部加起來總共超過了十六萬種。它們反映出威瑪共和國在社會上和政治上的緊張與焦慮——軍國主義者、和平主義者、享樂主義者、種族主義者等等。但它們沒有透露的是，一個巨大的金融危機正伺機而動，已經迫在眉睫。這種耐人尋味的小面額應急鈔票，即將被歷史上最具災難性和破壞性的通貨膨脹所吞沒。那場惡性通貨膨脹同時肇因於德國的戰後經濟疲弱，以及無力支付戰勝國索取的賠款。一九二一年四月定出的賠款總金額高達三百三十億美元。同年五月，瓦爾特・拉特瑙那位工業家出任重建部長，必須負責支付賠款的工作。拉特瑙擔心賠款將會完全終結穩定馬克的機會，並且寫道：

> 政治界和金融界的大多數人物是根據紙張來進行思考。他們坐在

> 自己的辦公室內，看著他們面前擺放的紙張。那些紙張上面都寫出了數字，而它們又代表著別的紙張……那些別的紙張則列出了許多個〇，而九個〇等於一個「milliard」。一個「milliard」很容易就可以琅琅上口，卻沒有人能夠想像出什麼是一個「milliard」。那麼一個「milliard」到底是多少呢？一塊林地會有一個「milliard」的樹葉嗎？一片草地會有一個「milliard」的葉片嗎？誰曉得！假如把「提爾公園」清個精光，在地面種上小麥的話，又能夠生長出多少個「milliard」呢？兩個「milliard」嗎？

一個「milliard」等於一個「billion」，[2]或相當於一千個「百萬」（million）：這種數目十分嚇人。事實上，那整個局勢都變得十分嚇人。通貨膨脹的熱潮不斷升溫，使得德國人陷入了一種集體瘋狂。一九二二年六月，拉特瑙遭到暗殺。那導致馬克對美元的匯率下跌到三百比一。一個月以後，必須支付第一筆戰敗賠款之際，匯率跌落至五百比一。在十月下旬，應該支付第二筆賠款的時候，又崩盤到四千五百比一。時至一九二三年四月，惡性通貨膨脹已經爆炸開了。即使是在今天，那個時期的紙幣仍然讓人看得怵目驚心（參見頁418的插圖）——「1,000 馬克」、「10,000 馬克」、「100,000 馬克」、「1,000,000馬克」。接著改用字母拼出了「一兆馬克」（Eine Billion Mark）、「一千億馬克」（Ein Hundert Milliarden Mark）。

到了一九二三年十一月，匯率已經變成四點二兆馬克對一美元。英國駐柏林大使館裡面有個愛說笑的人打趣地指出：馬克對英鎊的匯率數額相當於地球到太陽距離的碼數。在同一年年底，一枚雞蛋的價格是一九一八年時的五千億倍。人們用推車載著他們的鈔票四處四走，眾所皆知那並非為了購物，而是要把毫無價值的現金帶去銀行，把它們兌換成面額甚至更高的不值錢現金。一九二一年時在市面流通的貨幣總額為一千二百億馬克。兩年以後，那已經高達將近五億兆（five hundred million trillion）——超出了理解範圍之外。用一張面額五億馬克的鈔票或許能夠買來一條麵包。

大多數德國家庭都有關於惡性通貨膨脹的恐怖記憶，例如一位資深公務員拿著他一個月的薪水趕回家裡，讓他的太太能夠在那些鈔票也變成廢紙之前買來若干公克奶油。默文·金恩解釋了這樣的災難是怎麼產生的：

> 所出現的情況是，政府認為自己基於各式各樣說不清的原因，只能藉由印鈔票來彌補預算赤字。然後百姓開始預期政府會印出越來越多的鈔票。他們關於即將出現通貨膨脹的想法持續滋長。於是他們試圖擺脫金錢，手中一拿到鈔票就拼命購買東西。金錢易手的速度不斷提高。這開始把價格推升得更快。政府又發行了更多的鈔票，於是陷入一個惡性循環之中，導致價格很快以幾乎無法想像的速度急遽上揚。今日我們印象中的通貨膨脹率是每年百分之二左右。這意味著，價格大約四十年加倍一次。德國惡性通貨膨脹時期

● 一名婦女以惡性通貨膨脹時期的紙鈔給壁爐點火。一九二三年前後

● Woman fuelling a stove with hyperinflation banknotes, c. 1923

Papiergeld! Papiergeld!

(Karl Arnold)

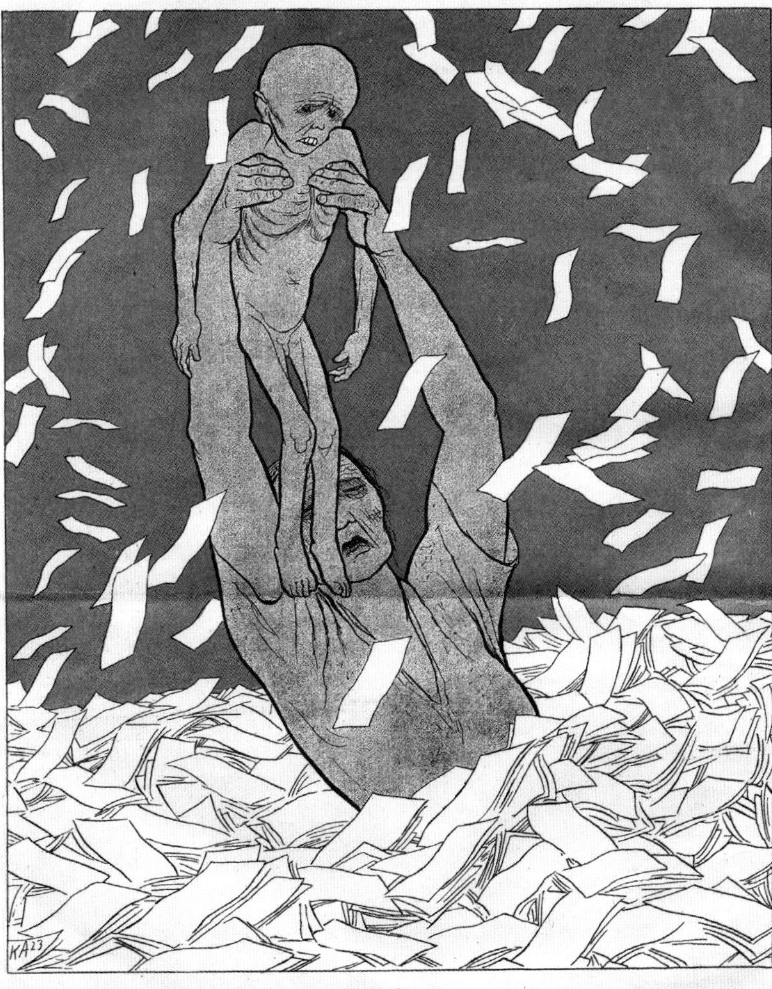

„Brot! Brot!"

Letzte Zuflucht

Immer höher gehn die Wogen.
Und die Herren Theologen
wissen auch und künden's gern,
daß, warum und inwiefern:

Sehn wir doch, wie die Maschinen
uns beherrschen und bedienen;
und das färbt denn prompt wie Krapp
auf die Metaphysik ab.

Statt der sittlichen Begriffe
gibt's nur noch der Selbstsucht Kniffe.
Ach, kein Mensch glaubt mehr an Gott...
So erklärt sich der Bankrott.

Alle glauben heiß und brünstig
einen Gott, der ihnen günstig
und im letzten Notfall da:
Deus ist's ex machina.

— Diese Ansicht, meine Lieben,
scheint mir etwas übertrieben.
Bloß sein Bild, wie man ihn faßt,
ward dem Zeitgeist angepaßt.

Ratatöskr

— 140 —

● 一位女性將她挨餓的孩子從泛濫的紙幣中舉起，哭喊著：「麵包！麵包！」。一九二三年六月《極簡》雜誌的漫畫。

● Woman raising her starving child out of a sea of paper money, crying: 'Bread! Bread!' Cartoon from *Simplicissimus*, June 1923.

的價格卻是每三天半加倍一次。我們可以在當時的照片中看見人們用單輪推車載著鈔票出門。那些人會那麼做的原因都是，政府無意藉由傳統手段來彌補預算赤字（或者增稅，或者進行擔保貸款），而僅僅只是打算印鈔票。而政府真的那麼做了。

德國的惡性通貨膨脹還不是歷史上最嚴重的。這個「榮譽」屬於為時較晚，在二〇〇八至二〇〇九年發生的「辛巴威危機」——那時價格每天翻漲一倍。但是惡性通貨膨脹的奇特現象是，它能夠結束得跟開始得一樣快。一九二三年十一月，威瑪共和國政府任命希亞爾瑪·沙赫特擔任貨幣專員。他有一個簡單的計畫：他引進了一種新的貨幣，以德國政府所擁有的財產做為抵押，來擔保「地產抵押馬克」（Rentenmark）的價值。剛推出時的匯率，是一兆舊馬克兌換一個新的「地產抵押馬克」。沙赫特的政策以驚人的速度發揮效果。他在短短幾個月之內便穩定了貨幣，而根據默文·金恩的說法，那正是預料得到的事情：

> 若想取信於人的話，就要承諾整頓預算結構、增加各種必要稅收、削減政府開支，並且保證不靠印製鈔票來彌補預算赤字。如此便可從物價上漲失控的惡性循環，轉而觸發一個良性循環——因為人們相信預算赤字將會受到控制，於是重新願意持有他們的錢幣。出現惡性通貨膨脹時所發生的事情是，人們都不想持有鈔票。因為持有鈔票是完全沒有意義的事情，它會在喝一杯咖啡的時間內變得毫無價值。各種惡性通貨膨脹往往有一個共通點，那就是它們開始於政府對預算失去控制之際，而等到一個下定決心要妥善處理預算的政府上台以後，惡性通貨膨脹就會結束。接著很快形成的現象是，甚至當他們能夠減緩漲勢或者降低貨幣供應量之前，通貨膨脹就已經非常迅速地在幾個月內平息下來了。

那正是在德國所發生的事情。「地產抵押馬克」帶來了穩定和信心，經濟隨即開始復甦。然而關於惡性通貨膨脹、關於那些紙鈔在〇的後面不斷印出〇的痛苦記憶，到了現在都還鮮明得讓人餘悸猶存。它數十年來一直成為「德意志聯邦銀行」的指導力量，而且目前在「歐洲中央銀行」也是一樣。默文・金恩解釋說：

> 那種記憶起了十分巨大的作用，使得德國特別強調「穩定」一詞。「穩定」已成為經濟政策的座右銘——無論金融政策或者貨幣政策都是如此。此外德國非常正確地注意到「後果自負」的重要性。「穩定」必須十分小心翼翼地加以維護。那是成功經濟政策的精髓。

這種災難性金融事件另外還產生了一個更直接的後果。惡性通貨膨脹給右翼政黨——特別是納粹黨，提供了理想的環境，能夠在《凡爾賽條約》帶來屈辱以及賠款造成災難之後，利用許多德國人的仇外心理與不滿情緒。威瑪政府所引進的議會體制被指控出賣了德國軍隊（著名的「背後捅一刀」（stab in the back）論調），逼迫它在沒有戰敗的情況下投降。惡性通貨膨脹又在很長的時間內，於集體記憶中添加了憤恨不平的心理和受到虐待的感覺。恐懼、不安全感、仇外心理和偏見給納粹打開了大門，得以夸夸談論其解決方案與種族觀點。惡性通貨膨脹當然也被納粹使用於自己的意識形態宣傳，強調一切都是猶太人的錯。那位時運不濟、曾經設法履行德國賠款承諾的拉特瑙是猶太人；威瑪共和國政府則被抨擊為一個「猶太人的政府」；此外有千百名共和派人士或左翼運動的支持者，無論是否為猶太人都受到襲擊和毆打，或者如同拉特瑙那般地慘遭暗殺。

「地產抵押馬克」似乎提供了喘息的機會，可讓人從謠言和暴力所形成的恐怖漩渦中脫身，新出現的穩定局面或許預示著政治將回歸常態。一九二三年慕尼黑政變失敗後，一位觀察希特勒出庭受審經過的英國外交官報導說：「希特勒的最大敵人是『地產抵押馬克』。就巴伐利亞，甚至就整個德國的前景而言，貨幣穩定所產生的有利影響絕對不可能言過其實。」

● 一億馬克紙鈔，一九二三年。
其背面蓋上了納粹文宣，一九二七年。

● Hundred million Mark note, 1923.
The reverse is stamped with
Nazi propaganda, 1927.

可是惡性通貨膨脹的災禍還沒有結束。一等到貨幣穩定了下來，便出現這樣的問題：該如何處理惡性通貨膨脹時期那些不值錢的老舊鈔票呢？你當然可以焚燒它們來禦寒（參見頁432），納粹黨卻想出了一個特色十足、才華橫溢的解決辦法：使用它們進行宣傳。面額一億馬克的紙幣被保留下來，變造成為一九二七年的競選傳單。其背面並加印了一幅納粹的反猶太人漫畫。一個巨大的、光芒四射的卐字符號高掛在天空中，以彗星的形狀出現在一幅猶太金融家漫畫的上方——那人有著鷹鉤鼻和巨大的貪婪雙手，在它面前害怕得畏畏縮縮。他的帽子已在他踉蹌倒退之際跌落到地面。上面的文字先是以意第緒語寫道：「正義的神！又是一顆新的彗星！」接著以標準德語表示：「德國人！靠著這張廢紙，猶太人騙走了你們誠實賺來的錢。祭出你們的答覆：把票投給民族社會聯盟！」——那是一個與納粹關係緊密的黨派。

這個令人眼花繚亂的偽造品是一件強大的政治武器，在同一張紙上有著兩個簡單明了的訊息：在紙鈔的一面不斷提醒著人們，威瑪政府疏於捍衛德國的利益與繁榮；在背面則指出了必須為一切錯誤負責的替罪羊，把猶太人清除乾淨才是唯一的解決辦法。當這樣的政治宣傳單在一九二七年被炮製出來的時候，經濟已然復甦，來自極右派勢力的威脅看似正在消退之中。但下一場經濟災難，一九三〇年代初期的大蕭條，卻將給類似它的那些物品以及它們所體現的謀殺想法，注入新的充沛動能。結果情況變得非常嚴重，已經不再是威瑪共和國「地產抵押馬克」所能應付得了的。

---

1 〔譯注〕哈默爾恩（Hameln）亦音譯為哈美恩，或按照英文拼寫方式音譯成「哈梅林」、「哈默林」（Hamelin）。

2 〔譯注〕Milliard是「長級差制」（long scale）數字系統的十億（10^9）；Billion則是「短級差制」（short scale）的十億，或「長級差制」的一兆（10^{12}）。美國和一九六四年之前的法國使用「短級差制」，德國和一九七四年之前的英國則使用「長級差制」。簡言之，德文的「Milliarde」等於「一千個百萬」，「Billion」等於「一千個十億」。

24 Purging the degenerate 肅清頹廢藝術

她最先被攆了出去。她帶著二百五十件陶罐和二百五十幅畫作過來，而且她抵達之前已經有過一些非常糟糕的經歷。那主宰了我的生活。那從來都沒有被提起過，但那是關於她最重要的事情。

法蘭西絲・馬克斯所談論的是她的母親，一九三六年從德國前來英國定居的陶瓷設計師葛蕾特・馬克斯。跟許多人一樣，葛蕾特・馬克斯離開的原因在於她是猶太人。不過她也因為一個非常特殊的理由而離開：她的陶瓷作品具有政治危險性。這一章是關於無生命的納粹受害者——在「第三帝國」的新德國沒有容身之處的藝術品，以及關於葛蕾特・馬克斯的命運。

一九三三年五月十日，希特勒被任命為德國總理短短三個多月之後，一群納粹學生在「國民啟蒙暨宣傳部」部長約瑟夫・戈培爾慫恿下，組織了一場焚書行動，燒毀「非德意志」（與納粹思想不相容）的書籍。與此同時，在德國各地的大學城也燃燒著類似的篝火。那些書籍當中包括埃里希・瑪利亞・雷馬克的著作，他曾經寫出《西線無戰事》那一部反戰暢銷小說。此外也包括了諸如HG・威爾斯和貝爾托特・布萊希特之類被視為國際主義者或左翼人士的作家們；海因利希・海涅、卡爾・馬克思和阿爾伯特・愛因斯坦之類的猶太作者和學者們；兒童偵探小說《埃米爾和小偵探》的作者埃里希・凱斯特納，因為他的和平主義觀點

● 葛蕾特・馬克斯製作的陶瓷花瓶。一九三〇年前後
● Ceramic vase by Grete Marks, c. 1930

被視為不可接受。

凱斯特納是唯一置身柏林人群當中，看著自己的書籍燒毀的作者。篝火燃起於柏林市中心的一個廣場——現在的貝伯爾廣場。[1]如今在貝伯爾廣場的中央有一個紀念碑：設置在礫石之間的一塊大玻璃。人們隔著它可以望見，在遠遠低於路面的地下有著好幾排光禿禿空蕩蕩的白色書架，足以容納當天被焚毀的兩萬本左右書籍。那陣熊熊火光是引人注目、令人難忘的序幕，開啟了納粹的一個運動。該運動試圖重新定義「什麼是德國的和什麼不是德國的」，旨在展開一種全面淨化德國文化的進程，並且在納粹國度掃除一切被視為具有威脅性的藝術——或者套用他們自己的術語，那叫做「頹廢藝術」（entartete Kunst）。此事件一直留存在德國人的記憶當中，成為一個奇恥大辱的時刻。貝伯爾廣場上面除了出現那個紀念碑之外，還鐫刻了海涅在一八二〇年做出的著名預言：「那

● 納粹在柏林焚燒書籍。一九三三年
● Nazis burning books in Berlin, 1933

● 葛蕾特・勒本斯坦（婚後改姓馬克斯）。一九二五年前後
● Grete Löbenstein (later Marks), c. 1925

僅僅是前戲。人們在哪裡燒書，最終將在那裡燒人。」

繼書籍之後，很快就有其他的藝術創造形式步上其後塵——音樂、繪畫、雕塑和陶瓷。這也解釋了，為什麼葛蕾特・馬克斯的花瓶如今收藏在大英博物館（參見頁438）。那是一件把玩起來和觸摸起來令人賞心悅目的物品，它大約一英尺高，形狀像是由兩個胖胖的、大致呈球形的葫蘆上下堆疊而成，再加上一個彎曲的握把將它們固定起來。圓潤的外形流暢地相互交融，隱隱暗示著非洲的陶器造型，柔和的青綠釉以及大膽潑濺的紅褐色卻無疑具有東方風格。製作它的人見識過世界各地的陶瓷傳統，從中創造出這件簡單微妙的作品，而且令人驚訝的是，她製作時選擇了堅固的陶器，可被工廠大量生產。

葛蕾特・馬克斯（那是她第二任丈夫的英國姓氏——她在德國被稱為葛蕾特・勒本斯坦）曾在一九二〇年的時候，受教於威瑪的「包浩斯設計學校」(參見第20章)。她快速成功掌握了該校的基本原則：要創造出可工業化生產，因而可便宜生產的優良設計。一九二三年她在柏林北郊的馬爾維茨開設自己的工廠，很快就被讚譽為引領現代陶瓷的生產商之一。她的工廠僱用了一百多人，她的產品銷往世界各地。有一份當代的雜誌在一九三二年形容說：「該廠的產品設計，讓您果真能夠得到一分錢一分貨的好品味。」過了兩年以後，那種「好品味」卻遭到公開抨擊，被貶低成「頹廢」。一九三四年時，葛蕾特・馬克斯被迫把她的工廠出售給一名獲得納粹認可的買主。時至一九三六年，她像許多有辦法的猶太人一樣，離開了德國。

納粹教條出名的地方在於它極度注重「種族純淨」，強調身為「雅利安人」或「北方人種」、具備所謂「真正純種日耳曼人」體型特徵的重要性。希特勒曾經在一九三七年如此表示：

> 一個耀眼而美麗的人種類型正在茁壯之中。去年我們剛剛在奧林匹克運動會上(一九三六年的柏林奧運會)，看見這個人種類型光榮地、自豪地將自己的強健體魄呈現於世人面前。……人類從來不曾像今天這樣，在外觀上和在自覺上如此接近古典時期。

藝術應該向人種看齊，在這兩方面的真正日耳曼特質都必須被辨識出來、受人仰慕與仿效。政治領袖們令人不寒而慄的簡單任務，就是要在人類的世界和藝術的世界，從糟粕中篩選出精純、對傳統進行淨化，創造出一個新的和更好的德國。

然而無論在人種方面或者在藝術方面，這都被證明是非常困難的事情。正如同大多數納粹高層領導人物看起來並不會特別「雅利安」，甚至更不像是「一個耀眼而美麗的人種類型」，在德國的文化殿堂中也很難確鑿無疑地辨識出想望中的日耳曼傳統。如此一來就無法像拿破崙戰爭結束後尋找新的德國身分時那般(參見第7章)，強調有哪些部分合乎真正的日耳曼傳統，反而更經常排外地只是找出何者不合乎標準。

因此，孟德爾頌和馬勒（都是猶太人）被迅速地鑑定出來和遭到拒斥。路德和杜勒被列為安全的類型。歌德則出了一些問題。他即便是一位巨人，卻令人擔憂地具有國際性、對亞洲文化深感興趣，而且他筆下大多數的主角人物都優柔寡斷、缺乏行動決斷力。縱使希特勒非常欣賞《浮士德》那部劇本，歌德的許多作品還是被禮貌地束之高閣。在另一方面，席勒戲劇中的主角們都可以被詮釋成真正的德國英雄——勇敢而犧牲自我。海涅的詩歌作品則恰恰相反，其中充滿了諷刺意味、嘲笑著德國人的自命不凡和有所欠缺，而且他自己是猶太人。因此海涅身為《羅蕾萊》那首著名詩篇和歌詞的作者，被從德國文化史清除了出去。《羅蕾萊》本身卻太過於膾炙人口而無法被查禁，於是乾脆把它變成了「作者不詳」。

在納粹的這個「美好新世界」裡，理想中的藝術即將迎來理想中的美麗。於是按照官方審查者的口味，希臘和羅馬英雄雕塑的地位高高在上，凡是扭曲、縮減，或重新排列人類形狀的做法，例如：抽象主義或立體主義等等，都會受到猜疑。如果那種重新安排的方式運用到了非洲的或者其他的異類元素，那麼它就無法受到容忍。萬一那一切，無論是作品本身還是藝術家本人，沾染了一絲布爾什維克或猶太的味道，那麼這項作品更會被斥為「頹廢」，不適合向德國大眾展示。戰線從此涇渭分明。不可思議的是，前面提到那個葫蘆形狀的花瓶竟然位於最前線。

一九三〇年代初期的經濟大蕭條，使得德國和全世界現代陶瓷的市場空間受到嚴重壓縮。日益滋長的反猶太主義以及對「頹廢藝術」的政治迫害，更逼得葛蕾特・馬克斯在一九三四年的時候，以拋售價格把她的陶瓷廠賣給了得到納粹撐腰的全國手工藝協會。那給了納粹一個極佳機會來攻擊她和她的作品。這件陶藝品明顯具有中國瓷器的色彩和非洲的造型，它鬆散的刷釉則讓人聯想起現代繪畫風格（隱喻著康定斯基？），而且它的製作者與包浩斯及其飽受鄙夷的左派政治立場有所關聯——在在都使得道地的納粹黨人絕對不會用這種花瓶來擺放花朵。新的廠主於是在廠內設置了一間所謂的「恐怖之屋」（Schreckenskammer），專門做為展示頹廢陶瓷器具的陳列室。

戈培爾在他的宣傳報紙《攻擊報》發表了一篇文章，並附上一張照片來批評葛蕾特・馬克斯的那個花瓶和她的另外一些作品，表示那些陶器「失去了德意志鄉間和德意志民族所固有的簡單樸實之美」。在另一方面，其繼任者——獲得納粹認可的海德維希・博爾哈根，所做出的新設計則被定性為「這些高貴的形式顯示出來，我們已經前進了多麼遠」。那篇文章針對兩位女性的作品進行了比較，並且問道：「兩個不同人種為同樣目的找出了不同的形式：哪一種結果比較美麗？」其答案顯然被認為是不言自明。

但戈培爾顯然沒有意識到，此類「更美麗」、「更德意志」的造型當中，有一些其實並非出自海德維希・博爾哈根之手——反而是由葛蕾特・馬克斯這位受過包浩斯教育的猶太人，在她擁有自家工廠之際所完成的。「頹廢花瓶」這種想法的荒謬性，因為用這種魚目混珠的方式所鑑識出來的「德意志民族固有的簡單樸實之美」而益形突出。

一九三四年在「恐怖之屋」房間內和《攻擊報》頁面上，於猶太人葛蕾特・馬克斯的「頹廢」陶器與海德維希・博爾哈根的「健康」作品之間進行對比時，其種族主義排外基調已經預示了一個即將到來的更大

● 約瑟夫・戈培爾在《攻擊報》撰文，比較了葛蕾特・馬克斯陶瓷作品與納粹認可的海德維希・博爾哈根陶瓷作品。一九三四年

● Article in *Der Angriff* by Joseph Goebbels comparing ceramics by Grete Marks with those of the Nazi-approved Hedwig Bollhagen, 1934

Zwei Rassen fanden für denselben Zweck verschiedene Formen. Welche ist schöner?

規模行動。時隔三年之後，在慕尼黑專門為此目的舉辦了兩個大型展覽會。「泰特現代美術館」館長克里斯・德爾康，之前曾經擔任慕尼黑「藝術之家」（Haus der Kunst）的館長——該館當初特地被建造用於展覽健康的德意志藝術，如今則是一座公共藝術館。克里斯・德爾康指出：

> 「德意志藝術之家」出自希特勒的構想，為的是展現雅利安人的特質和德國文化的理想。於是納粹在一九三七年七月揭幕了「大德意志藝術展」。隨即在一天以後，宣傳意味十足的「頹廢藝術展」[2]也跟著開幕，而它距離「德意志藝術之家」所在的「宮廷花園」不過幾百公尺。有許多許多人參觀了「頹廢藝術展」，其數目遠遠多於「大德意志藝術展」的參觀者。

「頹廢藝術展」所陳列的作品多半來自公共收藏，被選出來的藝術品用於呈現那種破壞真正美感、低俗而扭曲的無政府狀態。納粹當局安排了團體參觀活動並且鼓勵民眾參加，以便盡可能地讓更多人看見，進而深惡痛絕「被偽裝成現代藝術的變態行為」。

各個展覽間裡面總共六百五十幅的畫作，故意被橫七豎八、雜亂無章地擺放出來。它們是按照主題來進行分類，諸如「貶低宗教」，「猶太藝術家」，「侮辱德國婦女、士兵和農民的作品」等等。它們被冠上貶義的口號和標題：「病態心靈所看見的大自然」、「理念——蠢材和娼妓」、「揭露猶太種族的靈魂」等等。被展出的一百一十二位藝術家當中，只有極少數是猶太人。展覽會上還出現了德國最偉大（事實上是歐洲最偉大）的一些藝術家——夏卡爾、康定斯基、克利、奧圖・迪克斯、馬克

- 次頁｜上｜慕尼黑「頹廢藝術展」。一九三七至三八年
- The Degenerate Art exhibition, Munich, 1937-8
- 次頁｜下｜約瑟夫・戈培爾參觀「頹廢藝術展」（一九三八年二月改在柏林「藝術之家」繼續展出之後）。
- Joseph Goebbels visiting the Degenerate Art exhibition, February 1938, after it moved to the Haus der Kunst in Berlin

So „ſahen" ſie die Welt,
Das waren die „Meiſterwerke"
die "Meiſter" der von Juden und hyſteriſchen Schwätzern in den Himmel gerühmten Verfallskunſt!
die mit den Steuergroſchen des ſchaffenden deutſchen Volkes bezahlt wurden!!!

●「頹廢藝術展」導覽手冊封面上展示的現代雕塑。由奧圖・弗羅因德利希製作於一九一年前後
Cover of the Degenerate Art exhibition catalogue showing modern sculpture, c. 1912, by Otto Freundlich

● 陳列在一九三七年「頹廢藝術展」的〈街頭五個女人〉，恩斯特．基爾希納（一九一三年）。

● *Five Women*, by Ernst Kirchner (1913), exhibited at the Degenerate Art exhibition, 1937

● **對頁**｜「德意志藝術節」首日的遊行，慕尼黑，一九三七年七月十八日。

● Opposite: Parade on the first 'Day of German Art', Munich, 18 July 1937

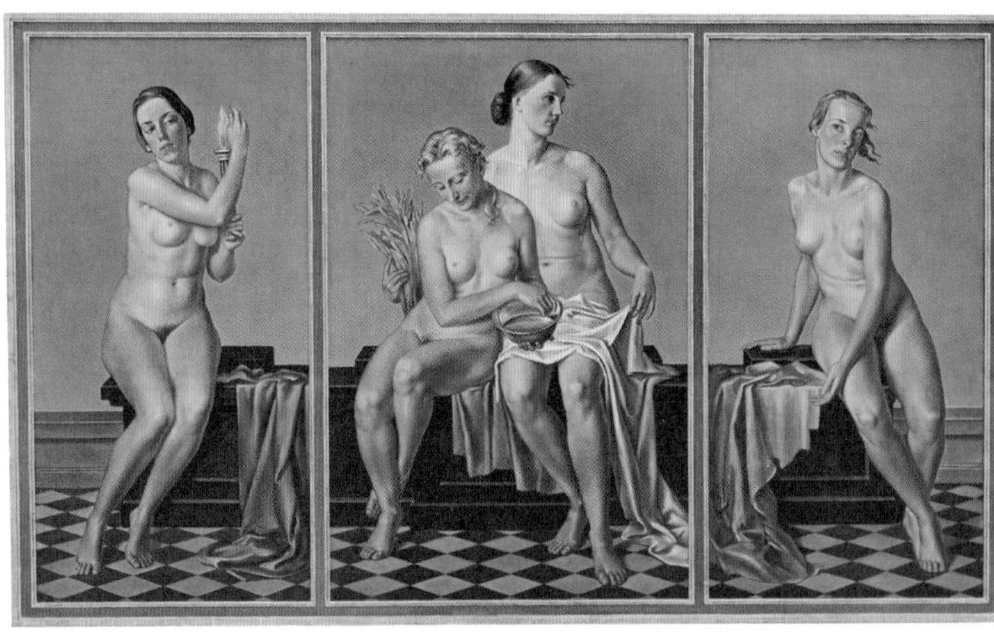

斯・恩斯特、恩斯特・基爾希納。他們在今天被視為二十世紀歐洲藝術瑰寶的作品，卻在當時被展示為頹廢的實例。

在另一方面，有必要讓人們了解什麼才是高貴的、真正德意志的風格。因此在另外一個展覽會上搬出了得到官方認可的藝術家，像是奧斯卡・格拉夫、阿道夫・齊格勒，以及阿道夫・維塞爾之類，現在僅僅被視為歷史怪胎的人物。希特勒在開幕致詞中表示：「隨著本次展覽揭幕，結束了德意志的藝術愚昧化和我國民族的文化毀滅。我們從此將進行一場毫不留情的淨化戰爭，打擊最後一批繼續執意要瓦解我們文化的勢力。」那場淨化戰爭在「頹廢藝術展」結束之後甚至還變本加厲。可是核心的問題依然存在：到底該如何處理所有公共收藏的繪畫、素描和版畫呢？克里斯・德爾康解釋說：

> 頹廢藝術品的清單隨著時間推移而變得越來越長。在一九三七年，「頹廢藝術展」開幕之前，他們列出了大約六千件物品。那個展覽開幕不久之後，名單上已有一萬六千件物品。等到它結束時，被列出的物品已多達大約二萬至二萬一千件。納粹更在一九三八年炮製了一項法案，表示從公共機構偷盜頹廢藝術品的行為，在法律上完全站得住腳。

納粹高層竊取了自己所想要的那些作品——例如戈林挑選了一幅梵谷和一幅塞尚。其餘若非為了幫納粹黨籌集現金而被出售，就是遭到銷毀。它們當中大約有四千件被柏林消防隊燒掉。德國和全世界的損失

- 對頁｜被認可的藝術：
上｜阿道夫・維塞爾，〈卡倫貝格農民家庭〉（一九三九年），被希特勒購買用於帝國總理府；
下｜阿道夫・齊格勒的〈四元素：火、水、土、空氣〉（一九三七年）
曾展出於一九三七年的德意志藝術展，然後被希特勒懸掛在自己的壁爐上方。
- Approved art: Adolf Wissel's *Kahlenberg Farming Family* (1939) was purchased by Hitler for the Reich Chancellery; Adolf Ziegler's *The Four Elements: Fire, Water, Earth, Air* (1937) was exhibited in the 1937 German art exhibition and afterwards hung by Hitler over his fireplace.

極為巨大。即使到了今天，德國各美術館收藏的二十世紀早期藝術傑作仍然少得令人吃驚——因為它們已遭到沒收、出售和銷毀。或許舉一個例子就足夠了：埃森的「弗柯望博物館」損失了十五幅埃貢·席勒、十二幅包浩斯藝術家奧斯卡·施萊默，以及至少五百一十八幅德國一丹麥籍表現主義畫家埃米爾·諾爾德的作品。在納粹的銷售會上合法購得之後，許多這些「頹廢」作品於是被從德國境內的博物館清除出去，從此現身於其他國家的公共收藏。瑞士巴塞爾藝術博物館如今館藏甚豐；大英博物館所擁有的一幅埃米爾·諾爾德製作的蝕刻畫，則仍然在背面蓋著「呂貝克美術館」的戳記，它就是從那裡清除出去的頹廢藝術品。這個戳記宛如一名被剝奪國籍者的失效護照那般，辛酸地見證著一場強迫流亡。

然而一個遠比流亡還要惡劣的命運，正在一九三七年的慕尼黑展覽秀上等待著一些被展出的藝術家，以及一些前往參觀的民間人士。即使今天閱讀起來，「頹廢藝術展」的參展目錄依然討厭得令人作嘔。它只是薄薄一本導覽手冊，所使用的語言卻既粗暴又刺耳，它列舉出各種必須根除的墮落藝術類別，諸如：文化無政府狀態；藝術布爾什維克主義；馬克思主義的宣傳；以區區幾個線條完成的形式化抽象作品；以和平主義方式表現出來的戰爭的恐怖；猶太一布爾什維克的扭曲；將黑人與南海島民呈現為理想的人種類型；將白痴、傻瓜和癱瘓者選用為模型的做法。閱讀這本手冊的時候只會讓人不寒而慄地意識到：雖然所談論的是物品，但這些也都是「第三帝國」對人類所做出的區分，而且自從一九三三年第一座集中營開始在「達豪」運作以來，被區分出來的這些人便成為遭到監禁或準備加以消滅的對象——猶太人、共產主義者、和平主義者、精神病患和身體殘疾者、受到鄙視的人種。從藝術作品到人類本身之間只有一小步之隔。

● 埃米爾·諾爾德，〈維京人〉，一九二二年。其背面（套印小圖）出現了呂貝克博物館的戳記。
● *Vikings*, by Emil Nolde, 1922. The reverse (inset) bears the stamp of the Lübeck Museum.

●「永遠的猶太人」展覽，慕尼黑。一九三七年
● *The Eternal Jew* exhibition, Munich, 1937

在繼之而來的某個展覽會上，這種關聯性甚至還更加明顯。該展覽在同一年較晚的時候舉辦於慕尼黑的「德意志博物館」，標題為「永遠的猶太人」(*Der ewige Jude*)。它由戈培爾親自揭幕，將猶太歷史和宗教呈現為一種長期性的全球陰謀，其中並結合了極端形式的高利貸和布爾什維克主義的恐怖。於辨識「頹廢藝術」的過程中，展覽會的海報完美地概述了這個陰謀的下一個步驟。畫面呈現出一名身材高大、有著漫畫般怪誕五官輪廓的猶太男子。此人一手拿著金幣，另一隻手握住一條鞭子。他的裝束完全不像是已被同化的德國猶太人的傳統服飾。這名男子來自東歐，大概是波蘭或俄羅斯的外地人口。展覽會的標題使用了假冒的希伯來字母——這同樣是外來的和「非德意志的」。他在臂下夾住一個呈

●「永遠的猶太人」展覽海報。一九三七年
● *The Eternal Jew* exhibition poster, 1937

Der ewige Jude
GROSSE POLITISCHE SCHAU IM BIBLIOTHEKSBAU DES DEUTSCHEN MUSEUMS
ZU MÜNCHEN · AB 8. NOVEMBER 1937 · TÄGLICH GEÖFFNET VON 10-21 UHR

蘇聯形狀、彷彿是從拼圖內拆解出來的東西，在上面印出錘子和鐮刀的圖案。這張海報和這個展覽會宣稱，該猶太人是一名外來者，執意要進行勒索，並且一心向著布爾什維克主義。最牽強附會的做法，莫過於將「德意志博物館」使用為舉辦場地：那裡並非藝術博物館或歷史博物館，而是一座科學博物館。種族偏見於是被呈現為客觀的科學真理。

在大規模犯罪的背景下，人們很容易忽略了一個事實：那些犯罪是由個人的受苦受難總和而成，各種苦難儘管經過了不斷的累積和重複，卻總是具有獨特的性質。那麼創造出前述花瓶的女士葛蕾特・勒本斯坦後來怎樣了呢？她來到英國之後再婚，變成了葛蕾特・馬克斯，這是她現在更為人知的姓名。她前往特倫特河畔斯托克（Stoke-on-Trent）為「明頓陶瓷廠」效力，在當地擁有自己的工作室。然而這種安排並不理想，她過了六個月之後便和「明頓」分手。法蘭西絲・馬克斯繼續本章一開始的故事，她說：

> 她是一個令人敬畏的女人，而且她想要被承認為藝術家，但這在英格蘭始終是不怎麼可能的事情。

她從德國一起帶過來的幾百件陶器，從來沒有被展出過：

> 我們有一幢巨大的維多利亞式房子和教堂般的尖頂窗戶。那些陶器就裝在箱子裡保管，堆放了大約有二十英尺高。我在她生前從來沒有見過它們，一直到她死後，我的父親拿了幾件出來。

葛蕾特去世之後，她的丈夫和家人將她的一些精選作品捐贈給大英博物館，這是戈培爾所深惡痛絕的那個花瓶之所以來到布魯姆斯伯里的原因。然而葛蕾特・馬克斯不只是把陶器束之高閣隱藏起來而已：

> 她是為了當藝術家而生，從我十一歲的時候開始，我和她就不斷

> 地努力打拼，儘管效果並不怎麼好。最難評估的地方在於：家母的行為當中有多少是起源於她的難民身分和在德國的遭遇，以及有多少出自她的本性。最令人痛苦的事情，就是不知道她真正的模樣，以及不知道她的過去。我不敢觸及此事。那是炸藥，所以我學會了不要去觸碰它。那讓她痛苦不堪，而我從來，從來也沒有向她問起關於德國的事情。那是一個禁忌的領域。

葛蕾特·馬克斯想必會承認自己是幸運者之一。畢竟她倖存了下來，在別處找到了新的生命。可是關於所發生事件的記憶，那些從未明確表達出來、永遠無法驅除的記憶，繼續不斷地傷害著她——甚至直到現在仍然困擾著她的女兒。

在今日德國，關於納粹如何操縱文化、歷史、展覽會和博物館的記憶，依然十分強烈。那留下了一種持久的敵意，德國社會反對任何形式的政府審查，並且以在其他歐洲國家難得一見的強烈勁道，極力表達出對藝術自由的承諾。「人們在哪裡燒書，最終將在那裡燒人。」

1 〔譯注〕貝伯爾廣場（Bebelplatz）位於洪堡大學的正對面，或被音譯成「倍倍爾廣場」。

2 〔譯注〕頹廢藝術展（Degenerate Art Exhibition／Die Ausstellung "Entartete Kunst"）亦被翻譯為墮落藝術展。

JEDEM DAS SEINE

25 At the Buchenwald gate 在布痕瓦爾德集中營的門口

今日的威瑪是一座美麗的城市，深受觀光客喜愛。戰爭對市內建築物所造成的破壞都已被精心修復。遊客們蜂湧而至，分別前往歌德和席勒的故居表示敬意，沉浸在威瑪古典主義的啟蒙運動精神之中，或者欣賞博物館內重要的包浩斯收藏品（參見第8章和第20章）。

城外大約十英里的地方，有著埃特斯山的迷人森林景觀。歌德喜歡去那裡散步，徜徉在其靜謐的林地和連綿起伏的山巒之間——因為他的紅粉知己夏洛特・馮・斯坦因就住在附近。所以對德國的健行者來說，這一帶的風光歷來都充滿了文學上的聯想，有一點類似華茲華斯的「湖區」之於英國人。事到如今，在此行走的人們已不復尋找文學記憶，那裡反而變成了一種另類的旅遊目的地。在道路的一側有著柵欄的遺跡，以及一棟看起來像是附屬某個大莊園的門房警衛室。該地的德文名稱意為「山毛櫸林」，不過世人更加耳熟能詳的是，那裡名叫「布痕瓦爾德」。[1]

這個設置於迷人森林內的場所代表著國家的恥辱，也在國際間發人深省。就在這裡，德國文明既高貴又人性化的傳統——文學上、法律上、道德上和音樂上的傳統，都淪喪得蕩然無存。在這裡發生的殘酷暴行與不公不義是某個過程當中的一環，此過程造成大西洋至烏拉山之間整座整座城市和整個整個社會的毀滅、造成奧許維茲之類的死亡集中營、造成有系統的謀害猶太人，以及千百萬人的慘遭殺戮。

● 從外側觀看布痕瓦爾德集中營的大門
● The Buchenwald gate viewed from outside the camp

● 步向布痕瓦爾德集中營的門樓和瞭望塔

● Approach to the gatehouse and watchtower of Buchenwald camp

布痕瓦爾德本身並不是一座「毀滅營」，[2]即便總共有五萬六千名囚犯喪生於此。然而它是通向希特勒「猶太人問題最終解決方案」和各個「毀滅營」的一大步。布痕瓦爾德集中營的入口大門值得密切注意：它表達出一種特別變態和殘酷的精神虐待狂，但它同時也默默地確認了人性尊嚴。這扇大門的內外兩側，正是德國在一九三〇年代的兩個面向。

僅僅朝著這座集中營裡面望過去是不夠的。我們還必須穿越這扇大

門走進去，然後向外面看出來，以便閱讀用粗體字母呈現在鐵門上的那個格言「Jedem das Seine」（各得其所）——每一名囚徒抵達布痕瓦爾德集中營之後，回頭遙望他們被迫離開的那個世界時，也都會看見它。回頭遙望時讀到了這句格言的人們當中，包括日後將獲得諾貝爾獎的埃利·維瑟爾和伊姆雷·凱爾泰斯兩位作家；德國共產黨領袖恩斯特·台爾曼；西班牙共產黨抵抗運動者和作家豪爾赫·森普倫；萊昂·布魯姆和保羅·雷諾兩位前任法國總理；兒童心理學家布魯諾·貝特爾海姆；以及迪特

● 原地複製的布痕瓦爾德大門（從營區內部向外觀看）
● The replica Buchenwald gate in situ, viewed from inside the camp

里希・邦赫弗爾，[3]一位傑出的新教神學家和反抗希特勒運動的重要成員。他們全部都看見過鐵門上的「Jedem das Seine」字樣——各得其所。

那幾個字宣示了關於正義的理想：它們是古羅馬法律格言「Suum Cuique」的德文翻譯，不僅被整合到德國的法律體系當中，而且在全歐洲也是如此。對羅馬法的研究，曾經是德國各大學自從十九世紀中葉以來領先全球的許多個領域之一。不過那些字眼也在其他的範疇內產生了共鳴。普魯士第一任國王於一七〇一年自行加冕的前一天（參見第3章），它們被選用為「黑鷹勳章」上面的格言，那是腓特烈一世為其新王國新創設的最高級騎士勳章。他還下令在他的錢幣銘刻「Suum Cuique」字樣，[4]濃縮出普魯士國家理念中的貴族榮譽行為準則。約翰・塞巴斯提安・巴赫則將那個格言的德文翻譯版譜寫成曲，使用於他為「聖三節」後第二十三主日創作的清唱劇（BWV 163）——《誰的物歸給誰》。[5]該劇在一七一五年十一月首演於威瑪的城堡教堂，距離布痕瓦爾德只有幾英里之遙。

● 普魯士國王腓特烈一世的杜卡特金幣，其上有「各得其所」(Suum Cuique) 的銘文。一七〇七年
● Gold ducat of Frederick I of Prussia with the legend Suum Cuique, 1707

難道會有任何三個德文單字，具有比「Jedem das Seine」更高貴的世系？或者在藝術上、道德上、政治上和知識上，承載著更多的願望與成就？然而那些單字偏偏就出現在這個地方。離開威瑪只有幾英里遠的布痕瓦爾德大門，以一種特別尖銳的方式提出了現代德國歷史的核心問題：這些截然不同的德國故事元素怎麼會有辦法湊在一起？所有的高尚人文傳統怎麼就此崩潰了呢？

「各得其所」這個用語可以有許多種不同的解釋。在古典意義上，它代表著對司法正義的肯定。可是對那些囚犯來說，它只會顯得像是一種嘲弄、一個謎語——被設計用來羞辱人。每一天當他們在黨衛隊(SS)看守人員的監視下，離開這裡去軍火工廠上工的時候，都會看見大門上的「Jedem das Seine」。而且不管對它做出怎樣的解釋，黨衛隊擺明就是想要讓它永遠不可能被忽視。「布痕瓦爾德紀念基金會」專門研究這方面的問題；擔任其董事會成員的歷史學家瑪麗．富爾布魯克指出：

> 面對囚犯的一邊，亦即能夠真正看見格言的那一側，每年都重新粉刷一遍——在那座集中營存在的八年期間總共被粉刷過八遍，並漆成了紅色以確保它可被營區內所有的犯人看見。靠外側的一邊，

Concerto à 2 Violini 1 Viola 2 Violoncello S. A. T. B. e Continuo

Aria

也就是在入營之前看見的銘文背面，只有在當初被安裝上去的時候油漆過一遍，之後再也沒有重新粉刷。顯然在黨衛隊眼中非常重要的事情是，不管那些犯人什麼時候站立於門前的操場上，都一定能夠清楚地看見這些鮮豔的紅色字母。我認為這在各集中營當中是獨一無二的現象。當你來到奧許維茲、達豪和薩克森豪森的時候，大門上「ARBEIT MACHT FREI」(勞動帶來自由)[6]的標語只會面對著你。那些標語是給走進來的人看的。此處的標語卻特地設計用於讓門內的犯人每天都能看見。

到了今天，布痕瓦爾德是座為它自己的受害者（以及為各地納粹德國集中營受害者）而設的紀念館。布痕瓦爾德並非第一座集中營，而且遠遠稱不上是最惡劣的一個。可是隨著時間的進展，有各種不同類型的受害者通過了這扇大門，他們或者被監禁於此，或者就是遭到整個集中營系統的毀滅。其中包括：持不同政見的「德國籍德國人」(即一九三九年德國疆界之內的德國人)、德裔外國人、吉普賽人、斯拉夫人、同性戀者、無家可歸者、精神病患者、耶和華見證人，以及數目遙遙領先的猶太人。「Jedem das Seine」在這裡意味著奴役、折磨、謀殺、無法言喻的醫學實驗，以及大浩劫。丹尼爾·蓋德是這個集中營紀念館的導遊。他解釋了有哪些人被送進布痕瓦爾德，以及原因何在：

在剛開始的時候你可能會說，這是一場介於不同德國人之間的衝突，在一邊是那批穿著黨衛隊制服的人，在另一邊則是其他任何人——例如共產黨員、耶和華見證人，或者被視為猶太裔的那些人。最後幾乎歐洲各地的人們都來到了這裡，於是我們可以把布痕瓦爾

● 約翰·塞巴斯提安·巴赫清唱劇（BWV 163）的樂譜摘錄，一七一五年。
「Jedem das Seine」那幾個字眼（全清唱劇標題的來源），出現於五線譜第十行。

● Extract from Cantata BWV 163, by J. S. Bach, 1715. The words 'Jedem das Seine', from which the cantata takes its title, appear in the tenth stave

● 布痕瓦爾德集中營獲得解放後的營內囚犯。一九四五年
● Prisoners inside Buchenwald camp as it was liberated, 1945

德集中營的歷史比擬成歐洲大陸的通史。每當一個國家遭到占領之後，那裡就會有人前往布痕瓦爾德。所以一開始是從奧地利帶人過來，接著換成波蘭，而後輪到法國、比利時、荷蘭。等到盟軍攻進法國以後，之前在法國俘獲的英國人和美國飛行員也被送去布痕瓦爾德。此外還有波蘭人、捷克和其他被占領國的百姓，以及來自蘇聯各地的許多人——他們所受到的待遇比其他人糟糕，因為按照納粹的觀點，他們不配享有同樣的生存權。那也意味著殺害一些不同的群體，像是猶太囚犯或者同性戀者。這座集中營的主要功能在於進行勞動、向工業（例如軍需工業）提供支援，以及向營區外面的農村和工廠提供勞力，因此與當地百姓來往相當密切。這是截然不

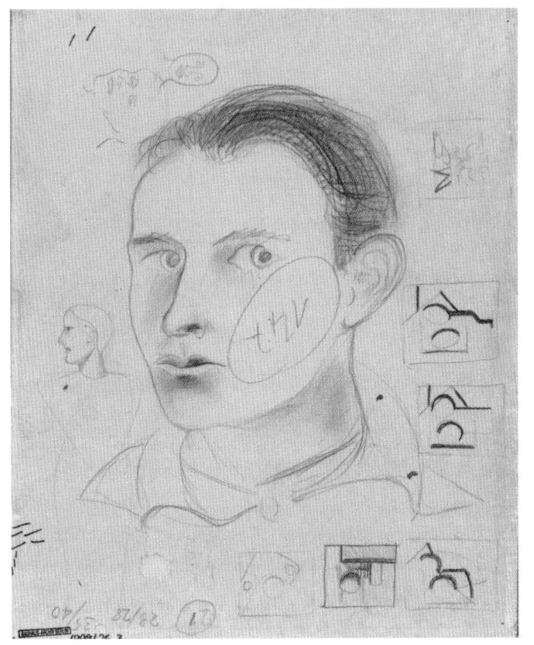

● 法朗茲・埃爾利希，〈自畫像〉。
繪製於一九三四至一九三七年被關押期間
● *Self-Portrait*, by Franz Ehrlich,
drawn between 1934 and 1937, while in custody

● 法朗茲・埃爾利希為巴塞爾
「包浩斯展覽」製作的海報。一九二九年
● Franz Ehrlich's poster for the Bauhaus exhibition
in Basel, 1929

同於波蘭占領區內那幾座毀滅營的地方。

走進布痕瓦爾德大門的時候會讓人產生懷疑：它不怎麼像是一扇大門，反而非常類似家裡面的門，而且還設有一個把手。你可能會覺得它的模樣過於稀鬆平常，似乎不像是裡面該有的東西。它不像監獄大門所該做的那般，會砰地一聲關緊：它卻只是輕輕闔上。「Jedem das Seine」那個格言所使用的粗大、清晰，以及不可謂不優雅的字母風格，也同樣令人感到困惑。它位於眼睛的高度，毫無疑問屬於美學創作——那些字母的造型和間距都非常講究。它事實上是一個極佳的範例，介紹了包浩斯的字體設計（參見第20章）。那個格言的用意，則在於宣示黨衛隊有權虐待和殺害他們所選擇的任何人。它的字母造型，卻以一種微妙而隱密的方式對這項恐怖的宣示做出了抗議，而其靈感來自被納粹斥為「左派」和「國際主義派」的包浩斯。那種字母造型可以被解

讀為對人性尊嚴的強調，傳神而有力地反駁了這座集中營（以及全部集中營）所代表的一切

它的設計者是法朗茲．埃爾利希，一位立場堅定的共產主義者，曾經在包浩斯師從於克利、康定斯基和格羅佩斯的門下。他早在一九三四年就因為密謀叛國而入獄，並於布痕瓦爾德集中營開張不久之後被送去那裡。過了一年，負責管理該集中營的黨衛隊當局命令埃爾利希設計那個詞句。或許純粹因為他身為工藝師，縱使在那種情況下也想做出自己能夠引以為傲的東西，但或許也因為暗藏的反抗精神，他選擇使用特色十足的包浩斯字體。黨衛隊沒有看出這一點，或者未能完全掌握其來龍去脈。但許多囚犯一定能夠心領神會地參透其中的玄機。「布痕瓦爾德紀念基金會」的瑪麗．富爾布魯克解釋說：

> 法朗茲．埃爾利希出身自包浩斯，他特別為自己的設計選擇了這種真正具有藝術性、十分美麗、幾乎翩翩起舞、強烈受到包浩斯影響的字型——然而那種美感在納粹眼中屬於「頹廢藝術」之類剛剛被他們禁止的東西。因此，就某種意義而言，埃爾利希藉由那個字體表示出來：「其實還有另外一個德國，還有另外一種傳統。我們仍然將堅持不懈，我們的精神會不顧一切險阻繼續存在下去。」所以你可以解釋說：此事微妙地顛覆了那扇大門的原本意圖。它是一個獨樹一格的藝術標誌。如果你看一下其他那些集中營的標語牌，它們僅僅出現了非常基本的大寫字母，要不然就是製作不良——你也知道，它們的字母間距很不對勁。那些「ARBEIT MACHT FREI」標語牌不是藝術作品。這個標語牌卻是。

然而除了字形之外，字義同樣也可以遭到顛覆。一些囚犯解讀字義的方式，是完全把它翻轉過來。例如一九四三年時，一位名叫卡爾．施諾格的囚犯以「Jedem das Seine」這個標題寫出了一首詩，反其道而行地說著：你們在適當的時候也會得到該有的報應，有朝一日我們將重獲自

● 德國平民被美國憲兵帶入布痕瓦爾德集中營，面對被警衛留下來的吊死囚犯。一九四五年四月
● German civilians taken into Buchenwald by US military police, faced with a prisoner as he was left hanging by the guards, April 1945

由和伸張正義，我們會向你們黨衛隊復仇。因此囚犯們也能夠把它倒過來看，認為日久天長以後，黨衛隊或許將會得到他們所應得的東西，被繩之以法。

美國人在一九四五年四月解放布痕瓦爾德之後，從鄰近的威瑪帶來了一千多位平民，讓他們親眼看見以他們的名義所做出的事情，並且實地面對證據：一堆堆的屍體和瘦弱不堪的倖存者。美軍總司令艾森豪將軍決定，一定要讓德國人看見他自己和他的士兵們所看見的事情。他視察過布痕瓦爾德集中營位於奧爾德魯夫的分部之後，曾經講過幾句名言：

> 我看見的事情非筆墨所能形容。關於飢餓、殘暴和獸性的視覺證據與口頭證詞是如此驚心動魄。我刻意前往視察，以便未來萬一有必要的話，能夠為這些事情提供第一手的證據——因為目前出現了一種傾向，會把相關的指控貶低為宣傳。

可能會有人以為，解放行動將使得布痕瓦爾德不再是一個讓人受苦受難的地方。然而僅僅過了五個月之後，布痕瓦爾德就在一九四五年八月重新被使用為囚禁營——這回是由俄國人負責管理，做為在他們占領區內的十個勞改營之一。它在一九四八年正式變成「古拉格」的一部分。曾經有二萬八千人被關押於此，其中的四分之一死於非命，被埋葬在營地周圍的萬人塚。那些囚犯被認定是史達林主義的敵人，其中有一些是前納粹分子，但許多人之所以去了那裡，顯然只是因為身分被誤認或者任意遭到逮捕的緣故。布痕瓦爾德紀念館是他們的紀念館，正如同它是納粹的囚犯和受害者的紀念館一樣。

布痕瓦爾德在一九四五年夏天之後所發生事情的複雜性，反映於第二次世界大戰結束後兩個德國對它和對各個集中營所抱持的態度。有哪些記憶在美、英、法三國的占領區（西德）受到了鼓勵或允許，而蘇聯占領區（東德）相較之下又如何反應呢？丹尼爾·蓋德長年接待來自兩邊的訪客之後，得以針對此事做出省思：

> 我遇見過在東邊（民主共和國）長大的成年人，在他們求學的時候，必須替有關這座集中營獲得解放的經過寫作文。他們在家中詢問發生過什麼事情，結果得到的消息是：巴頓將軍的部隊在四月十一日抵達，然後這座集中營被解放了。他們得意洋洋地在學校那麼作答，然後卻得到非常糟糕的分數——因為那個版本並不正確。按照官方的說法，是集中營內的共產黨員自己解放了自己，而美軍要等到過了兩天之後才來到這裡，驚訝萬分地發現營地已經落入囚犯手中。當時是冷戰時期，談論帝國主義勢力解放共產黨人是有一點困難的事情。
>
> 不過我們必須記住的是，在西德把共產黨員形容成反納粹鬥士同樣是非常困難的事情。共產黨在西德是非法政黨，而且許多曾經被納粹關在這裡的人因為繼續當共產黨員，結果在西德又進了監獄。

但差異比這還要來得更深。布痕瓦爾德與其他幾座集中營，在一九五〇年代被東德政府宣布為紀念納粹恐怖受害者的場所。如同丹尼爾·蓋德所指出的，針對位於西德的那些集中營出現的反應非常不同。在一九五〇年代，慕尼黑近郊的達豪實際上仍然被使用為營地——收容從東方疆土被驅逐過來的德國難民們（參見第26章），而他們必須生活在集中營囚犯十年前待過的同一批營房內。儘管臭名昭著的貝爾根—貝爾森集中營已正式成為成千上萬名喪生於此者的墓地，卻並未提及有誰埋葬在那裡，或者強調他們是納粹的受害者。[7]西德慢慢地才承認其納粹過去所帶來的影響，並且紀念「第三帝國」的受害者。那麼東德當局為什麼這麼早就決定要把布痕瓦爾德集中營列為一個紀念場所呢？丹尼爾·蓋德提出了自己的看法：

> 布痕瓦爾德是德國共產黨領導人恩斯特·台爾曼去世和被火化的地點，所以這裡稱得上是他的烈士墓。不過掌控這個國家的一小群共產黨員十分清楚，他們並不是在統治一千七百萬名反法西斯主義者。他們知道，大多數百姓若非積極支持過，至少也曾經參加過納粹的社會活動方案，所以沒有辦法對歷史進行公開討論。但為了要表明這個新政府是反納粹的繼承人，擁有像布痕瓦爾德集中營那樣的紀念場所就成為很重要的事情，更何況共產黨確實在該集中營的歷史上起過非常重要的作用。因此它變成了國家紀念場所，而且每一代人都應該明白，他們必須繼續進行這場社會主義戰鬥，為了一個更美好的世界而反抗資本主義等等。在西德，人們則宣稱：看看東邊那些人怎麼一味地濫用歷史。與此同時，西邊有許多人卻試圖忘記，而非讓人看見他們如何於戰爭結束後，在政府機關、軍方、警界繼續自己的事業。他們有很好的理由來給人一種印象，覺得沒必要再去講述過去——因為他們不想談論起自己的生平。

這個關於個人生平與個人責任的問題，把我們帶回到法朗茲·埃爾

● 鳥瞰布痕瓦爾德集中營，二〇一〇年。矩形條紋標誌出昔日的營房所在地。
● Aerial view of Buchenwald camp, 2010. The rectangles mark the sites of the former huts

利希的大門：「Jedem das Seine」——各得其所。可是當人們面對一個恐怖政權的時候，我們對他們的表現能夠做出多少合情合理的期待呢？布痕瓦爾德集中營大門格言設計師的後續生平，充分說明了每一個劫後餘生的德國成年人在一九三〇到一九五〇年之間所處的困境。埃爾利希雖然把那扇大門設計成一種抗議，而且有許多人選擇相信他是想藉此做法來重申另外一種德國傳統，他自己卻在一九三九年即已獲釋離開布痕瓦爾德。我們不知道為何如此（儘管有許多囚犯在那一年的希特勒生日當天獲得特赦[8]），但我們知道他在納粹統治下繼續經營了自己的設計師事業，那個職業生涯一直維持到戰爭結束為止。他究竟決定要做出什麼樣的妥協呢？

一九四五年以後，他繼續在東德工作，就一位昔日的共產主義活動家而言，那是無足為奇的事情。可是過了一九九〇年，等到「斯塔西」檔案被打開之際（參見第2章），便有資料顯示法朗茲·埃爾利希曾經是一個活躍的線民，暗中監視了他自己的同胞。任何非德國人都應該會感到慶幸，自己不必去面對那種處境和那種抉擇。

今天進入布痕瓦爾德以後，迎面襲來的是一片廣闊空曠的空間，看起來宛如一個巨大而傾斜的閱兵場。在它的盡頭有著許多樹木，越過樹木則是柔和綿延的山丘，而位於其上的風力發電機組正緩緩地對著生長中的農作物轉動。此地在表面上完全看不見任何東西。那裡就只有一個場址和一個記憶。布痕瓦爾德今日的功能不光是為了保存那個記憶，更是要探索它、解釋它，並且發現它對德國和世界所產生的意義。

布痕瓦爾德集中營幾乎就在威瑪（以及威瑪所代表一切事物）的視線範圍內，比起這個德國故事中的其他任何物件，更能夠把我們帶回到一個找不出答案，或許根本就無法回答的問題：那一切怎麼可能會發生呢？德國歷史上的偉大人文傳統——杜勒、路德的聖經、巴赫、啟蒙運動、歌德的《浮士德》、包浩斯，以及更多更多的事物，怎麼都阻擋不了這場全面的道德崩潰，結果導致數百萬人遭到謀殺和國家陷入災難？這些都是每一個德國人今天必須嚴肅面對的問題。那扇大門以及它的設計者，還留給我們大家另外一個問題：若是換成我們自己的話，又會做出什麼樣的表現呢？

---

1 〔譯注〕德文的「ch」在a、o、u、和au後面發「赫」的音，所以Buchenwald讀成「布痕瓦爾德」。

2 〔譯注〕毀滅營（Vernichtungslager）有別於勞動營（Arbeitslager），是直接用毒氣大肆殺害囚徒的納粹集中營，或按照英文被翻譯成「滅絕營」（extermination camp）。

3 〔譯注〕迪特里希・邦赫弗爾（Dietrich Bonhoeffer）或被音譯成迪特里希・潘霍華。

4 〔譯注〕由於古典拉丁文沒有U這個字母，此格言被拼寫成「Svvm Cviqve」（讀如「蘇武姆庫依奎」）。

5 〔譯注〕這首清唱劇（康塔塔）的德文標題是「Nur jedem das Seine!」，或譯為《每人都有他自己的所有》。

6 〔譯注〕亦翻譯為：勞動使人自由。

7 〔譯注〕情況已在一九六〇年代出現改變，那裡並設立了病逝於此的《安妮日記》作者安妮・法蘭克紀念碑。

8 〔譯注〕希特勒在一九三九年過五十大壽。

PART SIX
Living With History
與歷史一起生活

在德國，歷史長久以來的目的就是為了確保歷史永遠不會重演。
——米夏埃爾・施圖爾默

一個國家該如何從極度的創傷中恢復過來？
肇事者，以及肇事者的繼承人，應該如何面對他們自己的責任？
而當一切都已經失去的時候，又該如何讓生活恢復常態呢？
本書最後一個部分，檢視了從德國人稱之為
「零點時刻」（Stunde Null）的一九四五年直到今天，
德國設法在實體上、經濟上和道德上重建自己的過程。

26 The Germans expelled 被驅逐的德國人

一九四五年，當第二次世界大戰接近尾聲之際，以及緊接著在和平時期的最初幾個年頭，歐洲經歷了前所未見最嚴重的難民危機。那很可能是有史以來最大規模的強制人口流動——更甚於在史達林的俄羅斯所發生過的任何事情，受波及的範圍可與幾乎同時發生的印度和巴基斯坦分治相比擬。到了一九五〇年，總共已有一千二百萬至一千四百萬德國人，或逃亡或被迫離開了他們在中歐和東歐的家園。他們大多數人無處可去。在德國境外，很少有人知道此事的來龍去脈。在德國內部，那卻幾乎是每一個家庭的歷史。

柏林的「德國歷史博物館」裡面有一輛小型手拉車，它曾經在一九四五年底，被那些難民從今日位於波蘭的「東波美拉尼亞」一路拖曳到德國。其大小跟一個嬰兒搖床相差無幾，在下面安裝了四個輪子。它製作得十分粗糙，是用隨意砍下的木頭製作而成，加上了手把以便拖拉。這種類型的農用手拉車已經被使用了好幾百年，供人把捲心菜和馬鈴薯從田野拉進糧倉，然後從糧倉拉去市集。

如同大多數傳統的農具，它的年代很難被確切判斷出來。其實像這樣的手拉車也可以在三百年前的「三十年戰爭」時期，在德國的同一個地區，被使用於完全相同的目的——運送農作物，或者逃避正在向前挺進的軍隊。難民離開自己世世代代生活了好幾百年之久的農莊和城鎮時，車上高高堆滿了被褥、衣服和食物，已經沒有多少空間讓他們帶走

● 來自東波美拉尼亞的難民手拉車。可能製作於二十世紀早期。

● Refugee handcart from East Pomerania, probably early twentieth century

其他的東西。

一九四五年一月以前，若有人被發現在當時的德國東部（普魯士、波美拉尼亞）使用這種手拉車的話，可能會遭到納粹當局就地槍斃。在那個時期，逃往西方是軟弱無力的表現，投降則是絕對禁止的事情。可是一旦蘇聯的攻勢迫使德國國防軍向後撤退，一旦人們察覺隨即將會發生那些可想而知的事情（針對德軍之前在俄羅斯的暴行所做出的搶劫、謀殺和大肆強暴等報復行動），平民百姓也會紛紛逃走。於是他們立刻動身離開，留下了一切無法隨身攜帶或無法堆放到手推車上的家當。長達數公里的難民隊伍試圖帶著他們的手拉車通過雪地之際，情況很快就變得混亂不堪。由於大多數男人若非上了前線就是已經死亡，主要是由女性來拖動車子，期盼能夠遠離那從東方推進過來、一心只想報復的士兵們。每當蘇聯軍隊接近的時候，那批長途跋涉者的傷亡就特別慘重——遭到飛機低空掃射，甚至被坦克車隊輾壓。

但這只是人口大規模流離失所的開端而已。在一九四五年夏天的「波茨坦會議」上，蘇聯、美國和英國重畫了歐洲的地圖。波蘭的邊界向西方移動了數百英里。蘇台德地區被交還給捷克。柯尼斯堡，康德的家鄉和普魯士王室在一八〇七年的避難地點，則變成蘇聯的一部分（參見第3章）。各地的德語人口，即便已經定居了許多個世紀之久，都成為受到仇視和迫害的對象。為了避免種族屠殺爆發開來，各占領國的眼中只有一個解決方案。《波茨坦協定》聲明如下：

> 三國政府在全方位考慮了這個問題後，確信把留在波蘭、捷克斯洛伐克和匈牙利的德裔人群以及相關人員遷至德國一事勢在必行。各方同意，屆時出現的任何人口流動都應以有序而人道的方式進行。

- 上｜難民們靠在他們載滿物品的手拉車上休息。柏林騰普霍夫，一九四五年
- Refugees resting against their loaded cart, Tempelhof, Berlin, 1945
- 下｜難民們與手拉車。東普魯士，一九四五年春
- Refugees with handcarts, East Prussia, spring 1945

Georg Kastner

在那些平淡無奇的字眼背後，擺明了一個粗暴的事實：講德語的人們將被轉移到如今被劃定出來的德國領土，縱使違背其意願也在所不惜。按照邱吉爾的說詞，這將是「最令人滿意和最可長可久的」解決辦法，「再也沒有雜居在一起的各種人口來造成無窮的後患了。一切都會被徹底清掃得乾乾淨淨。」然而那種「徹底清掃」並不怎麼乾淨：驅逐行動所導致的死亡人數，據估計超過了兩百萬平民。事實上已經沒有卡車或汽車可供使用，而且馬匹十分稀少。對幾乎每一個人來說，運輸自家財物的唯一工具就是手拉車。

安德烈亞斯・科塞特，一位任職於「德國歷史博物館」、專門研究戰後驅逐的歷史學家，解釋了這樣一件物品所代表的是什麼意義：

> 手拉車普遍成為一個具體的象徵，意味著被迫離鄉背井。它很有可能是製造於十九世紀，而且它特別典型地出現在遷移時期的某個階段。像這樣的手拉車大多使用於一九四五年春天和夏天，當波蘭和捷克當局把驅逐德國平民的行動合法化以後。一九四五年八月簽訂《波茨坦條約》之前，波蘭當局想方設法盡可能地把德國人趕走，以便獲得更有利的談判地位。一千四百萬德國人遭到驅逐，並且失去他們的家園，這意味著戰爭結束後倖存的全體德國人當中，有四分之一是驅逐行動的受害者。德國的領土在一九四五年總共損失了四分之一，而那些地方許多個世紀以來都一直屬於德國。並非所有的難民都是鄉間人口。他們起先來到離自己家鄉最近的那些地區。舉例來說，波美拉尼亞人和東普魯士人前往德國北部，來自捷克蘇台德區的德國人則前往巴伐利亞或薩克森。不過到了後來，同盟國把他們分配到全德各地。於是多達一千萬難民定居在西德，此外在蘇聯占領區（日後的東德）也有大約四百萬人。

● 難民們離開柯尼斯堡。一九四五年一月

● Refugees leaving Königsberg, January 1945

許多難民被強制分發到德國境內他們從未見過，或者甚至根本沒有聽過的地方。那裡泰半殘破不堪，只能勉強養活返鄉的本地人口，更遑論是這些從東方和南方湧入、講著奇特口音和方言的千百萬人。此情況簡直相當於在一九四五年底以後，把加拿大的全部人口強行遣返英國一般。

可是究竟該如何餵飽和安置那些新來乍到者呢？在這種新形勢下，手拉車便產生了跟上一次相同的價值。安德烈亞斯．科塞特解釋說：

> 大部分的手拉車在戰後被繼續使用，因為那些以難民和被驅逐者身分來到德國西部的人們必須生存下去。他們必須自己種菜、尋找棲身之處，並且在德國西部四處走動。所以手拉車在很長很長的時間內實際上已成為一種運輸工具，被那些家庭保留了數十年之久。

不令人驚訝的是，那些新移民一點也不受歡迎。他們固然通常都有德國血統，但經過長時期的分隔之後，所養成的生活習慣往往顯得異類，甚至有些粗魯。更何況他們正在競逐有限的資源，故大多數人希望他們能夠早日返回老家。但如此一來，又額外產生了更多的緊張關係。安德烈亞斯．科塞特指出：

> 從東方過來的德國人提醒了全體德國人：他們是一起輸掉那場戰爭。西部的德國人和難民之間於是起了嚴重的衝突。西部的德國人設法儘快忘記自己應該為那場戰爭負起的責任。那些難民卻沒有返程的車票，他們只能永遠留下來，還問出了一些非常不受歡迎的問題：為什麼是我們遭到驅逐，而你們卻仍然能夠待在自己的家園和你們所熟悉的社會環境？為什麼是我們，而不是你們，必須幫希特勒買單？

在很長一段時間內，有些人認為這種強制遷移或許只不過是暫時的現象。「被驅逐者聯盟」曾經是西德政壇的重要角色之一。在整個一九五〇和一九六〇年代，「被驅逐者聯盟」催促西德政府要求返還戰後遭到沒收的土地和財產——尤其是在波蘭和今日的捷克共和國。該聯盟有著各式各樣的口號，以「弗羅茨瓦夫（Wrocław）就是布雷斯勞（Breslau），布雷斯勞就是德國的」為例，所指稱對象就是西里西亞的首府——它長久以來都是一座德國城市，卻在一九四五年以後變成了波蘭的一部分。那些口號使得兩國之間的關係始終好不起來，長年引發激烈的戰鬥——即便只是在國際法庭上進行。一九七〇年的時候，西德總理威利·布蘭德設法解決這個問題，宣布列強在波茨坦劃定的奧德河與奈瑟河[1]一線的國界，是已經定案下來、無可爭辯的德國東部邊界。正反兩派意見相持不下，但布蘭德的立場最後勝出，而這具體表現於《東方條約》，這是一個解決問題的至高無上外交成就。這個和平的解決方案於一九九〇年兩德統一之際獲得確認。由於拖著手拉車過來的那一代人已經凋零殆盡，要求返還財產或土地的政治勢力隨之不斷弱化。該聯合會如今活動的重點，越來越偏向於保存蘇台德地區、西里西亞和波美拉尼亞的傳統德國民間文化。德國的東部邊界如今是和平的邊界，位於「歐洲聯盟」之內。

不無可議的是，在波茨坦決定要把全體人口遷移出去的做法，或許終於解決了那個數百年來一直懸而未決的問題：德國到底在哪裡？在十九世紀大多數的時候，最受青睞的答案呼應了阿恩特的著名歌曲——「凡是德語響起之處，那裡就是德國人的祖國」，無論那是漢堡或者布雷斯勞、科隆或者但澤。正是這種態度，決定了巴伐利亞路德維希國王的「瓦爾哈拉」成員資格（參見第9章）。可是鑒於德語人口的廣袤地域分布，二十世紀的民族主義不可能和平地提出這個答案。對東歐來說，一九四五年粗暴而簡單的解決辦法，徹底翻轉了阿恩特的先決條件：德語人口只應該定居在國際間定義出來的德意志國家疆界之內。德國的邊界將不再浮動。

如果手拉車體現了一個舊討論主題的結束，那麼它如今也位於一個新討論主題的中心。阿比蓋爾·格林回顧過去一、二十年間德國歷史學家的焦點轉移時，觀察出來：

> 我認為近來最重要的議題，就是設法同時處理德國人在第二次世界大戰前後，以受害者身分和肇事者身分所遭遇的經歷，探究該如何把它融入國家的敘事當中。

例如德國各地城市遭受轟炸時的巨大死亡人數，以及來自東歐的千百萬名被驅逐者，直到今天都沒有受到足夠的關注和研究。難道這是因為德國人覺得此類事件是對邪惡行為的正義報應？然而那些被驅逐者的苦難遭遇，是完全無法否認的事實。手拉車代表著既強烈又真實的悲情。那些被驅逐者讓人不得不面對此一令人尷尬的問題：當一個國家做錯了那麼多事情之後，我們應該如何看待其公民為此所承受的苦難呢？如果我們一定要宣稱有「集體罪責」的話，那麼我們是否仍然可以向單獨個人表示同情呢？這些問題都困擾著安德烈亞斯·科塞特：

> 現在，當戰爭已經結束了七十多年之後，幾乎每一個德國家庭都仍然受到它的影響，但它只是逐漸成為德國集體記憶中的主題而已，因為直到最近為止，這個問題涉及到右翼修正主義者的立場，或者至少大家普遍覺得如此。許多家庭因而完全保持沉默，隻字不提跟損失有關的事情，也不提父母或祖父母的哀痛。可是現在它突然進入社會的中心。我們在「德國歷史博物館」裡面只有這一輛手拉車做為展品，訴說著一千四百萬德國人（大約為四分之一德國人口）的遭遇。我相信在關於德國人的集體記憶這方面，還有許許多多的工作要做。

目前正在討論一項提議，是否應該在柏林市中心為那些被驅逐者設置一座紀念館。

● 布萊希特《勇氣媽媽》在德國首演時的舞台布景模型。一九四九年

● Model stage set for the first German production of Brecht's *Mother Courage*, 1949

安德烈亞斯·科塞特的講法是對的——「德國歷史博物館」裡面只展出了一輛難民手拉車，來講述那次大遷徙的故事。離它僅僅幾碼之外卻還有另外一輛車子，它也被設計成用手來拉，同樣也有著許多涉及當代戰爭和顛沛流離的場景圍繞著它。不過這一輛手拉車小了許多。它是一個模型，呈現出一九四九年在柏林首演那部二十世紀德國經典劇本時的舞台布景——貝爾托特·布萊希特的《勇氣媽媽和她的孩子們》。

布萊希特在一九三三年逃離納粹德國，而一九三九年希特勒入侵波蘭的時候，他正在斯德哥爾摩。布萊希特回應戰爭爆發的方式，就是寫出這齣或許稱得上是他最著名的劇本（而且這絕對是他被演出次數最多的劇本）。他所設定的時間背景並非他自己的時代，而是在「三十年戰爭」時期——那場衝突從一六一八到一六四八年之間蹂躪了德國，讓其百姓深陷創傷，進而始終困擾著德國的國家記憶（參見導言）。當希特勒的部隊和飛機橫掃波蘭之際，布萊希特在幾個星期之內便寫出了劇本。他打算用它來譴責所有的戰爭，而且他把「三十年戰爭」選用為時間背景，

● 〈一個村落遭到劫掠與焚燒〉，摘自雅克．卡洛，《戰爭的苦難和不幸》。一六三六年

● *The Pillage and Burning of a Village*, from *The Miseries of War* by Jacques Callot, 1636

因為它在整整三百年之前幾乎徹底摧毀了「德國」這個概念。戰爭、饑荒和瘟疫甚至在某些地區殺死了一半以上的人口。布萊希特雖然是對他一九三九年的所見所聞做出反應，卻有著令人不安的先見之明——他所寫出的那個劇本即將於未來五年期間內，由千百萬人在現實生活中演出。

勇氣媽媽是一個人物原型，本質上是一名跟隨軍隊走動的黑市商人，把食物和其他必需品賣給士兵們來發戰爭財。她的手拉車主導了那整齣戲，從一個場景滾動到另外一個場景。不同於勇氣媽媽的孩子們，手拉車存在的時間比一切都更長久。在全劇的結尾，勇氣媽媽被戰爭移除了人性以後，把她的孩子們之死看成是必要的事情，儘管令人遺憾，卻是生意的成本，跟她的車子幾乎沒有兩樣，二者都只是為了求生存、

● 德國黑死病面具。
十七世紀中葉

● German plague mask,
middle of the seventeenth century

為了維持向前所需的器械。布萊希特的初衷，是要把勇氣媽媽呈現為一個處心積慮參與戰爭這門邪惡生意的人，比那批戰爭販子和殺人越貨者根本好不了多少。可是當該劇一九四九年在柏林首演的時候，觀眾卻未能看出這一點。讓布萊希特不悅的是，他們主要只看見了勇氣媽媽的苦痛與失敗，轉而對她表示同情——而且大多數上劇院的人直到今天依然如此。

費歐娜・蕭這位演員是「勇氣媽媽」角色最有力的詮釋者之一。她探討了為什麼當我們同情勇氣媽媽、對她的災難感同身受之際，會讓人覺得遺憾：

> 布萊希特顛覆了傳統的女主角法則，沒有把女主角當做你可能會

● 海倫．威格爾在一九四九年的《勇氣媽媽》演出中拖曳著她的手拉車。

● Helene Weigel hauling her cart in the 1949 production of *Mother Courage*

想遵循的「道德指南針」。他創造出一個女人，那個女人唯一在乎的事情就是她自己的生存——表面上的生存。但其實她在情感上當然沒有辦法存活下去。

勇氣媽媽變得非常富裕，就某種方式來說，我們會為她的生意興隆感到高興，可是她生意興隆的原因卻十分可怕。這種持續不斷的拖曳行為正在向我們提問，我們對自己究竟抱持著什麼樣的觀感。在全劇的結尾，她外出前往某個地方進行一筆小買賣，而她回來以後發現她的女兒卡特琳已被槍殺。她的最後一個孩子現在也死了，所以她變得舉目無親，本來應該陷入崩潰——然後我們或許會為她感到難過。但她自己卻不覺得難過。她把自己和她的大車綁在一塊兒，然後拖動著它繼續跟隨士兵們前進。

●〈你的金髮，瑪格麗特〉，安塞姆・基弗。一九八一年

● *Your Golden Hair, Margarete*, by Anselm Kiefer, 1981

> 然而那看不見的盡頭，同時涉及到一個生死攸關的問題。那裡沒有上帝，那裡沒有宗教上的未來，那裡沒有情感上的未來，可是她繼續拖著她的車子向前。我覺得很難相信，布萊希特不會對那種困難的處境感到同情。

我們知道對許多難民來說，因應生存困境的方法非常簡單，那就是工作。正如安德烈亞斯・科塞特所指出的：

> 那些難民和被驅逐者做出相當可觀的貢獻，促成一九五〇年代與一九六〇年代的經濟奇蹟。例如他們帶來了工程技能以及各種專業技術等等。此外必須牢記在心的是，各大城市多半已被摧毀，難民

> 們因而提供了人力資源來協助進行重建德國的工作——尤其是重建西德的城市。

沃爾夫斯堡巨大的福斯汽車工廠（參見第14章），一九五〇年代經濟奇蹟的至高象徵，在很大程度上是由難民來擔任工作人員。

德國占領東歐時期的謀殺暴力事件，在一九四五年後的幾十年內多方面成為省思的主題，反映於散文、詩歌與繪畫當中。例如德國藝術家安塞爾姆・基弗曾經針對保羅・策蘭的詩篇《死亡賦格》繪製插畫並且進行沉思，概括出面對苦痛、損失和恥辱時的深切感觸。該詩篇有一個名句：「死亡是來自德國的大師」（Der Tod ist ein Meister aus Deutschland），而策蘭是一位講德語的羅馬尼亞猶太人，其家人則悉數喪生於大浩劫。當他使用「大師」（Meister）這個字眼時，更完全呼應了我們在第十四章所討論過的那種「精心學來的技藝」。

直到德國重獲統一，以及德國的東部邊界被確定下來為止，任何關於驅逐行動的完整記憶都不可能出現。安德烈亞斯・科塞特認為，等到此事終於發生的時候，它以一種全新而迥然不同的方式，影響了德國的外交政策以及德國與歐洲鄰國的關係：

> 我認為一九九〇年代發生於前南斯拉夫的衝突，使得德國人更能夠真正體會自己的歷史。我們在德國電視螢幕上看見大規模驅逐的情景，便在一瞬間有所體會，驀然回想起來這也曾經是我們自己的親身經驗。我相信這使得一般人，甚至使得政治人物更加意識到我們必須採取干預行動，因為種族清洗既不能夠、也不可以被合理化。

---

1 〔譯注〕奈瑟河（Neisse）是奧德河（Oder）的支流，亦被音譯成「尼斯河」或奈塞河。

27 Beginning again 另起爐灶

在一九四五年已有將近八百萬德國人被殺或失蹤，超過了總人口的百分之十，其中的三分之二是武裝部隊。德國的主要城市皆已成為廢墟，不光是各個工業中心如此，就連許多來自中世紀和巴洛克時代的德國瑰寶，像是紐倫堡和德勒斯登也都是這樣。沒有被炸彈摧毀的東西，最後則又慘遭大火吞噬。

德國全境共有八百萬棟房舍被毀或受損，將近一半的公路和鐵路，以及自來水、天然氣和電力的供應已經一去不返。經濟也同樣處於徹底崩潰的狀態。這種破壞和苦難之前僅僅出現過一次，而那是在一六四八年，當「三十年戰爭」結束的時候（參見第26章）。那場浩劫被認為影響了德國的經濟生活長達數百年之久。然而在一九四五年後的一代人時間內，西德各座城市幾乎已經完全重建，西德本身則成為全球第四大經濟體，因此被譽為經濟復甦的典範。好幾十年以來，世人終於學到了一個正面的德文字眼：「Wirtschaftswunder」（經濟奇蹟）。這從何而來？答案為：這是用雙手辦到的事情。這場奇蹟是人們創造出來的，尤其是婦女們創造出來的。

舉例來說，德勒斯登的市中心幾乎完全遭到摧毀，全世界最美麗的城市裡，有二點五平方英里的面積就那麼憑空消失了。

從炸彈轟炸中倖存下來的市民們還必須熬過許許多多難關，他們只有很少或者根本沒有食物、沒有燃料、沒有大眾運輸，甚至往往沒有了

● 一位「瓦礫女」在漢堡堆放磚塊。一九四六—四七年
● A Trümmerfrau stacking bricks in Hamburg, 1946–7

房子也沒有了街道。此外到處都是瓦礫堆。此刻的問題是應該如何重建這個國家，如何在面對不確定未來的時候創造出信心。這絕非易事，更何況德國已被割除四分之一的領土，而該地原有的居民被驅趕到西方，為已經崩潰的基礎設施增添了額外的混亂與壓力。盟軍最初的目標更不可能緩解這其中的困難；同盟國原本打算拆解德國的工業基礎，讓德國變成一個以農業為主的經濟體——並且成功地在蘇聯占領區的某些部分實現了那個野心。

對德國平民百姓來說，第一要務就是清理街道、盡可能讓房舍可以住人、重建不能住人的屋子，並且整修各項設施。可是該怎麼做呢？全國的男性死了五分之一，還有許多人傷殘、受到精神上的傷害、喪失工作能力，誰還能夠承擔起這項艱鉅的任務，從一望無際的廢墟中把瓦礫清除乾淨呢？今天我們可在柏林的「德國歷史博物館」看見那些瓦礫的一部分，不過瓦礫已經被雕塑家馬克斯・拉赫尼特用引人注目的方式改造成一名年輕女子的頭部和肩膀（參見頁469）。它比真人的尺寸稍微大一些，是由好幾百塊拋光的大理石和玄武岩碎片拼接而成的馬賽克。她紮著一條紅色的頭巾，面部表情凝重，一臉沉思，幾乎把情緒藏了起來。她是一位「瓦礫女」（Trümmerfrau）：一位清除瓦礫的婦女，而這件雕塑品正是由千百萬位像她一樣的婦女，從每一座德國城鎮清除出來的街頭瓦礫拼湊而成。假如沒有這些婦女、沒有這些「瓦礫女」的話，在德國的生活將讓人不堪忍受。她們的力量，精神上和肉體上的力量，使得這個國家重新站了起來。

重建德國是個雙重任務——心理上與實體上的重建。在英國，「閃電戰的精神」[1]來自於百姓的某種信念，這信念認為他們是一場並非由他們釀成的戰爭之受害者。相形之下，許多德國人雖然在一九四五年肯定

● 德勒斯登的廢墟，以及聖十字教堂受損的塔尖。
貝洛托曾經畫出同一座教堂在兩百年前被普魯士損毀後的情景。（參見導言，頁 xxvi–xxvii）

● The ruins of Dresden, with the damaged spire of the Kreuzkirche.
Bellotto had painted the same church damaged by the Prussians two hundred years earlier. See Introduction,

● 馬克斯·拉赫尼特以碎片製成的德勒斯登〈瓦礫女〉。一九四五年前後

● Sculpture of Dresden *Trümmerfrau* made from ceramic fragments, by Max Lachnit, c. 1945

也覺得自己是受害者，這方面的問題卻很少受到公開討論。那裡反而出現了一片沉默，或許是因為以他們名義做出的種種事情給他們帶來了羞恥感。那裡不曾公開對漢堡或者德勒斯登的慘遭蹂躪表達過憤怒之意，完全有異於其他歐洲國家為了自己城市的毀壞而出現的態度。WG·塞巴爾德在〈空戰與文學〉那篇專論中指出，這麼多普通民房遭到摧毀一事所帶來的創傷，幾乎從未出現在戰後的德國文學。針對這種沉默、這

種自願的集體失憶進行思索之後，塞巴爾德推測那可能是因為許多德國人覺得，他們城鎮所遭受的可怕毀滅就是對他們國家犯罪行為的正義報應。

不管原因到底為何，當地在很長一段時間內都沒有過什麼討論。「瓦礫女們」就那麼展開了工作。從一九四五年到一九四六年，同盟國在德國西部和東部命令年紀介於十五歲至五十歲之間的所有德國婦女參與戰後清理行動。她們被組織成小團隊，而如果她們有任何工具的話，多半就只是小型鶴嘴鋤和絞盤。她們動手拆除建築物，很費勁地一塊接一塊磚頭拆解下來，等清除了那些磚頭和石塊上面的灰泥之後，就在「瓦礫推車」裡面把它們堆疊起來。他們搶救一切可重新使用的物品，從臉盆到電線都不例外；她們用手重建自己的家園，並且重建自己的城市。幾乎每一名體格強健的婦女都被徵召來從事這項任務。

在拉赫尼特的德勒斯登〈瓦礫女〉影子底下，我在「德國歷史博物館」採訪了她的一位姐妹。海爾嘉．岑特－費爾登十八歲那年，俄軍攻抵柏林並且把她找去工作：

> 我們分成了兩組以後，就被送去提爾公園街。一切都受損非常嚴重，到處都是瓦礫和士兵們遺留下來的武器與彈藥。負責指揮的那個男人開口說道，這是妳們開始清理的地方。他站在一個巨大的炸彈坑旁邊表示，凡是不危險的東西就丟進這個彈坑裡面。至於其他的一切（那裡到處是砲彈和火箭筒等等）則按照他的要求拋入提爾公園湖延伸出來的水池裡。
>
> 接著我被叫去進行真正的瓦礫清除。我被帶往波茨坦大街，然後來到一棟毀損倒塌的建築物。雖然它有一部分仍然屹立不搖，其餘卻都已經消失不見，只是高高地堆滿了殘垣斷壁。一名女人走過來對我說：「看樣子妳已經被分配給我了。我們一定要把這個地方清理乾淨。這裡是我從前工作的地方——它是一家商店。我們必須把所有的瓦礫都清除掉，這樣才能夠把它重建起來。」可是那裡什麼

> 也沒有，沒有屋頂，根本沒有任何東西。但即便如此，它還是必須重建。有幾個男人帶著桶子過來，用手推車把瓦礫運走。我們總共花了九個月的時間才把所有的瓦礫從那棟建築物清理出去。其中有一些非常大塊，但照樣也得搬走。我已經記不得自己是否使用過錘子或鑿子來完成這項工作，但我還記得當他們把工作手套發給我們的時候，我們是多麼地快樂。

她以一種仍然聽得出來的激動語氣回憶起，此類繁重體力勞動讓她有權獲得較高等級的食物配給——這在她家特別受到歡迎。在德國鮮少有公共紀念碑，用來表揚類似海爾嘉·岑特—費爾登那樣的婦女所做出的貢獻。唯獨拉赫尼特的〈瓦礫女〉必須被拿來紀念她們每一個人。

最令人吃驚的地方是，「瓦礫女」竟然能夠以這種速度讓德國重新變得適合居住。轟炸後的空曠廢墟在一九六〇年代的英國仍然隨處可見；即使遲至一九七〇年代那裡仍然有辦法成為拍攝電視連續劇的場景。德國則刻意把幾棟半毀的建築物保留下來做為紀念（例如西柏林的「德皇威廉紀念教堂」），藉此提醒「第三帝國」所犯下的罪行，以及人們為此付出了甚至比建築物更加慘重的代價，至少建築物還看得見廢墟。不過時至一九五〇年代晚期，德國大多數的地方（尤其是在西德）已經被重建起來。德國人或許意識到了，持續的工作能夠幫助他們不去面對讓人難受的現實。

讓人難受的現實俯拾皆是，在經濟方面尤其如此。經濟已在一九四五年（距離上一次是二十五年前）第二度淪為一片廢墟：通貨膨脹猖獗、以物易物盛行，完全沒有人信任貨幣。歷經惡性通貨膨脹之後，在一九二四年才辛辛苦苦建立起來的「國家馬克」已再度崩潰。從理論上來說，「國家馬克」（Reichsmark）繼續是德國被占領後的貨幣，然而同盟

● 年輕的「瓦礫女」清除舍爾出版社的廢墟。柏林，一九四五年

● Young Trümmerfrauen clearing away the ruins of the publishing house Scherl, Berlin, 1945

國不可能放任印有納粹黨徽的舊鈔票和硬幣繼續流通下去。於是他們急急忙忙印製出新的「占領區馬克」（Allied Occupation Marks）與代幣，供百姓購買麵包和馬鈴薯之類的必需品。實際上甚至連這種貨幣也很難硬撐下去。儘管四個占領國都看得出來需要一種新的貨幣，卻完全無法針對其形式達成共識。於是美、英、法三個西方大國最後決定走自己的路。一九四八年六月二十日，一個星期天，新近在法蘭克福成立的「德意志各邦銀行」（Bank Deutscher Länder，此為「德意志聯邦銀行」〔Deutsche Bundesbank〕之前身）推出了貨幣。但那並非一種新版本的「國家馬克」，而是「德國馬克」（Deutsche Mark，即「D-Mark」，參見頁502）。[2]

赫爾穆特・施勒辛格是位德國經濟學家，曾任「德意志聯邦銀行」總裁。一九四八年引進「德國馬克」的時候，他才剛開始在慕尼黑大學攻讀經濟學博士學位，他還記得推出「德國馬克」之前的生活情況：

> 我們擁有雙重的經濟。官方的經濟維持著固定的物價，你能夠用代幣購買麵包和馬鈴薯，而且價格被設定在一九三六年時的水準。繳交大學相關費用的時候能夠使用「國家馬克」，就連付計程車資的時候都可以用「國家馬克」——這是經濟的第一個部分。另外一個部分則是物物交換經濟。然而當學生的人沒有任何東西能夠拿來交換。此外還有黑市經濟。由於大多數人沒有多少東西可交易，購買咖啡、茶葉、美國藥品等等的時候，德國人必須用香菸，或者用他們所能找到的任何東西來支付。

同樣讓海爾嘉・岑特—費爾登難以忘記的是，當時物資有多麼匱乏，以致取得正確的工作證和配給卡是非常重要的事情：

- 德國被占領後的地圖與柏林市分割詳圖。一九四五年
- Map of occupied Germany with detail of divided Berlin, 1945

ATLANTA KARTE DER BESATZUNGS-ZONEN
MIT NEUEN POSTLEITGEBIETEN
КАРТА ОККУПАЦИОННЫХ ЗОН
MAP OF THE OCCUPATION AREAS
CARTE DES ZONES D'OCCUPATION
GESTALTUNG U. VERTRIEB IM AUFTRAGE U. MIT GENEHMIGUNG DER ALLIIERTEN MILITÄR-REGIERUNG DURCH
ATLANTA-SERVICE
FRANKFURT-M. • BERLIN • DÜSSELDORF • MAINZ
GENERALVERTRETUNG:
RUSSISCHE ZONE
GERMAN-AMERICAN TRADING COMPANY
BERLIN-CHLBG. 9 WESTENDALLEE 122
AUSLIEFERUNG:
BUCH- UND PAPIER
GROSSVERTRIEB, INH. K.R. MOOHEN & CO.
DRESDEN N 6 • PRIESSNITZSTR. 39 • RUF 46210
AMERIKAN. ZONE
ATLANTA FRANKFURT-M. INCKUSSTR. 11
BRITISCHE ZONE
ATLANTA DÜSSELDORF AACHENER STR. 114
FRANZOS. ZONE
ATLANTA MAINZ-KESTRICH
EINZEL RM 1.- PREIS
POLOGNE
POLAND
ПОЛЬША
POLEN
BERLIN
TCHECOSLOVAQUIE · CZECHOSLOVAKIA
ЧЕХОСЛОВАКИЯ · TSCHECHOSLOWAKEI
AUSTRIA
ÖSTERREICH
АВСТРИЯ
AUSTRICHE
BERLIN
ZONE FRANÇAISE
BRITISH ZONE
РУССКАЯ ЗОНА
AMERICAN ZONE
REINICKENDORF
PANKOW
WEISSENSEE
SPANDAU
WEDDING
PRENZL. BERG
CHARLOTTENBURG
TIER-GARTEN
MITTE
FRIEDR.-HAIN
LICHTENBERG
WILMERSDORF
SCHÖNE-BERG
KREUZBERG
TREPTOW
ZEHLENDORF
STEGLITZ
TEMPELHOF
NEUKÖLLN
KÖPENICK
LÉGENDE
LEGEND
ОБЪЯСНЕНИЕ ЗНАКОВ
ZEICHEN-ERKLÄRUNG
FRONTIÈRES DU REICH
BOUNDERIES OF THE REICH
ГРАНИЦЫ ГОСУДАРСТВА
REICHS-GRENZEN
FRONTIÈRES DES ZONES D'OCCUPATION
BOUNDERIES OF THE OCCUPATION AREAS
ГРАНИЦЫ ОККУПАЦИОННЫХ
GRENZEN DER BESATZUNGSZONEN
FRONTIÈRES D'ÉTAT
BOUNDERIES OF THE COUNTRY
ГРАНИЦЫ КРАЕВ
LANDES-GRENZEN
DÉPARTEMENTS
ADMINISTRATION DISTRICT
ПРАВИТЕЛЬСТВЕННЫЕ ОКРУГИ
REGIERUNGS-BEZIRKE
ARRONDISSEMENT RURAL
RURAL DISTRICTS
УЕЗДЫ
LANDKREISE
VILLES / VILLAGES
TOWNS AND VILLAGES
ГОРОДА
STÄDTE UND ORTE
ZONE RUSSE
RUSSIAN ZONE
РУССКАЯ ЗОНА С.С.С.Р.
RUSSISCHE ZONE U.d.S.S.R.
ZONE AMERICAINE
AMERICAN ZONE US-ZONE
АМЕРИКАНСКАЯ ЗОНА
AMERIKANISCHE ZONE
ZONE ANGLAISE
BRITISH ZONE
БРИТАНСКАЯ ЗОНА
BRITISCHE ZONE
ZONE FRANÇAISE
FRENCH ZONE
ФРАНЦУЗСКАЯ ЗОНА
FRANZÖSISCHE ZONE
POSTLEITGEBIETE MIT DEN NEUEN POSTLEITZAHLEN

BANKNOTE
EINE
DEUTSCHE
MARK
SERIE 1948
EINE
1
DEUTSCHE MARK

BANKNOTE
1
EINE
1
EINE
DEUTSCHE MARK

CF3799250S
Banknote
ZEHN
DEUTSCHE MARK
10
DEUTSCHE
BUNDESBANK
ZEHN
DEUTSCHE
MARK

ZEHN
DEUTSCHE
MARK
10
10

BD 3171037
STAATSBANK DER DDR
HUNDERT
MARK
DER
DEUTSCHEN
DEMOKRATISCHEN
REPUBLIK
1975
100
BD 3171037

HUNDERT MARK
DER DEUTSCHEN DEMOKRATISCHEN REPUBLIK
100

AA 000000
STAATSBANK DER DDR
FÜNF
MARK
DER
DEUTSCHEN
DEMOKRATISCHEN
REPUBLIK
1975
5
AA 000000

FÜNF MARK
DER DEUTSCHEN DEMOKRATISCHEN REPUBLIK
5

DC 1334566
STAATSBANK DER DDR
FÜNFZIG
MARK
DER
DEUTSCHEN
DEMOKRATISCHEN
REPUBLIK
1971
50

FÜNFZIG MARK
DER DEUTSCHEN DEMOKRATISCHEN REPUBLIK
50

那是真正的苦差事，我還記得我們每小時能夠領到四十八個芬尼。但最重要的事情是，由於我們進行吃重的工作，我們有權獲得他們所稱的「重體力勞動食物配給卡」，所以我們得到了比一般人多出許多的東西。比方說吧，一位家庭主婦的配給卡讓她每天只能攝取一千二百卡路里的熱量。身為「瓦礫女」，我們幾乎多出一倍，變成了每天二千二百卡路里。如果把這樣的額度和其餘家人的口糧加在一起，那麼我們還可以勉強湊合下去。

這是德國在歷史上第三次發行一種名叫「馬克」的國家貨幣。第一次是在一八七一年德國統一之後。那個版本的馬克已崩潰於一九二一至一九二三年之間的惡性通貨膨脹時期。第二個版本，威瑪共和國的「國家馬克」，則繼續維持到一九四五年的災難為止。鑒於這樣的歷史背景，你可能會覺得奇怪，一九四八年竟然決定重新使用「馬克」這個名稱。但它是一個熟悉的名稱，而且不管它在歷史上有過哪些失敗，自從一八七一年的統一之後「馬克」便協助定義了這個國家。鑒於現代德國建設性地運用自己歷史的罕見能力，這同一名稱或許也意味著一種警告，被視為從過去得來的教訓：在此後數十年內，「德意志聯邦銀行」的經濟和財政管理者們牢牢記住了那個教訓，使得新推出的「德國馬克」成為

從上至下

- 第一種德國馬克。一九四八年
- From top to bottom: The first Deutsche mark, 1948.
- 正面設計受到杜勒啟發的十德國馬克紙幣。一九七七年
- Ten Deutsche mark note with front design inspired by Dürer, 1977.
- 以卡爾・馬克思（正面）和東柏林街景（背面）為圖案的一百東德馬克紙幣。一九七五年
- Hundred Ostmark note depicting Karl Marx (front) with street scene in East Berlin (back), 1975.
- 以湯瑪斯・閔采爾（正面）和一台聯合收割機（背面）為圖案的五東德馬克紙幣。九七五年
- Five Ostmark note depicting Thomas Müntzer (front) and a combine harvester (back), 1975.
- 以弗里德里希・恩格斯（正面）和一座煉油廠（背面）為圖案的五十東德馬克紙幣。一九七一年
- Fifty Ostmark note depicting Friedrich Engels (front) and an oil refinery (back), 1971.

經濟史上最成功的貨幣之一。

「德國馬克」的到來曾經備受爭議，但不僅僅是在尋常百姓那邊如此，經濟上的疑慮更因為政治上的齟齬而變得複雜起來。替換「國家馬克」的計畫進行得十分秘密，而且「德國馬克」是無預警地在三個西方占領區推出。俄國人怒不可遏，拒絕讓它在他們的控制區內流通。它被引進西柏林之後，導致柏林遭到封鎖。蘇聯占領區在一個月之內便推出一種俗稱為「東德馬克」（Ostmark）的貨幣來打對台。這一連串的驚人事件，在歷史上幾乎沒有先例可循：兩種新的貨幣——「德國馬克」和「東德馬克」，導引出兩個新的國家。「德國馬克」毫無疑問替三個西方占領區的經濟奇蹟儲備了動能，但它也協助促成德國在冷戰時期一分為二。

打從一開始，這兩種貨幣擺明就是兩個完全不同國家的產物，代表著兩種截然不同的意識形態和歷史觀。東、西雙方的硬幣都有德國的橡葉圖案，不過西德的硬幣有德國的老鷹圖案，後來還陸續加上了塑造和重建西德的戰後政治領袖們的頭像：康拉德·艾德諾、路德維希·艾哈德，以及威利·布蘭德，反正這些個別的英雄人物都安全無虞。東德硬幣的重量比較輕，所使用的圖案則為蘇聯式的人力生產場景、一捆捆麥束，以及工作機具等等。但是前頁圖示的那些紙幣，才讓我們瞧見真正的差別到底出在哪裡。那看起來簡直像是西德找不到適合的人物和圖像來呈現過去。它完全避開了近代的歷史，其紙幣上的圖像一直回溯到文藝復興時代，以及阿爾布雷希特·杜勒的作品——由那位偉大的德國藝術家描繪出來的德國人。在東德卻有一種意識形態上的需求，務必要表達出那場導致無產階級獲得勝利的鬥爭。那些鈔票都印有當代的圖像，例如一面是代表教育、住房和工業，另一面則是社會主義的英雄——例如十六世紀「德國農民戰爭」的領導者湯瑪斯·閔采爾、早期的共產黨員克拉拉·蔡特金，以及馬克思和恩格斯。於是在將近四十年的時間內，

● 導引前往西德的訪客領取「歡迎錢」的指示海報。一九八九年十二月

● Poster directing visitors to West Germany to pick up their 'welcome money', December 1989

S-BAHN
Begrüßungsgeld
Sa, 2.12.89
8.00-12.00 h
Finanzamt
für Körperschaften
Schöneberger Str. 2-4
AUSGANG
DORT

鈔票上的兩種德國影像隔著鐵幕遙遙相望：身為歐洲文化標誌的杜勒加上一艘老掉牙的帆船，面對著恩格斯和一座現代化的煉油廠。

當「德國馬克」在一九八〇年代為德國經濟提供動能的時候，它已然成為西德及其經濟成就的象徵。它是許多東德百姓所渴望的對象，甚至比美元還要來得穩定，直到一九八九年為止都完全不受挑戰。等到柏林圍牆倒塌，德國的統一突然不再是一個遙不可及的願望，反而變成了近在眼前的現實之後，兩德貨幣同盟導致西德經濟自從一九四八年以來首次下滑。柏林圍牆倒塌後，凡是前往西德參觀的東德百姓皆可領取一百馬克「歡迎錢」(Begrüßungsgeld)。光是此舉就耗費了將近四十億馬克，不過如同赫爾穆特．施勒辛格指出的，它跟融合那兩種貨幣體系所需的花費比較起來根本微不足道。銀行家和經濟學家們建議的東西德馬克匯率是二比一，鑒於雙方的相對經濟實力，他們認為這種兌換比率已經非常大方了。柯爾總理卻有不同的想法，他做出一個基本上是政治性的而非經濟性的決定，按照高於其真實價值的水平來轉換東德馬克。若是採取其他任何做法都將會摧殘東德百姓的生計，甚至可能威脅到德國的再統一。於是他採取了一個需要巨大政治勇氣的行動，宣布工資、利息和租金的兌換匯率為一比一。

尤其重要的是，柯爾意識到他必須迅速採取行動。赫爾穆特．施勒辛格當時是「德意志聯邦銀行」副總裁（後來從一九九一年至一九九三年擔任總裁），負責因應貨幣轉換所產生的一切後果：

> 對我們在德意志聯邦銀行的這些人來說，此種匯率很顯然是太過於慷慨了。不過決定就是那樣，而且現在我們必須採取行動，預防在我國出現螺旋式上升的通貨膨脹，所以我們不得不調高利率等等。那種財政狀況非常糟糕，更何況還必須建立一個能夠在西方條件下運作的銀行體系，而且那一切必須在為時六個星期的談判時間內建構妥當。過了六個星期之後，我們就必須簽署條約草案。我們都知道，在政治方面只有一個非常狹窄的窗口，能夠在其中促成美

> 國人和俄國人達成共識。我們知道必須趕緊採取行動，不惜冒著犯下一些錯誤的危險。

批評和指責的聲音一度紛至沓來，而此行動所產生的直接後果，便是戰後德國經濟第一次出現明顯的通貨膨脹。可是德國經濟的實力順利通過驗證，到了一九九〇年代的末期，經濟就再度突飛猛進。而就在這個時刻發生了最引人矚目的事件：二〇〇二年一月的時候，德國人放棄了馬克——象徵著德國戰後民主、和平與成功的「聯邦德國馬克」。它遭到歐元取代，其間雖然有過許多遺憾，卻幾乎沒有出現抱怨，畢竟放棄它是為了換來持久的政治安全。其出發點為，那種新貨幣將把德國永遠鎖入一個經濟與政治的結構當中，而此結構的宗旨是：要在那個於上世紀遭到兩場對德戰爭蹂躪的大陸確保和平。就本質而言，歐元正是法國為了同意德國再統一而索取的代價。看來大多數德國人十分明白，放棄「德國馬克」而改用歐元的做法，可以在這個國家新擴大之後，緩解各個鄰國對其優勢地位所產生的疑慮。於是他們願意向歐盟做出這個巨大的承諾。

讓我感到好奇的是，海爾嘉·岑特—費爾登那位柏林「瓦礫女」對這一切抱持什麼樣的態度呢？她贊同了柯爾總理達成的那筆交易：

> 柏林圍牆倒塌以後，事情固然沒有完全按照我們所想要的方式進行下去，但整體而言我們得到了一個非常穩定的德國。我覺得我們應該感謝此事和感謝歐洲，使得我們在中歐再也不會面臨戰爭。而一切當中最重要的事情絕對是：現在我可以相信歐洲了。

德國在一九四五年之後最驚人的地方，或許就是它並非藉由在世界舞台的高姿態表現來尋求一種新的身分（德國在國際間經常被形容為「一個政治侏儒」）。它反而是透過自己的經濟實力和自己在新歐洲所處的地位來那麼做，它協助塑造了那個新的歐洲——在曾經遭到它極力破壞的那個舊歐洲的廢墟上。

自從查理曼的時代以來，德國人的身分曾經於將近一千年的時間內，在範圍更廣泛的歐洲背景之下被定義出來。其憑藉是神聖羅馬帝國，以及帝國在歐洲所處的地位；隨著時間推移，帝國的地位益形突出。該帝國曾經既為整個歐洲，也為置身其中的德國，產生了一種類似安全網絡的作用（參見第5章）。到了十八世紀，瑞典、丹麥、波蘭、普魯士、匈牙利和英國的國王，都派遣代表前往雷根斯堡參加帝國會議，因此在某種程度上共同成為歐洲穩定的擔保人。然而那種平衡狀態承受不住先是來自拿破崙，而後來自軍國主義普魯士國家的衝擊，以致無以為繼。

因此從中產生了一種歷史的合理性，結論是應該由法國和德國重新建立起那個安全網絡——相關工作開始於一九五二年，最後由此衍生出「歐洲聯盟」。兜了個大圈子之後，歐盟在某種意義上成為神聖羅馬帝國的一個新版本：它是世俗經濟上的而非宗教上的版本、是泛歐洲的而非羅馬的版本，在一個集體安全與共同協商的框架內連結歐陸大部分地區，由法國和德國競逐優勢地位。這是一個古老的模式。莫非這個長久的歷史先例就是一部分的原因，說明了為何德國對歐盟的那種超國家邦聯理念沒啥疑問，而為何歷史背景截然不同的英國會有著那麼多的問題？

1 〔譯注〕閃電戰的精神（spirit of the Blitz）亦翻譯為「不畏空襲的精神」或「倫敦大轟炸的精神」。

2 〔譯注〕德國馬克亦翻譯為聯邦德國馬克或者德意志馬克。

28 The new German Jews 新的德國猶太人

一九四五年的時候，德國已經在歐洲謀殺了超過一千一百萬人，包括政治犯、羅姆人、[1]同性戀者、殘疾人士。但從數目上來看，猶太人占了壓倒性的多數——大約有六百萬。在德國的所有記憶當中，大屠殺目前是最貼近和最棘手的一個，那導致許多個世紀以來的猶太人生活與文化已經湮滅殆盡。遭遇過類似「布痕瓦爾德」那樣的集中營（參見第25章），以及像是「奧許維茲」那樣的毀滅營以後，猶太人在德國的生活故事應該在戰後完全斷絕才對。但在一九四五年或者在一九六五年的時候，怎麼還會有任何猶太人能夠在德國看見自己的未來呢？然而這裡有一個驚人的事實：目前德國擁有西歐成長最快速的猶太人口，其人數如今已多達數十萬之譜。他們絕大多數是外來移民。孟德爾·古雷維茨那位猶太教拉比教士就是其中之一，在一九九〇年代末期從美國移居到美因河畔的法蘭克福附近：

> 你曉得的，我來到這裡之前曾經表示過：我們怎麼可能生活在這樣一個國家？我決定在抵達以後就不要多想這方面的問題，因為一等到你在此地街頭遇見了較年長的人們，你馬上就會開始冒出各種想法。在德國這裡曾經有過一段猶太人的歷史，一段非常猶太的歷史。假如你僅僅因為希特勒等人不希望這裡再有猶太人的緣故，於是決定完全排斥這個國家、完全把猶太人擋在它的外面，那將是一種恥辱。假如我們那樣做的話，我們將只會做出希特勒所想要做的事情。我認為我們應該反其道而行。我出身自一個非常虔誠的「哈西德教派運動」（Hasidic movement），而該運動派人前往世界各地，尋

找最具挑戰性的居住地點來過生活。這就是為什麼我和我的太太會來到這裡的原因。感謝神，現在我已經在這裡生活了十六年，我的孩子們都在這裡長大，我們在這裡真的很幸福。

許多個世紀以來，德國對待其猶太人口的方式，比大多數西歐國家要寬容許多。例如英國、法國和西班牙，都曾經在不同時期驅逐過自己的整個猶太人口。德境的各個邦國也未能倖免於此，地方性的危機經常使得猶太社區成為替罪羊並遭到驅逐——像是在一三五〇年代的紐倫堡，以及一五一三年時的雷根斯堡。但極度的政治分裂意味著，總是會有猶太居民停留在德國的某些部分，而且被一個邦國驅逐出去的那些人，往往能夠在情況發生了變化以後重新回去。個別的猶太人已如同在英國和法國那般，在德意志各邦受到信任和位居要津。喬吉姆·惠利指出，今天經常被遺忘的事情是：

現代時期之前的德國猶太人歷史，其實往往是從二十世紀猶太人悲劇歷史的角度來撰寫，我認為那產生了扭曲作用。通常我們會發現有三件事情被列舉出來，變成了這段早期歷史的特點。首先是猶太人在十五世紀晚期遭到許多德國城鎮驅逐。其次是馬丁·路德在一五四三年發表他那本著名的反猶太小冊子來抨擊猶太人及其生活方式。[2]第三則是年輕時代的摩西·孟德爾頌於一七四三年十月抵達柏林時的相關記載——一名柏林警衛在值勤簿上寫著：「今天通過羅森塔勒門的有六頭牛、七隻豬和一個猶太人。」

這三件事情經常被視為具有象徵性的意義，是某種「史前史」——鑒於後來德國在二十世紀所發生的那些事件，此種論點看似合乎邏輯。但事實是，真正的故事與此截然不同。大多數統治諸侯們

● 托拉卷軸來到新落成的慕尼黑猶太教堂。二〇〇六年
● The arrival of the Torah scrolls at the new Munich synagogue, 2006

● 摩西·孟德爾頌。一七七一年
● Moses Mendelssohn, 1771

完全忽視了路德的觀點，而且我們可以從十六世紀開始看見，小型猶太社區在整個神聖羅馬帝國境內穩定地成長——這個趨勢並受到許多統治者鼓勵。他們歡迎猶太人前來擔任手工藝者、商販和生意人，也歡迎猶太人成為放債者：由於基督徒被禁止從事相關職業，這個行業只此一家別無分號。猶太人基本上受到統治者們的保護，因為他們被認為是擅長於工藝和貿易活動。

許多人依舊認為，路德的反猶主義幾百年來對他的同胞們產生了推波助瀾作用。然而我們可以從大英博物館內的一個美麗袋子看出來，猶太人，至少是一部分的猶太人，已經非常融入了神聖羅馬帝國。它是一個「經文護符匣」盛裝袋——「經文護符匣」（tefillin）也稱做「經文匣」，

● 十八世紀的「經文護符匣」盛裝袋，其上有神聖羅馬帝國紋章
● Eighteenth-century tefillin bag with the arms of the Holy Roman Empire

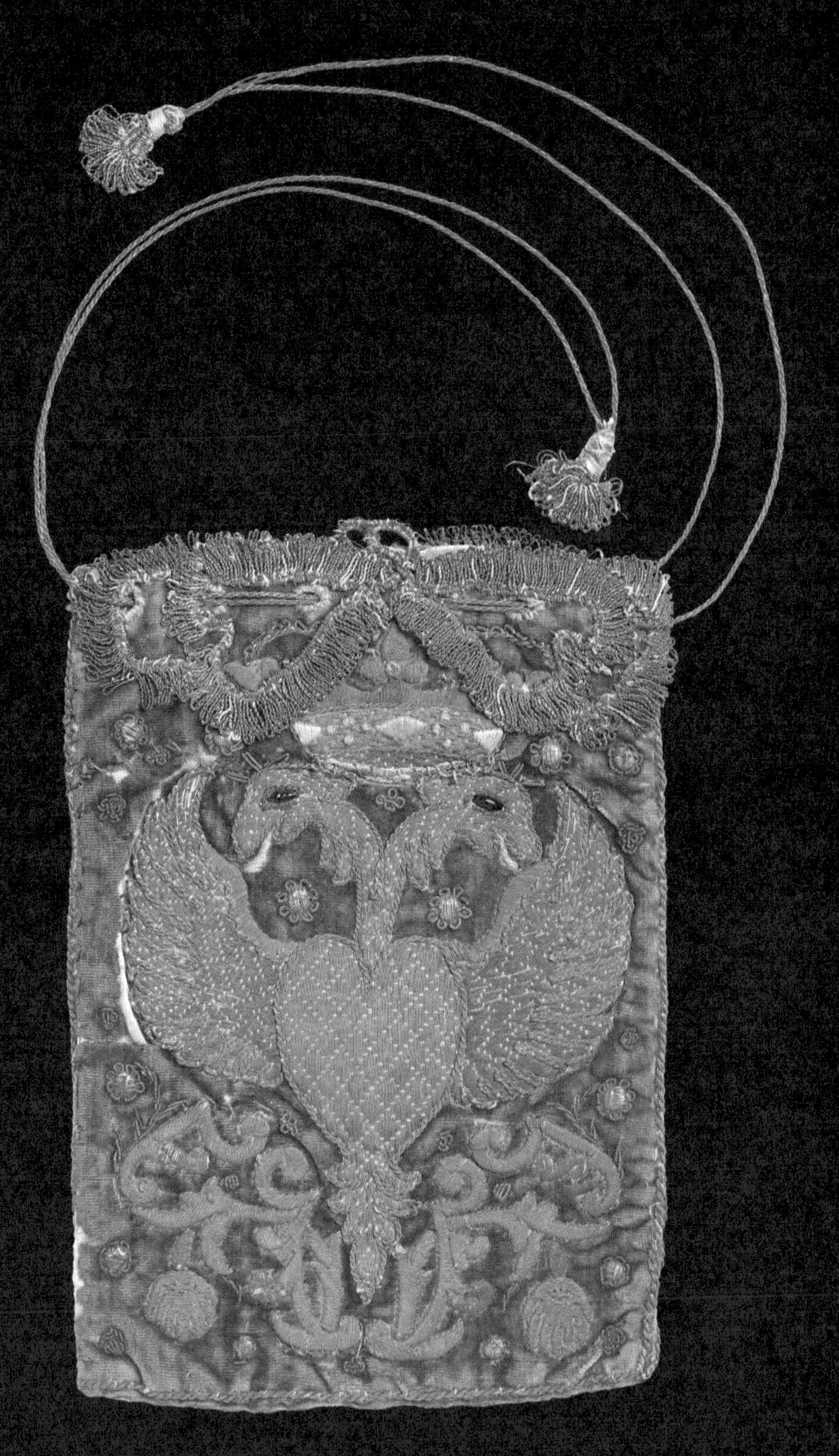

● 猶太人與基督徒進行交易。紐倫堡，一七三一年
● Jews trading with Christians, Nuremberg, 1731

裡面擺放書寫著《托拉》[3]經文的小卷軸，供人在猶太教堂進行晨間禱告時配戴。這是一件豪華的物品，充分展現出財富和教養，同時也宣示了對皇帝的效忠。它是由綠色絲絨布製成，在一面出現飾以金線和銀線的細緻刺繡，在中央則為神聖羅馬帝國的雙頭鷹國徽。我們既不知道它屬於什麼人，也不知道它來自哪一個城鎮，但它肯定是製作於十八世紀。雙頭鷹顯示其擁有者宣稱自己效忠皇帝——所有猶太社區的正式保護者。這個袋子非常公開地強調了政治包容性。

對猶太人的歧視固然存在於十八世紀的德國，但它已變得越來越不具壓迫性。有許多統治諸侯積極鼓勵猶太人前往定居——例如前往曼海姆和柏林。腓特烈大帝允許在波茨坦興建第一座猶太教堂（距離他的「無憂宮」只有一石之遙），並且指出：「壓迫猶太人的做法從來不會給任何政府帶來繁榮。」理論上（往往更是實際上），猶太人到處擁有各種法律權利，那是他們在歐洲其他許多地區所享受不到的。他們既可以向本地法院也可以向帝國的法院提出申訴，也可以對著《托拉》而非對著《聖經》發誓。儘管許多猶太人跟他們的基督徒鄰居一樣貧窮，但那些所謂的「宮廷猶太人」(Schutzjuden，即「受保護的猶太人」)在帝國的各個宮廷擔任金融家，掌握了自從他們在中世紀遭到驅逐和設限以來就不曾享有過的經濟大權。猶太人也積極參與知識生活：猶太人有自己的啟蒙運動，挑戰了正統拉比教士的許多老舊觀念。其領軍人物是哲學家摩西·孟德爾頌（作曲家菲利克斯·孟德爾頌的祖父），他曾經把《舊約全書》中的〈摩西五經〉翻譯成德文。在相關記載中，他固然是跟六頭牛、七隻豬一同進入柏林，但他日後將以「德國的蘇格拉底」之名著稱於世，遠遠不只是在猶太社區內受到推崇和敬佩。

可是猶太人依舊在生活上受到限制，而且普遍盛行的「猶太人最終將會皈依基督教義」之論調，持續成為怨恨的來源。在許多城市和邦國，猶太人還被迫支付特別稅，甚至連腓特烈大帝也規定，想要結婚的柏林猶太人必須向他新設立的王室工坊購買瓷器。

此外還有法蘭克福的猶太人區——德國最主要的猶太人區。當地的「猶太巷」(Judengasse)被圍牆隔離開來，那裡在晚上、星期天和基督徒的節日實施宵禁。它被建造用來供數百人居住，可是在十八世紀中葉的時候已經有了將近三千居民。歌德出生在距離該地不遠處，對那裡十分熟悉，對它記述如下：

> 那裡的狹窄空間、骯髒環境，以及擁擠的人群，給人留下一種不舒服的印象，即便只從大門外觀察也是如此。但他們同樣是人，精力充沛，會讓人產生好感。他們在堅持自己風俗習慣上的擇善固執，令人無法不表示敬意。除此之外，他們女孩子很漂亮。

儘管情況如此，德國猶太人所受的待遇往往明顯優於其他少數民族。喬吉姆·惠利強調了這一點：

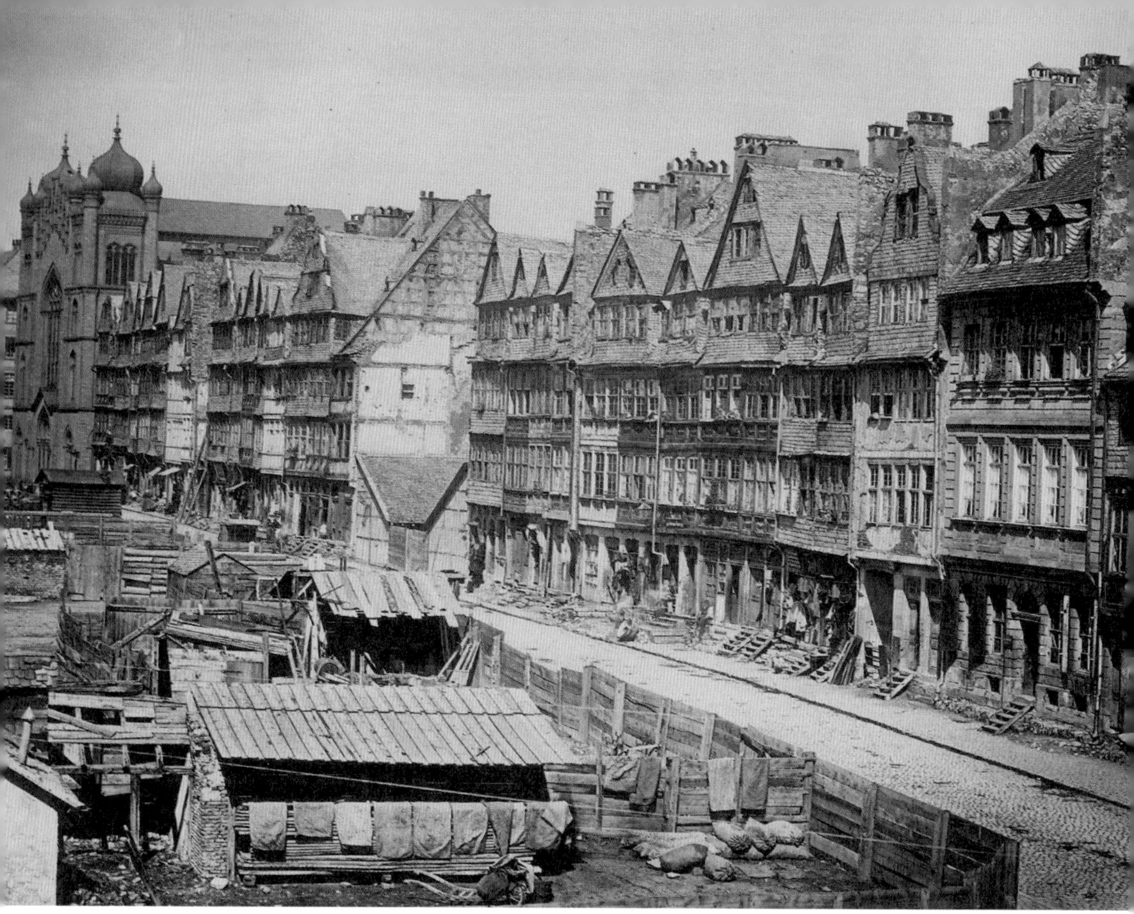

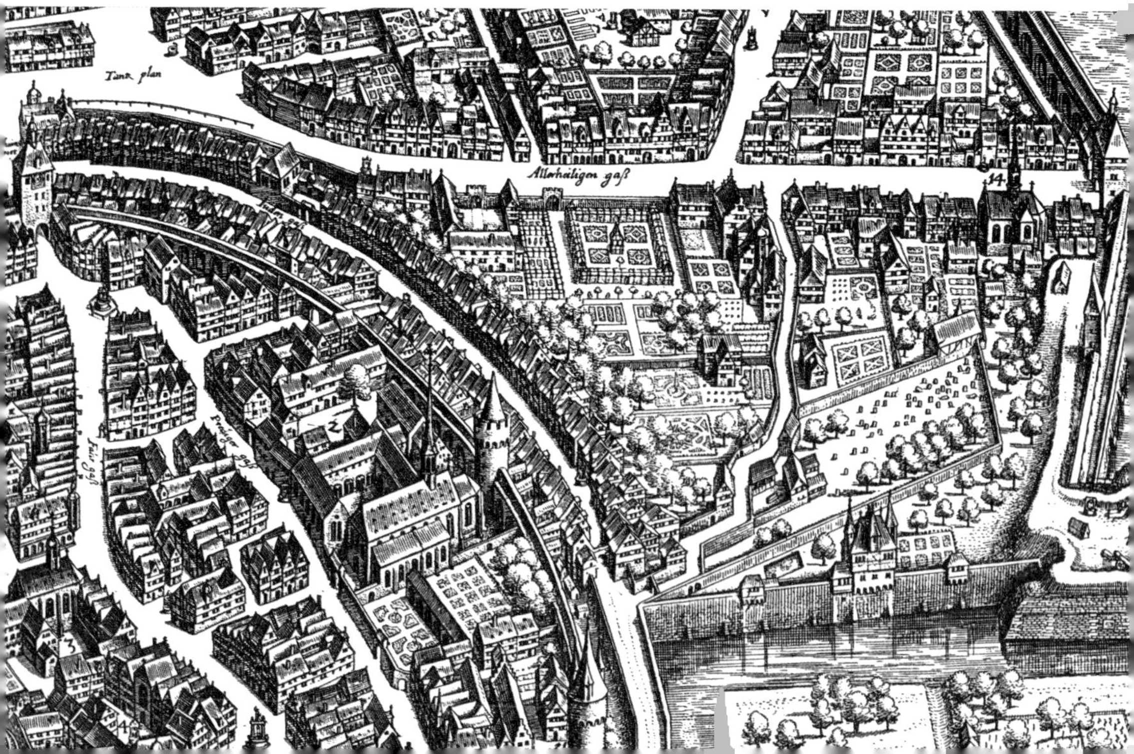

Tanz plan
Allerheiligen gaß
Juden gaß
14
Prediger gaß
Fahr gaß
2
3

● 小阿姆謝爾·羅特希爾德（法蘭克福）
● Amschel Rothschild Jnr (Frankfurt)

例如在漢堡曾經存在著緊張關係，然而沒有騷亂。事實上，漢堡在十八世紀初期發生過反天主教徒的暴動，但從來都不曾出現反猶暴動，儘管漢堡曾經擁有全帝國最重要的猶太社區之一。猶太社區大致上是一個受到保護的群體，被看成是有用的人口。猶太人固然沒有與其他族群融為一體，在另一方面卻有著空間上的融合，亦即除了在某些類似法蘭克福那樣的中心地點之外，猶太人基本上並不生活在正式指定的聚居區內。所以我認為德國反猶主義的故事並非開始於十五世紀的驅逐行動，或者馬丁·路德在一五四〇年代的反猶太漫罵。它其實開始於德國在十九世紀的現代化。二十世紀的悲

● 上｜十九世紀法蘭克福的「猶太巷」。
● The Judengasse, Frankfurt, in the nineteenth century
● 下｜馬特烏斯·梅里安一六二八年所繪法蘭克福市區地圖的局部圖，呈現了形狀彎曲的「猶太巷」。
● Detail from a 1628 map of Frankfurt, by Matthäus Merian, showing the curving Judengasse

● 左上｜卡爾・羅特希爾德（那不勒斯）；右上｜詹姆斯・羅特希爾德（巴黎）；
左下｜納坦・羅特希爾德（倫敦）；右下｜所羅門・羅特希爾德（維也納）。

● Carl Rothschild (Naples); James Rothschild (Paris);
Nathan Rothschild (London); Salomon Rothschild (Vienna)

劇未曾有過很長的史前史。大屠殺的根源沒有辦法回溯到中世紀晚期的德國歷史。

猶太人在神聖羅馬帝國境內欣欣向榮的能力，展現於最知名和最成功的猶太家族「羅特希爾德家族」的故事。[4]他們曾經居住在法蘭克福「猶太巷」。到了一七六〇年代，大致相當於歌德描述猶太人區的同一個時候，邁爾·阿姆謝爾·羅特希爾德在那裡成立了他自己的銀行。他是一位宮廷猶太人，向黑森—卡塞爾的侯爵提供資助。他透過自己的五個兒子創建了他的銀行帝國，其中的四個兒子被他送往西歐各地，在倫敦、巴黎、那不勒斯和維也納設置銀行，這樣他們進行業務的時候不必只是依賴德國。他們在歐洲各地發展出一個巨大而成功的合作夥伴與代理商網絡，於拿破崙戰爭時期替各國政府進行融資，在整個歐洲大陸轉移黃金，不讓它落入不對的人手中。在一八一三和一八一四年的戰鬥中對抗拿破崙的德國軍隊，主要是由倫敦方面支付津貼，而其承辦人即為羅特希爾德家族。舉行維也納會議之後，兄弟中的四人被奧地利皇帝晉封為男爵，關鍵原因之一就是他們資助了戰爭。一八四八年的時候（參見第15章），他們的母親古特勒·羅特希爾德（邁爾·阿姆謝爾的遺孀）據悉曾經表示：「歐洲將不會爆發戰爭。我的兒子們不會資助它。」羅特希爾德家族的成員們是難以自拔、十分勤奮，而且非常大手筆的藝術品收藏家。在他們所購置的偉大畫作當中，包括了那幅著名的緹士拜恩歌德肖像畫（參見第8章），後來所羅門·德·羅特希爾德男爵夫人在一八八七年把它捐贈給法蘭克福「施泰德博物館」。

能夠代表猶太人已經「來到」德國社會的最明顯標誌之一，就是他們修建了自己的禮拜會堂——猶太教堂（synagogue），非常公開地藉此宣示他們在一個鄉鎮或一座城市的存在。一九一六年，第一次世界大戰打了一半的時候，猶太人在法蘭克福近郊的奧芬巴赫啟用一座美輪美奐的新猶太教堂。那棟有著圓頂的建築物可容納數百人，它的位置是在市中心一個具有強烈象徵意義的地點：位於歌德大街與德皇大街的十字路

● 奧芬巴赫的猶太教堂（位於歌德大街和德皇大街交會處）。一九三〇年
● The Offenbach synagogue at the junction of Goethestrasse and Kaiserstrasse in 1930

口。在德國的政治與文化生活中，猶太人現在信心十足、公開露面，而且地位突出。第二次世界大戰結束後出生於奧芬巴赫的猶太裔建築師阿爾弗雷德·雅各比指出，這棟建築物標誌著猶太人同化的最高點。儘管戰爭正在肆虐，猶太人卻覺得自己的未來已經塵埃落定了：

> 一九一六年舉行揭幕儀式的時候，拉比表示：「現在我們是這裡社會的一分子。我們已經來到了天堂。」他是在一九一六年的時候那麼說的。這顯示出，當時猶太人多麼想要獲得接受、想要成為社

● 穿著巴伐利亞傳統服飾、在巴伐利亞度假的猶太朋友們。一九二〇年
● Jewish friends on holiday in Bavaria, 1920, in traditional Bavarian costume

會的一分子。這種願望具有重要的意義，以致他們不會只是想著：「我們正深陷戰爭之中，我們到底在這裡做什麼？」你知道，那是非常奇怪的事情。

然而情況並不像拉比教士所描繪的那樣風平浪靜。在那同一年，一九一六年，官方呼應民粹主義者有關猶太人逃避兵役的不實指控，於是引進了臭名昭著的「猶太人口普查」(Judenzählung)。一九一八年後的政治與經濟危機，更使得猶太人，尤其是猶太裔的政治領袖們，成為替罪羊，其極致就是瓦爾特·拉特瑙遭到暗殺(參見第23章)。

奧芬巴赫猶太教堂在一九三八年的「帝國水晶之夜」遭到褻瀆和焚毀，其信眾後來則慘遭遞解和謀殺。但是猶太人和他們的教堂在奧芬巴赫的故事並沒有就此結束。柏林「德國歷史博物館」藏有一九四五年之後那些年頭的展品，包含了各式各樣想像得到的物件——報紙和雜誌、服裝和機械，以及房舍方案、學校與醫院的模型。在許許多多建築模型

● 第二次世界大戰結束後，在奧芬巴赫修建的第一座猶太教堂之模型。一九五五年
● Model of the first post-Second World War synagogue built in Offenbach, 1955

當中，有一個特別顯眼突出。它完成的程度很低，製作得相當不精緻。它完全是由硬紙板製成，被放置在比一張A4紙大不了多少的紙頭上面。硬紙板沿著那個長方形物體的邊緣向上凸起，標誌著將此場地分隔出來的圍牆。地面大多只被粗略地上了點顏色，其中綠色和褐色標示出一座花園，花園裡頭有許多條穿越花壇和灌木叢的步道。那個場址的後側有著兩棟相互連接的建築物，在硬紙板模型上面比火柴盒大不了多少。唯有經過仔細查看之後才會發現，在場址的正面圍牆上，以及在前面一棟建築物的大門上方，出現了「大衛之星」。這是一個建築模型，呈現了繼奧許維茲的浩劫之後，在德國為猶太社區興建的第一批猶太教堂。它是由赫爾曼·茲維·古特曼，在一九五〇年前後為奧芬巴赫猶太社區所設計的。然而大浩劫之後，還會有誰是這麼一個社區的成員呢？拉比孟德爾·古雷維茨解釋說：

> 那是一批大浩劫的倖存者，他們大多來自波蘭，沒有幾個是德國人。他們來到了奧芬巴赫這裡。如果向他們當中的任何一個人問出「您認為自己會留在這裡嗎？」，答案都是「不會」。他們基於一個假定而待在這裡：「我們留下來，只是為了尋找一個可以過去的地方」——前往美國或者以色列。沒有人打算在此長住。可是一些生活在奧芬巴赫這裡的人有了個想法：我們需要建立一座會所，至少為了滿足眼前的需要。於是他們蓋出一座漂亮的小猶太教堂。它非常地小，對他們而言卻很大，因為他們根本想像不到還會有別的人過來這裡。

正如同拉比孟德爾·古雷維茨告訴我們的，戰後曾經有成千上萬的猶太人在此過境，而且很多人的確離開歐洲前往美國、加拿大、澳大利亞，此外當然也去了以色列。但並非每個人都想要離開，歐洲畢竟是他們的家鄉，而且並非每個人都有辦法離開。阿爾弗雷德·雅各比的父親就是一個非常典型的例子：

家父在戰後進了大學，準備成為工程師。他的哥哥已經在一九四八年前往紐約。家父一直希望能夠過去那裡，可是他生病了。一九四八年的時候他罹患某種封閉性肺結核，不被允許出遠門旅行。那些美國人為他拍了一張X光後表示：「嗯，我們感到非常抱歉，我們不得不拒絕發簽證給你。」

阿爾弗雷德·雅各比的父親於是在奧芬巴赫住了下來，成為當地小型猶太社區的領導成員。那個社區慢慢地意識到：或許可以考慮的選項之一，就是繼續留在這裡。這是一個重大的抉擇，但是這麼做了以後，還必須做出其他重大決定——例如該如何處置那座在一九一六年大張旗鼓揭幕，然後於納粹時期遭到沒收的舊猶太教堂。

最後的決定十分明確。雖然奧芬巴赫市政委員會提議把它交還給猶太社區，但是那座舊的猶太教堂並不適合他們：它如今太過龐大，他們的猶太社區卻是如此之小，沒有人預期它還會成長。更何況那棟建築物在納粹年代遭到了褻瀆；它很難重新加以利用，而且它的位置太過招搖，就位於奧芬巴赫兩條最著名街道的交會處。他們所需要的是一棟新的、不那麼顯眼的建築物。地方當局於是提供了一個與舊猶太教堂隔了一條街的場地，然後按照那個模型落成了一棟新建築，並在一九五六年啟用。阿爾弗雷德·雅各比繼續說明如下：

它非常簡陋，裡面只有八十個座位。它有一間多功能室可供用餐或聚會，此外有一間公寓供昔日社區剩下來的唯一成員居住——他在戰爭結束後回到這裡擔任管理員。事情就是這樣。它儘可能地遠離了街道；那位建築師看似竭盡全力把房子遠遠地擠到建地後側。你在許多德國城市可以看出這種偽裝的必要性。當時猶太復國主義運動派了一個人去慕尼黑，這個人建議以色列總理本古里安下令禁止猶太人在德國居住。在此之前，猶太人的歷史上只發生過一次那樣的事情：拉比教士們曾在一四九二年宣布，禁止猶太人定居西班

> 牙。我認為建築物始終是一種用於表達處事態度的媒介，回答了諸如「該做出何種行為」以及「什麼生活方式最好」之類的問題。而在此出現的直覺反應就是：「我最好先隱藏自己，掩蓋自己的意圖。」如果你看一下當時在這個社區內寫出的各種法律文件，其中往往會有一段文字表明最終目的是要加快移民申請。換句話說，所傳達的訊息就是：最後一個離開的人請把燈關掉，並且交還鑰匙。

誰知奧芬巴赫猶太社區的命脈卻得到延續，而且一直維持了下來。更何況還有數十萬猶太人依然被擋在歐洲鐵幕後面，尤其是在蘇聯。對他們來說，移民到以色列的想法即使有可能實現，也並不總是具有吸引力。於是在上世紀六〇年代和七〇年代，移民的涓涓細流轉向德國，因為德國在那些人眼中似乎不像中東那麼陌生——而且德國希望向他們表示贖罪之意。接著到了一九九〇年代蘇聯解體之後，洪流的閘門已被打開。拉比孟德爾・古雷維茨回憶道：

> 我出生在紐約。我們從不購買任何德國產品。前往德國是一個禁忌。那麼蘇聯的猶太人為什麼會來這裡呢？鐵幕的大門打開以後，他們有許多人去了以色列。然而他們覺得以色列的氣候不理想，特別是上了年紀的人無法生活在那麼酷熱的環境裡。於是他們尋找另外一個會歡迎他們的地方，然而除了以色列之外，唯一會歡迎他們的國家大概就是德國。德國人為了自己在戰時的所作所為，想要重新移入猶太人，所以願意給予他們退休金和特別的權利。結果就在一瞬之間，奧芬巴赫的小型猶太社區變得很大，因為許多俄羅斯猶太人搬來了這裡。

赫爾穆特・柯爾在一九九〇年同意立刻給予猶太人庇護、提供他們財務支援和全力協助他們融入之後，有二十萬猶太人移居德國。那些俄國猶太人選擇德國的時候，完全清楚五十年前所發生過的事情，難免讓

● 一九九八年擴建後的奧芬巴赫猶太教堂
● The synagogue in Offenbach as extended in 1998

世界其他地方的許多猶太人感到困惑。這對奧芬巴赫猶太人所產生的意義是，他們在一九五〇年代做出的假定：他們將繼續是一個小型而半隱藏的社區，已經完全被推翻。那個社區自從一九九〇年以來急速成長，使得猶太教堂也必須跟著它一起成長。它不僅需要新的禮拜空間，還需要空間供舉行社交聚會，更重要的是供兒童使用。擴大後的新建築物，就是由阿爾弗雷德・雅各比這位建築師所設計的：

那裡有一個新的多功能廳、一所幼兒園等等。我們的幼兒園其實相當有趣，因為它是一所建立在猶太基礎上的跨宗教幼兒園。我們有三分之一穆斯林兒童、三分之一基督徒兒童，以及三分之一猶太兒童，但孩子們都會坐在一起唱猶太的節慶歌曲等等。那實際上行得通。

但最要緊的是，這棟建築物現在面向市區。之前我們曾經躲在圍

> 欄後面，但我一定要移除那道藩籬，讓這座會堂重新成為整個城市範圍內的一棟公共建築——這是至關重大的事情。

正如同在奧芬巴赫那般，猶太教堂具體代表著歷史上猶太人和德國人之間的關係。儘管現在的德國和其他歐洲國家一樣出現了令人不快的反猶事件，奧芬巴赫猶太人如今已在東道國的眾目睽睽之下「回到了街上」。實施「猶太人問題最終解決方案」七十年之後，有數十萬猶太人選擇離開他們獲得了解放的東歐家園，前往曾經試圖滅絕他們的那個國家定居下來。

1 〔譯注〕羅姆人（Roma）和辛提人（Sinti）是歐洲吉普賽人的正式名稱。

2 〔譯注〕路德那本小冊子的標題是《論猶太人和他們的謊言》（*Von den Juden und ihren Lügen*）。

3 〔譯注〕《托拉》（*Torah*）或譯為妥拉，是猶太人的律法書，相當於舊約聖經的〈摩西五經〉（創世記、出埃及記、利未記、民數記、申命記）。

4 〔譯注〕羅特希爾德（Rothschild）或音譯成「羅斯柴爾德」。但這個姓氏源自德文「紅盾」（Rotschild）一字，而且「羅特」（Roth/Rot）「希爾德」（Schild）與英文的「羅斯」（Roth）和「柴爾德」（Child）完全無關。

29 Barlach's Angel 巴爾拉赫的天使

在英國，我們都知道「國殤紀念日」是怎麼一回事。自從一九一九年以來，我們每年都追憶我國為了自由、民主、獨立而陣亡的將士們。每個城鎮和鄉村都舉辦自己的儀式、吹奏〈最後崗位〉這個曲調，以及進行兩分鐘的默哀。我們在英國和大英國協各地，圍繞著陣亡將士紀念碑參加一個行之有年的儀式，緬懷我們的英靈和勝利的高昂代價。

德國沒有年年舉辦紀念活動來追憶第一次世界大戰，遑論是紀念更駭人聽聞的第二次世界大戰。有什麼樣的儀式能夠用來紀念德國不但打輸了，而且在和談之際還被宣布有罪的一場戰爭呢？儘管如此，德國在一九一八年的時候已經有一百八十萬人陣亡，幾乎兩倍於整個大英帝國的數目。但這不表示德國缺乏年代較早的戰爭紀念碑。類似在其他歐洲國家，德國有塑像紀念著戰功彪炳的國王們和將軍們：例如那座高達二百五十英尺、傲然挺立於柏林提爾公園的「勝利紀念柱」，一點也不尷尬地以青銅與石材慶祝十九世紀普魯士從丹麥、奧地利和法國手中贏得的勝利（參見第1章）。一九一八年卻大不相同，德國遭到擊敗，然後在國際間被指責成那場戰爭的發動者，被要求支付戰敗賠款。結果德國內部的各種騷亂事件和流產政變導致局勢不穩，而有關「背後捅一刀」的指控甚囂塵上——這說法聲稱德國軍隊從來沒有打過敗仗，可是卻遭到了政客們的背叛。在這種情況下，又該如何紀念第一次世界大戰及其巨大的人力成本呢？

● 今日高掛在「居斯特羅大教堂」內的巴爾拉赫〈懸停的天使〉
● Barlach's *Hovering Angel* as it hangs in Güstrow Cathedral today

● 居斯特羅大教堂
● Güstrow Cathedral

在柏林北方一百多英里外，居斯特羅那座小城的新教大教堂給出了一個答案。當地不像全國的首都那般，有著高聳入雲的紀念柱或者熠熠生輝的陵墓，反而只有一尊真人大小、水平飄浮的青銅人像，從大教堂的天花板垂掛下來。那尊銅像往往被稱做「天使」。它懸浮在昔日洗禮池的上方，而那個角落傳統上是基督徒贖罪與新生命的象徵。它底下有一個精雕細鏤、呈花環或桂冠形狀的圓形鍛鐵柵欄，天使則在上面，與洗禮池分隔開來。天使抿著嘴唇，默不作聲。戰爭在這裡被內在化，它的恐怖和可怕因為無言而更加放大。天使的雙眼則緊緊閉上，似乎再也無法凝視痛苦與磨難。那尊銅像是雕塑家恩斯特・巴爾拉赫的作品。那天使被形容為「是一個紀念而非告誡」。巴爾拉赫自己曾經表示過，我們面對戰爭時的態度應該是：回憶與內省（Erinnerung und innere Schau）。

恩斯特・巴爾拉赫與居斯特羅是那麼緊密地連結在一起，該地如今自稱為「巴爾拉赫的城市居斯特羅」(Barlachstadt Güstrow)。不過巴爾拉赫其實來自德國最北部，一八七〇年出生於霍爾斯坦，在一九一〇年遷往居斯特羅。跟當時的許多藝術家和詩人一樣，巴爾拉赫起初熱烈支持了第一次世界大戰。就像其他人一般，他相信戰火將會鍛造出一個新的社會，於是儘管年齡已經四十好幾，他仍然在一九一五年從軍報國。戰爭確實成為巴爾拉赫的人生轉折點——卻出於一個相當不同的原因。在前線的親身體驗讓他驚駭莫名，他變成了一位立場堅定的和平主義者。正如同英國詩人威爾弗雷德・歐文，巴爾拉赫也被「戰爭的悲憫」(the pity of war)所淹沒。而且他和歐文一樣，也嘗試在自己的作品中真實反映出戰爭的恐怖與無益。巴爾拉赫在一九一六年因傷退役，和平主義此後終其餘生都是他雕塑時的決定性力量。他的戰爭紀念塑像或許就像是德國產出的對應物，最能夠與那位英國詩人的戰爭悲嘆遙相呼應。

巴爾拉赫在一九二一年第一次被聘請製作戰爭紀念塑像。委託製作者是基爾的「聖尼古拉教堂」，地點就在他的什列斯威－霍爾斯坦家鄉。他把塑像命名為〈哀痛的聖母〉：那是一位身上披著斗篷的孤單女子，將她的雙手緊緊握在自己的面前，題詞以當地的德國北部方言寫著：「我的心因為悲傷而流血，可是祢賜給我力量」。[1]她是聖母瑪利亞，她是基爾的一名婦女，她是每一位哀痛難耐、無法理解怎麼會失去自己兒子的母親。那尊雕像受到爭議，被視為具有和平主義色彩、不愛國，僅僅專注於在世者的悲痛，卻忽略了捐軀者們的英雄氣概。這塑像平安地撐過了納粹時代，卻在一九四四年毀於盟軍的炸彈攻擊。不過它早已成為英國詩人傑佛瑞・希爾一篇真摯感人獻詞的主題——〈悼念恩斯特・巴爾拉赫〉。希爾熱烈地談論起巴爾拉赫的那種做法，僅僅使用方言就能夠把焦點集中在母親的悲傷上面。

距離居斯特羅大教堂不遠處，就是「恩斯特・巴爾拉赫博物館」。在他昔日工作室的房舍和花園裡面，擺滿了他的繪畫與雕塑——從「第三帝國」倖存下來的那些部分。有一間展廳陳列出巴爾拉赫各種戰爭紀念

● 基爾「聖尼古拉教堂」內的巴爾拉赫〈哀痛的聖母〉（毀於一九四四年）

● Barlach's *Mother of Sorrows* in the Nikolaikirche, Kiel (destroyed 1944)

塑像的模型，它們來自德國全境的不同城鎮和教堂，共同刻畫了戰爭給它的參與者和倖存者造成的代價。我不知道在英國或法國有任何展覽室能夠與它相提並論。巴爾拉赫的戰爭紀念塑像（所有的塑像）都拒絕訴諸民族情感，或者做出任何把作戰陣亡視為「高貴」或「令人欽佩」的暗示。它們反而是共享的悲痛，以及對悔改的召喚。福克爾·波普斯特，巴爾拉赫基金會的主任和研究巴爾拉赫作品的學者，對此說明如下：

> 巴爾拉赫開發出一種新型的戰爭紀念塑像。那裡沒有英雄主義，沒有對死亡或戰爭的美化。相反的是，在他為馬德堡、居斯特羅、

● 恩斯特・巴爾拉赫在工作室內，站立於他的〈母與子〉雕像旁邊。一九三七年

● Ernst Barlach in his studio next to his sculpture *Mother and Child*, 1937

漢堡和基爾製作的戰爭紀雕像中，我們會發現對痛苦、死亡、哀悼和悲傷的探索。巴爾拉赫的天使是和平與非暴力的永恆象徵。

到了一九二〇年代中期，巴爾拉赫已經是一個聞名全國的人物，而且他的反戰觀點眾所周知。既然他定居在居斯特羅，市政當局於是在一九二六年委託他製作一尊戰爭紀念塑像，做為市內大教堂七百週年慶祝活動的一部分，所得到的結果就是〈懸停的天使〉：它呈現出一位母親面向西方遙望著法蘭德斯的殺戮戰場，永遠莊嚴肅穆地哀悼她死去的兒子。

居斯特羅大教堂內〈懸停的天使〉最醒目的特點之一，就是它的臉。研習德國藝術的學生們馬上可以辨識出另外一位反戰藝術家——凱特・柯爾維茨的面部特徵。她是巴爾拉赫的摯友，並且是很恰當的原型人物，因為一九一四年十月的時候，她在西線戰場失去了她的兒子彼得（參見第22章）。巴爾拉赫的和平主義與她的和平主義同聲相應，於是二人發

● 凱特・柯爾維茨，〈自畫像〉，一九二三年
● *Self-Portrait*, by Käthe Kollwitz, 1923

● 巴爾拉赫〈懸停的天使〉頭部特寫
● Head of Barlach's *Hovering Angel*

展出一種密切的精神連結。她在自己的作品中反映出巴爾拉赫的簡約風格（巴爾拉赫曾經鼓勵她運用木刻版畫，於是她在本書四〇九頁附上的插圖中那麼做了，效果十足地向共產黨領袖卡爾・李卜克內西特表達追悼之意）。巴爾拉赫後來承認，當他鑄造那尊天使像的時候，心裡一定在想著柯爾維茨——圓滾滾的臉龐、深陷的雙眼，以及輕微下垂的豐潤嘴唇。那個天使就是柯爾維茨，正如同之前〈哀痛的聖母〉一般，以沉思悲傷的表情體現出所有母親們的哀思。然而這並非巴爾拉赫的批評者們所看見的事情。他們抨擊了那個天使的斯拉夫面部輪廓、「頹廢」的風格，以及他們解讀出來的和平主義與失敗主義訊息：這尊紀念塑像竟然一點也不表示：那些死者是為了一個正義的或者有價值的事業而犧牲自己生命。

這尊塑像立刻引起當地愛國人士和右翼勢力的輕蔑。納粹對它深惡

● 居斯特羅大教堂內的巴爾拉赫〈懸停的天使〉原版鑄件。一九三〇年代
● The original cast of Barlach's *Hovering Angel* in Güstrow Cathedral, c. 1930s

痛絕，一等到他們大權在握之後就明確表示：那個天使必須滾蛋。他們所想要的，是類似格奧爾格．柯爾貝製作於施特拉爾松特〈戰士紀念碑〉那樣的東西——英俊而強壯的男性人物傲然面對敵人的方向握住一把寶劍，站在「你們沒有白白犧牲」的碑文上方。

巴爾拉赫收到了來自當地納粹那邊的死亡威脅。他的各項展覽遭到取消。一九三三年以後，他的雕塑和藝術作品被從公共場所清除出去。一九三七年時，納粹在慕尼黑舉辦「頹廢藝術」展覽（參見第24章），來激起群眾對戈培爾所稱「墮落的猶太精神」之反感。雖然巴爾拉赫既非猶太人也不是政治活躍分子，他的風格、訊息和作品卻無法被接受。結果他有兩件品被收入了慕尼黑的那個展覽。在同一年（九三七年）的八月二十三日，納粹當局下令從居斯特羅大教堂移除那尊天使像。

雕像被取下來之後，它遺留了一個非言語所能形容的省思空間。每年的同一天，這座大教堂內都會舉行一個無聲的儀式。克里斯提安．赫瑟爾牧師對此解釋說：

> 我們聚會紀念天使遭到移除一事，並且反省我們的民族如何深陷錯誤和走上歧途。那個錯誤已嚴重到了無法用言詞表達出來的地步，可是像這樣的一尊雕像可以協助我們聚焦和從中汲取教訓。在上帝的指引下，藉由我們自己採取的行動，我們想方設法把這個黑暗的遺產轉化成為促進和解的媒介。那就是這尊塑像在今天所帶來的挑戰。

塑像拿下來以後被送去了什未林，時至一九四〇年早期，巴爾拉赫的青銅和平天使慘遭納粹熔毀，成為戰爭所需的金屬材料。巴爾拉赫本人則於塑像離開大教堂一年之後去世。

- 格奧爾格．柯爾貝，〈戰士紀念碑〉，施特拉爾松特。一九三四—三五年
- Georg Kolbe's *Warrior Memorial*, Stralsund, 1934–5

1914–1918
IHR SEID
NICHT
UMSONST
GEFALLEN

既然那尊天使塑像的下場是變成了戰爭物資，那麼今天懸掛在居斯特羅大教堂洗禮池上方的又是什麼呢？那是一個引人入勝的故事。巴爾拉赫去世於一九三八年十月，而他的一些朋友和支持者在銅像遭到移除兩年之後，從一名啟人疑竇、與納粹當局關係良好的掮客那邊得到協助。於是他們找到了巴爾拉赫當初用來鑄造天使塑像的石膏模具，發現它仍然被保管在柏林的鑄造廠內。鑒於來自居斯特羅的青銅天使很可能會被銷毀，他們就用那組石膏模具鑄造了第二尊銅像。石膏模具本身雖然在戰爭期間毀於轟炸，與原件一模一樣的第二尊銅像卻保存了下來，被藏匿在德國北部呂內堡附近的一個村莊裡。戰爭結束後，巴爾拉赫的遺產保管人終於同意，它應該被拿出來展示。可是仍有商業糾紛需要解決，更何況到了那個時候，呂內堡位於西德而居斯特羅位於東德。幾經來回拉鋸，結果那尊天使像在一九五一年被交給了科隆的「安東尼特教堂」。它至今仍然掛在那裡，其方式相當接近巴爾拉赫的原意，不過做出了一個補充。在它正下方的一塊石板上面，除了「1914-1918」之外，還加上了「1939-1945」那些年份。科隆人認為，天使塑像的象徵力量和它本身的歷史，使得它能夠承載額外的負擔，把整個納粹時代的人命損失涵蓋進來。

可是問題仍然沒有獲得解答：既然天使的第二個版本如今是在科隆，那麼現在如此神秘而有力地懸浮於居斯特羅大教堂洗禮池上方的究竟是什麼呢？克里斯提安・赫瑟爾牧師解釋說：

> 在一九五〇年代有過試探性的對話，研究是否可以把前往了科隆的第二個鑄件送去居斯特羅，懸掛在巴爾拉赫原本為它選定的地點。但一九五〇年代正好是冷戰方興未艾的階段。更何況東德還拿捏不定，共黨官方對巴爾拉赫的藝術和理念到底應該採取什麼態

● 第二次澆鑄的巴爾拉赫〈懸停的天使〉。科隆安東尼特教堂

● The second cast of Barlach's *Hovering Angel* in the Antoniterkirche, Cologne

1914 - 1918
1939 - 1945

度，內部的辯論充滿了爭議。

儘管東德共黨領導當局內部在教條上莫衷一是，無法對巴爾拉赫所傳達訊息的正當性和意義達成共識，而且儘管冷戰在兩個德國之間豎起了一道藩籬，一九五三年時西德仍然為科隆的那尊塑像複製了一個鑄件。巴爾拉赫青銅天使的第三個化身於是得以被裝設在居斯特羅大教堂。在深陷分裂的德國，這對雙方百姓而言是一個非凡的對話成果，而且是以驚人的方式確認了那尊塑像所具有的象徵意義。

一九八一年十二月十三日，在天使回到居斯特羅將近三十年後的一個冷颼颼日子，西德總理赫爾穆特・施密特前往東德進行官式訪問。這是兩德關係正常化的重要一步。應赫爾穆特・施密特的要求，他和東德領導人埃里希・何內克聯袂參觀了居斯特羅大教堂，一同站立於天使的下方。梅克倫堡主教在那裡向二人致詞。他表示恩斯特・巴爾拉赫代表著這兩位領導人和這兩個國家共享的記憶與共同的過去。赫爾穆特・施密特感謝了主教，並且以下列字句做為回應：

> 我要感謝您的歡迎，以及感謝您剛才所講的話。您強調了巴爾拉赫是我們共享的記憶與共同的過去，而我想以稍微有所不同的表達方式，指出他也可能成為我們共同的未來。

埃里希・何內克對那種觀點的意見沒有被記錄下來，但無論是他還是施密特都不可能想像得到，兩個德國將在十年以後重獲統一，而巴爾拉赫的塑像果真代表著共同的過去和共同的未來——在一個共同的國家之內。

巴爾拉赫的天使重返居斯特羅六十年之後已經成為當地的象徵，它在高速公路的路標上，吸引著大量遊客前來。它在三十多年的時間內一直不曾離開過這座城市，所以它於二〇一四年被外借給大英博物館的展覽而暫時消失一事，便成為當地的重大事件。福克爾・波普斯特所負責

● 赫爾穆特・施密特與埃里希・何內克在居斯特羅大教堂〈懸停的天使〉下方會面。一九八一年十二月

● Helmut Schmidt and Erich Honecker meeting under the *Hovering Angel* in Güstrow, December 1981

的「巴爾拉赫基金會」是居斯特羅那尊天使像的法定擁有者。他解釋說：

> 這個天使之前已經被出借過兩次。第一次是在一九七〇年，為了紀念巴爾拉赫一百週年誕辰而前往莫斯科和列寧格勒；接著它在一九八一年去柏林參加了一個大型的巴爾拉赫作品展。但是要出借到倫敦的這一年，剛好遇上兩個週年——第一次世界大戰爆發一百週年，以及德國統一二十五週年，讓此行來得恰逢其時。

但這尊塑像是否能夠在二〇一四年前往倫敦參加展覽，理所當然必須交由居斯特羅大教堂的全體信徒做出最後決定。赫瑟爾牧師對此表示：

> 當赫爾穆特·施密特與埃里希·何內克一九八一年在這裡會面的時候，這位天使觸發了德國歷史上的一個新紀元。如今兩德統一了，德國的兩個部分仍然可以在此相逢，能夠在天使的幫助下進行對話。「和解」這個主題始終存在於我們的國家之中。但我們也需要它成為歐洲的主題，基於這個理由，我們認為讓天使去倫敦是很重要的事情。

沒有多少物品能夠像居斯特羅的這尊塑像一般，多方面地體現出二十世紀德國歷史：一九一四年的戰爭狂熱；一九二〇年代的和平主義；凱特·柯爾維茨的表現主義藝術世界；納粹對「頹廢藝術」的摧毀；掮客仍然能夠與「第三帝國」達成的各種曖昧妥協；第一次世界大戰中的西線戰場，以及第二次世界大戰時的柏林大轟炸；戰後德國的分裂，以及儘管如此兩德仍然能夠不斷地交談；為了尋求解決辦法與和解方案，在德國和世界之間持續進行既痛苦又艱難的對話。那一切都形塑出這個天使，並使得它產生更深刻與更廣泛的意義。它就像德國本身一樣，曾經名譽掃地，並且遭到摧毀、肢解和重塑，可是它始終承載著一個理想的延續，以及對重生的希望。

在大英博物館，它將於幾個月的時間內成為另外一個系列討論的一部分，而其主題是德國的過去與未來之間的聯繫。但最後的幾句話（或最後的沉默）必須保留給赫瑟爾牧師：

> 我們已經決定，在這尊雕像離開的時候不放上任何替代品，而只是留下一片空白。這片空白，以及我們對它的回應，將成此次倫敦展覽的一部分。我希望我們可以用它來回答它所提出的這個問題：我們是否已經做好承擔責任的準備，我們是否願意身體力行從事和解的事業？

---

1 〔譯注〕低地德語題詞寫的是：「Min Hart blött vör Gram awers du gifst mi Kraft 1914-1918」。

30 Germany renewed 德國的重生

這趟穿越德國過去之旅開始於布蘭登堡門，那是如今全國舉辦慶祝活動時的首選場地。我想用來結束這段旅程的終點則是國會大廈——德國聯邦議院的所在地，以及德國商議國家大事之處。這兩座建築物都經過多次重建和改造，見證過各種重大的歷史事件。二者都被賦予了持久的象徵意義。這兩座不同凡響的建築物分別在自己的石塊當中，承載著德國的政治歷史。

二者之間只有短短幾百碼的距離，今天是觀光客喜歡漫步的路段。然而過去七十年內的大多數時候，在那裡散步是非常困難或根本不可能的事情，因為二者在一九四五年以後被市內蘇聯占領區和英國占領區的分界線區隔開來——更何況那條冷戰斷層線在一九六一年變成了柏林圍牆（參見第2章）。時至今日，柏林圍牆已經消失不見，在市內的這個部分沒有留下多少痕跡，讓遊客們挖空心思想知道究竟哪裡是它從前所在之處。令人驚訝的是，儘管那個記憶仍然鮮明而苦澀，它卻在過去幾十年來一直是其標誌性中心點的地方，幾乎失去了實體的存在。

其他的記憶卻無所不在。僅僅往南邊隔一個街區，即可清楚看見由建築師彼得·埃森曼所設計，完成於二〇〇五年的歐洲被害猶太人紀念碑（參見頁xxxvi–xxxvii）。它固然沒有高塔或尖頂，卻完全主導了市內那一帶的氣氛。在馬路另一邊，位於「提爾公園」的樹木之間、同時靠近布蘭登堡門和國會大廈的角落，有著三個更樸素許多和年代更接近的紀念碑，為那些同樣僅僅是因為自己的身分，便和猶太人一樣遭到納粹殺害的群體。他們是身心殘疾者、同性戀者，以及辛提人（或者羅姆人）。

● 一九九二年由諾曼．福斯特修復後的國會大廈

● The Reichstag as restored by Norman Foster after 1992

VOLKE

這些紀念碑之所以都聚集在此地，其實是出自刻意設計：國會幾經思量之後，才決定這麼設置它們。如此一來，國會議員們每天前往國會大廈的途中，都會聯想起德國昔日的那個可怕篇章。其宗旨是希望相關的記憶能夠對他們每一次的辯論做出提醒。但那些紀念碑不只是專門保留給政治人物而已——其用意也在於形塑每一位公民的思維，並且在越來越多外人前來參觀這座繁華城市的新中心之際，把事情告訴他們。正如我在本書一開頭所指出的，在國際間很難想像會有類似的做法，能夠以這種方式來處理自己的痛苦回憶。這種做法奏效了嗎？克里斯托弗·克拉克認為它收到了效果：

> 「第三帝國」不單單是一個政權而已，它還得到千百萬德國公民的協助，犯下那麼多不容否認的野蠻罪行。於是由此產生一種無可逃避的認知：那些事件給德意志民族帶來了道德上的負擔。而一九四五年之後最值得注意的地方，就是此項認知被接受的程度：罪責感已經內化成為德國民族身分的一環。對道德包袱的體認、對「第三帝國」恐怖罪行所感到的內疚，已在德國人的民族意識中深深向下扎根。而我認為今日德國政壇的一個獨特面貌，就是這種自我批判的精神，意識到自己在道德上被那個政權所犯下的惡行汙染了。

通往國會大廈的地段則不夠莊嚴肅穆，部分原因在於那裡太過靠近柏林圍牆，以致周邊的區域發展不足。結果國會大廈如今面對著一大片不拘形式的草地，其上穿插著足球活動、日光浴和假日的攝影留念。對這棟興建於一八八〇年代的誇張宮殿式建築來說，那顯然是個讓人料想不到的布景——當初它可是那個新而統一、一八七一年在凡爾賽宮宣布成立的德意志帝國之國會殿堂。它是一棟典型的歐洲十九世紀晚期建築，充滿羅馬帝國的建築元素（它最初的建築方式甚至更加裝飾豐富）。其恢宏的氣勢使得它簡直具有大英帝國風格，而原有的四方形中央塔樓則給了它一種獨特的德式派頭。這棟國會建築很顯然屬於一個自視甚高的國家。

然而在一八七一年之後的那些年頭，事情已經變得越來越清楚，這個新國家不願意認真看待它自己的國會。俾斯麥不喜歡那種慢慢吞吞、拖泥帶水，必須不斷做出妥協的立法程序，於是有系統地阻撓它行使實權。年輕的德皇威廉二世則對國會所宣稱的民主合法性感到十分不耐煩，正如同他對其他許多事情一樣。於是持續不斷地產生了爭論，而德皇與帝國國會之間最後的齟齬，則肇因於有人建議在國會大廈正門山牆上出現這種題詞：「Dem Deutschen Volke」——「獻給德意志人民」。德皇強烈反對這種表達方式，因為其言外之意是最高權力並不在他的身上，於是建議修改成「Der Deutschen Einigkeit」——「為了德國的團結一致」。在一九一六年，第一次世界大戰打了一半的時候，國會議員們才終於如願以償。現代主義建築師與字形設計師彼得・貝倫斯設計了「獻給德意志人民」的字樣。熔毀拿破崙戰爭時期所虜獲法國大砲而取得的青銅材料，則給這些明確表達出民主主義和現代主義的字樣，增添了歷史的以及戰爭方面的額外意涵。

過了兩年，德皇已經退位而戰爭結束在即的時候，菲利普・賽德曼那位社會民主黨政治人物站在貝倫斯青銅字母下方的一個陽台上，於一九一八年十一月九日宣布成立新的德意志共和國。隨後十五年的時間內，這棟建築物是威瑪共和國的議會所在地，而它上方飄揚的已非普魯士霍恩佐倫家族的黑白紅三色旗，而是一八四八年法蘭克福自由議會的黑紅金三色旗（參見第15章）。國會大廈已經名副其實成為一個「獻給德意志人民」的民主議會，不再受到君權的約束——即便它從此不斷承受著同時來自左派和右派的攻擊。

在過去一百四十多年內，國會大廈一直是德國歷史的中心建築物，它被使用、濫用和棄用的經過，無論就任何意義而言都反映著德國的局勢。其修建經費來自一八七一年打了勝仗之後從法國取得的巨額賠款。一九三三年二月二十七日，希特勒攫取政權僅僅幾個星期之後，那場著名的「國會大廈縱火案」被納粹歸咎給一名失業的荷蘭共產黨員。大火

● 國會大廈失火。一九三三年二月二十七日
● The Reichstag on fire, 27 February 1933

不只是嚴重損壞了建築物本身而已，它還標誌著德國民主的結束，給納粹提供藉口來說服興登堡總統簽署俗稱的「國會縱火法令」。他們利用那道行政命令取消了《威瑪憲法》所保障的各種基本公民權利，於是得以囚禁（在許多情況下並且消滅）來自各方面的反對人士。國會大廈沒有被完全重建，因為納粹一直不喜歡它的自由意涵。在希特勒的統治下，他的傀儡國會是在附近的「克羅爾歌劇院」舉行會議。

一九三三年火災所造成的損害，在一九四〇年以後迅速地被英國和美國的炸彈加以取代。隨著戰爭接近尾聲，史達林選擇以國會大廈做為

● 蘇聯國旗飄揚在國會大廈的廢墟上。一九四五年
● The Soviet flag over the ruins of the Reichstag, 1945

法西斯柏林的主要標誌，而不去計較納粹對它的厭惡。於是，蘇聯方面不顧一切，務必要在一九四五年五一勞動節之前把它攻占下來，於是在短兵相接的漫長血腥戰鬥中犧牲了大量人員。最後紅軍士兵勝利地在國會被炸爛的屋頂插上蘇聯國旗——相關的那張照片傳遍了世界，至今依然在全球牢牢留存於人們的記憶當中，標誌著俄國人在第二次世界大戰的最後勝利。就像柏林本身、就像整個德國一般，那棟建築物受到了可怕的轟擊，但歸功於它的強固結構，它才終於熬過了那一切。那棟建築物歷史上的狂暴俄羅斯章節，直到今天都還清晰可見。事實上，那個章節很難不被看到。那棟建築物修復之後，在其公共區域保留了勝利的俄羅斯士兵們以西里爾字母寫出的塗鴉。在可想而知既辱罵又粗鄙的各種用語當中，或許「希特勒完蛋了」（Hitler Kaputt）是最適合印出的一個。訪客們不妨好整以暇地探索其餘的部分。

那棟建築物在一九四五年之後繼續苟延殘喘了下去：它被整修成為堪用卻難得派上用場，並且僻處柏林市西半部的最邊緣地帶。此時，

● 翻修後的國會大廈保留了一九四五年時的俄文塗鴉。
● Russian graffiti from 1945 preserved in the restored building

西德聯邦議院已經不在柏林，而是位於波昂。[1]許多十九世紀的雕塑裝飾被認為是了無新意和乏善可陳，在一九六〇年代的整修工作中遭到移除。於是它成為一座比較簡單、著重於功能性，而且基本上純屬臨時性質的國會大廈——然後它在一九九〇年成為東西兩德簽署《統一條約》的場地。雙方決定，這棟建築物應該如同一八七一年以後那般，成為新統一德國的國會（如今名叫「聯邦議院」）所在之處。隨即為那棟建築物的徹底整修舉辦國際競標，並在一九九二年交由英國建築師諾曼·福斯特負責進行。

願意選擇非德國的建築師一事，本身就是個強烈的聲明，宣示了這個國家於再統一之後所堅持的國際主義。但若要讓國會大廈成為新的全德聯邦議院所在之處，那麼它就不只是需要實體上的改變而已：那棟建築物本身的理念也必須除舊布新——遭到德皇與納粹鄙視、被圍繞著失火案打轉的陰謀所汙染，以及因為戰後受忽略而貶值的理念。這棟建築物本身，以及它各種的榮辱疤痕都必須以新的形象出現，使得它適合成為自由百姓代言人的論壇。它必須獲得重生，而且它獲得了重生。

包裹國會大廈或許是這棟建築物在生平當中最出人意料之外的插曲，這段插曲是藝術家克里斯托與其妻珍妮－克勞德的傑作。從一九九五年六月二十四日到七月七日的兩個星期時間內，有九萬平方公尺的銀色布料籠罩著整棟大廈。數以百萬計的人們前來，看著舊國會大廈帶著一切引起爭議或者受到汙染的過去，完全從視線中消失了。等到它從那個銀色巨繭蛻變而出時，已是一棟經過改頭換面的建築物，變成了德國人需要它成為的樣子。

目前擔任德國聯邦文化部長的莫妮卡·格呂特斯，在當時是國會議員，與那個專案計畫關係密切。她表示：

> 唯有當克里斯托包裹了國會大廈——這棟建築物、這個廢墟，並且打開了我們的眼睛，讓我們看見它真實的樣貌之後，我們才終於體會到：它其實就是我們的房子、是全體國民的房子，而且是一棟

● 被克里斯托和珍妮－克勞德包裹起來的國會大廈。一九九五年六月
● The Reichstag wrapped by Christo and Jeanne-Claude, June 1995

議會民主的建築物，供國民的代表們坐在裡面議事。這個事件的精神一直延續到了今天。

那棟建築物終於變得受到歡迎，能夠感動過往的行人。就在倏忽之間，它不再僅僅是一棟必須滿足某種功能需求的建築物，卻由於自己的複雜歷史而不得不敷衍了事。它恢復了自己的中心地位，而不管聽起來有多麼荒謬，這正是克里斯托透過他的包裹行動所做出來的事情——這恰恰好就是他的目標。在幾個星期的時間內，包裹國會大廈的行動已讓人們從適宜角度來看待那些年的歷史。

很難想像還會有其他任何地點，能夠以類似的方法來重新撥用一棟公共建築物。在接下來由諾曼・福斯特精心主導的蛻變工作中，那個過程延續了下去：

> 我在它浮現之際非常強烈地感覺到，這棟建築物應該保留戰爭的瘡疤和市區受摧殘後的傷痕——如果你喜歡這樣的話；此外必須非常明確地做出界定，什麼是歷史痕跡所記錄下來的過去——所以那些塗鴉不管再怎麼猥褻或者再其他怎麼樣，都應該是這棟建築物不可或缺的部分，清晰表現出它的過去和它的重生所傳達的訊息。

莫妮卡·格呂特斯認為，對這棟大廈裡面的工作人員來說，福斯特的做法已經完全成功了：

> 我對這棟建築物內部出現的那些西里爾字母俄文塗鴉特別感觸良多，它們來自一九四五年四月底五月初的時候。它們是由紅軍士兵寫出來的，以一種既簡單又完全強制的方式向我們做出提醒：我們在不久以前還生活在獨裁統治下，陷入了人性的崩潰，直到這棟大廈能夠恢復其民主的尊嚴為止。

「重生」後的國會大廈在一個非常顯眼的地方，與這棟建築物之前的每一個階段都有所不同。國會議事大廳上方有一個明亮高聳、被步道環繞的玻璃圓頂，讓訪客能夠在國會議員們進行辯論的時候向下觀看。這個建築學上的隱喻極為有力：公民們每一天都可以不受任何限制，名副其實地居高臨下監督他們的政治人物。在成長於東德那個「監控國家」、對納粹記憶猶新，或者甚至僅僅領教過冷戰時期西德警察實務的百姓眼中，這令人振奮地宣示了公民自由。就在這個圓頂的下面，梅克爾總理於二〇一四年一月，針對愛德華·史諾登揭露美國大規模進行監聽一事做出反應，強調公民和國會務必要讓國家安全單位受到控制（參見第2章）。莫妮卡·格呂特斯指出：

● 在福斯特圓頂的內部
● Inside Foster's cupola

圓頂是一個吸引人的地方，遊客到了那裡可以步行在議事大廳的上方，於是公民們高高在上而我們這些議員則坐在下面。如此一來，正門山牆上的「獻給德意志人民」字樣終於產生了真正的意義。

諾曼・福斯特回顧他的工作時，還更進一步表示：

那涉及了公眾與政治人物之間的關係，並以一種獨特的方式來重新定義那種關係。它已經變成一座城市的象徵。它更進而凌駕其上，成為一個國家的象徵。

國會大廈在其一百四十多年的歷史當中，實際上曾經是許多不同德國的象徵：一八八〇年代新近統一的帝國；威瑪共和國命運多舛、灰飛煙滅於一九三三年火海中的自由民主；跟這棟建築物本身一樣，被蘇聯人及其西方盟友摧毀、占領的法西斯納粹帝國；以及今天已屆滿二十五週年的議會民主。歸功於福斯特的整修工作，那些記憶當中的每一個都還活生生地留存在這棟建築物裡面。這些高貴的建築學比喻究竟在多大程度內真正影響了政治人物的行為？這當然只是一個「獻給德意志人民」的問題。

柏林是一座用建築物築夢的城市。就此意義而言，國會大廈只不過是一個例子而已，說明了這座城市在建設和重建其歷史中心的時候，有能力召喚出各種新的身分，或者記憶起好幾個不同的過去。布蘭登堡門是以雅典衛城的門樓做為參考對象，並且用裝飾雕塑呼應了帕德嫩神廟的排檔間飾（metopes）：在一七八〇年代不可能有任何做法能夠更清楚地宣示普魯士的決心，一定要讓柏林成為新的雅典。時隔六十年後，在「菩提樹下大街」的另一端，那種務必要讓柏林成為學術與藝術之都的夢想，促使腓特烈．威廉四世國王在一八四〇年代將王宮對面的那座島

● 從空中鳥瞰柏林的博物館島
● Berlin's Museum Island from the air

● 「腓特烈廣場」（貝伯爾廣場）：（從左到右）國家歌劇院、聖海德維希主教座堂、洪堡大學法學院（前國家圖書館）。

● The 'Forum Fridericianum' (Bebelplatz): (left to right) the Opera, St Hedwig's Church, the University library

嶼指定為「藝術的庇護所」：博物館島於是成為施普瑞河上的藝術聖地，那裡好幾個廊柱相連、古典神廟造型的博物館，讓遊客們能夠重溫古代的世界。

布蘭登堡門和博物館島共同述說著許多十九世紀德國人的信念，認為他們類似古代的希臘人：許多各自為政的部落雖然強調自己的不同身分，卻仍在一起工作、致力於學習，遍布於廣大的地帶（地中海沿岸散居在亞歷山大港和君士坦丁堡的希臘僑民，往往被拿來與波羅的海和東歐的德國城市相提並論）。那是普魯士人和巴伐利亞人所共有的想像世界（參見第9章），是一種新的國家自我定義當中的一環——熱愛自由的德國人／希臘人，對抗侵略成性的法國人／羅馬人的帝國。然而與普魯士同時對軍事力量的雄心壯志相較之下，那種想像即便在當時也顯得相當奇特。此外鑒於今日柏林對歐洲南部所享有的經濟主導權，這種宣稱「德國具有希臘本質」的建築學，想必會讓一些來自地中海地區的遊客感到驚訝和沮喪。

在博物館島西側幾百碼外的地方，「菩提樹下大街」上的建築物呈

現了另外一個為時更早的德國夢想：腓特烈大帝所設想（在很大程度上已經實現）的啟蒙運動。漫長的整修過程現在已接近完畢。克里斯托弗·克拉克解釋了這些精心修復的建築物所蘊涵的意義：

> 我認為我們不妨表示，我們在這裡看見的建築物，以某種方式重申了普魯士國家在歷史使命上的一個特定願景。普魯士國家從來都不只是在軍事造詣方面定義出自己而已。它同時也是普魯士人所稱的「文化國家」（Kulturstaat），一個著眼於追求文化目標而被設計出來的國家。你可以在「腓特烈廣場」（Forum Fridericianum）那個不尋常的地點看出此事。那裡有三棟非常精緻的建築物，修建於腓特烈大帝的統治時期。在一個角落裡面是「聖海德維希主教座堂」那棟不同凡響的建築物，標誌著這個新教國家對宗教的寬容，允許天主教徒在市中心建造自己的雄偉主教座堂。其一側是一所半公共的圖書館。尋常百姓可以走進那個圖書館閱讀書籍。在另一邊則為歌劇院。這也表明了對書本和對音樂的寬容。這剛好是柏林的精髓之一，而且就此意義來說，那些正在進行的重建工程是為了要恢復普魯士的文化國家地位。

然而正如同經常會在柏林出現的情況那樣，美中總是有不足之處。在這個高貴廣場的中央，從設置於鵝卵石之間的一塊玻璃板能夠向下望見空蕩蕩的書架。這是另外一個德國的紀念物。就在這裡，在一九三三年五月，納粹學生從那個「半公共」的圖書館把書籍拿過來用火燒了（參見第24章）。

「腓特烈廣場」和博物館島，見證了普魯士對自己「文化國家」地位的信念。然而對許多德國人，以及對大多數其餘歐洲人來說，普魯士首先是一個「軍國主義國家」。在王宮對面的「菩提樹下大街」上面，辛克爾的「新崗哨」（參見第22章）與氣勢宏偉的巴洛克風格「軍械庫」，同樣強而有力地呈現出軍隊所產生的核心作用。有許多人認為，早在一九三三年納粹攫取權力之前，好戰的普魯士領導階層就已經把德國帶上了災難性的侵略擴張之路。但如同大多數德國人馬上會指出的，普魯士從來都不是整個德國。

「菩提樹下大街」東端的盡頭，是整個柏林市「記憶場址」分布最密集之處。沿著從布蘭登堡門遠眺出去的景觀，有許多重建工作仍在如火如荼地進行之中，甚至更如火如荼地受到激辯。霍恩佐倫家族歷代國王們和皇帝們所居住的「柏林城市宮」便位於此，而後在一九五〇年代被東德政府拆除。從一九七〇年代中期開始，在其舊址矗立著「共和國宮」，德意志民主共和國「人民議院」的所在地。但它已在許多東柏林人的抗議聲中，於二〇〇六年被拆得一乾二淨。舊普魯士和前東德各自位於這個場址的建築物（代表著對遙遠勝利的記憶和最近經歷之記憶）都已經遭到抹除。

它們的痕跡和它們的蹤影卻依然保留了下來。經過長時間的討論後，聯邦議院決定重建「柏林城市宮」，而重建的工作正在快速進行之中。從「菩提樹下大街」遠眺出去的景觀，將再度按照布蘭登堡選侯們當初所設想的方式來結束。然而這棟「老」建築旨在代表一個非常現代的德國。它將會安置柏林聞名於世的非洲、亞洲、大洋洲和美洲藝術收藏。這一次，這座宮殿將不再由一個軍國主義的普魯士王朝所擁有，而

● 重現記憶，二〇一四年八月：柏林城市宮正在其原址和「共和國宮」的舊址上進行重建。
● Reconstructing memory, August 2014: the Stadtschloss being rebuilt on its former site and that of the Palast der Republik

是屬於一個新的德國，供其首都維護自己與歐洲以外世界的關係。柏林正重新構築一個夢想，這一回是進行一場和平的、豐富的文化對談——在博物館島與歐洲文明和地中海文明對談，在「柏林城市宮」與世界其餘文明對談。如今它所蘊涵的意義，就像本書一開始時所提到的慕尼黑「勝利門」那樣，具有模糊性。德國的複雜過去，正在這裡再度被它的各種紀念碑與記憶重新塑造一遍。

1 〔譯注〕波昂（Bonn）是西德的首都，亦被音譯為波恩。

Envoi
後記

本書的核心論點之一，強調歷史在德國不僅僅是攸關過去而已。有別於其他歐洲國家的是，歷史還向前瞻望。因此本書以兩件同時反映出過去和未來的藝術品做為結尾。

一九二〇年的時候，保羅．克利在前往威瑪加入「包浩斯」（參見第20章）之前幾個月，運用他自己開發出來的「油彩拓描」複雜技術，完成了他最引人矚目的作品〈新天使〉。此際德國正因應著第一次世界大戰的後果，在「威瑪共和國」沿著一條希望的道路邁向未來。過了二十年，就在一九四〇年夏天法國陷落之前不久，身為出生於柏林的猶太人、當時正流亡巴黎的瓦爾特．班雅明那位哲學家，寫下他的《論歷史的概念》。[1]其中有一段如今非常出名的文字，便是從保羅．克利的這件作品得到了靈感：

> 克利有一幅畫作名叫《新天使》。畫中描繪一位天使，看樣子正準備離開祂凝神注視的某樣事物。祂的眼睛大大地睜著、祂的嘴巴保持張開、祂的翅膀已經伸展出去。歷史的天使看起來一定就是這個模樣。祂的臉朝向過去。在一連串事件呈現於我們面前的地方，祂看見的是一場單獨的大災難，不斷地把瓦礫堆積到瓦礫上，並且把它們拋擲到祂的腳前。祂很想停留下來喚醒死者，並且把破碎的東西修補齊全。然而一場風暴從天堂刮了過來，困住祂的翅膀；風

● 保羅．克利，〈新天使〉。一九二〇年

● Paul Klee, *Angelus Novus*, 1920

勢如此強勁，以致天使再也無法把翅膀收攏。這場風暴不可抗拒地將天使推向祂所背對的未來，祂面前的瓦礫則朝著天際不斷堆高。我們所稱的「進步」，就是這場風暴。

克利在一九四〇年六月底去世於瑞士，那正是法國遭到踐踏的時候。整整三個月後，已逃離法國的瓦爾特・班雅明擔心即將被遣返，於是結束了自己的生命。

格哈德・里希特就像保羅・克利、提爾曼・里門施奈德，以及卡斯帕爾・大衛・弗里德里希，是一位擅長沉思默想的大師，能夠在寂靜之中讓時間停滯不前，將過去和現在交融揉合。此外他也如同杜勒（以及又一次像保羅・克利）那般，多方面具有精湛的技巧。一九七七年時，里希特給他的女兒貝蒂拍下一張照片：貝蒂將目光越過自己的肩膀，注視著掛在她後面牆上的一幅里希特畫作。那幅畫本身則以不精確的方式，灰濛濛地呈現出一張舊新聞照片。

到了一九八八年，他將貝蒂的那張照片轉繪成一幅畫作，並由此衍生出這幅平版印刷畫。儘管畫中人物的態度無法精確地解讀出來，或者清晰地加以闡明，隨後許多年內仍一再出現了看待與重新看待的時刻，意圖運用許多不同的媒介來萃取出這幅人像畫的內涵。在繪製這幅畫作的過程中，複雜地揉合著各種對「事件本身」和「事件記錄」的凝思冥想。我認為如果把那幅畫詮釋成「隱喻了德國面對自身過去時的微妙性、轉移性和強制性」，這種做法應該並不至於唐突了里希特的藝術。

里希特和他的女兒多方面體現出那種過去。里希特生長在今日的波蘭邊界一帶，於納粹統治下度過童年時光，然後被戰爭結束了童年。他隨即前往已受盡戰火摧殘的德勒斯登求學。如同克里斯塔・沃爾夫《分裂的天空》的書中主角一般，他在一九六一年修建柏林圍牆僅僅幾個月

之前逃離東德。貝蒂則轉頭離開了她的父親（因為害羞？分心？冷漠？嫌棄？）。她在西德長大；她那個世代所出生成長的國家致力於挖掘一個不光彩的過去、公開宣布她的父母和祖父母那一代人所犯下的罪行，並在可能範圍內懲戒處罰他們，而且尊崇他們的受害者。

貝蒂依然置身在她的父親以作品賦予了生命的那個空間裡，即便她後側的陰暗牆壁上面再也看不見父親的畫作了。其情況正如同生活在當下的所有德國人一般——其前輩所做出的事蹟雖已逐漸變得模糊不清，卻依然在向他們耳提面命。貝蒂究竟如何看待她的父親和他那一代人，這是我們沒有辦法知道的事情。可是到了某個時刻，這位年輕女子將會轉身面對我們，並且迎向未來。

1 〔譯注〕《論歷史的概念》（*Über den Begriff der Geschichte*）亦按照英譯本被翻譯為《歷史哲學論綱》或《歷史哲學題綱》（*Theses on the Philosophy of History*）。以下引文直接譯自班雅明的德文原文。

Acknowledgements
致謝詞

本書是許多人針對「德意志：一個國家的記憶」這個單一主題，經過三波努力所獲致的工作成果。首先，它是一項專題展覽，由大英博物館舉辦於二〇一四年十月十六日至二〇一五年一月二十五日之間。此次展覽以柏林圍牆倒塌之後所創建的新德國做為起步點，回顧了德國具有十足挑戰性的歷史，除了受到貝特西與傑克·萊恩（Betsy and Jack Ryan）的贊助，還得到了「所羅門·奧本海默慈善基金會」（Salomon Oppenheimer Philanthropic Foundation）的支持。在第二波努力中，大英博物館和英國廣播公司第四台共同推出廣播節目系列，從不同的角度探討了那段歷史。第三波努力則是這本書。

在大英博物館方面，羅莎琳德·溫頓（Rosalind Winton）於喬安娜·哈蒙德（Joanna Hammond）和山姆·斯圖爾特（Sam Stewart）的協助下，參與了廣播系列和本書的每一個發展階段；馬克斯·伊斯特曼（Max Easterman）和克里斯托弗·龐德（Christopher Bond）則發揮自己的高超寫作技巧，塑造出這個節目的腳本。我誠摯地感謝克拉麗莎·馮·施佩（Clarissa von Spee）和薩布麗娜·本·阿武伊查（Sabrina Ben Aouicha）——在卡洛琳·馬斯登·史密斯（Carolyn Marsden Smith）和阿拉斯代爾·胡德（Alasdair Hood）的督導下，為此次展覽以及本計畫的其他部分提供了自己的策展知識與專才。我還要向巴利·庫克（Barrie Cook），我主要的對話者和此次展覽的策展人，致上最大的謝意。他以顯然無止境的知識，在本計畫的每一個階段提供了指引、鼓勵，以及特別寶貴的節制措施。

BBC廣播四台的責任編輯珍妮·艾利森（Jane Ellison）與大英博物館副館長喬安娜·馬克爾（Joanna Mackle），分別在三年的時間內率領自己的團隊，使得《德意志：一個國家的記憶》成為可能。假如少了她們的四射活力，這個節目系列、相關的網頁和本書都不可能實現。

在BBC方面，其總裁湯尼・霍爾（Tony Hall）與廣播四台負責人格溫妮絲・威廉斯（Gwyneth Williams）給予祝福和鼓勵，促成了我們這兩個公共服務機構這一次愉快的合作夥伴關係。BBC廣播音樂台紀錄片部門的音訊工程師保羅・科布拉克（Paul Kobrak）與我一同周遊德國，並且發揮其謹慎的好奇心，多方面協助形塑了節目系列。約翰・高迪（John Goudie）在整個過程中不斷地以他寶貴的編輯意見指導我們，此外還有克萊兒・沃克（Clare Walker）、安妮・史密斯（Anne Smith）和蘇・弗萊明（Sue Fleming）提供了不可或缺的支持。本節目系列還得到BBC網站的援助，為此我誠摯地感謝芮恩・羅伯茲（Rhian Roberts）和葛瑞格・史密斯（Greg Smith），以及大英博物館的網站負責人馬修・柯克（Matthew Cock）。

本書的發行必須歸功於企鵝出版社出版總監斯圖爾特・普羅菲特（Stuart Proffitt）孜孜不倦的敬業精神與耐心，投入了無限的知識能量，協助將一篇又一篇廣播稿改編成書中的章節。我衷心感謝企鵝團隊的瑪麗安・艾爾德（Marian Aird）、安德魯・巴克（Andrew Barker）、克蘿伊・坎貝爾（Chloe Campbell）、唐納德・福特斯（Donald Futers）、馬克・漢斯利（Mark Handsley）、瑞貝卡・李（Rebecca Lee）、塞西莉亞・麥凱（Cecilia Mackay）、麗塔・馬托斯（Rita Matos）、邁克爾・佩奇（Michael Page），以及基特・謝巴德（Kit Shepherd）——他們促成本書及時出版，以便紀念柏林圍牆倒塌二十五週年。

最後我要感謝所有出現於本書及相關廣播系列的專家學者——他們的知識指導了我們的研究工作，協助塑造出整個方案的結構。同時也感謝伯恩哈德・里格爾（Bernhard Rieger）教授在節目中做出貢獻，為本書後面的幾個章節提供了寶貴意見。此外更要感謝本書德國發行者CH・貝克出版社的戴特勒夫・費爾肯博士（Dr Detlef Felken），從頭到尾向我們提供他關於德國歷史的淵博知識、做出了許多具有創造性的建議，使得我們免於犯下錯誤。仍然留存的錯誤則歸咎給我自己。

謹在此向分別於各階段參加過「德意志：一個國家的記憶」製作開發的每一個人，致上最誠摯的感謝。

尼爾・麥葛瑞格
大英博物館館長
二〇一四年十月

Illustrations and Photographic Credits
圖片出處

Frontispiece. Gerhard Richter, *Betty*, 1991 (*detail*). Offset print on lightweight cardboard, with a layer of nitrocellulose varnish, mounted on plastic, framed behind glass. Copyright © Gerhard Richter

p. xxiv. The north side of the Siegestor, Munich. Photo: ullstein bild – imagebroker/Siepmann

p. xxvi. The south side of the Siegestor, Munich. Photo: istockphoto.com

p. xxvii. (*left*) The Arc de Triomphe, Paris. Photo: akg-images/De Agostini Picture Lib./G. Dagli Orti

p. xxvii. (*right*) Constitution Arch, Hyde Park Corner, London. Photo: Julie Woodhouse/Alamy

pp. xxx–xxxi. Bernardo Bellotto, *The Ruins of the Kreuzkirche in Dresden*, 1765. Oil on canvas. Gemäldegalerie Alte Meister, Dresden. Photo: akg-images/Erich Lessing

p. xxxiii. Georg Baselitz, *Inverted eagle painted over with colours of the German flag*, 1977. Etching. Copyright © Georg Baselitz, 2014. Photo copyright © The Trustees of the British Museum (2013,7043.16)

p. xxxiv. Jacques Callot, *The Hanging*, from the series *The Miseries and Misfortunes of War*, *c.* 1633. Etching. Photo copyright © The Trustees of the British Museum (1861,0713.788)

p. xxxv. Adolph Menzel, *Allegorial Figure of Germania Sitting on a Rock*, 1846–57. Wood engraving. Photo copyright © The Trustees of the British Museum (1913,0404.10)

p. xxxvi. Children's cut-outs of Hitler and soldiers. Colour print, 1933–43. Photo copyright © The Trustees of the British Museum (2012,7020.80)

p. xxxvii. Hamburg after an Allied air raid, summer 1943. Photo copyright © akg-images/ullstein-bild

p. xxxviii. Peter Fechter's body beside the Berlin Wall, 1962. Photo: akg-images/picture-alliance/dpa

pp. xl–xli. View of the Reichstag and quadriga of the Brandenburg Gate from the Holocaust Memorial, Berlin. Photo: Herbert Knosowski/AP/PA Photos

pp. 4–5. The Brandenburg Gate, Berlin. Photo copyright © Massimo Ripani/SIME/4Corners

p. 6. The Stadtschloss, Berlin, 1896. Photo: akg-images

p. 7. Friedrich Jügel after Ludwig Wolf, *Napoleon's Entry through the Brandenburg Gate*, *c.* 1806. Coloured engraving. Photo copyright © Deutsches Historisches Museum, Berlin (1988/996.3)

p. 9. The Siegessäule (Victory Column), Berlin. Photo: Shutterstock

p. 10. Albert Speer, model of the proposed Congress Hall for Berlin, 1939. Photo: akg-images/ullstein-bild

p. 12. The Palast der Republik, Berlin, 1976. Photo: akg-images/Straube

p. 14. The Fernsehturm (Alexander Tower), Berlin. Photo: Shutterstock

p. 15. Erich Ott, Medal of Reunification, 1989–90. Cast bronze. Photo copyright © The Trustees of the British Museum (1991,0412.1)

p. 16. World Cup fans at the Brandenburg Gate, June 2014. Photo copyright © Corbis UK/Reuters

pp. 18–19. White crosses by the River Spree opposite the the Bundeskanzleramt (Federal Chancellery building), Berlin. Photo: DDP/Camera Press

p. 20. Christa Wolf, *Der geteilte Himmel (Divided Heaven)*, 1963. Front cover of the first edition. Copyright © Landeshauptarchiv Sachsen-Anhalt

pp. 22–3. Aerial view of the Berlin Wall, 1980. Photo copyright © Peter Marlow/Magnum Photos

p. 25. Wetsuit manufactured by VEB Solidor Heiligenstadt, 1987. Neoprene. Deutsches Historisches Museum, Berlin (Kte 90/786). Photo copyright © The British Museum

p. 27. Friedrichstrasse Station, 1956. Photo: akg-images

p. 29. Model of the border crossing at Friedrichstrasse Station, East Berlin, 1970. Wood, metal, tin plate, enamel. Photo copyright © Deutsches Historisches Museum, Berlin (SI 90/384)

p. 32. Christa Wolf at her writing desk, 1980s. Photo: akg-images/ullstein-bild/Barbara Köppe

p. 33. Carnival float with figure of Edward Snowden at the Rosenmontag (Rose Monday) festival, Mainz, 2014. Photo: akg-images/picture-alliance/dpa/Fredrik Von Erichsen

p. 35. Angela Merkel's speech at the Bundestag, 29 January 2014. Photo: Hans Christian Plambeck/Laif/Camera Press

p. 36. Joachim Gauck, 1992. Photo: Waltraud Grubitzsch/DPA/Press Association Images

p. 38. Tankard with cover, 1640–60. Carved amber with silver gilt mounts, manufactured in Königsberg. Photo copyright © Trustees of the British Museum (WB.229)

p. 40. Karolinum, Prague. Photo: Mariusz Świtulski/Alamy

p. 41. The west façade of Kaliningrad Cathedral, *c.* 1998. Photo: akg-images/Volker Kreidler

p. 42. (*left*) Immanuel Kant, *Kritik der praktischen Vernuft* ('*Critique of Practical Reason*'), 1788. Title-page of the first edition. Photo: courtesy of the Thomas Fisher Rare Book Library, University of Toronto

p. 42. (*right*) Plaque near Kant's tomb, Kaliningrad. Photo: Shutterstock

p. 43. Königsberg Castle, *c.* 1905. Photo: akg-images

pp. 44–5. Friedrich Probst after Friedrich Bernhard Werner, *View of Königsberg*, 1740. Coloured engraving. Photo copyright © Photo Scala, Florence/BPK, Berlin, 2014.

p. 46. *Amber Fisherman on the Amber Coast.* Illustration from Johann Wilhelm Meil, *Spectaculum Naturae & Artium [...]*, Berlin, 1761. Photo: akg-images/Imagno/Austrian Archives

p. 47. (*left*) Detail of the sun from the base of a tankard, 1640–60. Carved amber, manufactured in Königsberg. Photo copyright © Trustees of the British Museum (WB.229)

p. 47. (*right*) The coat of arms of the Swedish Royal House of Vasa, detail from the cover of a tankard, 1640–60. Carved red and white amber, manufactured in Königsberg. Photo copyright © Trustees of the British Museum (WB.229)

p. 48. *The Coronation of Frederick I King in Prussia, 1701.* Illustration from Johann von Besser, *Preuße Krönungsgeschichte*, 1712. Photo: akg-images

p. 49. (*left*) Samuel Theodor Gericke (attr.), portrait of Frederick I as Frederick III, Elector of Brandenburg, after 1701. Oil on canvas. Märkisches Museum, Berlin. Photo: akg-images

p. 49. (*right*) Antoine Pesne, portrait of King Frederick I of Prussia, eighteenth century. Oil on canvas. Staatliche Schlösser und Gärten, Potsdam. Photo: Bridgeman Images

p. 51. The Amber Room at Tsarskoye Selo, Russia, *c.* 1930. Photo: akg-images

p. 52. Manhole cover in Kaliningrad. Photo: Deposit Photos

p. 54. Adriaen de Vries, *Rudolf II Introducing the Liberal Arts to Bohemia*, 1609. Bronze relief. The Royal Collection, Windsor Castle. Photo: The Royal Collection Trust, copyright © Her Majesty Queen Elizabeth II, 2014/Bridgeman Images

p. 55. The Old Town Square, Prague, 1922. Photo: Mary Evans/Süddeutsche Zeitung Photo

p. 56. Hans Fronius, portrait of Franz Kafka, 1937. Woodcut. Copyright © Ch. Fronius, Vienna. Photo copyright © The Trustees of the British Museum (19780121.309)

pp. 60–61. Herman Saftleven, *Rhine Landscape with Landing Stage*, 1666. Oil on board. Kunsthistorisches Museum, Vienna. Photo: akg-images

p. 62. The astronomical clock, 1843, Strasbourg Cathedral. Photo: Bildarchiv Monheim GmbH/Alamy

p. 63. Anton Johann Kern, portrait of Johann Wolfgang von Goethe, 1765. Oil painting, formerly in the collection of

Leipzig University, destroyed in the Second World War.
p. 65. Isaac Habrecht (manufacturer) and Conrad Dasypodius (designer), the Strasbourg Clock, 1589. Gilded-brass clock with automata. Photo copyright © The Trustees of the British Museum (1888,1201.100)
p. 66. View of the cathedral and rooftops of Strasbourg. Photo: Shutterstock
p. 68. Anon., *Imachio Crisiverus französischer Calender-Spiegel, oder Prognostikon Trost und Begleitungs-Reymen*, broadside on the French occupation of Alsace, *c.* 1678. Photo copyright © The Trustees of the British Museum (1857,0214.406)
p. 69. Anon., after Ludwig Pietsch, *Goethe in Strasbourg: On the Platform*, 1870. Coloured print. Photo: akg-images
p. 71. Angelika Kauffmann, portrait of Johann Gottfried Herder, 1791. Oil on canvas. Goethe-Museum, Frankfurt. Photo copyright © David Hall – ARTOTHEK
p. 72. A. Matthis Elberfeld, *Deutschlands Einheit* (*Germany's Unity*), 1870. Lithograph. Photo copyright © The Trustees of the British Museum (1871,1209.4543)
pp. 74–5. Anon., *Strasbourg after the Bombardment*, 1871. Lithograph. Photo copyright © Scala, Florence/BPK, Berlin, 2014.
p. 77. Anon., *Vive l'Alsace!* Illustration of the statue of Strasbourg in the Place de la Concorde, Paris, from *Le Petit Journal*, 7 February 1904. Photo: Artmedia/Heritage Images/TopFoto
p. 78 (*top*) Half-thaler of Sophia, Electress of Hanover, 1714. Silver, minted in Hanover. Photo copyright © The Trustees of the British Museum (C.3595)
p. 78. (*bottom*) Five-guinea coin of George I, 1716. Gold, minted in London. Photo copyright © The Trustees of the British Museum (E1946,1004.657)
p. 81 (*top*) Thaler of Leopold I, 1700. Silver, minted in Tirol, Austria. Photo copyright © The Trustees of the British Museum (1920,0907.318)
p. 81 (*bottom*) Gulden of Friedrich Adolf, Count of Lippe-Detmold, 1714. Silver, minted in Brake. Photo copyright © The Trustees of the British Museum (1848,0804.22)
p. 83 (*top*) Thaler of Joseph I, 1705–11. Silver, minted in Cologne. Photo copyright © The Trustees of the British Museum (1935,0401.15433)
p. 83 (*centre*) Ten-ducat coin of Hamburg, with view of the city, 1689. Gold, issued in Hamburg. Photo copyright © The Trustees of the British Museum (1865,0218.1)
p. 83 (*bottom*) Ducat coin of St Alban, 1744. Gold, minted in Prioz of St Alban. Photo copyright © The Trustees of the British Museum (1919,0214.223)
p. 84. Thaler of the Abbess of Quedlinburg, 1704. Silver, minted in Berlin. Photo copyright © The Trustees of the British Museum (G3,Germ.1094)
p. 85. (*top*) Thaler of Lothar Franz von Schönborn, 1697. Silver, minted in Bamberg. Photo copyright © The Trustees of the British Museum (1935,0401.5692)
p. 85. (*centre*) Half-thaler of Lothar Franz von Schönborn, 1696. Silver, minted in Mainz. Photo copyright © The Trustees of the British Museum (1847,1117.192)
p. 85. (*bottom*) Twelve-ducat coin of Duke Friedrich II, 1723. Gold, issued in Altenburg. Photo copyright © The Trustees of the British Museum (G3,Germ.1116)
p. 87. Thaler of Leopold I, 1673. Silver, minted in Wismar. Photo copyright © The Trustees of the British Museum (G3,GerC.2078)
p. 92. Lucas Cranach the Elder, portrait of Martin Luther, 1529. Oil on wood. Photo copyright © Deutsches Historisches Museum (1989/1547.1)
p. 93. Lucas Cranach the Elder, portrait of Katharina von Bora, 1529. Oil on wood. Photo copyright © Deutsches Historisches Museum (1989/1547.2)
p. 95. Martin Luther, *Disputation zur Erläuterung der Kraft des Ablasses* (*The Ninety-Five Theses*), 1517. Deutsches Historisches Museum, Berlin (R63/685). Photo: Bridgeman Images

pp. 96–7. Hans Sebald Beham, *Luther before the Emperors and Electors at the Diet of Worms*, 1521. Woodcut. Photo: akg-images
p. 98. Workshop of Lucas Cranach the Elder, portrait of the Elector Frederick III of Saxony, 1532. Oil on panel. Copyright © The Trustees of the British Museum (SLPictures.271)
p. 99. View of the Wartburg Castle and Eisenach. Photo: akg-images/euroluftbild.de
pp. 102–3. Martin Luther, *Biblia, das ist, die gantze Heilige Schrift: Deudsch*, pub. Wittenberg, 1541. Front endpaper showing portraits of Martin Luther and Johann Bugenhagen, with facing page showing inscriptions by Luther from the 23rd Psalm. Photo copyright © The British Library Board (679.i.15)
p. 106. Workshop of Lucas Cranach the Elder, *The Creation of the World*, illustration from Martin Luther, *Biblia, das ist die gantze Heilige Schrifft, Deudsch*, pub. Wittenberg, 1534. Woodcut with later hand-colouring. Herzogin Anna Amalia Bibliothek, Weimar. Photo copyright © Klassik Stiftung Weimar
p. 111. *Die deutsche Bibel*, edition with comments by Abraham Calov, published in Wittenberg, 1681. Title-page with autographed note of ownership by J. S. Bach. Concordia Seminary, St Louis, Missouri. Photo: akg-images
p. 112. Ludwig Emil Grimm, illustration for *Snow White*, from the Brothers Grimm, *Kinder- und Hausmärchen* (*Tales for Children and the Home*), pub. Berlin, 1825. Photo: Mary Evans/Süddeutsche Zeitung Photo
p. 115. Caspar David Friedrich, *The Chasseur in the Forest*, 1814. Oil on canvas. Private collection. Photo: akg-images
p. 116. The Brothers Grimm, *Kinder- und Hausmärchen* (*Tales for Children and the Home*), Berlin, 1815. Title-page and contents page. Photo copyright © Deutsches Historisches Museum (R 92/963-1)
pp. 118–19. Caspar David Friedrich, *The Solitary Tree* (*Village Landscape in Morning Light*), 1822. Oil on canvas. Nationalgalerie, Staatliche Museen zu Berlin
p. 121. Georg Friedrich Kersting, *At the Sentry Post* (*Theodor Körner, Karl Friedrich Friesen and Christian Ferdinand Hartmann*), 1815. Oil on canvas. Nationalgalerie, Staatliche Museen zu Berlin. Photo copyright © Scala, Florence/BPK, Berlin/Jörg P. Anders, 2014
p. 122. One-Pfennig coin, 1949. Bronze, issued by the Government of Germany. Photo copyright © The Trustees of the British Museum (2005,1111.315)
p. 125. The Brothers Grimm, *Rapunzel*, 1857. Broadside with illustrated borders by Otto Speckter. Photo: akg-images
p. 126. Caspar David Friedrich, *Graves of Fallen Freedom Fighters*, 1812. Oil on canvas. Kunsthalle, Hamburg. Photo: Bridgeman Images
p. 127. The Hermannsdenkmal (Hermann Memorial), Detmold. Photo: akg-images/Euroluftbild.de
p. 129. Poster for the Walt Disney film *Snow White*, 1937. Photo: akg-images/Album/Walt Disney Productions
pp. 132–3. Johann Tischbein, *Goethe in the Roman Campagna*, 1786–7. Oil on canvas. Städel Museum, Frankfurt am Main. Photo: Artothek/Bridgeman Images
p. 134. Anon., Goethe's birthplace, Frankfurt am Main, 1832. Coloured engraving. Photo: akg-images
p. 135. Goethe's puppet theatre. Photo copyright © Freies Deutsches Hochstift/Frankfurter Goethe-Museum, David Hall
p. 137. Johann Wolfgang von Goethe, speech made on Shakespearestag, 14 October 1771. Manuscript. Photo copyright © Freies Deutsches Hochstift/Frankfurter Goethe-Museum (Hs-2421)
p. 139. Johann Wolfgang von Goethe, *Die Leiden des jungen Werthers* (*The Sorrows of Young Werther*), pub. Leipzig, 1774. Title-page of first edition. Private collection. Photo: Antiquariat Dr. H.-P. Haack, Leipzig
p. 140. Johann David Schubert (probably decorator) for Meissen, cup with illustration of Werther, from a set, *c.* 1790. Porcelain with enamel colours and gilt. Photo copyright © Victoria and Albert Museum, London (1328E-1871)
pp. 142–3. J. C. E. Müller after Georg Melchior Kraus, *Weimar from the North-West*, 1798. Coloured engraving. Staatliche Kunstsammlungen, Weimar. Photo: akg-images
p. 145. Jochen Ersfeld, replica of Stephenson's *Rocket*, *c.* 1992, similar to the one owned by Goethe, now lost. Goethehaus, Weimar. Photo copyright © Klassik Stiftung Weimar, Museen (Kat. 202 – KKg/00636/001)
p. 146. Johann Wolfgang von Goethe, *Zur Farbenlehre* (*On the Theory of Colours*), 1810, plate 1. The Pierpont Morgan

Library, New York. Photo copyright © Pierpont Morgan Library/Art Resource/Scala, Florence, 2014

p. 147. Christoph Erhard Sutor, three colour theory cards, from Johann Wolfgang von Goethe, *Beiträge zur Optik* (*Contributions to Optics*), 1791. Goethehaus, Weimar. Photo copyright © Klassik Stiftung Weimar, Museen (GFz 035 – 037)

p. 148. Carl Vogel von Vogelstein, *Faust Conjuring the Spirits*, detail from *Scenes from Goethe's Faust*, 1840. Oil on canvas. Palazzo Pitti, Florence. Photo copyright © Scala, Florence/BPK, Berlin, 2014

p. 150. Statue of Goethe based on the portrait by Tischbein, at the Goethe Bar, Terminal 1, Frankfurt Airport. Photo: courtesy Frankfurt Airport press office

p. 152. The Walhalla viewed from the River Danube, copyright © epa european pressphoto agency b.v./Alamy

p. 155. Angelika Kauffmann, *Crown Prince Ludwig, in the Costume of the Knights of St Hubert*, 1807. Oil on canvas. Neue Pinakothek, Munich. Photo: akg-images

pp. 156–7. Anon., after Ludwig Bechstein, *The gods entering Walhalla, the Final scene from Das Rheingold*, *c.* 1876. Engraving. Photo: akg-images

p. 159. (*left*) Johann Gottfried Schadow, bust of Frederick II of Prussia (Frederick the Great), 1807. Marble. Walhalla-Verwaltung, Donaustauf. Photo copyright © Herbert Stolz

p. 159. (*right*) Konrad Eberhard, bust of the Empress Maria Theresa, 1811. Marble. Walhalla-Verwaltung, Donaustauf. Photo copyright © Herbert Stolz

pp. 160–61. (*top*) Ludwig Michael von Schwanthaler, southern pediment frieze depicting Germania and the creation of the German Confederation, 1832–42. Marble. Walhalla-Verwaltung, Donaustauf. Photo copyright © Herbert Stolz

pp. 160–61. (*centre*). Ludwig Michael von Schwanthaler, northern pediment frieze depicting the Battle of the Teutoburg Forest, 1832–42. Marble. Walhalla-Verwaltung, Donaustauf. Photo copyright © Herbert Stolz

p. 163. Bernhard Grueber, *Interior View of the Walhalla*, 1842. Colour lithograph. Photo copyright © Deutches Historisches Museum (Gr 2004/189)

p. 164. (*left*) August Wredow, bust of Catherine the Great, 1831. Marble. Walhalla-Verwaltung, Donaustauf. Photo copyright © Herbert Stolz

p. 164. (*right*) Johann Nepomuk Haller, bust of King William III of England, 1816. Marble. Walhalla-Verwaltung, Donaustauf. Photo copyright © Herbert Stolz

p. 165. (*left*) Wilhelm Matthiä, bust of Johannes Gutenberg, 1835. Marble. Walhalla-Verwaltung, Donaustauf. Photo copyright © Herbert Stolz

p. 165. (*right*) Ernst Friedrich Rietschel, bust of Martin Luther, 1831. Marble. Walhalla-Verwaltung, Donaustauf. Photo copyright © Herbert Stolz

p. 168. The Nazis honour Adolf Rothenburger's bust of Anton Bruckner in the Walhalla, 1937. Photo: Interfoto/akg-images

p. 169. The Prime Minister, Horst Seehofer, unveiling Bert Gerresheim's bust of Heinrich Heine in the Walhalla, 2010. Photo: akg-images/picture alliance/dpa/Armin Weigel

p. 171. Wolfgang Eckert, bust of Sophie Scholl with plaque to the Resistance, 2003. Marble. Walhalla-Verwaltung, Donaustauf. Photo copyright © Herbert Stolz

p. 173. Landolin Ohmacht, bust of Erwin von Steinbach, 1811. Marble. Walhalla-Verwaltung, Donaustauf. Photo copyright © Herbert Stolz

p. 174. Anon., 'Gruß aus München!' ('Greetings from Munich!'), 1960s. Postcard. Private collection. Photo: Arkivi UG, All Rights Reserved/Bridgeman Images

pp. 176–7. German drinking vessels (*left to right*): Silver parcel-gilt tankard, 1601–25, manufactured by Engelbrecht II Becker in Lübeck (WB.128); stoneware 'pinte' tankard, *c.* 1530s, manufactured in Cologne (1895,0116.8); amber tankard, 1640–60, manufactured in Königsberg (WB.229); stoneware jug with pewter lid, 1598, manufactured by Jan Baldems Mennicken in Raeren, Belgium (1887,0617.43); enamelled glass 'humpen' beaker, 1625, manufactured in

Bohemia (1855,1201.133); enamelled 'Wiederkom' glass, *c.* 1650, manufactured in Switzerland (S.841). Photo copyright © The Trustees of the British Museum

p. 180. The *Reinheitsgebot* (Beer Purity Law) promulgated by Duke Wilhelm IV of Bavaria, 1516. Photo: akg-images

p. 183. Butcher's shop, Wilmersdorf. Photo: ullstein-bild/TopFoto

p. 185. Hans Wertinger, *The Month of December* (detail showing the making of blood sausages), *c.* 1525–6. Oil on panel. Germanisches Nationalmuseum, Nuremberg. Photo: Bridgeman Images

p. 186. The Currywurst Museum, Berlin. Photo: akg-images/ullstein-bild/Schöning

p. 187. Adolf Hitler making a speech in the Bürgerbräukeller, Munich, 8 November 1935. Photo: akg-images/ullstein-bild

p. 188. Oktoberfest, Munich. Photo: akg-images/ullstein-bild/CARO/Kaiser

p. 189. Men in traditional costume drinking beer, Munich. Photo: ullstein bild/akg-images

p. 192. Bernhard Witte and Paul Beumers, replica of the Holy Roman Emperor's crown, 1914/15. Pearls, gold, enamel, gemstones. Rathaus, Aachen. Photo copyright © Anne Gold, Aachen, courtesy Städtische Museen, Aachen (Inv. CK3)

p. 194. Aachen Cathedral. Photo: Bildarchiv Monheim/akg-images

p. 195. Interior of the Palatine Chapel, Aachen Cathedral. Photo: Hemis/Alamy

p. 197. Anon., figurine of Charlemagne on horseback, ninth century, horse restored in the eighteenth century. Bronze with traces of gilding. Cathedral of Saint-Étienne, Metz. Photo copyright © RMN-Grand Palais (Musée du Louvre)/Droits réservés

p. 199. Peter Flötner, portrait of Charlemagne from *Ancestors and Early Kings of the Germans*, *c.* 1543. Broadside with hand-coloured woodcut and letterpress. Photo copyright © The Trustees of the British Museum (E,8.292)

p. 201. Anon., *The Relics, Vestments and Insignia of the Empire*, 1470–80. Print. Photo copyright © The Trustees of the British Museum (1933,0102.1)

p. 202. Bertrand Andrieu, medal depicting Napoleon and Charlemagne, 1806. Bronze. Photo copyright © The Trustees of the British Museum (1898,0102.76)

p. 203. (*left*) William Biennais after Charles Percier, the imperial crown of Napoleon, based on Charlemagne's, 1804. Copper, gold and silver, set with cameos. Musée du Louvre, Paris. Photo copyright © RMN-Grand Palais/Jean-Gilles Berizzi

p. 203. (*right*) Jacques-Louis David, *The Emperor Napoleon I Crowning Himself*, *c.* 1804–7. Pen and ink drawing. Photo copyright © RMN-Grand Palais (Musée du Louvre)/Thierry Le Mage

p. 205. Window for the arms room of Kiel Castle depicting Kaiser Wilhelm I, *c.* 1888. Stained glass and lead. Photo copyright © Deutsches Historisches Museum, Berlin (KG 97/57)

p. 206. Charles and Louis Rochet, statue of Charlemagne with his paladins Roland and Olivier, 1877. Bronze. Île de la Cité, Paris. Photo: Yvan Travert/akg-images

p. 209. Konrad Adenauer and Charles de Gaulle at Reims Cathedral, 1962. Photo: Keystone France/Gamma/Camera Press

p. 210. Sèvres porcelain factory, plate bearing the image of Charlemagne, 1943. Porcelain. Musée de l'Armée, Paris. Photo copyright © Paris – Musée de l'Armée, Dist. RMN–Grand Palais/image Musée de l'Armée

p. 212. Tilman Riemenschneider, *Saint Luke*, *c.* 1490–92. Limewood. Bode Museum, Berlin (Inv. 403). Copyright © Staatliche Museen zu Berlin – Skulpturensammlung und Museum für Byzantinische Kunst/photo: Antje Voigt

p. 215. The modern high altar with some of Riemenschneider's original elements, Church of Mary Magdalen, Münnerstadt. Photo by Bruce White, courtesy National Gallery of Art, Washington, DC.

p. 216. (*left*) Tilman Riemenschneider, *Saint Matthew*, *c.* 1490–92. Limewood. Bode Museum, Berlin (Inv. 402). Copyright © Staatliche Museen zu Berlin – Skulpturensammlung und Museum für Byzantinische Kunst/photo: Antje Voigt

p. 216. (*right*) Tilman Riemenschneider, *Saint Mark*, *c.* 1490–92. Limewood. Bode Museum, Berlin (Inv. 404).

Copyright © Staatliche Museen zu Berlin – Skulpturensammlung und Museum für Byzantinische Kunst/photo: Antje Voigt

p. 217. (*right*) Tilman Riemenschneider, *Saint John*, *c.* 1490–92. Limewood. Bode Museum, Berlin (Inv. 405). Copyright © Staatliche Museen zu Berlin – Skulpturensammlung und Museum für Byzantinische Kunst/photo: Antje Voigt

p. 217. (*left*) Tilman Riemenschneider, *Saint Luke*, *c.* 1490–92. Limewood. Bode Museum, Berlin (Inv. 403). Copyright © Staatliche Museen zu Berlin – Skulpturensammlung und Museum für Byzantinische Kunst/photo: Antje Voigt

p. 219. Tilman Riemenschneider, *Self-Portrait*, *c.* 1505–10, detail from the predella of the Marienaltar, Herrgottskirche, Creglingen. Photo copyright © Volker Schier

p. 223. *The Conquest of Würzburg by the Swabian League*, illustration from the *Bamberger Burgenbuch*, *c.* 1527. Coloured woodcut. Copyright © Staatsbibliothek Bamberg (RB.H.bell.f.1, fol. 68). Photo: Gerald Raab

p. 227. Tilman Riemenschneider, *The Adoration of the Magi*, relief for an altar-panel (?), 1505–10. Lime-wood. Photo copyright © The Trustees of the British Museum (1852,0327.10)

p. 229. (*left*) Five-Mark coin designed by Heinz Rodewald, commemorating the 450th anniversary of the death of Tilman Riemenschneider, 1981. Nickel-silver, minted East Germany, 1981. Photo: Matd13

p. 229 (*right*) Sixty-Pfennig stamp commemorating the 450th anniversary of the death of Tilman Riemenschneider, 1981. Issued by the Deutsche Bundespost, West Germany. Photo: Kayatana Ltd

p. 230. Hans Holbein the Younger, portrait of George Gisze of Danzig, 1532. Oil on panel. Copyright © Gemäldegalerie der Staatlichen Museen zu Berlin – Preußischer Kulturbesitz (Ident. Nr. 586)/photo: Jörg P. Anders

p. 232. The Steelyard (*Stahlhof*) in London, detail from Wenceslas Hollar's *Long View of London*, 1647. Photo: Bridgeman Images

p. 234. Hans Holbein the Younger, *Self-Portrait*, 1542. Pastel on paper. Galleria degli Uffizi, Florence. Photo: Bridgeman Images

pp. 236–7. Elias Diebel, *Panoramic View of the Free City of Lübeck*, facsimile of the 1552 original, published by Johannes Geffcken in 1855. Colourized lithograph. Photo: Paulus Swaen Gallery, Indian Rocks, Fl.

p. 238. (*left*) Hans Holbein the Younger, portrait of a member of the Wedigh family, probably Hermann Wedigh, 1532. Oil on wood. Bequest of Edward S. Harkness, 1940, Metropolitan Museum of Art, New York (Acc. no. 50.135.4). 16⅝ × 12¾ in. (42.2 × 32.4 cm), with added strip of ½ in. (1.3 cm) at bottom. Photo copyright © The Metropolitan Museum of Art/Art Resource/Scala, Florence, 2014

p. 238. (*right*) Hans Holbein the Younger, portrait of Derick Berck, 1536. Oil on canvas, transferred from wood. The Jules Bache Collection, 1949, Metropolitan Museum of Art, New York (Acc. no. 49.7.29). 21 × 16¾ in. (53.3 × 42.5 cm). Image copyright © The Metropolitan Museum of Art/Art Resource/Scala, Florence, 2014

p. 239. Salt warehouses, Lübeck. Photo copyright © Guido Cozzi/4Corners

p. 243. (*top left*) Tankard with cover, 1601–25. Silver parcel-gilt, manufactured by Engelbrecht II Becker of Lübeck. Photo copyright © The Trustees of the British Museum (WB.128)

p. 243. (*bottom*) Tankard with cover, *c.* 1670–1700. Silver-gilt, manufactured by Daniel Friedrich von Mylius of Danzig. Gift of Dr W. L. Hildburgh, FSA. Photo copyright © Victoria and Albert Museum (M.6-1964)

p. 243. (*top right*) Beaker, 1642–58. Silver, parcel-gilt, manufactured by Johann Berendt Brockner of Hamburg. Gift of Princess Louise, Duchess of Argyll. Photo copyright © Victoria and Albert Museum, London (M.98-1926)

p. 245. Aerial photograph of Lübeck. Photo copyright © SZ Photo/euroluftbild.de/Bridgeman Images

p. 246. SPQH sign on the door of the banqueting hall, Rathaus, Hamburg. Photo copyright © Tim Brüning/T. B. Photography

p. 248. The Iron Cross, 1813. Photo: Private collection

p. 250. Gottfried Leybebe, statue of the Great Elector as St George, 1680. Iron. Skulpturensammlung, Berlin (Ident. Nr. 856). Copyright © Skulpturensammlung und Museum für Byzantinische Kunst der Staatlichen Museen zu Berlin

– Preußischer Kulturbesitz/photo: Antje Voigt

p. 252. Necklace, *c.* 1805. Cast iron. Photo copyright © The Trustees of the British Museum (1978,1002.108.a)

p. 253. (*left*) Christian Daniel Rauch, bust of Frederick William III, King of Prussia, after 1816. Cast iron, painted black with gold-plating. Copyright © Stiftung Stadtmuseum Berlin (Inv. Nr. KGM 85/49)/photo: Michael Setzpfandt

p. 253. (*right*) Christian Daniel Rauch, bust of Luise, Queen of Prussia, after 1816. Cast iron, painted black with gold-plating. Copyright © Stiftung Stadtmuseum Berlin (Inv. Nr. KGM 85/50)/photo: Michael Setzpfandt

p. 256. Jean-Charles Tardieu, *Napoleon I Receiving Queen Luise at Tilsit in 1807*, 1808. Oil on canvas. Châteaux de Versailles et de Trianon, Paris. Photo: akg-images/visioars

p. 257. The Order of Luise, *c.* 1866/1918. Silver and enamel. Photo copyright © Deutsches Historisches Museum, Berlin (O 262)

p. 259. Anon., metal cross with nails, 1915–18. Iron, wood and brass. Photo copyright © Deutsches Historisches Museum, Berlin (MK 73/195)

p. 260. J. M. Mauch after Karl Friedrich Schinkel, architectural drawing for the Prussian National Monument, 1823. Etching. Photo: akg-images

pp. 264–5. The Imperial War Flag used by the German naval forces between 1849 and 1852. Linen and wool. Photo copyright © Deutsches Historisches Museum, Berlin/S. Ahlers (Fa 77/64)

pp. 268–9. *Battle between Civilians and Soldiers in the Frankfurter Linden Strasse in Berlin on 18 and 19 March 1848*, detail from a broadside, 1848. Coloured lithograph. Photo: akg-images

p. 271. C. Hoffmeister after E. Fröhlich, portrait of August Heinrich Hoffmann, 1841. Coloured etching. Photo: akg-images

p. 273. Ludwig von Elliot, *View of the Interior of the Paulskirche during the Frankfurt Assembly*, 1848/49. Coloured lithograph. Photo: Horst Ziegenfusz, copyright © Historisches Museum Frankfurt (C 10472, K 349)

p. 275. Karl Marx and Friedrich Engels, *Manifest der Kommunistischen Partei* (*The Communist Manifesto*). Title-page of first edition, 1848. Photo copyright © The British Library Board (C.194.b.289)

p. 277. Demonstrator with banner at a rally in East Berlin, 9 December 1989. Photo: Lutz Schmitt/AP/PA Photos

pp. 278–9. Crowds at the Brandenburg Gate, Berlin, December 1989. Photo: dpa/Corbis

p. 280. Ludwig Engelhardt, monument to Karl Marx and Friedrich Engels, 1986. Bronze. Karl-Marx-Forum, Berlin. Photo: akg-images/Pansegrau

p. 284. Charles de Bovelles, illustration of a printing press, from *Aetatum mundi septem supputatio*, 1520. Woodcut. Private collection. Photo: Bridgeman Images

p. 287. The opening of Genesis, from Johann Gutenberg's 42-line Bible, pub. Johann Gutenberg, Johann Fust and Peter Schoeffer, Mainz, 1455. Printed on paper, hand-illuminated in Erfurt. Photo copyright © The British Library Board (C.9.d.4, f.5)

p. 289. Bertel Thorvaldsen, statue of Johann Gutenberg, 1837. Bronze. Gutenpbergplatz, Mainz. Photo: ullstein-bild – Dietmar Scherf/akg-images

p. 291. Reconstructed Gutenberg press and workshop. Gutenberg Museum, Mainz. Photo: akg-images/Erich Lessing

p. 292. André de Thevet, portrait of Gutenberg, 1584. Cabinet des Éstampes et des Dessins, Strasbourg. Photo: De Agostini Picture Library/M. Seemuller/Bridgeman Images

p. 295. Indulgence completed by hand in Braunschweig, for contributions to the war against the Turks, printed by Johann Gutenberg, 1454. Parchment. Herzog August Bibliothek, Wolfenbüttel

p. 297. Aelius Donatus, *Ars Minor*, *c.* 1456–8, folio salvaged from an early binding, printed by Johann Gutenberg in Mainz. Vellum. Photograph courtesy of Sotheby's, Inc., copyright © 2011

pp. 298–9. Franz Behem, *View of Mainz*, 1565. Kölnisches Stadtmuseum, Cologne (G 1209). Copyright © Rheinisches Bildarchiv Köln/photo: Wolfgang F. Meier (2009.03.18, rba_d012689)

p. 300. Carl Goebel, postcard issued to celebrate Gutenberg's 500th anniversary, 1900. Photo copyright © Scala,

Florence/BPK, Berlin, 2014

p. 302. Albrecht Dürer, *Self-Portrait*, 1500. Oil on panel. Alte Pinakothek, Munich. Photo: akg-images

p. 307. Albrecht Dürer, *Triumphal Arch of Maximilian I*, 1515–17. Woodcut. Photo copyright © The Trustees of the British Museum (E,5.1)

p. 308. View of Nuremberg showing Dürer's house. Photo copyright © Reinhard Schmid/4Corners.

p. 310. Albrecht Dürer, *The Four Horsemen of the Apocalypse*, 1497–8. Woodcut. Photo copyright © The Trustees of the British Museum (E,3.121)

p. 312. Albrecht Dürer, *Melancholia*, 1514. Woodcut. Photo copyright © The Trustees of the British Museum (E,2.107)

p. 313. Albrecht Dürer, *A Knight, the Devil and Death*, 1513. Woodcut. Photo copyright © The Trustees of the British Museum (1868,0822.198)

p. 316. Albrecht Dürer, *Rhinoceros*, 1515. Woodcut. Photo copyright © The Trustees of the British Museum (E,2.358)

p. 318. Louis de Silvestre, portrait of Augustus II and Frederick William I of Prussia, *c.* 1720s. Oil on canvas. Gemäldegalerie Alte Meister, Dresden. Photo: akg-images

p. 320. Qing Dynasty, Kangxi period, seven dragoon vases, *c.* 1662–1717. Porcelain with underglaze-blue decoration. Copyright © Porzellansammlung, Staatliche Kunstsammlungen Dresden (Inv. Nr. PO 1011, PO 1010, PO 9448/PO 1013, PO 9172, PO 1014/PO 2064, PO 1017, PO 9130). Photo: Jürgen Lösel

p. 321. Meissen porcelain factory, porcelain made for Queen Sophie Dorothea of Prussia, 1730. Photo copyright © The Trustees of the British Museum (Franks.67)

pp. 324–5. Bernardo Bellotto, *View of Dresden from the Right Bank of the Elbe*, 1748. Oil on canvas. Gemäldegalerie Alte Meister, Dresden. Photo: akg-images/Erich Lessing

p. 326. Chinese stoneware teapot (*left*), Yixing, Kangxi Period (1662–1722), with imitation of it (*right*) by Johann Friedrich Böttger, *c.* 1712. Copyright © Porzellansammlung, Staatliche Kunstsammlungen Dresden (Inv. Nr. PO 3884, PE 6859 a/b). Photo: Klaus Tänzer

p. 329. The porcelain menagerie manufactured by Meissen for Augustus the Strong, early 1730s, installed in the Zwinger, Dresden. Copyright © Porzellansammlung, Staatliche Kunstsammlungen Dresden

p. 330–31. Gottlieb Kirchner, *Rhinoceros*, 1730. White porcelain, manufactured by Meissen. Copyright © Porzellansammlung, Staatliche Kunstsammlungen Dresden (PE 56). Photo: Herbert Jäger

p. 332. Meissen artisan decorating an urn with a copy of a portrait of President Wilhelm Pieck, 1955. Photo: Bundesarchiv, Koblenz/Allgemeiner Deutscher Nachrichtendienst – Zentralbild (Bild 183-32361-0033)

p. 336. Masterpiece cup, late sixteenth century. Silver, manufactured in Nuremberg. Photo copyright © The Trustees of the British Museum (WB.103)

pp. 338–9. Michael Wolgemut, *View of Nuremberg*, from the *Nuremberg Chronicle*, 1493. Photo: akg-images/ullstein-bild

p. 341. Hans Schniep, clock-watch with alarm, *c.* 1590. Gilt-brass and steel. Photo copyright © The Trustees of the British Museum (1958,1201.2213)

p. 343. Johann Anton Linden, astronomical compendium, 1596. Gilt and silvered brass. Photo copyright © The Trustees of the British Museum (1857,1116.1)

p. 344. Johann Baptiste Beha, Black Forest cuckoo clock, 1860–80. Wooden-cased and weight-driven. Photo copyright © The Trustees of the British Museum (1995,0112.2)

p. 346. Adolf Hitler and Ferdinand Porsche at the Volkswagen factory at Fallersleben (later Wolfsburg), 26 May 1938. Photo: akg-images/ullstein-bild

p. 347. VW Beetle production line, Wolfsburg, 1940s. Photo copyright © Hulton-Deutsch Collection/Corbis

p. 349. Günther Paalzow, photograph of a group of apprentices at Zeiss, Jena, 1949. Photo: Bundesarchiv, Koblenz/Allgemeiner Deutscher Nachrichtendienst – Zentralbild (Bild 183-S89614)

p. 350. VW Beetles for export to the USA, Hamburg, 1950. Photo: akg-images

p. 352. Jupp Darchinger, photograph of family picnicking beside a VW Beetle, 1950s. Photo: J. H. Darchinger/Friedrich-Ebert-Stiftung

p. 353. The new-style VW Beetle, Wolfsburg, 2011. Photo: DDP/Camera Press

p. 354. Anon., *Bauhaus Students and Their Guests, Weimar, c.* 1922. Gelatin silver print. Bauhaus-Archiv, Berlin (Inv. 3844/4)

p. 356. Plaque with lettering designed by Walter Gropius, 1922. Deutsches Nationaltheater, Weimar. Copyright © DACS, 2014

p. 357. Reich President Ebert speaking from the balcony of the National Theatre, Weimar, 11 February 1919. Photo: akg-images

p. 358. The Bauhaus cradle, 2014, manufactured after an original design by Peter Keler, 1922. Wood, metal, wicker. Photo copyright © The Trustees of the British Museum

pp. 360–361. Anon., *Masters on the Roof of the Bauhaus Building*, Dessau, 1926. Gelatin silver print. Musée national d'art moderne/Centre de création industrielle, Centre Georges Pompidou, Paris. Photo: Bauhaus-Archiv, Berlin (Inv. Nr. F2003/46)

p. 362. (*top*) Marianne Brandt, tea-infuser, 1924–9. Silver with ebony handle. Copyright © DACS, 2012. Photo copyright © The Trustees of the British Museum (1979,1102.1)

p. 362. Anon., (*bottom*) *Metal Workshop at the Bauhaus, Weima*r, 1923. Photograph. Photo: akg-images

p. 363. The Kunstschule, Weimar. Photo: akg-images/Stefan Drechsel

p. 364. The main building of the Bauhaus, Dessau. Photo: akg-images/Florian Profitlich

p. 365. (*top left*) Wassily Kandinsky, *Postcard No. 1 for the Bauhaus Exhibition in Weimar*, summer 1923. Colour lithograph on card. Copyright © ADAGP, Paris and DACS, London, 2014. Photo: Bauhaus-Archiv, Berlin (Inv. Nr. 922)

p. 365. (*top right*) Paul Klee, *Postcard No. 4, for the Bauhaus Exhibition in Weimar*, summer 1923. Colour lithograph on card. Photo: Bauhaus-Archiv, Berlin (Inv. Nr. 923)

p. 365. (*bottom left*) László Moholy-Nagy, *Postcard No. 4, for the Bauhaus Exhibition in Weimar*, summer 1923. Colour lithograph on card. Copyright © Hattula Moholy-Nagy/DACS, 2014. Photo: Bauhaus-Archiv, Berlin (Inv. Nr. 2414)

p. 365. (*bottom right*) Herbert Bayer, *Postcard No. 11 for the Bauhaus Exhibition in Weimar*, summer 1923. Colour lithograph on card. Copyright © DACS, 2014. Photo: Bauhaus-Archiv, Berlin (Inv. Nr. 3586/4)/Markus Hawlik

p. 366. Heinrich Hoffmann, *Hitler Sitting on a Steel-Frame Chair in Berchtesgaden, Summer 1928*. Bayerische Staatsbibliothek, Fotoarchiv Hoffmann. Photo: BSB München/Bildarchiv (Bild-Nr. hoff-6843)

p. 368. Lyonel Feininger, title-page of *Neue Europäische Graphik*, 1921. Print. Copyright © DACS, 2014. Photo copyright © The Trustees of the British Museum (1942,1010.30.+)

p. 369. Oskar Schlemmer, *Figure Design K 1*, from *Neue Europäische Graphik*, 1921. Lithograph. Photo copyright © The Trustees of the British Museum (1942,1010.30.12)

p. 370. Paul Klee, *The Saint of Inner Light*, from *Neue Europäische Graphik*, 1921. Colour lithograph. Photo copyright © The Trustees of the British Museum (1942,1010.30.6)

p. 372. Johannes Itten, *The House of the White Man*, 1920. Lithograph. Copyright © DACS, 2012. Photo copyright © The Trustees of the British Museum (1942,1010.30.4)

p. 374. Lucia Moholy, *Walter Gropius's Director's Office*, 1924–5, reproduced in *Neue Arbeiten der Bauhauswerkstätten*, 1927. Copyright © DACS, 2014. Photo: akg-images

p. 378. Anon., after Guido Schmitt, *The Blacksmith of German Unity*, *c.* 1895. Engraving. Photo: akg-images

pp. 380–81. Anton von Werner, *The Proclamation of the German Empire in the Hall of Mirrors at Versailles in 1871*, 1885. Oil on canvas. Bismarck Museum, Friedrichsruh. Photo: akg-images

p. 382. Anon., figurine of Otto von Bismarck as a blacksmith, *c.* 1900. Terracotta and bronze. Photo copyright © Deutsches Historisches Museum, Berlin (PL 2009/3)

p. 390. Albin Förster, *Lamellenbild*, turned to show a portrait of Kaiser Wilhelm, *c.* 1882. Wood and board. Photo copyright © Deutsches Historisches Museum, Berlin (AK 99/318)

p. 391. (*left*) Albin Förster, *Lamellenbild*, turned to show a portrait of Otto von Bismarck, *c.* 1882. Wood and board. Photo copyright © Deutsches Historisches Museum, Berlin (AK 99/318)

p. 391. (*right*) Albin Förster, *Lamellenbild*, turned to show a portrait of Crown Prince Frederick, *c.* 1882. Wood and board. Photo copyright © Deutsches Historisches Museum, Berlin (AK 99/318)

pp. 392–3. View of Reinhold Begas's statue of the Bismarck monument in front of the Reichstag, Berlin, *c.* 1901. Photochrome. Photo: akg-images

p. 395. John Tenniel, 'Dropping the Pilot', caricature of Otto von Bismarck and Kaiser Wilhelm II from *Punch, or The London Charivari*, 29 March 1890

p. 396. Käthe Kollwitz, *Self-Portrait*, 1904. Lithograph. Copyright © DACS, 2014. Photo copyright © The Trustees of the British Museum (1951,0501.73)

pp. 398–9. Käthe Kollwitz, *Pietà*, cast made by Harald Haacke, 1993. Bronze. Neue Wache (New Guard House), Berlin. Photo: Dieter E. Hoppe/akg-images, copyright © DACS, 2014

p. 403. Käthe Kollwitz, *Mother and Dead Child*, from the series *The Silesian Weavers' Revolt*, 1897. Lithograph. Copyright © DACS, 2014. Photo copyright © The Trustees of the British Museum (1951,0501.74)

p. 405. Käthe Kollwitz, *The Sacrifice*, from the series *War*, 1923. Woodcut. Museum of Modern Art, New York (470.1992.1). Copyright © DACS, 2014. Digital image copyright © The Museum of Modern Art, New York/Scala, Florence, 2014

p. 406. Käthe Kollwitz, *The Mothers*, from the series *War*, 1923. Woodcut. Philadelphia Museum of Art, Philadelphia. Copyright © DACS, 2014. Photo: Art Resource/Scala, Florence

p. 407. Käthe Kollwitz, *The Grieving Parents*, 1925–32. Granite. Vladslo German War Cemetery, Diksmuide, Belgium. Copyright © DACS, 2014. Photo: David Crossland/Alamy

p. 408. Karl Liebknecht giving a speech from a balcony of the House of Representatives at a Spartacus League demonstration, Berlin, November 1918. Photo copyright © SZ Photo/Bridgeman Images

p. 409. Käthe Kollwitz, *In Remembrance of Karl Liebknecht, 15 January 1919*, 1919–20. Woodcut. Copyright © DACS, 2014. Photo copyright © The Trustees of the British Museum (1984,1006.2)

p. 411. Käthe Kollwitz, *The Call of Death*, from the series *Death*, 1934–7. Lithograph. Copyright © DACS, 2014. Photo copyright © The Trustees of the British Museum (1951,0501.80)

p. 413. Käthe Kollwitz, *Pietà*, 1937–38/39. Bronze. Käthe-Kollwitz-Museum, Berlin. Copyright © DACS, 2014. Photo: akg-images

p. 415. Dedication of the Neue Wache (New Guard House) by President Richard von Weizsäcker, Berlin, 14 November 1993. Photo: akg-images/ullstein-bild/Weychardt

p. 418. Hyperinflation banknotes from the years 1922–3. Photo: akg-images

p. 420. (*top*) 50 Pfennig *Notgeld*, 1921, issued in Mainz. Photo copyright © The Trustees of the British Museum (2005,1111.103)

p. 420. (*centre*) 75 Pfennig *Notgeld*, 1923, issued in Bremen. Photo copyright © The Trustees of the British Museum (2006,0405.1414)

p. 420. (*bottom*) 50 Pfennig *Notgeld*, 1922 , issued in Müritz. Photo copyright © The Trustees of the British Museum (1984,0605.4402)

p. 421. 50 *Notgeld*, 1921, issued in Eutin. Photo copyright © The Trustees of the British Museum (2006,0603.259)

p. 422. (*centre*) 50 Pfennig *Notgeld*, 1921, issued in Bordesholm. Photo copyright © The Trustees of the British Museum (1984,0605.3903)

p. 422. (*bottom*) 50 Pfennig *Notgeld*, 1921, issued in Eisenach. Photo copyright © The Trustees of the British Museum (1961,0609.108)

p. 423. 75 Pfennig *Notgeld*, 1921, issued in Bremen. Photo copyright © The Trustees of the British Museum (2006,0405.1723)

p. 424. (*top*) One-Mark *Notgeld*, 1920, issued in Gramby, Denmark. Photo copyright © The Trustees of the British

Museum (2006,0405.1505)

p. 424. (*centre*) 1,000 Mark *Notgeld*, 1922, issued in Bielefeld. Linen. Photo copyright © The Trustees of the British Museum (2006,0405.1426)

p. 424. (*bottom*) 75 Pfennig *Notgeld*, 1921, issued in Beverungen. Photo copyright © The Trustees of the British Museum (1984,0605.3890)

p. 426. (Top) 50 million Mark banknote, 1923, designed by Herbert Bayer, issued in Thuringia. Photo copyright © The Trustees of the British Museum (2013,4146.1)

p. 426. (*centre*) 25 Pfennig *Notgeld*, 1918, issued in Bocholt. Photo copyright © The Trustees of the British Museum (1925,0713.353)

p. 426. (*bottom*) 25 Pfennig *Notgeld*, 1921, issued in Tiefurt. Copyright © The Trustees of the British Museum (1984,0605.4727)

p. 428. (*top and centre*) 50 Pfennig *Notgeld*, 1918, issued in Hamelin. Copyright © The Trustees of the British Museum (1984,0605.4169)

p. 428. (*bottom*) 10 Pfennig *Notgeld*, 1919, issued in Bielefeld. Copyright © The Trustees of the British Museum (1957,0701.100)

p. 430. 50 Pfennig *Notgeld*, 1921, issued in Bitterfeld. Copyright © The Trustees of the British Museum (1961,0609.717)

p. 432. A woman using bank notes to fuel a stove, *c.* 1923. Photo: IAM/akg-images

p. 433. Karl Arnold, 'Papiergeld! Papiergeld!', cartoon from *Simplicissimus*, 11 June 1923. Coloured print. Copyright © DACS, 2014. Photo: Bayerische Staatsbibliothek München/Bildarchiv (Bild-Nr. port-010085)

p. 436. 100 million Mark banknote, 1923, overstamped on the reverse with a Nazi propaganda cartoon after 1924. Photo copyright © The Trustees of the British Museum (2006,0405.1628)

p. 438. Grete Marks, ceramic vase, 1923–34. Earthenware. Copyright © The Estate of Margarete Marks. All Rights Reserved, DACS, 2014 Photo copyright © The Trustees of the British Museum (1995,0504.6)

p. 440. Nazi supporters burning books in Berlin, 10 May 1933. Photo: akg-images/Imagno

p. 441. Anon., portrait of Margarete Heymann-Löbenstein (later Heymann-Marks), *c.* 1925. Gelatin silver print. Photo: Bauhaus-Archiv Berlin (Inv. Nr. 10716)

p. 444. Comparison of Grete Marks with Hedwig Bollhagen, photograph from the article 'Jewish Ceramics in the Chamber of Horrors', published by Joseph Goebbels in *Der Angriff*, May 1935

p. 446. (*top*) The *Degenerate Art* exhibition, Munich, 1938. Photo copyright © SZ Photo/Scherl/Bridgeman Images

p. 446. (*bottom*) Joseph Goebbels visiting the *Degenerate Art* exhibition, Berlin, 1938. Photo: akg-images

p. 447. Front cover of the *Degenerate Art* exhibition guide, 1937, featuring Otto Freundlich's sculpture *Large Head (The New Man)*, 1912. Photo: akg-images

p. 448. Ernst Ludwig Kirchner, *Five Women*, 1913. Oil on canvas. Wallraf-Richartz-Museum, Cologne. Photo akg-images/De Agostini Picture Lib

p. 449. Parade on the first Day of German Art, Munich, 1937. Photo: akg-images/Imagno/Austrian Archives

p. 450. (*top*) Adolf Wissel, *Kahlenberg Farming Family*, 1939. Oil on canvas. Property of the German Federal Republic. Photo: akg-images

p. 450. (*bottom*) Adolf Ziegler, *The Four Elements: Fire, Earth, Water, Air*, 1937. Reproduced in *Die Kunst im Dritten Reich*, 10 October 1937. Bayerische Staatsbibliothek, Munich, Abteilung Karten und Bilder (Inv. 15766). Copyright © Adolf Ziegler, EKS and Marco-VG, Bonn. Photo: BPK, Berlin /Scala, Florence

p. 452. Emil Nolde, *Vikings*, 1922. Etching. Copyright © Nolde Stiftung, Seebüll. Photo copyright © The Trustees of the British Museum (1980,1108.1)

p. 454. *The Eternal Jew* exhibition, Munich, 1937. Photo: akg-images

p. 455. Hans Stalüter, poster for *The Eternal Jew* exhibition, 1937. Photo copyright © Deutsches Historisches Museum (1990/1104)

p. 458. The gate of Buchenwald, viewed from the exterior. Photo copyright © J. M. Pietsch, Spröda

pp. 460–61. The gatehouse and watchtower of Buchenwald. Photo: akg-images/ullstein-bild/Scherhaufer

p. 462. The replica gate at Buchenwald, viewed from the inside of the camp. Photo copyright © Sammlung Gedenkstätte Buchenwald, Weimar

p. 463. Ducat of King Frederick I of Prussia, 1707. Gold, issued in Berlin. Photo copyright © The Trustees of the British Museum (G3,Germ.c.183)

p. 464. Johann Sebastian Bach, *Nur jedem das Seine (To Each Only His Due)*, BWV 163, 1715. Manuscript. Staatsbibliothek zu Berlin – Preußischer Kulturbesitz (Bl. 1r, T. 1-17). Photo copyright © Scala, Florence/BPK, Berlin, 2014

p. 466. Jewish prisoners inside a barrack at Buchenwald after its liberation, November 1945. Photo: akg-images/ullstein bild

p. 467. (*left*) Franz Ehrlich, *Self-Portrait*, 1935–6. Pencil drawing. Copyright © Stiftung Bauhaus Dessau. Photo: Bauhaus-Archiv, Berlin (Inv. Nr. 1999/26.3v)/Markus Hawlik

p. 467. (*right*) Franz Ehrlich, poster for the Bauhaus exhibition at the Gewerbemuseum Basel, 1929. Colour lithograph. Copyright © Stiftung Bauhaus Dessau. Photo: Bauhaus-Archiv, Berlin (Inv. Nr. 7308)

p. 469. German civilians view Buchenwald after its liberation, 1944. Photo: Keystone/Getty Images

p. 473. Aerial view of Buchenwald camp, 2010. Photo: Euroluftbild.de/akg-images

p. 476. Refugee cart from East Pomerania, first half of the twentieth century. Iron, wood, wire, textile string. Deutsches Historisches Museum (AK 2009/113). Photo copyright © The British Museum

p. 479. (*top*) Gerhard Gronefeld, *German Refugees Resting against Their Wagon in Tempelhof, Berlin*, 1945. Deutsches Historisches Museum, Berlin. Copyright © The Estate of Gerhard Gronefeld. Photo: Bridgeman Images

p. 479. (*bottom*) Refugees with handcarts, East Prussia, spring 1945. Photo: akg-images

p. 480. Refugee trek in a town square near Königsberg, January 1945. Photo: Interfoto/akg-images

p. 485. Model of stage-set for the 1949 production of Bertolt Brecht's *Mother Courage* at the Deutsches Theater, Berlin. Replica, *c.* 1970. Glass, wood, canvas, metal. Photo copyright © Deutsches Historisches Museum (SI 71/1)

pp. 486–7. Jacques Callot, *The Pillage and Burning of a Village*, from the series *Les Petites Misères de la guerre* (*The Little Miseries of War*), 1632–5. Etching. Photo copyright © The Trustees of the British Museum (1861,0713.754)

p. 488. Plague mask, seventeeth century. Leather, glass, velvet. Photo copyright © Deutsches Historisches Museum (AK 2006/51)

p. 489. Helene Weigel as Mother Courage, Berlin, 1949. Photo: Willi Saeger. Copyright © Scala, Florence/BPK, Berlin, 2014

p. 490. Anselm Kiefer, *Dein goldenes Haar, Margarete*, 1981. Watercolour. Copyright © Anselm Kiefer/White Cube. Photo copyright © The Trustees of the British Museum (1983,1001.19)

p. 492. Woman stacking bricks, Hamburg, 1946/7. Photo: akg-images

p. 494. Dresden after the Allied bombing, *c.* 1943. Photo: Corbis

p. 496. Max Lachnit, *Trümmerfrau*, *c.* 1945–56. Plaster, tesserae. Copyright © The Estate of Max Lachnit. Photo copyright © Deutsches Historisches Museum (Pl 96/3)

p. 498. Women clear away the ruins of the publishing house of Scherl, Berlin, 1944. Photo copyright © SZ Photo/Scherl/Bridgeman Images

p. 501. Atlanta Service, *Map of Occupied Germany Showing the Four Allied Areas*, *c.* 1945. Photo copyright © Deutsches Historisches Museum (Do2 90/2544)

p. 502. (*1st row*) One Deutschmark bank note, 1948, issued in West Germany. Photo copyright © The Trustees of the British Museum (2006,0405.1630)

p. 502. (*2nd row*) 10 Deutschmark bank note, 1977, issued by the Deutsche Bundes-bank, West Germany. Photo copyright © The Trustees of the British Museum (1979,1128.1)

p. 502. (*3rd row*) 100 Ostmark bank note, 1975, issued by the Staatsbank, East Germany. Photo copyright © The Trustees of the British Museum (1979,1128.1)

p. 502. (*4th row*) 5 Ostmark banknote, 1975, issued by the Staatsbank, East Germany. Photo copyright © The Trustees of the British Museum (1986,1227.9)

p. 502. (*5th row*) 50 Ostmark bank note, 1971, issued by the Staatsbank, East Germany. Photo copyright © The Trustees of the British Museum (2006,0405.1636)

p. 505. Poster promoting *Begrüßungsgeld* (welcome money), 1989, issued by the Finanzamt für Körperschaften. Photo copyright © Deutsches Historisches Museum (Do2 96/1622)

p. 510. The arrival of the Torah at the new synagogue, Munich, 2006. Photo: Corbis/Reuters

p. 512. Anton Graff (after), portrait of Moses Mendelssohn, 1771. Jewish Museum, Berlin. Photo: akg-images/Erich Lessing

p. 513. Tefillin bag with arms of the Holy Roman Empire, eighteenth century. Green velvet with embroidery. Photo copyright © The Trustees of the British Museum (1893,0522.1)

p. 514. Jews trading with Europeans, detail from the frontispiece of Johannes Jodocus Beck, *Tractatus de juribus Judaeorum*, pub. Nuremberg, 1731. Photo: Bridgeman Images

p. 516. (*top*) Houses on the *Judengasse*, Frankfurt, in the nineteenth century. Photo: akg-images

p. 516. (*bottom*) Detail of the Judengasse, from Matthäus Merian's plan of Frankfurt, 1628. Photo: Bridgeman Images

p. 517. Anon., after Moritz Daniel Oppenheim, portrait of Amschel Rothschild, *c.* 1836. Oil on canvas. Private collection. Photo: akg-images

p. 518. (*top left*) Moritz Daniel Oppenheim (attr.), portrait of Carl (Kalman) Rothschild, nineteenth century. Oil on canvas. Photo: akg-images

p. 518. (*top right*) Anon., portrait of James (Jakob) Rothschild, *c.* 1824. Oil on canvas. Photo: akg-images

p. 518. (*bottom left*) Moritz Daniel Oppenheim (attr.), portrait of Nathan Rothschild, 1830. N. M. Rothschild & Sons Ltd, London. Photo: akg-images

p. 518. (*bottom right*) Moritz Daniel Oppenheim (attr.), portrait of Salomon Rothschild, 1850. Oil on canvas. Photo: akg-images

p. 520. The synagogue, Offenbach, 1930. Photo: akg-images

p. 521. Sally Israel and three friends in Bavarian costumes at Bad Reichenall, Bavaria, *c.* 1920. Postcard. Photo copyright © Jewish Museum Berlin. Donation by Monica Peiser (2005/153/5)

p. 522. Hermann Zwi Guttmann, model of the first synagogue built in Offenbach/Hessen, *c.* 1955. Cardboard, wood, paint. Photo copyright © Deutsches Historisches Museum (LD 2002/60)

p. 526. Entrance to the extended Synagogue, Offenbach. Original building, 1956, by Hermann Zvi Guttmann. Extension, 1998, by Prof. Alfred Jacoby. Photo: Werner Huthmacher Photography

p. 528. Ernst Barlach, *Hovering Angel*, Güstrow Cathedral. Bronze. Copyright © Archiv Ernst Barlach Stiftung Güstrow. Photo: Uwe Seemann

p. 530. Exterior view of Güstrow Cathedral. Photo: Bildarchiv Monheim/akg-images

p. 532. Ernst Barlach, *Schmerzensmutter* (*The Mother of Sorrows*), 1921. Bronze relief. Nikolaikirche, Kiel, destroyed 1944. Copyright © Archiv Ernst Barlach Stiftung Güstrow

p. 533. Ernst Barlach in his studio, 1937. Photo copyright © Scala, Florence/BPK, Berlin, 2014

p. 534. (*left*) Käthe Kollwitz, *Self-Portrait*, 1923. Woodcut. Copyright © DACS, 2014. Private collection. Photo: Christie's Images/Bridgeman Images

p. 534. (*right*) Ernst Barlach, head of *Hovering Angel*, *c.* 1980. Bronze. Copyright © Archiv Ernst Barlach Stiftung Güstrow. Photo: Uwe Seemann

p. 535. Ernst Barlach, *Hovering Angel*, after 1927, hanging in Güstrow Cathedral. Photo: SLUB Dresden/Deutsche Fotothek/Berthold Kegebein

p. 537. Georg Kolbe, *Warrior Memorial*, Stralsund, 1934–5. Bronze. Copyright © DACS, 2014. Photo: Margrit Schwartzkopff/Georg Kolbe Museum, Berlin

p. 539. Ernst Barlach, *Hovering Angel*, Antonienkirche, Cologne. Photo: Bildarchiv Monheim/akg-images

p. 541. Erich Honecker and Helmut Schmidt meeting at Güstrow Cathedral, 13 December 1981. Photo: Bundesregierung/Engelbert Reineke/Bundesarchiv, Koblenz (B 145 Bild-00005047)
pp. 544–5. The Reichstag, Berlin. Photo copyright © Reinhard Schmid/4Corners
p. 548. The Reichstag on fire, 1933 (hand-coloured photograph). Photo: akg-images
p. 549. Russian soldiers flying the Soviet flag over the ruins of the Reichstag, 1945. Photo: Yevgeny Khaldei/akg-images
p. 550. Russian graffiti inside the Reichstag. Photo: STR News/Reuters/Corbis
p. 552. The Reichstag building, wrapped by Christo and his wife, Jeanne-Claude, June 1995. Photo: Wolfgang Kumm/AFP/Getty Images
p. 554. The glass cupola of the Reichstag, designed by Norman Foster. Photo: Fabrizio Bensch/Reuters/Corbis
p. 555. Aerial view of Museum Island, Berlin, 2013. Photo: akg-images/euroluftbild.de/Robert Grahn
pp. 556–7. The 'Forum Friedricianum' (Bebelplatz), Berlin. Photo: QuidProQuo
p. 559. Construction of the Stadtschloss at Humboldtforum, Berlin, 2013. Photo: Fabrizio Bensch/Reuters/Corbis
p. 560. Paul Klee, *Angelus Novus*, 1920. Ink, chalk and wash on paper. The Israel Museum, Jerusalem. Photo: Bridgeman Images
p. 563. Gerhard Richter, *Betty*, 1991. Offset print on lightweight cardboard, with a layer of nitrocellulose varnish, mounted on plastic, framed behind glass. Copyright © Gerhard Richter

Picture research: Cecilia Mackay

Bibliography
參考書目

通論

Applebaum, Anne, *Iron Curtain: The Crushing of Eastern Europe 1944–1956* (2012)

Cambridge Modern History, several vols.

Craig, Gordon A., *Germany 1866–1945* (1981)

Evans, Richard J., *The Coming of the Third Reich* (2003), *The Third Reich in Power* (2005), *The Third Reich at War* (2008)

Howard, Michael *The Franco-Prussian War 1870–71* (1961)

Kehlmann, Daniel, *Measuring the World* (2007)

MacCulloch, Diarmaid, *Reformation: Europe's House Divided 1490–1700* (2003)

Roberts, Andrew, *Napoleon the Great* (2014)

Schama, Simon, *Landscape and Memory* (1995)

Scruton, Roger, *German Philosophers: Kant, Hegel, Schopenhauer, Nietzsche* (2001)

Whaley, Joachim, *Germany and the Holy Roman Empire*, 2 vols. (2012)

Wilson, Peter H., *Europe's Tragedy: A History of the Thirty Years War* (2009)

2・分裂的天空

Fulbrook, Mary *Interpretations of the Two Germanies, 1945–1990* (2000)

Garton Ash, Timothy *The File: a personal history* (1997)

Hertle, Hans-Hermann, *The Berlin Wall* (2007)

Miller, Roger Gene, *To Save a City: The Berlin Airlift, 1948–1949* (2000)

Schulte, Bennet, *The Berlin Wall: Remains of a Lost Border* (2011)

Wolf, Christa, *Divided Heaven* (1965)

3・失落的都城

Davies, Norman, *Vanished Kingdoms: the history of half-forgotten Europe* (2011)

Egremont, Max, *Forgotten Land: Journeys among the Ghosts of East Prussia* (2012)

Evans, R. J. W., *Rudolf II and His World: A Study in Intellectual History, 1576–1612* (1973)

Kafka, Franz, *The Metamorphosis and Other Stories* (2000)

4・浮動的城市

Fischer, Christopher J., *Alsace to the Alsatians?* (2012)

5・權力的散落

Ebert, Robert R., '"Thalers", patrons and commerce: a glimpse at the economy in the times of J. S. Bach', *Bach* 16 (1985), 37–54

Wilson, Peter H., *The Holy Roman Empire, 1495–1806* (2011)
Wines, Roger, 'The Imperial Circles, princely diplomacy and imperial reform 1681–1714', *Journal of Modern History* 39 (1967), 1–25

6・全體德國人的語言

Bainton, Ronald H., *Here I Stand: A Biography of Martin Luther* (2009)
Brady, Thomas, Jr, *German Histories in the Age of the Reformations, 1400–1650* (2009)
Edwards, Mark U., Jr, *Printing, Propaganda and Martin Luther* (2005)
Gardiner, John Eliot, *Music in the Castle of Heaven: A Portrait of Johann Sebastian* Bach (2013)
Sanders, Ruth H., *German: Biography of a Language* (2010)

7・白雪公主對抗拿破崙

Koerner, Joseph Leo, *Caspar David Friedrich and the Subject of Landscape* (1990)
Pullman, Philip, *Grimm Tales: For Young and Old* (2013)
Vaughan, William, *Friedrich* (2004), *German Romantic Painting* (1994)
Zipes, Jack, *The Brothers Grimm: From Enchanted Forests to the Modern World* (2002)

8・歌德的國度

Bisanz, Rudolf M., 'The birth of a myth: Tischbein's "Goethe in the Roman Campagna"', *Monatshefte* 80 (1986), 187–99
Boyle, Nicholas, *Goethe: the Poet and the Age* Vol I (1991), Vol II (2000)
Gage, John, *Goethe on Art* (1980)
Goethe, Johann Wolfgang von, *The Sorrows of Young Werther* (2012)
Moffitt, John F., 'The poet and painter: J. H. W. Tischbein's "Perfect Portrait" of Goethe in the Campagna (1786–87)', *The Art Bulletin* 65 (1983), 440–55
Robson-Scott, W. D., *The Younger Goethe and the Visual Arts* (2012)
Williams, John R., *The Life of Goethe* (1998)

9・英雄的殿堂

Bouwers, Eveline G., *Public Pantheons in Revolutionary Europe: Comparing Cultures of Remembrance, c. 1790–1840* (2012)
Green, Abigail, *Fatherlands: State-Building and Nationhood in Nineteenth-Century Germany* (Cambridge, 2001)

10・一個民族，許多種香腸

Dornbusch, Horst D., *Prost! The Story of German Beer* (1997)
Tlusty, B. Ann, *Bacchus and Civic Order: The Culture of Drink in Early Modern Germany* (2001)

11・查理曼之爭

Brose, Eric Dorn, *German History 1789–1871: From the Holy Roman Empire to the Bismarckian Reich* (1997)
Coy, Jason Philip, Benjamin Marschke and David Warren Sabean (eds.), *The Holy Roman Empire Reconsidered* (2010)
Forrest, Alan, and Peter H. Wilson, *The Bee and the Eagle: Napoleon, France and the End of the Holy Roman Empire, 1806* (2009)

12・雕刻出來的精神

Chapuis, Julien (ed.), *Tilman Riemenschneider, c. 1460–1531* (2004)
Mann, Thomas, *Death in Venice, Tonio Kröger, and Other Writings* (1999)

13・波羅的海兄弟們

Holman, Thomas S., 'Holbein's portraits of the Steelyard merchants: an investigation', *Metropolitan Museum Journal* 14 (1979), 139–58
Lindberg, Erik, 'The rise of Hamburg as a global marketplace in the seventeenth century: a comparative political economy perspective', *Comparative Studies in Society and History* 50 (2008), 641–62
Lloyd, T. H., *England and the German Hansa 1157–1611* (1991)
Tate Gallery, *Holbein in England* (2006)

14・鐵的國度

Clark, Christopher, *Iron Kingdom: The Rise and Downfall of Prussia, 1600–1947* (2007)
Dwyer, Philip G., (ed.), *The Rise of Prussia, 1700–1830* (2000)
Friedrich, Karin, *Brandenburg-Prussia, 1466–1806* (2012)
Gayle, Margot, and Riva Peskoe, 'Restoration of the Kreuzberg monument: a memorial to Prussian soldiers', *APT Bulletin* 27 (1996), 43–5
Haffner, Sebastian, *The Rise and Fall of Prussia* (1998)
Koch, H. W., *History of Prussia* (1987)
Paret, Peter, *The Cognitive Challenge of War: Prussia 1806* (2009)

15・一八四八年之後的兩條路徑

Hewitson, Mark, *Nationalism in Germany, 1848–1866: revolutionary nation* (2010)
Levin, Michael, *Political Thought in the Age of Revolution, 1776–1848: Burke to Marx* (2011)
Namier, L. B. *1848: the Revolution of the Intellectuals* (1944)
Rapport, Mike, *1848: Year of Revolution* (2014)
Sperber, Jonathan, *The European Revolutions, 1848–1851* (2005)

16・太初有印刷機

Füssel, Stephan, *Gutenberg and the Impact of Printing* (2005)
Jensen, Kristian, *Incunabula and Their Readers: Printing, Selling and Using Books in the Fifteenth Century* (2003)
Weidhaas, Peter, *A History of the Frankfurt Book Fair* (2007)

17・全體德國人的藝術家

Bartrum, Giulia, *Albrecht Dürer and His Legacy* (2002)

19・金屬大師群像

Rieger, Bernhard, *The People's Car: A Global History of the Volkswagen Beetle* (2013)
Seelig, Lorenz, *Silver and Gold: Courtly Splendour from Augsburg* (1995)
Thompson, David, *Watches* (2008)

20・現代的搖籃

Bergdoll, Barry, and Leah Dickerman, *Bauhaus 1919–1933: Workshops for Modernity* (2009)

21．鐵匠俾斯麥

Augstein, Rudolf, *Otto von Bismarck* (1990)
Darmstaedter, Friedrich, *Bismarck and the Creation of the Second Reich* (2008)
Röhl, John C. G, *Wilhelm II* (3 vols 1998–2014)
Steinberg, Jonathan, *Bismarck: A Life* (2012)

22．受苦受難的見證者

Prelinger, Elizabeth, *Käthe Kollwitz* (1992)

23．金錢陷入危機

Coffing, Courtney L., *A Guide and Checklist of World Notgeld 1914–1947 and Other Local Issue Emergency Monies* (2003)
Fergusson, Adam, *When Money Dies: The Nightmare of the Weimar Hyper-Inflation* (2010)

24．肅清頹廢藝術

Fischer-Defoy Christine, and Paul Crossley, 'Artists and art institutions in Germany, 1933–1945', *Oxford Art Journal* 9 (1986), 16–29
Goggin, Mary-Margaret, '"Decent" vs "Degenerate" art: the National Socialist case', *Art Journal* 50 (1991), 84–92
Hudson-Wiedenmann, Ursula, and Judy Rudoe, 'Grete Marks, artist potter', *Journal of the Decorative Arts Society 1850–the Present* 26 (2002), 100–119
Levi, Neil, '"Judge for yourselves!": The "Degenerate Art" exhibition as political spectacle, *October* 85 (1996), 41–64

25．在布痕瓦爾德集中營的門口

Browning, Christopher, *Ordinary Men* (1992)
Goldhagen, Daniel Jonah, *Hitler's Willing Executioners: Ordinary Germans and the Holocaust* (1997)
Kershaw, Ian, *Hitler* (2009)

26．被驅逐的德國人

R. M. Douglas, *Orderly and Humane: The Expulsion of the Germans after the Second World War* (2012)

27．另起爐灶

German History in Documents and Images, *Occupation and the Emergence of Two States (1945–1961): 3. Reconstituting German Society*, http://germanhistorydocs.ghi-dc.org/subpage.cfm?subpage_id=163

28．新的德國猶太人

Elon, Amos, *The Pity of It All: A Portrait of the Jews in Germany 1743–1933*
Gilbert, Martin, *The Holocaust: the Jewish Tragedy*, 1989

29．巴爾拉赫的天使

Paret, Peter, *An Artist against the Third Reich: Ernst Barlach, 1933–1938* (2007)

30．德國的重生

Beevor, Antony, *Berlin: the Downfall 1945* (2007)

中外譯名對照表

導言：紀念碑與記憶

海德公園角 Hyde Park Corner
威靈頓拱門 Wellington Memorial Arch
凱旋門 Arc de Triomphe
勝利門 Siegestor（Victory Gate）
君士坦丁凱旋門 Arch of Constantine
神聖羅馬帝國 Holy Roman Empire
腓特烈大帝 Frederick the Great
德勒斯登（德累斯頓）Dresden
貝爾納多・貝洛托 Bernardo Bellotto
聖十字教堂 Kreuzkirche
伍斯特 Worcester
《古騰堡聖經》Gutenberg's Bible
德國國會大廈 Reichstag
格奧爾格・巴塞利茨 Georg Baselitz
雅克・卡洛 Jacques Callot
洛林 Lorraine
鄧尼茨海軍上將 Admiral Dönitz
阿爾伯特・施佩爾 Albert Speer
萊茵蘭 Rhineland
美因茲 Mainz
阿亨 Aachen
科隆 Cologne
耶拿 Jena
奧爾施泰特 Auerstedt
浩劫紀念碑 Holocaust Memorial
米夏埃爾・施圖爾默 Michael Stürmer
布蘭登堡門 Brandenburg Gate

1・從布蘭登堡門開始

莫妮卡・格呂特斯 Monika Grütters
腓特烈・威廉二世 Frederick William II,
卡爾・戈特哈德・朗漢斯 C. G. Langhans
菩提樹下大街（「椴樹下大街」的傳統誤譯）Unter den Linden（Under the Lime Trees）
香榭麗舍 Champs-Elysees
柏林城市宮 Stadtschloss
霍恩佐倫家族（霍亨佐倫家族、「霍亨索倫家族」）The Hohenzollerns
奧斯特里茨戰役 Battle of Austerlitz
耶拿 Jena
奧爾斯泰特 Auerstedt
柯尼斯堡（國王山，加里寧格勒）Königsberg
加里寧格勒 Kaliningrad
鐵十字勳章 Iron Cross
夏洛騰堡宮 Charlottenburg
勝利柱 Siegessäule
人民大廳 Volkshalle（Hall of the People）
大選侯 Great Elector
《南特詔書》Edict of Nantes
胡格諾派教徒（雨格諾派教徒、休京拉派教徒）Huguenots
卡爾・李卜克內西特 Karl Liebknecht
德意志自由社會主義共和國 Free Socialist Republic of Germany
共和國宮 Palast der Republik
人民議院 People's Chamber（Volkskammer）
杜拜（迪拜）Dubai
哈里發塔 Burj Khalifa
亞歷山大電視塔 Alexanderturm
教宗的復仇 The Pope's revenge
赫爾穆特・柯爾 Helmut Kohl
漢斯・莫德羅 Hans Modrow

2・分裂的天空

施普瑞河（施普雷河）Spree

聯邦總理府 Bundeskanzleramt
克里斯塔・沃爾夫 Christa Wolf
《分裂的天空》*Der geteilte Himmel*
叛逃共和國 Republikflucht
德意志聯邦共和國（西德）Federal Republic of Germany
德意志民主共和國（東德）German Democratic Republic
反法西斯保護牆 Antifaschistischer Schutzwall
德國歷史博物館 German Historical Museum
雷吉娜・法爾肯貝格博士 Dr Regine Falkenberg
萊比錫 Leipzig
博爾騰哈根 Boltenhagen
腓特烈大街車站 Friedrichstrasse Station
淚宮 Tränenpalast（Palace of Tears）
薩賓娜・貝內克博士 Dr Sabine Beneke
強制兌換 Zwangsumtausch
斯塔西（東德國家安全部）Stasi（Ministry for State Security）
東德人民警察 Volkspolizei
《留下了什麼》*Was bleibt*
愛德華・史諾登 Edward Snowden
玫瑰星期一 Rosenmontag
四旬節 Lent
蓋蒂研究中心 Getty Research Institute
《天使之城》*City of the Angels*
斯塔西檔案管理委員會 Stasi Records Agency
約阿希姆・高克 Joachim Gauck

3・失落的都城

聖安德魯斯 St Andrews
布拉格（布拉哈）Prague（Prag, Praha）
查理四世（卡爾四世）Charles IV（Karl IV.）
卡爾大學（查爾斯大學）Karls Universität（Charles University）
法朗茲・卡夫卡 Franz Kafka
伊曼努埃爾・康德 Immanuel Kant
約翰・沃爾夫岡・馮・歌德 Johann Wolfgang von Goethe
席勒 Schiller
《諷刺詩》*Xenien*
窩瓦河（伏爾加河）Volga
君士坦丁堡 Constantinople
亞歷山大港 Alexandria
哥德式（哥特式）Gothic
《實踐理性批判》*Critique of Practical Reason*
條頓騎士團 Teutonic Knights
波魯西亞（普魯士）Borussia
普魯士 Preussen（Prussia）
瑞典女王克莉斯汀娜 Queen Christina of Sweden
布蘭登堡選侯 Elector of Brandenburg
克里斯托弗・克拉克教授 Professor Christopher Clark
在普魯士的國王 King in Prussia
布蘭登堡－普魯士 Brandenburg–Prussia
薩克森選侯 Electors of Saxony
漢諾威選侯 Elector of Hanover
腓特烈・威廉一世 Frederick William I
彼得大帝 Peter the Great
琥珀廳 Amber Room
沙皇村 Tsarskoye Selo
聖彼得堡（列寧格勒）St Petersburg（Leningrad）
西里爾字母 Cyrillic alphabet
盟軍管制委員會 Allied control council
多特蒙德 Dortmund
《唐喬凡尼》*Don Giovanni*
RJW・埃文斯 R. J. W. Evans
波希米亞王國 Kingdom of Bohemia
德意志民族的神聖羅馬帝國 Holy Roman Emperor of the German Nation
魯道夫二世 Rudolf II
卡倫・利德教授 Professor Karen Leeder
漢斯・弗羅紐斯 Hans Fronius
《變形記》*Metamorphosis*
蘇台德地區 Sudetenland

4・浮動的城市

海因利希・海涅 Heinrich Heine
羅蕾萊 Lorelei
理夏德・華格納 Richard Wagner
齊格飛 Siegfried
羅伯特・舒曼 Robert Schumann
斯特拉斯堡（史特拉斯堡）Strassburg/Strasbourg

以撒・哈布瑞希特 Isaac Habrecht
馬丁・路德 Martin Luther
《主禱文》*Vater Unser*（*Our Father*）
喬吉姆・惠利 Joachim Whaley
阿勒曼語 Alemannic
梅特涅 Metternich
帝國金球 Imperial orb
埃爾溫・馮・施泰因巴赫 Erwin von Steinbach
《論德國的建築藝術》*Von Deutscher Baukunst*
哥德式（哥特式）Gothic
約翰・戈特弗里德・赫爾德 Johann Gottfried Herder
狂飆運動 Sturm und Drang
戈特弗里德・馮・斯特拉斯堡 Gottfried von Strassburg
《特里斯坦》*Tristan*
尼古拉斯・貝克 Nikolaus Becker
《萊茵之歌》*Rheinlied*
德意志民族的神聖羅帝國 The Holy Roman Empire of the German Nation
協和廣場 Place de la Concorde
夏爾・戴高樂 Charles de Gaulle
湯米・翁格爾 Tomi Ungerer
雅各賓派 The Jacobins

5・權力的散落

漢諾威選侯夫人索菲亞 Sophia, Electress of Hanover
基尼（英國舊金幣和舊計價單位）Guinea
布倫瑞克－呂內堡公爵 Duke of Brunswick and Lüneburg
奧波德一世 Leopold I
塔勒（德境在馬克之前的標準銀幣）Thaler（Taler）
哈布斯堡下巴 Hapsburg jaw
帝國各等級 Estates of the Empire（Reichsstände）
利珀－代特莫爾德伯爵 Count of Lippe-Detmold
西發利亞 Westphalia
杜卡特（金幣名稱，或譯為「達克特」）Ducat
聖阿爾班隱修院 The Prior of St Alban
奎德林堡 Quedlinburg
洛塔爾・法朗茲・馮・申博恩 Lothar Franz von Schönborn
班貝格 Bamberg
薩克森－哥塔－阿爾騰堡公爵 Duke of Saxe-Gotha-Altenburg
哈瑙－利希騰貝格 Hanau-Lichtenberg
帕德博恩 Paderborn

6・全體德國人的語言

路德維希一世 Ludwig I
瓦爾哈拉 Walhalla
卡塔琳娜・馮・博拉 Katharina von Bora
盧卡斯・克拉納赫 Lucas Cranach
維騰貝格大學 University of Wittenberg
《九十五條論綱》Ninety-Five Theses
贖罪券 Indulgence
聖伯多祿大殿（聖彼得大教堂）St. Peter's Basilica
宗教改革 Reformation
沃姆斯帝國會議 Diet of Worms
埃森納赫 Eisenach
瓦爾特堡 Wartburg
阿爾布雷希特・杜勒 Albrecht Dürer
安東・科貝格 Anton Koberger
奧古斯堡 Augsburg
梅爾希奧爾・洛特 Melchior Lotter
蘇珊・里德 Susan Reed
中型聖經 Medianbibel
奧羅迦魯斯 Aurogallus
梅蘭希通 Melanchthon
〈詩篇〉Psalm
亞歷山大・韋伯 Alexander Weber
倫敦大學伯貝克學院 Birkbeck College
《武加大譯本》*Vulgate*
《關於翻譯的公開信》*Open Letter on Translation*
低地德語 Low German
高地德語 High German
薩爾茨堡（薩爾茲堡）Salzburg
法蘭克語 Franconian
德國標準語言 Hochsprache
巴塞爾 Basel
貝爾托特・布萊希特 Bertolt Brecht

威廉・廷代爾 William Tyndale
古爾盾（德國與荷蘭的金幣與銀幣名稱）Gulden
約翰尼斯・科赫雷烏斯 Johannes Cochlaeus
聖喬治大教堂 Georgenkirche
約翰・塞巴斯提安・巴赫 Johann Sebastian Bach

7・白雪公主對抗拿破崙

萵苣姑娘（長髮姑娘、長髮公主）Rapunzel
小紅帽 Little Red Riding Hood（Rotkäppchen）
韓賽爾 Hansel
葛蕾特 Gretel
白雪公主 Snow White（Schneewittchen）
條頓堡森林 Teutoburger Wald
塔西圖斯（「塔西佗」、「泰西塔斯」）Tacitus
赫爾曼 Hermann
《兒童與家庭故事集》*Kinder-und Hausmärchen*
格林定律 Grimm's Law
《德語詞典》*Deutsches Wörterbuch*
洪堡大學 Humboldt University
斯特芬・馬爾圖斯教授 Professor Steffen Martus
威爾・沃恩 Will Vaughan
凱爾特人（克爾特人、塞爾特人）Celts
卡斯帕爾・大衛・弗里德里希 Caspar David Friedrich
〈孤獨的樹〉*Der einsame Baum*
解放戰爭 Wars of Liberation（Befreiungskriege）
格奧爾格・弗里德里希・克斯廷 G. F. Kersting
〈放哨〉*At the Sentry Post*（*Auf Vorposten*）
約翰・康斯特勃 John Constable
〈乾草車〉*Hay Wain*
〈弗萊特佛磨坊〉*Flatford Mill*
海因利希・馮・克萊斯特 Heinrich von Kleist
《赫爾曼的戰役》*Die Hermannsschlacht*
代特莫爾德 Detmold
赫爾曼紀念碑 The Hermann monument（Hermannsdenkmal）

8・歌德的國度

約翰・緹士拜恩 Johann Tischbein
施泰德博物館 Städel Museum
《浮士德》*Faust*
歌德學院 Goethe Institute
凱特馨・動考普夫 Käthchen Schönkopf
歐里庇得斯 Euripides
伊菲革涅亞 Iphigenia
皮拉德斯 Pylades
俄瑞斯特斯 Orestes
安妮・波能康普—倫肯 Anne Bohnenkamp-Renken
《少年維特的煩惱》*The Sorrows of Young Werther*
《發條橘子》*A Clockwork Orange*
薩克森—威瑪公國 Duchy of Saxe-Weimar
華茲華斯 Wordsworth
歌德木（幹花槿）Goethea cauliflora
歌德石（針鐵礦）Goethite
凡・戴克 van Dyck
史蒂芬生的 Stephenson
火箭號 Rocket
世界公民 Weltbürger
維蘭德 Wieland
古斯塔夫・賽普特 Gustav Seibt
哈菲茲 Hafiz
《西東詩集》*West-Eastern Divan*
納維德・凱爾曼尼 Navid Kermani

9・英雄的殿堂

埃爾福特侯國 Principality of Erfurt（Fürstentum Erfurt）
瑪麗亞・特蕾莎 皇后 Empress Maria Theresa
女武神 Valkyrie（Walküre）
《尼伯龍根之歌》*Nibelungenlied*（*The Song of the Nibelungs*）
理夏德・華格納（理查・瓦格納）Richard Wagner
《指環》四部曲 *Ring Cycle*
利奧・馮・克倫策 Leo von Klenze
JMW・透納 J. M. W. Turner
泰德美術館 Tate Gallery
帕德嫩神廟 Parthenon
凱來埃的少女 Caryatids
愛奧尼亞 Ionia
尼德蘭 The Netherlands

法蘭德斯語 Flemish
恩斯特・莫里茲・阿恩特 Ernst Moritz Arnd
《何謂德國人的祖國？》Was ist des Deutschen Vaterland?
波美拉尼亞 Pomerania
提洛爾 Tyrol
《英語民族史》*History of the English-Speaking Peoples*
鐵十字勳章 Iron Cross
露易絲勳章 Order of Luise
艾因哈德 Einhard
阿爾弗雷德大帝 Alfred the Great
彼得・亨萊因 Peter Henlein
維特爾斯巴赫家族 House of Wittelsbach
凱薩琳大帝（葉卡捷琳娜大帝）Catherine the Great
蘿拉・蒙特斯 Lola Montez
布呂歇爾 Blücher
巴克萊・德・托利 Barclay de Tolly
奧蘭治的威廉 William of Orange
侯爵（王侯）Prince（Fürst）
拿騷家族 House of Nassau
圖爾戰役 Battle of Tours
鐵鎚查理（鐵鎚夏爾）Charles Martel
滑鐵盧戰役 Battle of Waterloo
伊拉斯謨 Erasmus
奧圖・馮・格里克 Otto von Guericke
馬德堡半球 Magdeburg Hemispheres
霍爾拜因 Holbein
魯本斯 Rubens
阿比蓋爾・格林 Abigail Green
摩西・孟德爾頌 Moses Mendelssohn
萊辛 Gotthold Ephraim Lessing
馬克斯・約瑟夫・馮・佩騰科弗 Max Joseph von Pettenkofer
威廉・倫琴 Wilhelm Röntgen
安東・布魯克納 Anton Bruckner
阿爾伯特・愛因斯坦 Albert Einstein
康拉德・艾德諾（康拉德・阿登納）Konrad Adenauer
髑髏地 Field of skulls（Schädelstätte）
艾迪特・斯坦因 Edith Stein
奧許維茲（「奧斯維辛」）Auschwitz
漢娜・阿倫特（漢娜・鄂蘭）Hannah Arendt
索菲・蕭爾 Sophie Scholl

10・一個民族，許多種香腸

十月啤酒節 Oktoberfest
油膩星期二 Mardi Gras
呂貝克 Lübeck
里加 Riga
《日耳曼尼亞誌》*Germania*
《法蘭克福通論報》*Frankfurter Allgemeine Zeitung*
彼得・彼得 Peter Peter
波阿狄西亞 Boadicea
《啤酒純淨法》Reinheitsgebot
蛇麻子（啤酒花）Hops
阿爾布雷希特四世公爵 Duke Albrecht the 4th
慕尼黑慢食協會 Munich Slow Food Convivium
哈拉爾德・蕭爾 Harald Scholl
布蘭登堡啤酒戰爭 Brandenburg Beer War
弗蘭肯 Franconia（Franken）
勞赫啤酒 Rauchbier
艾雷島麥芽威士忌 Islay malt whisky
奧古斯丁啤酒 Augustiner beer
烏爾斯特（香腸）Wurst
白烏爾斯特（巴伐利亞白香腸）Weisswurst
蝴蝶脆餅 Pretzel
法蘭克福香腸 Frankfurter
紐倫堡香腸 Nuremberger
雷根斯堡香腸 Regensburger
烤香腸 Bratwurst
布萊根香腸 Bregenwurst
平克爾香腸 Pinkel
茶香腸 Teewurst
牛肉烏爾斯特（牛肉香腸）Rindswurst
咖哩香腸博物館 Currywurst Museum
查理檢查站 Checkpoint Charlie
市民啤酒廠啤酒廳（「貝格勃勞凱勒啤酒館」）Bürgerbräukeller
老戰士們 Alte Kämpfer
聖灰星期三 Ash Wednesday（Aschermittwoch）

11．查理曼之爭

維也納皇家珍寶館 Imperial Treasury in Vienna
帝國皇冠 Reichskrone
查理曼皇冠 Crown of Charlemagne
拉文納 Ravenna
卡爾大帝／查理大帝／查理曼 Karl der Grosse/ Charles the Great/Charlemagne
所羅門 Solomon
大衛 David
希西家 Hezekiah
撒拉弗天使 Seraphim
霍斯特．布雷德康普 Horst Bredekamp
伏爾泰 Voltaire
巴黎聖母院 Notre-Dame in Paris
法蘭西人的皇帝 Emperor of the French
奧地利皇帝 Emperor of Austria
法朗茲一世 Francis I（Franz I.）
萊茵邦聯 Confederation of the Rhine（Reinbund）
羅浮宮 The Louvre
《呂內維爾和約》Peace of Lunéville
西岱島 Ile de la Cité
聖騎士（查理曼的十二勇士之一）Paladin
夏爾和路易．羅歇兩兄弟 Charles and Louis Rochet
卡爾獎（查理曼獎）Karlspreis（Charlemagne Prize）
蘭斯大教堂 Cathedral of Reims
塞弗爾（著名法國瓷器廠）Sèvres
查理曼師 Division Charlemagne

12．雕刻出來的精神

選侯 Elector（Kurfürst）
提爾曼．里門施奈德 Tilman Riemenschneider
多納泰羅 Donatello
博德博物館 Bode Museum
《四位福音傳播者》*The Four Evangelists*
維爾茨堡（烏茲堡、符茲堡）Würzburg
米內爾斯塔特 Münnerstadt
瑪利亞瑪達肋納（抹大拉的馬利亞）Mary Magdalene（Maria Magdalena）
瑪利亞瑪達肋納教堂 Magdalenenkirche
茹利安．夏普伊 Julien Chapuis
烏爾姆 Ulm
舉起聖體 Elevation of the Host
馬克西米利安一世 Maximilian I
德國農民戰爭 German Peasants' War
凱特．柯爾維茨（「凱綏．柯勒惠支」）Käthe Kollwitz
《奧古斯堡和約》Peace of Augsburg
《西發利亞和約》Peace of Westphalia

13．波羅的海兄弟們

坎農街站 Cannon Street Station
道門斜坡 Dowgate Hill
鋼院通道 Steelyard Passage
鋼院 Steelyard（Stahlhof）
漢薩同盟 Hanseatic League（Hansa）
漢薩步道 Hanseatic Walk
希拉蕊．曼特爾 Hilary Mantel
湯瑪斯．克倫威爾 Thomas Cromwell
小漢斯．霍爾拜因 Hans Holbein the Younger
安妮．博林 Anne Boleyn
格奧爾格．吉瑟 Georg Gisze（Georg Giese）
但澤（格但斯克）Danzig（Gdansk）
齊格蒙特 Sigismund（Zygmunt）
克莉斯汀娜．克呂格 Christine Krüger
卑爾根 Bergen
科妮莉亞．林德 Cornelia Linde
漢薩同盟議會 Hansetag
諾夫哥羅德 Novgorod
金斯林 King's Lynn
赫爾 Hull
伊普斯維奇 Ipswich
桑威治 Sandwich
丹尼爾．弗里德里希．馮．米利烏斯 Daniel Friedrich von Mylius
伯沙撒王（貝耳沙匝王）Belshazzar
波蘭－立陶宛聯邦 Polish-Lithuanian Commonwealth
新藝術風格 Art Nouveau
漢薩城市 Hansestadt
《布登勃洛克家族：一個家族的衰落》*Buddenbrooks: Decline of a Family*
什列斯威－霍爾斯坦 Schleswig-Holstein

元老院與羅馬人民 SPQR（Senatus Populusque Romanus）
元老院與漢堡人民 SPQH（Senatus Populusque Hamburgensis）
漢莎航空 Lufthansa
元老客艙 Senator class

14．鐵的國度

理查・拉什 Richard Rush
大選侯 The Great Elector
默美爾 Memel
敦刻爾克 Dunkirk
榮譽軍團勳章 Legion d'honneur
維多利亞十字勳章 Victoria Cross
《鐵的王國》*Iron Kingdom*
提爾西特 Tilsit
尼門河（默美爾河）Neman
克羅伊茨貝格（十字山）Kreuzberg
卡爾・弗里德里希・辛克爾 Karl Friedrich Schinkel
阿爾伯特紀念亭 Albert Memorial
萊比錫民族大會戰 Battle of the Nations near Leipzig（1813）
希賈布 Hijab
土耳其旋轉烤肉 Doner kebab（Döner kebab）
《共產黨宣言》*Communist Manifesto*

15．一八四八年之後的兩條路徑

克萊門斯・馮・梅特涅 Clemens von Metternich
德意志邦聯 Deutscher Bund（German Confederation）
市民階層 Bürgertum
喬納森・斯佩博 Jonathan Sperber
普法爾茨 Palatinate（Pfalz）
《德意志之歌》Deutschlandlied
哈姆巴赫盛會 Hambacher Fest
奧古斯特・霍夫曼 August Hoffmann
德國共產主義者同盟 The German Communist League
卡爾・馬克思 Karl Marx
弗里德里希・恩格斯 Friedrich Engels
《資本論》*Das Kapital*
《公禱書》*Book of Common Prayer*
AJP・泰勒 A. J. P. Taylor
菲利普・賽德曼 Philip Scheidemann
《改革法案》Reform Bill
《獨立宣言》Declaration of Independence
開姆尼茨（卡爾・馬克思城）Chemnitz（Karl-Marx-Stadt）
卡爾・馬克思大道 Karl-Marx-Allee

16．太初有印刷機

約翰尼斯・古騰堡 Johannes Gutenberg
英國王室收藏 British Royal Collection
克里斯提安・顏森 Kristian Jensen
科妮莉亞・施耐德 Cornelia Schneider
古騰堡博物館 Gutenberg Museum
教宗庇護二世 Pope Pius II
摩瑟爾河 Mosel
薩爾河 Saar
埃利烏斯・多納圖斯 Aelius Donatus
威廉・卡克斯頓 William Caxton
美因河 Main
內卡河 Neckar

17．全體德國人的藝術家

大英博物館版畫室 The Print Room at the British Museum
阿爾布雷希特・杜勒（「丟勒」）Albrecht Dürer
茱利亞・巴萃姆 Giulia Bartrum
馬克西米利安一世 Maximilian I
安東・科貝格 Anton Koberger
湯瑪斯・紹爾特 Thomas Schauerte
威利巴德・皮克海默 Willibald Pirckheimer
阿格尼絲・弗萊 Agnes Frey
〈啟示錄四騎士〉*Four Horsemen of the Apocalypse*
〈憂鬱〉*Melancholia*
〈騎士、死神與魔鬼〉*Knight, Death and the Devil*
威廉・韋措爾特 Wilhelm Waetzoldt
柯爾特斯 Cortes
阿茲特克 Aztec
〈犀牛〉*Rhinoceros*
麥森 Meissen

18・薩克森的白色金子

龍騎兵衛隊 Dragoon Guard
龍騎兵瓶組 Dragoon Vases
「強者」奧古斯特 Augustus the Strong（August der Starke）
瓷器病 Maladie de Porcelaine
索菲・多蘿蒂亞王后 Queen Sophia Dorothea（Sophie Dorothea）
安德烈亞・曼帖那 Andrea Mantegna
〈賢士朝聖〉*The Adoration of the Magi*
荷蘭東印度公司 Dutch East India Company
奧蘭治家族 House of Orange
寇朵拉・比朔夫 Cordula Bischoff
約翰・伯特格爾 Johann Böttger
烏爾里希・皮區 Ulrich Pietsch
德勒斯登瓷器收藏館 Dresden Porcelain Collection
埃倫弗里德・瓦爾特・馮・契恩豪斯 Ehrenfried Walther von Tschirnhaus
阿爾布雷希特城堡 Albrechtsburg
茨溫格宮 Zwinger Palace
埃里希・何內克（埃里希・昂納克）Erich Honecker

19・金屬大師群像

《黑獄亡魂》*The Third Man*
哈利・萊姆 Harry Lime
名歌手 Meistersinger
學徒 Apprentice
出師學徒 Journeyman
師傅 Meister（Master）
馬丁・瑞萊因 Martin Rehlein
斯派爾 Speyer
漢斯・史尼普 Hans Schniep
牛津科學史博物館 Museum of the History of Science at Oxford
西爾克・阿克曼 Silke Ackermann
歐洲的準中心 Quasi Centrum Europae
天文百寶匣 Astronomical compendium
海爾布隆 Heilbronn
約翰・安東・林登 Johann Anton Linden
哥白尼革命 Copernican revolution
伯恩哈德・里格爾 Bernhard Rieger
黑森林 Black Forest（Schwarzwald）
戈特利布・戴姆勒 Gottlieb Daimler
卡爾・朋馳 Karl Benz
戴姆勒－朋馳（戴姆勒－奔馳）Daimler-Benz
斐迪南・保時捷 Ferdinand Porsche
沃爾夫斯堡 Wolfsburg
國家馬克 Reichsmark
德國馬克 Deutschmark（Deutsche Mark，D-Mark）

20・現代的搖籃

威瑪共和國（魏瑪共和國）Weimar Republic
德國國家劇院 German National Theatre
「沃爾特・格羅佩斯」（瓦爾特・格羅皮烏斯）Walter Gropius
包浩斯 Bauhaus
彼得・凱勒 Peter Keler
烏爾麗克・貝斯特根 Ulrike Bestgen
《包浩斯宣言》*Bauhaus manifesto*
約翰尼斯・伊登 Johannes Itten
保羅・克利 Paul Klee
里昂耐爾・費寧格 Lyonel Feininger
瓦西里・康定斯基 Wassily Kandinsky
圖林根 Thuringia（Thüringen）
德紹 Dessau
漢斯・邁爾 Hannes Meyer
密斯・凡・德羅 Ludwig Mies van der Rohe
文化布爾什維克主義 Cultural Bolshevism（Kulturbolschewismus）
瓦根費爾德 Wagenfeld
邁克爾・克雷格一馬丁 Michael Craig-Martin
《新歐洲版畫藝術》*New European Graphic Art*（*Neue Europäische Graphik*）
〈內光聖徒〉*Saint of the Inner Light*（*Die Heilige vom inneren Licht*）
約翰尼斯・伊登 Johannes Itten
〈白人之家〉*The House of the White Man*（*Das Haus des weissen Mannes*）
埃里希・格里茨 Erich Goeritz

21．鐵匠俾斯麥

凡爾賽宮明鏡殿 The Hall of Mirrors in Versailles
梅斯 Metz
色當 Sedan
斯塔福德郡 Staffordshire
奧圖・馮・俾斯麥 Otto von Bismarck
容克貴族 Junker
維也納會議 Congress of Vienna
喬納森・斯坦伯格 Jonathan Steinberg
班傑明・迪斯雷利 Benjamin Disraeli
什列斯威公國 Duchy of Schleswig
同僚中的第一人 First among equals（Primus inter pares）
閃電戰 Blitzkrieg
北德意志邦聯 North German Confederation
文化鬥爭 Kulturkampf
施特拉爾松特 Stralsund
俾斯麥鯡魚 Bismarck herrings（Bismarckhering）
三帝之年 Dreikaiserjahr
腓特烈斯魯 Friedrichsruh
《噴趣雜誌》*Punch*
〈領航員下船〉Dropping the Pilot

22．受苦受難的見證者

新崗哨 Neue Wache
戰爭與暴政犧牲者紀念館 Memorial to the Victims of War and Dictatorship.
《西里西亞織工起義》*The Silesian Weavers' Revolt*
格哈特・豪普特曼 Gerhart Hauptmann
丹尼爾・凱曼 Daniel Kehlmann
〈耶穌降生圖〉*Nativity*
露絲・帕德爾 Ruth Padel
〈女人和死去的孩子〉*Woman and Dead Child*
依鳳・希穆拉 Yvonne Schymura
《戰爭》*Krieg*（*War*）
奧圖・迪克斯 Otto Dix
〈犧牲〉*The Sacrifice*
〈母親們〉*The Mothers*
〈悲傷的父母〉*The Grieving Parents*
義勇軍（自由兵團）Freikorps
斯巴達克斯同盟 The Spartacist League
羅莎・盧森堡 Rosa Luxemburg
恩斯特・巴爾拉赫 Ernst Barlach
國際工人救濟組織 Workers' International Relief
《死亡》*Death*
〈死神的召喚〉*The Call of Death*
〈聖殤〉*Pietà*
艾蜜莉・狄金生 Emily Dickinson
理夏德・馮・魏茲賽克 Richard von Weizsäcker

23．金錢陷入危機

代用品 Ersatz
代用貨幣（應急貨幣）Notgeld
德意志國家銀行 Reichsbank
米里茨 Müritz
奧伊廷 Eutin
博德斯霍爾姆 Bordesholm
格蘭比 Gramby
比勒費爾德 Bielefeld
默文・金恩 Mervyn King
哈耶克 Hayek
赫伯特・拜爾 Herbert Bayer
克拉麗莎・馮・施佩 Clarissa von Spee
波霍爾特 Bocholt
提福特 Tiefurt
薩克森－威瑪公爵夫人安娜・阿瑪麗亞 Duchess Anna Amalia of Saxe-Weimar
哈默爾恩（哈美恩、哈梅林、哈默林）Hamelin（Hameln）
斑衣吹笛人 Pied Piper
蕪菁甘藍冬天 Turnip winter
比特費爾德 Bitterfeld
瓦爾特・拉特瑙 Walther Rathenau
提爾公園 Tiergarten
辛巴威危機 Zimbabwean crisis
希亞爾瑪・沙赫特 Hjalmar Schacht
地產抵押馬克 Rentenmark
德意志聯邦銀行 Bundesbank
歐洲中央銀行 European Central Bank
《凡爾賽條約》（《凡爾賽和約》）The Versailles Treaty

24．肅清頹廢藝術

法蘭西絲・馬克斯 Frances Marks

葛蕾特・馬克斯（葛蕾特・勒本斯坦）Grete Marks（Grete Löbenstein）
國民啟蒙暨宣傳部部長 Minister for Popular Enlightenment and Propaganda
約瑟夫・戈培爾 Joseph Goebbels
埃里希・瑪利亞・雷馬克 埃里希・瑪利亞・雷馬克
《西線無戰事》*All Quiet on the Western Front*
HG・威爾斯 H. G. Wells
《埃米爾和小偵探》*Emil and the Detectives*
埃里希・凱斯特納 Erich Kästner
貝伯爾廣場 Bebelplatz
頹廢藝術 Degenerate art（Entartete Kunst）
馬爾維茨 Marwitz
雅利安人 Aryan
恐怖之屋 Schreckenskammer
《攻擊報》*Der Angriff*
海德維希・博爾哈根 Hedwig Bollhagen
泰特現代美術館 Tate Modern
克里斯・德爾康 Chris Dercon
藝術之家（德意志藝術之家）Haus der Kunst（Haus der Deutschen Kunst）
夏卡爾 Chagall
馬克斯・恩斯特 Max Ernst
恩斯特・基爾希納 Ernst Kirchner
像是奧斯卡・格拉夫 Oskar Graf
阿道夫・齊格勒 Adolf Ziegler
阿道夫・維塞爾 Adolf Wissel
埃森 Essen
弗柯望博物館 Folkwang Museum
埃貢・席勒 Egon Schiele
奧斯卡・施萊默 Oskar Schlemmer
埃米爾・諾爾德 Emil Nolde
塞爾藝術博物館 Kunstmuseum Basel
呂貝克美術館 Lübeck Art Gallery
「永遠的猶太人」The Eternal Jew（Der ewige Jude）
德意志博物館 Deutsches Museum
特倫特河畔斯托克 Stoke-on-Trent
明頓陶瓷廠 Minton pottery

25・在布痕瓦爾德集中營的門口

埃特斯山 Ettersberg
夏洛特・馮・斯坦因 Charlotte von Stein
華茲華斯的「湖區」Wordsworth's Lake District
布痕瓦爾德（山毛櫸林）Buchenwald
各得其所 Jedem das Seine（Suum Cuique）
埃利・維瑟爾 Elie Wiesel
伊姆雷・凱爾泰斯 Imre Kertész
恩斯特・台爾曼 Ernst Thälmann
豪爾赫・森普倫 Jorge Semprún
萊昂・布魯姆 Léon Blum
保羅・雷諾 Paul Reynaud
布魯諾・貝特爾海姆 Bruno Bettelheim
迪特里希・邦赫弗爾 Dietrich Bonhoeffer
黑鷹勳章 Order of the Black Eagle
布痕瓦爾德紀念基金會 Buchenwald Memorial Foundation
瑪麗・富爾布魯克 Mary Fulbrook
達豪 Dachau
薩克森豪森 Sachsenhausen
德國籍德國人 Reich Germans
丹尼爾・蓋德 Daniel Gaede
法朗茲・埃爾利希 Franz Ehrlich
卡爾・施諾格 Karl Schnog
奧爾德魯夫 Ohrdruf
古拉格 Gulag
貝爾根—貝爾森 Bergen-Belsen

26・被驅逐的德國人

零點時刻 Stunde Null（Hour Zero）
東波美拉尼亞 Eastern Pomerania
波茨坦會議 Potsdam Conference
蘇台德地區 Sudetenland
安德烈亞斯・科塞特 Andreas Kossert
《波茨坦條約》Potsdam Treaty
布雷斯勞（西里西亞的首府）Breslau
被驅逐者聯盟 Bund der Vertriebenen
弗羅茨瓦夫（布雷斯勞）Wroc aw（Breslau）
奈瑟河 Neisse
奧德河 Oder
《東方條約》Ostverträge
《勇氣媽媽和她的孩子們》*Mutter Courage und*

ihre Kinder
費歐娜・蕭 Fiona Shaw
保羅・策蘭 Paul Celan
《死亡賦格》*Todesfuge*
安塞爾姆・基弗 Anselm Kiefer

27・另起爐灶

經濟奇蹟 Wirtschaftswunder
馬克斯・拉赫尼特 Max Lachnit
瓦礫女 Trümmerfrau
閃電戰的精神（不畏空襲的精神）Spirit of the Blitz
WG・塞巴爾德 W. G. Sebald
〈空戰與文學〉*Air War and Literature*（*Luftkrieg und Literatur*）
瓦礫推車 Trümmerwagen
海爾嘉・岑特—費爾登 Helga Cent-Velden
提爾公園街 Tiergartenstrasse
德皇威廉紀念教堂 Kaiser-Wilhelm-Gedächtniskirche
占領區馬克 Allied Occupation Marks
赫爾穆特・施勒辛格 Helmut Schlesinger
東德馬克 Ostmark
路德維希・艾哈德 Ludwig Erhard
湯瑪斯・閔采爾 Thomas Müntzer
克拉拉・蔡特金 Clara Zetkin

28・新的德國猶太人

羅姆人（吉普賽人）Roma
孟德爾・古雷維茨 Mendel Gurewitz
拉比（猶太教士）Rabbi
哈西德教派運動 Hasidic movement
羅森塔勒門 Rosenthaler Tor
《托拉》*Torah*
經文護符匣 Tefillin
曼海姆 Mannheim
無憂宮 Sans Souci
宮廷猶太人 Court Jews（Schutzjuden）
猶太巷（猶太人街）Judengasse
羅特希爾德家族 The Rothschilds
邁爾・阿姆謝爾・羅特希爾德 Mayer Amschel Rothschild
黑森—卡塞爾 Hessen-Kassel
古特勒・羅特希爾德 Gutle Rothschild
所羅門・德・羅特希爾德男爵夫人 Baroness Salomon de Rothschild
猶太教堂（猶太會堂）Synagogue
奧芬巴赫 Offenbach
歌德大街 Goethestrasse
德皇大街 Kaiserstrasse
阿爾弗雷德・雅各比 Alfred Jacoby
猶太人口普查 Judenzählung
帝國水晶之夜 Kristallnacht
赫爾曼・茲維・古特曼 Hermann Zvi Guttmann
猶太人問題最終解決方案 Final Solution to the Jewish Problem

29・巴爾拉赫的天使

國殤紀念日 Remembrance Day
〈最後崗位〉*Last Post*
居斯特羅 Güstrow
威爾弗雷德・歐文 Wilfred Owen
戰爭的悲憫 The pity of war
聖尼古拉教堂 Nicolai Church（Nikolaikirche）
〈哀痛的聖母〉*Mother of Sorrows*（*Schmerzensmutter*）
傑佛瑞・希爾 Geoffrey Hill
〈悼念恩斯特・巴爾拉赫〉*In memoriam, Ernst Barlach*
恩斯特・巴爾拉赫博物館 Ernst Barlach Museum
福克爾・波普斯特 Volker Probst
格奧爾格・柯爾貝 Georg Kolbe
克里斯提安・赫瑟爾 Christian Höser
什未林 Schwerin
呂內堡 Lüneburg
安東尼特教堂 Antonite Church（Antoniterkirche）
赫爾穆特・施密特 Helmut Schmidt
梅克倫堡 Mecklenburg

30・德國的重生

彼得・埃森曼 Peter Eisenman
辛提人（羅姆人，吉普賽人）Sinti

彼得・貝倫斯 Peter Behrens
菲利普・賽德曼 Philipp Scheidemann
國會縱火法令 Reichstag Fire Decree
克羅爾歌劇院 Kroll Opera House
諾曼・福斯特 Norman Foster
包裹國會大廈 The Wrapping of the Reichstag
博物館島 Museum Island
文化國家 Kulturstaat
腓特烈廣場 Forum Fridericianum
聖海德維希主教座堂 St Hedwig's church

後記

〈新天使〉*Angelus Novus*
瓦爾特・班雅明 Walter Benjamin
《論歷史的概念》(《歷史哲學論綱》) *Theses on the Philosophy of History* (*Über den Begriff der Geschichte*)
格哈德・里希特 Gerhard Richter

左岸歷史 262

德意志GERMANY
一個國家的記憶Memories of a Nation

作　　者　尼爾・麥葛瑞格（Neil MacGregor）
譯　　者　周全
總 編 輯　黃秀如
責任編輯　林巧玲
行銷企劃　蔡竣宇

社　　長　郭重興
發行人暨出版總監　曾大福
出　　版　左岸文化事業有限公司
發　　行　遠足文化事業有限公司
231新北市新店區民權路108-2號9樓
電　　話　(02) 2218-1417
傳　　真　(02) 2218-8057
客服專線　0800-221-029
E-Mail　rivegauche2002@gmail.com
網　　站　facebook.com/RiveGauchePublishingHouse
法律顧問　華洋法律事務所　蘇文生律師
印　　刷　呈靖彩藝有限公司
初版一刷　2017年8月
初版四刷　2019年9月
定　　價　900元
ISBN　978-986-5727-61-1

德意志：一個國家的記憶／
尼爾・麥葛瑞格（Neil MacGregor）著；周全譯
.－初版.－新北市：左岸文化出版：
遠足文化發行，2017.08
面；　公分.（左岸歷史；262）
譯自：Germany : memories of a nation
ISBN 978-986-5727-61-1（平裝）
1. 德國史 2. 文明史
743.1　　106011623